JN334081

土器変容にみる弥生・古墳移行期の実相

友廣哲也 著

同成社

目　次

序　論　1

第1章　古墳社会への胎動……………………………………………9
　第1節　弥生時代の背景　9
　第2節　集落の社会的背景　20

第2章　古墳時代へ向かう社会…………………………………23
　第1節　弥生時代前・中期の遺跡と土器　23
　第2節　河川からみた地域社会　25
　第3節　渋川地域の社会　31

第3章　古墳時代へ進む立地変換………………………………49
　第1節　前橋市東部荒砥地域・伊勢崎市西部地域　49
　第2節　碓氷川と鏑川地域　52

第4章　弥生土器から土師器へ…………………………………55
　第1節　弥生土器と出土遺物　55
　第2節　新保地域出土遺物　60
　第3節　遺物が語る交流の有り様　65

第5章　石田川式土器………………………………………………69
　第1節　石田川式土器研究史　69
　第2節　入植民・移住民説　96
　第3節　浅間山C軽石　102
　第4節　石田川式土器研究の現状　105
　第5節　古墳時代前期の背景　110
　第6節　土師器出現時期　113

第6章　古墳時代を迎えた土器様相……117
第1節　弥生時代末期から古墳時代初頭期の出土土器　117
第2節　土器分類の意味　135
第3節　新保地域周辺と他地域の土器様相の比較　141
第4節　前橋市荒砥地域　150
第5節　東毛地域　162
第6節　西毛地域　170
第7節　形相による分類の語るもの　173

第7章　土器の検討……181
第1節　S字状口縁台付甕　181
第2節　S字状口縁台付甕横線の意味　189
第3節　S字状口縁台付甕と周溝墓　200
第4節　S字状口縁台付甕と北陸系の土器　210
第5節　外来土器のとらえ方　231

第8章　群馬県の墓制……237
第1節　周溝墓出現期の時代背景　237
第2節　周溝墓と再葬墓　239
第3節　弥生時代後期から古墳時代前期の周溝墓　248
第4節　古墳時代へ向かう毛野国　270

第9章　絶え間なく交流する社会
　　　　――「もの」と「もの」が交換可能な社会構造……279

引用・参考文献　299
あとがき　311

土器変容にみる
弥生・古墳移行期の実相

序　論

　1952年、石田川河川改修工事の際、偶然発見された石田川遺跡から多くの土師器が出土した。そのなかには畿内系小型坩形土器、北陸系甕形土器、南関東系単口縁台付甕、東海系S字状口縁台付甕などの土師器があった。群馬県内の弥生時代後期の土器は、樽式土器とよばれる櫛描文を主体とする土器である。当時樽式土器を出土する遺跡の調査例は少なく、樽式土器の出土は主に県内西北部、榛名山や赤城山麓部に限られていた。

　一方、石田川遺跡は県内南東平野部、現在の太田市内であった。つまり北西山麓部から遠く離れ、立地が異なる石田川遺跡から出土した土師器を見た多くの研究者は、樽式土器とまったく系譜が異なる土器をもつ文化が存在すると考えた。そして他地域から人が移動してきたと考え、入植民説・移住民説が誕生する（松島・尾崎・今井 1968）。さらに石田川遺跡で出土した土器を弥生土器ととらえ、樽式土器と並立するとした。

　ここに、樽式土器文化とはちがう新たな弥生時代の別の文化が生まれたのである。

　このように入植民説成立の根拠は、樽式土器と石田川遺跡出土土器の違いがその最大の理由であった。その後、石田川遺跡出土土器が石田川式土器様式とされる。その実態は畿内系、北陸系、南関東系、東海系土師器の複数他地域に出自をもつ土器群であった。

　やがて、石田川式土器は特異な形態をもつ、S字状口縁台付甕だけが取り上げられるようになった。当時、汎日本的に発掘調査の事例は少なく、S字状口縁台付甕が東海地方の土器であることもわかっていなかった。つまり、石田川遺跡出土のS字状台付甕は、当時全国的に見ても例が少なく、1968年報告書中で、九州に出土例があるとの記載があるのみであった。S字状口縁台付甕が東海地方の土器であることがわかった後、群馬県の石田川式土器はS字状口台付甕を主体とする東海系土器群として変容していくのである。この後、後述

する入植民の故地は東海地方であるとされるようになった。
　さらに入植民説は、土器様式からだけではなく、群馬県内特有の火山灰層と密接にリンクし、相互補完され年代観をも規定していく。
　石田川遺跡の調査があった頃、石田川上流の高林遺跡で、石田川遺跡と同時期の土師器が出土した。調査者の大塚初重、小林三郎は、複数の他地域の土器が混在することを認め、S字状口縁台付甕についてコメントを加えている。そこですでに、S字状口縁台付甕は群馬県だけではなく、山梨県、長野県などで出土していることを指摘していた（大塚・小林 1967）。
　近年、発掘調査の増加により、群馬県内の土師器への変換は、関東全域の他地域と大きなちがいはなく、むしろ同じといってもよい。さらに弥生土器から土師器への変換は一気ではなく、徐々に変わっていく過程が、その後の遺跡発掘調査で明らかになってきた。
　他地域の土器との交流は古墳時代前期に限ったことではない。群馬県月夜野町、吉井町（現高崎市）、渋川市では、弥生時代前期に北九州遠賀川式系土器が確認され、安中市、長野原町では縄文時代晩期から弥生時代前期に、氷式並行土器が確認されている。
　このように他地域との交流の事実は、すでに弥生時代前期以降継続して認められ、県内西部地域や北西部で、条痕文土器群の出土を見ることができる。隣県の長野県の栗林式土器は群馬県の竜見町土器と強い類似性が注目されている。特に群馬県で出土する竜見町土器は栗林式土器のなかに納める研究者もいるほどである。
　筆者は、当時の複数他地域の土器の出土例は他地域との交流、人の行き来を考えることが重要であると理解している。
　群馬県内の弥生時代社会を見るには、土器だけでなく、中国で編まれた『魏志倭人伝』に記載される卜骨、鯨面・有髭土偶、石戈など中国、半島に繋がるものの出土も重要である。石戈は古立東山遺跡住居跡内から出土し、鯨面・有髭土偶は藤岡市沖Ⅱ遺跡で出土している。また卜骨の事実を示す鹿の灼骨が、新保田中村前遺跡で確認されている。このように、『魏志倭人伝』に記載されている事実を復元する出土品が、県内広い範囲に認めることができる。
　他方、中国のような遠距離ではなく、近距離にある隣県長野県との交流を考

えれば、前述した弥生時代中期竜見町土器と栗林式土器、後期樽式土器と箱清水式土器との共通点の強さから交流の存在がわかる。
　このように群馬県では、縄文時代晩期から弥生時代前・中・後期にかけて、他地域との交流が土器や「もの」だけではなく、鯨面分身、卜骨など占いを含めた生活面にも他地域と共通する社会習慣が存在したのである。
　近年、弥生時代中期中葉に、山麓部から平野部へと立地変換することがわかってきた。水田遺構の検出例の増加にともなう、水田農耕の平野部への進出・展開と理解できる。平野部一帯に広がる灌漑をともなう、水田農耕が始まったことを示している。しかし、立地変換以前にも山麓部の遺跡では、石鍬の出土が多く、農耕の存在を示唆していた。これを裏づけたのは、中期前葉の神保富士塚遺跡で出土した甕の底部で籾痕が確認されたことである。この事実は中期前葉山麓部で、米が存在したことを示す。
　弥生時代中期、平野部に立地を変換をした集落は水田農耕を展開していく。この事実に付帯して、それ以前は、山麓部中期前葉の遺跡からは条痕文土器群が、同じ中期の平野部に展開した遺跡群からは中期後葉の竜見町土器群が出土し、やがて後期樽式土器へと、時間の経過とともに土器の変化が見て取れるのである。弥生時代中期における集落立地の変換は南接する埼玉県内でも群馬県同様に多数確認され、平野部では北島式土器が展開していく。
　弥生時代後期から古墳時代初頭期にかけて、群馬県内では長野県や、東海地方、南関東、畿内、北陸の複数他地域の土器が出土するようになる。
　このように弥生時代の、他地域との土器交流は古墳時代になるとさらに活発化する。
　石田川遺跡が発見され、石田川遺跡出土土器が注目された頃、五領式土器の研究が進んでいた。石田川遺跡出土土器群は、学会中央でも取り上げられ、シンポジウムや研究会等で取り上げられるようになった。石田川式土器と五領式土器は古式土師器研究へ大きな資料を提示し、研究、検討がつづいていた。その検討のなかで群馬県を含む東日本では、弥生時代末期から古墳時代にかけて複数他地域の土器が広い範囲、高い頻度で出土することが指摘されていたわけである。しかし、一方では石田川式土器が土師器か弥生土器かの議論もつづいていた。

石田川式土器という様式が設定されたのは、五領式土器という用語が学会で認知されはじめた頃である。しかし、当時の土師器研究者の認識と群馬県内の研究者の認識には、大きな齟齬が存在した。この認識のちがいは、編年の問題や土器構成の認識にも存在した。その一つは、当時土師器研究者の多くは石田川式土器を、五領式土器の後半段階においていたが、群馬県内の研究者は五領式土器の初期段階に並行させたことである。つまり群馬の研究者は石田川式土器と五領式土器の始まりは同じとした。

　やがて石田川式土器の認定は、調査報告書『石田川』では畿内系、東海系、南関東系、北陸系等の外来土師器を含むものとしていたものが、いつのまにかS字状口縁台付甕を主体とする東海西部系の土器群となっていくのである。

　この理由には、石田川遺跡報告書のなかで指摘された、入植民・移住民の存在と、石田川遺跡で出土したS字状口縁台付甕の存在、さらには火山災害の軽石の年代が重要で大きな要素となったからである。

　前述のように当初は、S字状口縁台付甕が東海の土器であることがわかっていなかったのであるが、東海の土器との認識後は、東海地方からS字状口縁台付甕を携えてきた入植民が存在し、彼らが群馬県の古墳時代社会を成立させた、というのが定説となり現在に至る。

　この仮説に筆者は賛成できない。その理由は第6章に示したが、その根拠の一つは、群馬県内の古墳時代前期には北陸系、畿内系、南関東系、東海系土器群にあわせ弥生時代の系譜を強くもつ樽式土器が存在するからである。その事実は最初から古式土師器研究者、大塚初重、小林三郎によって確認、指摘されていた（大塚・小林 1967）。

　群馬県の研究者は、東海地方からの入植地は現在の高崎、井野川流域としているが、井野川流域の遺跡で、樽式土器と土師器の共伴例が爆発的に増えつづけている。そして弥生時代後期の樽式土器は、東海地方だけでなく、複数他地域の土器と共伴し、無文化し土師器化している過程を確認することができる。土器変遷からの検討でも、新しい人びとが大挙して群馬県に押し寄せ、新しい文化、社会を作り上げたという理解には至らない。

　高崎市内で調査された新保遺跡、新保田中村前遺跡は、弥生時代中期から古墳時代へ継続する集落である。弥生時代から古墳時代にかけて卜骨用のシカや

イノシシの肩胛骨、実際に使用された灼骨の出土、鉄剣の束に使用されたシカの角や未製品とともにさまざまな器種の農耕具が出土し、その素材に使われたカシ、クヌギ等の木材の他地域からの移動、保管が確認された。さらに新保遺跡、新保田中村前遺跡から出土した土器や遺物は他の遺跡と比較して大量で、当時の交流が活発に行われた、拠点的集落と見て間違いない（友廣 2003）。

　新保遺跡、新保田中村前遺跡が存在するのは、入植が行われたとされる、井野川流域である。井野川流域の弥生時代から古墳時代にかけて、土器の出土は弥生土器の無文化、他地域の土師器が混在し、土師器へと変化していく。土器からも土器以外の理由からも、他地域からの入植民の影響を見ることはできない。この問題も後述する。

　古墳時代前期、群馬県内で出土する他地域の土器は多種で多量となる。弥生時代以上に、活発な交流が進んだ結果である。さらに、「もの」だけではなく、帯剣等の習慣や卜骨などの社会慣習に共通する理念も、交流の結果である。人の行き来も活発にあったことが考えられ、卜骨や有髭・鯨面土偶の出土は、当時の群馬県が『魏志倭人伝』に記載された倭国と同じ社会慣習をもっていたことを示している。

　弥生時代前期から遠隔地との間に交流があったように、その後、さらに遠く、さらに多くの地域と交流するようになる。また周辺近距離間の交流も継続する。渋川市にある有馬遺跡から出土した鉄剣の束に、鹿角の成分が確認され、新保田中村前遺跡では鹿角製の束が出土している。まったく同じ形態をした束が静岡県登呂遺跡、長崎遺跡でも確認されている。

　国名が行政の区分になったのは、律令社会の成立期頃であろう。しかしそれ以前はその地域にいたとされる国造、地方豪族の名でよばれることもある。それが毛野氏がいたとされる「毛野国」の例である。

　現在でも群馬県内を分割呼称するとき東毛、北毛、中毛などと言い分ける。このよび名の由来も「毛野国」にある。毛野とはかつての北関東に存在した国を指し、後に上毛野国（上野）下毛野国（下野）に分割されたことになっている。

　記紀には上毛野氏が活躍している記載がある。なかでも上毛野三千という人

物は『日本書紀』の編纂者に名前を連ねている。その『日本書紀』には白村江の戦で活躍した上毛野稚子という将軍も登場する。

　では毛野国はいつ成立し、いつ上毛野国と下毛野国に分かれたのか。じつは記紀に明確な記載はない。さらに毛野国の律令時代以前の情勢ははっきりしていない。文献史学でもこれに関しては理解は得られていないようである。

　たとえば『群馬県史』では、7世紀、大化改新直後に中央から毛野国に派遣された長官を出迎えたのは朝倉君と井上君であった、と記載されている。したがって7世紀に上毛野国には上毛野氏はいなかったか、国から派遣された官人を出迎えなかったということになる。

　甘粕健は「武蔵国造の反乱」で武蔵国造争いにかかわる論考を発表した。そのなかで毛野国の北関東での優位性を強く論じ、半独立的な勢力を想定した。この論考はその後、考古学のなかでは大きな位置を占め、上毛野国と上毛野氏の存在を学説として強く根付かせた。しかし1999年、野毛大塚古墳の報告書中で、甘粕自ら自説を変更することになる。

　「それは南武蔵では野毛大塚古墳において初めて現れた埴輪、葺石、滑石製模造品等の特徴的な要素を上野の影響とみるとともに、日本書紀安閑天皇条に、上毛野君の首長が武蔵の首長権の継承問題を左右するほどの強い影響力を持っていた事を示す記事があったことから、文化的影響の背後に政治的影響があったと考えた結果であった。ところが今回の報告書に結実した一連の発掘調査の結果は、この予想を完全に覆すものであった。造営年代については和泉式土器の当時の年代観から5世紀後半と想定された時期もあったが、中心主体（第1主体）の発掘により、5世紀初頭にさかのぼることになった。その系譜についても、大量の武器、武具を中心とする質量ともに卓越した副葬品の品目と配列状況は、関東の古墳には類をみず、河内の古市、百舌鳥古墳群を構成する中規模古墳の内容と一致するもので、野毛大塚古墳の首長は、上野とではなく畿内王権の中枢と直結する首長であることが明らかとなった」とした。

　この結果、関東に勃発したとされていた武蔵国造争いの問題は大きく年代的に変更がなされなければならず、それはとりもなおさず毛野国と毛野氏の存在という認識も、再構築を余儀なくされたわけである。6世紀初頭、安閑天皇条国造争いのはるか以前に、南関東の野毛大塚古墳の被葬者は畿内と直結した関

係を維持していたということになる。

　毛野国はどこに、上毛野氏はどこにいるのだろうか。前述した大化改新直後の派遣官人を、朝倉君と井上君が出迎えたときに、当時の群馬県内に総社古墳群が存在している。上毛野氏の奥津城と評価する研究者も多い古墳群である。上毛野氏がこの地にいたとしたら、上毛野氏は中央からの官人を出迎えなかったことになる。上毛野氏が中央から派遣された長官を迎えるときに留守をしていたということは考えられないだろう。ここでもう一つの可能性、毛野国には毛野氏が存在していなかったという考えに至るのである。

　存在しない理由は二つ考えられ、一つはもともと毛野氏は毛野国に存在しないこと、もう一つは中央に帰国、進出したことだろう。記紀の記載では毛野氏は皇統を始祖としており、中央に戻っても不思議はないかもしれない。

　元総社古墳の被葬者が上毛野氏一族であるのか、はっきりとしていない。しかし明らかなのはこの地に、古墳を造営する豪族が存在していた事実である。総社古墳群以外にも並行して県内には古墳が存在している。このことから、かつての群馬県に地域社会が存在したと考えることができる。

　武蔵国造の反乱問題も後段で検討するが、古墳時代社会が成立し、古墳時代となっても他地域との交流はとぎれるはずもない。

　本書の意図は、古墳時代前期の社会の成立過程を、どのような視点で理解すべきであるのか、そしてその社会が成立する過程はどのようなものだったのかを考察することにある。

　日本の国家成立は、律令時代と考えられることが多い。考古学ではさらに古墳時代に設定する論考もある（都出 1993）。『魏志倭人伝』には「国々有り」と記載される。その国とはどんな社会だったのであろうか。

　話をもどすと、群馬県には、弥生時代から古墳時代への変化は在地の弥生文化からではなく、他地域の文化をもつ人びとが入植して成立したとの考えがある。群馬県内のほぼすべての研究者が、この立場に立っている。入植民説によれば入植者たちの故郷は東海地方であるとされ、その根拠は群馬県の古墳時代前期の土器様式は、S字状口縁台付甕を主体とする、東海の土器様式だからとされている。しかし、「東海様式の土器である」かどうかという問題も本書中で検討する。いずれにせよ、群馬県の古墳時代の成立は長い間入植民が造った

ということが継承され、補強されてきたのだが、入植民説は、樽式土器と土師器の共伴例もなかった頃にできあがった説なのである。

　昭和の高度経済成長のなか、群馬県内では上越新幹線、関越自動車道新潟線、上信越自動車道、北関東自動車道等の開発事業にともなう大規模発掘調査が始まり、樽式土器と土師器の共伴例が爆発的に増えるようになった。この結果、今まで入植民が存在したため、樽式土器との接点はないとされていた古墳時代文化の成立は、再検討が必要となっていると筆者は考え、以前より指摘してきた。古墳時代前期の遺跡から出土する外来系土器群は、東海地方の土器だけではなく北陸系、畿内系、南関東系等のさまざまな土器が出土するにもかかわらず、なぜ東海勢力による入植説が維持されてきたのか。そして石田川式土器の様式認定も、徐々に変容してきた。本書では入植民説と石田川式土器の変容の問題も含め、古墳時代初頭期を交流という視点で検討する。

　弥生時代末になるとさまざまな地域の土器が出土するようになる。つまり、さまざまな地域との交流が盛んになった結果である。交流という視点から考えると弥生時代前期から群馬県では遠賀川式土器、東海系条痕文土器の出土、大陸の戈を摸した石戈等さまざまな地域の遺物が出土している。

　そこで、弥生時代前期から後期までの土器を交流の視点から検討し、さらに、古墳時代前期の土器を観察して、弥生時代から古墳時代へ、どのように地域社会が変革、発展していったのかを考えてみたい。

　ここでは便宜的に群馬県という呼称を使う。地域を指すためで、他の意図はない。

第1章　古墳社会への胎動

第1節　弥生時代の背景

　従前より、弥生時代は米作をもって規定している。しかし、北九州では縄文時代晩期に米作が確認されるようになり、米作イコール弥生時代とする規定がむずかしくなっている。一方、東日本で弥生時代前期の水田遺構が確認された遺跡もきわめて少なく、米作だけで時代の画期とするには齟齬が生じはじめている。群馬県内でも弥生時代前期から中期前半にかけての集落遺跡は、調査例が少なく米作りの事例を検証することはむずかしい。このような実態から東日本には弥生時代前期はないという議論まである。いずれにしろ弥生時代を何によって規定し、どのような社会を構成していたかの検討はあまりなされていない。したがってここではまず、弥生時代とはどのような社会であったのかを検証したい。そのため群馬県内で確認された遺跡を検討することから始めたい。
　群馬県では弥生時代前期、中期前葉の遺跡は中期後葉、後期の遺跡と比較すると少ない。少ないというのは調査事例が少ないということであり、実際に遺跡が少ないかどうかは明らかではないが、弥生時代前期の集落遺跡はほとんど確認されていない。その理由として、集落の立地が現在の開発地と合致していないことなどが考えられる。集落の立地としては、山麓部が想定される。または長期定住生活がなく、定住するのは中期後葉以降の平野部での農耕社会文化が定着してからとも考えられる。農耕社会ではないとの考えもあるが、山麓部の弥生時代中期の遺跡から石鏃や籾跡が残る土器等が確認されている（小野1993）。

図1　群馬県内弥生時代前
　　　〜中期の主な遺跡

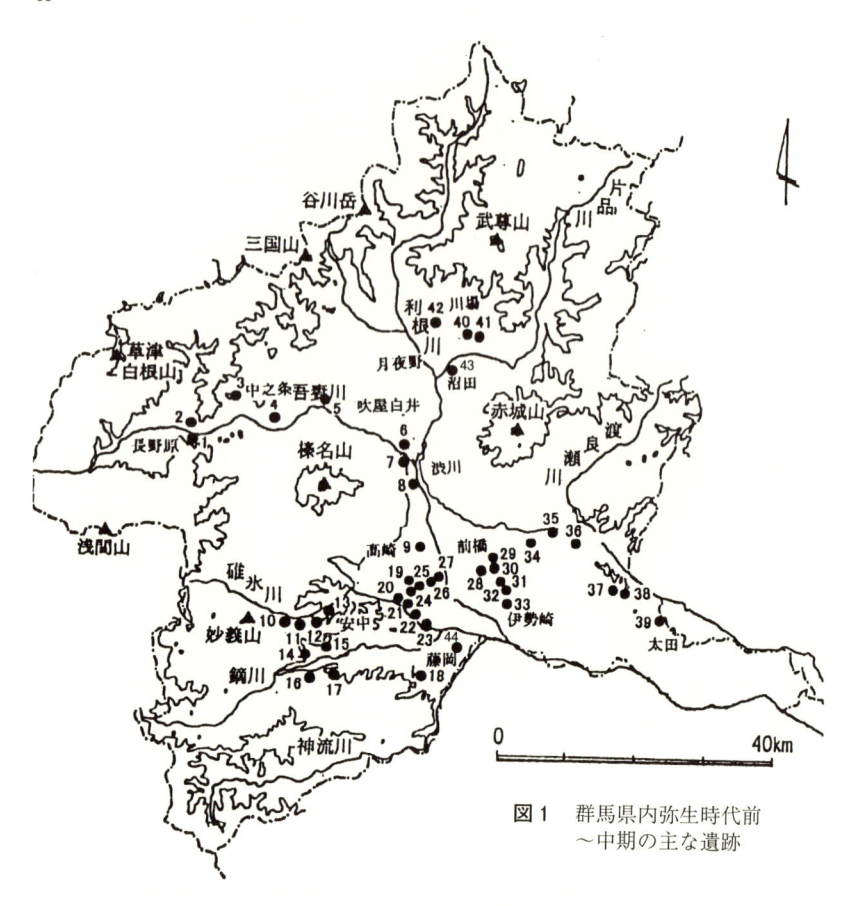

表1　群馬県内弥生時代前〜中期の主な遺跡（番号は図1に対応）

1	川原湯勝沼遺跡	12	注連引原遺跡	23	城南小校庭遺跡	34	西迎遺跡
2	立馬遺跡	13	下原遺跡	24	大八木富士廻り遺跡	35	峰岸遺跡
3	有笠山遺跡	14	南蛇井増光寺遺跡	25	浜尻A遺跡	36	和田遺跡
4	鷹の巣岩陰遺跡	15	小塚遺跡	26	新保遺跡	37	元屋敷遺跡
5	五十嵐遺跡	16	神保富士塚遺跡	27	新保田中村前遺跡	38	西長岡東山古墳群
6	押手遺跡	17	神保植松遺跡	28	今井白山遺跡	39	磯之宮遺跡
7	南大塚遺跡	18	沖Ⅱ遺跡	29	荒口前原遺跡	40	寺谷遺跡
8	有馬条里遺跡	19	熊野堂遺跡	30	荒砥三木堂遺跡	41	立岩遺跡
9	清里庚申塚遺跡	20	上並榎南遺跡	31	荒砥島原遺跡	42	八束脛洞窟遺跡
10	中野谷・原遺跡	21	巾遺跡	32	荒砥前原遺跡	43	糸井宮前遺跡
11	中原遺跡	22	高崎城遺跡	33	西太田遺跡	44	白石大御堂遺跡

1. 群馬県における弥生時代遺跡の概観

　群馬県内の前期から中期前葉の遺跡の立地と有り様を概観すると、前期の集落遺跡は今のところ確認されていない。また水田跡等の生業に係わる遺跡の確認もない。したがって群馬県内では、前期の水田耕作は可能性として残るが考古学的な根拠は今のところない。

　2005年、県西北部長野原町吾妻川段丘上の川原湯勝沼遺跡（図1-1、以下遺跡名のあとの番号は図1・表1に照合）で、中部高地氷式の系譜を引く再葬墓と思われる壺型土器が確認された（篠原 2005）。氷式土器再葬墓の確認は群馬県内でも初めてで、弥生時代初頭期すでに長野県との交流があったことが確認できた。それを示すように遺跡の立地する長野原町は、国道145号線を西に走り隣接する嬬恋村を過ぎ144号線で鳥居峠を越えると長野県上田市に至る。このルートは吾妻川の源流をたどる道でもある。

　図1は群馬県の弥生時代前～中期の主な遺跡群である。図でわかるように遺跡は少ないとはいえ、群馬県内全域に分布していることがわかる。しかし前期の住居跡遺構は注連引原遺跡（図1-12）以外の報告はない。群馬県西北部から西部にかけては標高の高い地域が多く、南東にかけては関東平野西北端にあたり、高崎市、前橋市、伊勢崎市、太田市平野部に遺跡が分布する。平野部にある遺跡の多くは中期以降の遺跡が多い。

　長野原町内を東流する吾妻川を約30km下った渋川市内左岸に遠賀川式土器を出土した押手遺跡（図1-6）がある。

　押手遺跡下流約1kmで、吾妻川は北から南流する利根川と合流する。合流部から利根川を北上したみなかみ町に、同じく遠賀川式土器を出土した糸井宮前遺跡（図1-43、図4-1）がある。

　群馬県内で遠賀川式土器の出土が確認された遺跡は、この2遺跡の他、県南部吉井町鏑川右岸にある白石大御堂遺跡（図1-44、図4-2）がある。この3遺跡に共通するのは、土坑が主体で住居跡は確認されていないことである。現在群馬県内で前期から中期前葉の遺跡はこの3遺跡の他に、藤岡市沖Ⅱ遺跡（図1-18）、注連引原遺跡等がある。出土遺物は氷式土器に並行、後続する東海西部の系譜を引く条痕文土器である。

　群馬県の弥生時代前期～中期前葉の遺跡立地は山麓地帯に分布し、検出され

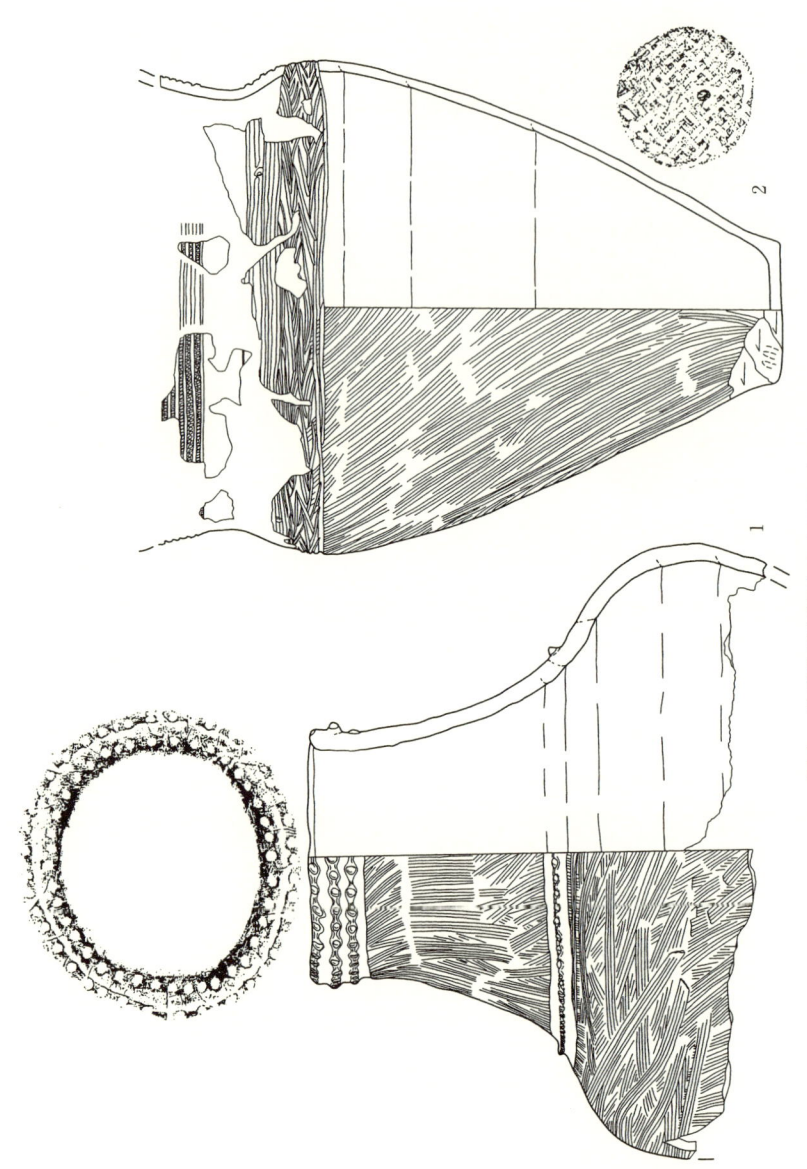

図2 川原湯勝沼遺跡出土遺物 (1/6)

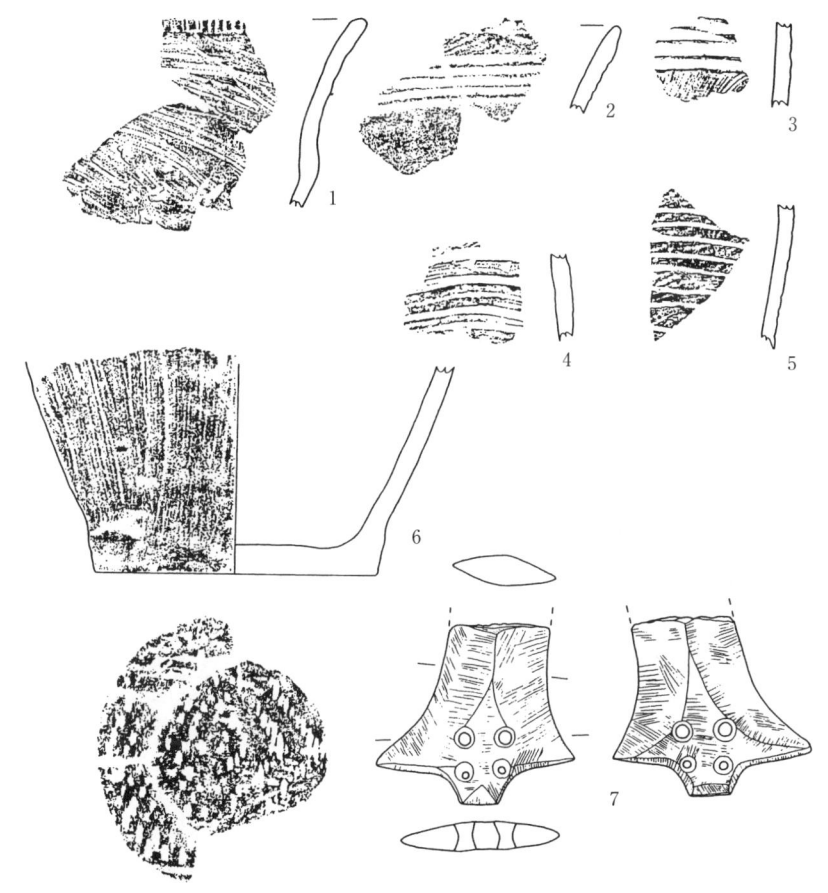

図3　古立東山遺跡42号住居跡出土遺物・戈（1/3）

る遺構は再葬墓や土坑で、出土する土器群は条痕文系土器群である。
　石戈は県南部で出土が確認され、県南部を東流する鏑川沿いの妙義町、甘楽町等数例認められ、正式に報告されているのは妙義町古立東山遺跡42号住居跡である。出土土器は条痕文土器を含む弥生時代中期土器片である（図3）。群馬県内で出土する弥生時代前期～中期の土器群は、中部高地系と東海西部系の条痕文土器が多く、長野県との関係、さらにその先には東海西部との関連を示唆している。

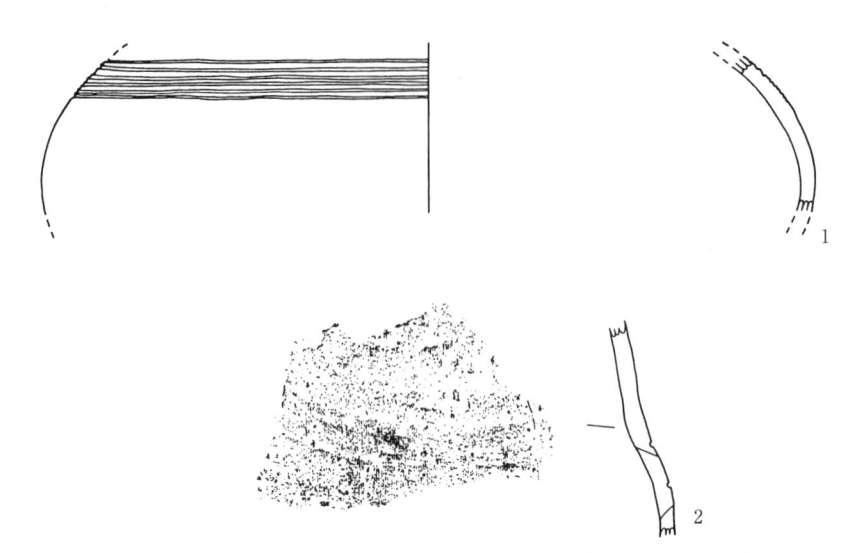

図 4　糸井宮前遺跡(1)・白石大御堂遺跡(2)出土遠賀川式土器（1/3）

　立地的な見地からみると沖Ⅱ遺跡は、石戈の出土した甘楽妙義町を東南流する鏑川の下流域、藤岡市にある。この鏑川を遡上すると内山峠に至り、内山峠を越えると長野県佐久市に出る。注連引原遺跡は安中市内を流れる碓氷川河岸段丘上にあり、この川を遡上し碓氷峠を越えると軽井沢に通じる。
　このように長野原町同様、妙義町、甘楽町、安中市も長野県との関係は川をルートとした視点から密接といえる。吉井町白石大御堂遺跡も碓氷川とその支流ルート上で、鏑川の流路にあり、妙義町古立東山遺跡と共通する立地をもっているといえる。つまり群馬県南西部の遺跡群は碓氷川、鏑川で長野県とつながり、西北部は吾妻川を介し、上田市に通じている。遠賀川式土器をみると、県北部の糸井宮前遺跡、押手遺跡、南部の白石大御堂遺跡など出土土器と立地に共通する川沿いのルートが見えてくる。そこで川を一つのルートに見立てて遺跡をみると、長野原町から約15km吾妻川を東に下った吾妻町、左岸岩櫃山山頂近くの岩陰洞窟に鷹の巣岩陰遺跡（図1-4）がある。岩陰から19個体の土器が出土した。その壺は出土地から岩櫃山式土器とよばれる中期初頭の条痕文土器である。

第1章 古墳社会への胎動　15

図5　沖Ⅱ遺跡遺跡出土遺物（1/8）

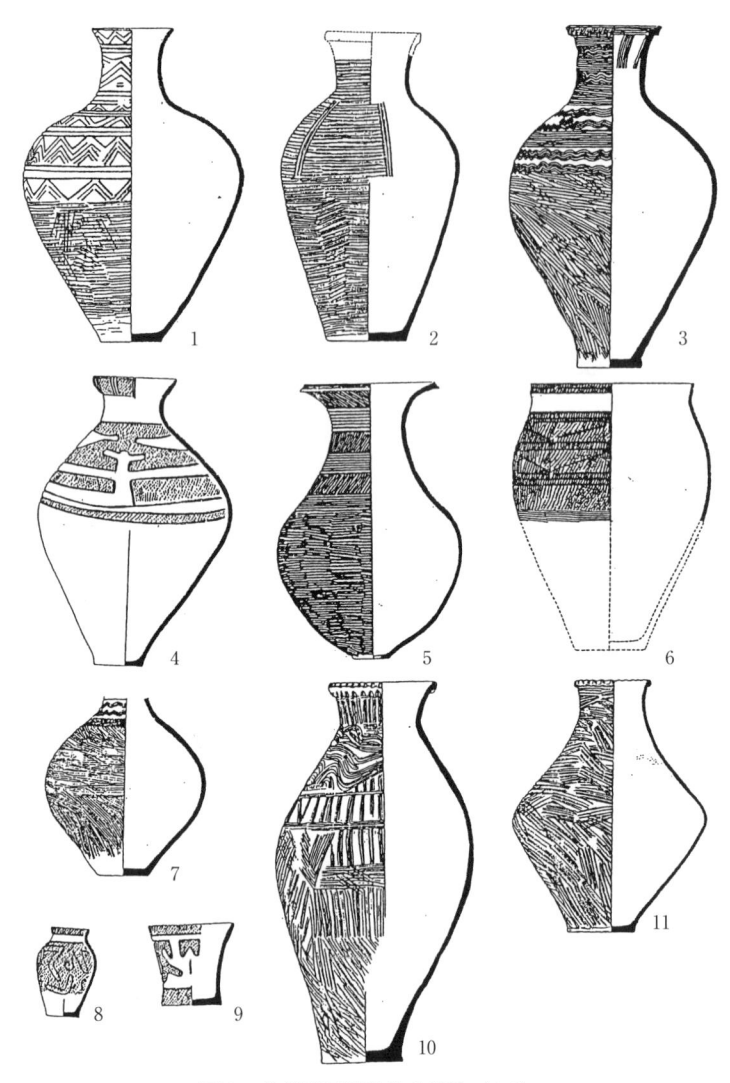

図6　注連引原遺跡出土遺物（1/8）

南西部、倉渕村上川久保遺跡で中期前半の条痕文土器が出土した。条痕文土器は群馬県内の遺跡と長野県との関係を表している。一方、糸井宮前遺跡から出土した遠賀川式土器に、東海の要素がある条痕文、東海地方西部との関係も指摘することができる。

　前期から中期前葉の遺跡立地の特徴は、岩櫃山に代表されるように標高の高い所、そして河川のそばに立地していることである。住居跡遺構の検出は少なく、定住生活は短かった可能性や、開発の届かない標高の高い場所の可能性もある。北部九州地域では、朝鮮半島系の土器や大陸系の戈などの出土などが認められている。群馬県でも石戈、遠賀川式土器、条痕文土器の出土など、広い範囲の交流があったことを示している。交流の事実は同じく東海系条痕文が出土する長野県が、交流をつなぐ重要な位置を占めていることが理解できる。

　一方、岩櫃山式土器と同時期の土器を出土した県南西部鏑川右岸にある吉井町神保富士塚遺跡（図1-16）では、神保富士塚式という筒形を特徴とした土器群がある。筒型土器は安中市中野谷・原遺跡（図1-10）からも出土し、中部高地、東海地域からの受容だけでなく、群馬県在地土器群の存在を主張している。近年の発掘資料の蓄積から、中期の中葉をすぎた頃になると山麓を中心とした立地から一変し、遺跡は一気に平野部に展開する。水稲を基調とした定着型の農耕社会の展開がはじまる。

　中期中葉に低湿地地帯に展開する高崎市新保遺跡（図1-26）では、農耕を示す大量の耕作用木器が出土している。

　この時期の遺跡群立地の特徴は、新保遺跡同様渋川市有馬条里遺跡（図1-8）、高崎市新保田中村前遺跡（図1-27）、熊野堂遺跡（図1-19）、城南小校庭遺跡（図1-23）、大八木富士廻り遺跡（図1-24）、浜尻A遺跡（図1-25）など、低地部の微高地上に集落が展開する。北関東自動車道の調査で確認された、前橋市南部に所在する徳丸仲田遺跡、下増田遺跡なども同じく平野部微高地上に集落が構成され、周辺低地部で水田が確認されるようになる。前橋市東部赤城山南麓地帯では荒砥前原遺跡（図1-32）、荒口前原遺跡（図1-29）、西迎遺跡（図1-34）など弥生時代中期の集落遺跡が谷地や低地部をのぞむ低尾根上に確認されている。この平野部への集落遺跡の展開が弥生時代中期中葉にあたり、同時に土器様式も条痕文系土器から中期竜見町土器の出現時

期にあたる。このように平野部への遺跡の広がりは、灌漑をともなう水田耕作の開始にともなう、と考えることができる。それ以前の、標高の高い立地を選んで存在していた中期前半段階の吉井町神保富士塚遺跡（図7）では、出土土器底部に籾圧痕をもつ土器が出土している。このことからこの時期の稲作の存在を完全に否定することはできない。

　神保富士塚遺跡以外にも山麓地に存在する遺跡群からは、石鍬等が多く確認されている。しかし立地からみて中期中葉以前の農耕は、それ以後の低地部に展開する水田農耕と一線を画するもので、畠耕作が主体と理解できる。竜見町土器の出現からも、低地に広がる大規模な水田農耕の展開は中期中葉以降に始まったと考えられる。

　出土遺物を見ると、平野部に広がる灌漑用水路をもつ水田農耕を主体とする集落は、竜見町土器を出土し、弥生時代中期であることがわかる。このため条痕文土器から竜見町土器への変換期が、弥生時代中期中葉にあると理解できる。九州の低地部での水田農耕の出現時期は縄文晩期にさかのぼり、群馬県と比較すれば水稲耕作の開始には時間差がある。この時間差は北九州の米作りが関東への伝播に必要な時間を示すのでなく、米を作ることを理解し、可能にさせる生活体系、社会構造の変革を決するまでの時間と考える。つまり稲作という技術が社会を変えたのではなく、水稲耕作の受け入れを決める意思が当時の弥生社会を変革させたと考えることができる。それは米作の開始が集落立地や景観を変えるほどに大きな意味をもち、その社会は今までの集落の立地や生活など社会構造そのものを一変させたからである。弥生時代中期中葉に開始された本格的な水田稲作は、以後社会の生業の一部として組み込まれていく。

　このように群馬県を含む東日本の稲作の開始は、弥生時代の社会を変革する大きな特徴であるといえる。しかし、神保富士塚遺跡の中期前葉段階にも籾の圧痕や石鍬が出土する。このことから弥生時代前・中期の社会が米作を知らないのではなく、米そのものは知っていたことがわかる。しかし、それが社会を変えるほどのインパクトはもたなかった。中期中葉平野部に展開した灌漑農耕指向社会が、その後の生活スタイルを大きく規定したといえる。

　群馬県の弥生時代中期以前は、確認された遺跡の数と遺物量の少なさからはっきりしたことはわからないが、中国の戈を模した石戈、遠賀川式土器、東

第1章 古墳社会への胎動　*19*

図7　神保富士塚遺跡出土遺物（1/6）

海西部の条痕文土器の出土から、すでに交流があったことは明らかである。その交流ルートに河川の果たした役割が大きかった。

第2節　集落の社会的背景

　近年、多くの遺跡調査報告から、東日本での生活スタイルの変革は弥生時代中期にあることが明らかになってきた。弥生時代後期になると、中期に平野部や低湿地部に展開した遺跡が継続するもの、新たに開始、展開したものがあることを確認することができる。

　新保遺跡と新保田中村前遺跡は隣接し、弥生時代中期に始まり後期に継続する遺跡である。新保遺跡からは竜見町土器が出土し、新保田中村前遺跡からも同じく中期以降の土器を出土する住居跡、遺構が確認されている。両遺跡の西に接し、関東地方で初めて水田跡遺構を確認した後期日高遺跡がある。[4]

　このような平野部への集落展開からは、稲作という生業に適した環境が集落立地の基本と考えることができる。しかし細かくみると、利根川流域の高崎、前橋地域や鏑川、碓氷川流域にある安中市、吉井町とでは、集落の立地は少しずつ異なっていることがわかる。高崎、前橋地区の集落は低湿地の微高地上に所在し、安中、吉井、妙義等鏑川、碓氷川流域ではやや標高の高い尾根上にある。赤城山南麓に展開する荒砥地域では、赤城山の長い尾根先の高台に集落を構成し、渋川市では利根川の河岸段丘縁辺に展開する。

　しかし集落立地の展開の違いは、農耕技術の根本的な違いを示すものではない。遺跡から出土する木製農具の共通性から、当時の人びとが同じ農方で水稲耕作したことがわかる。

　そこで次章では、土器様相、集落立地そして生業に係わる部分を群馬県内で調査された遺跡から検討し、その社会背景をみたい。

註
（1）　押手遺跡は1984年に当時の子持村土地改良工事で発見され、縄文時代配石遺構や弥生時代遠賀川式土器、条痕文土器が検出された。
（2）　1989年から1990年にかけて神保富士塚遺跡が調査された。2003年、石川日出

志は弥生時代中期小型筒形土器を神保富士塚式土器と提唱した。
（3）竜見町土器は昭和の初め、高崎市内竜見町で発見された土器である。弥生時代中期の土器で、新保遺跡や浜尻遺跡等中期から後期に展開する遺跡の主体的土器である。学史では型式として認定されていない。竜見町土器の特徴は新保遺跡（図8）等にあるように櫛描文等を多用し、同じ中期でも条痕文土器を出土する神保富士塚遺跡（図7）等とは異なる。
（4）高崎市日高町に位置する日高遺跡は弥生時代後期の遺跡で、1979年、東日本ではじめて弥生時代水田が確認された遺跡である。

第2章　古墳時代へ向かう社会

第1節　弥生時代前・中期の遺跡と土器

　群馬県では石田川遺跡発見以来、出土した土師器が樽式土器と大きく異なっていたために、まったくちがう文化が出現したと考えた。
　群馬県内の大半の研究者は、まったく別の地域から異なった文化をもつ大勢の人びとが集団で移住・入植したと考えた。つまり他地域の人が群馬県の古墳文化・社会を築いた、と考えたのである。これが現在群馬県内で常識・定説となっている入植民説である。石田川遺跡の出土土器は当初弥生土器とされ、樽式土器に並行するものと位置づけられた。
　土師器研究が進み、石田川遺跡出土の土師器は、畿内系小型坩などの出土から古墳時代前期初頭期よりだいぶ下る時代の土器群であることがわかった。
　近年の発掘調査の増加にともない、群馬県内では、古墳時代初頭期にかけて、土師器と樽式土器が共伴する事例が爆発的に増えてきた。さらに資料の増加と蓄積にともない、弥生時代前期から長野県や東海地方との土器の交流も指摘できるようになってきた。長野や東海地方との交流は河川がルートと考えることができ、吾妻川流路にある川原湯勝沼遺跡、碓氷川流路にある注連引原遺跡などがそれを物語る。
　そこで交流のルートを川に見立て検討してみたい。
　図1をみてわかるように、遺跡は全県下に広がり、その後、周辺に継続して分布する。安中市注連引原遺跡では長野県氷式、樫王式土器や東海系の条痕文土器、沖Ⅱ遺跡では水神平式、丸子式土器が条痕文土器とともに確認され、弥生時代前期から中期前半の他地域からの交流の様相を確認できる[1]。また注連引

24

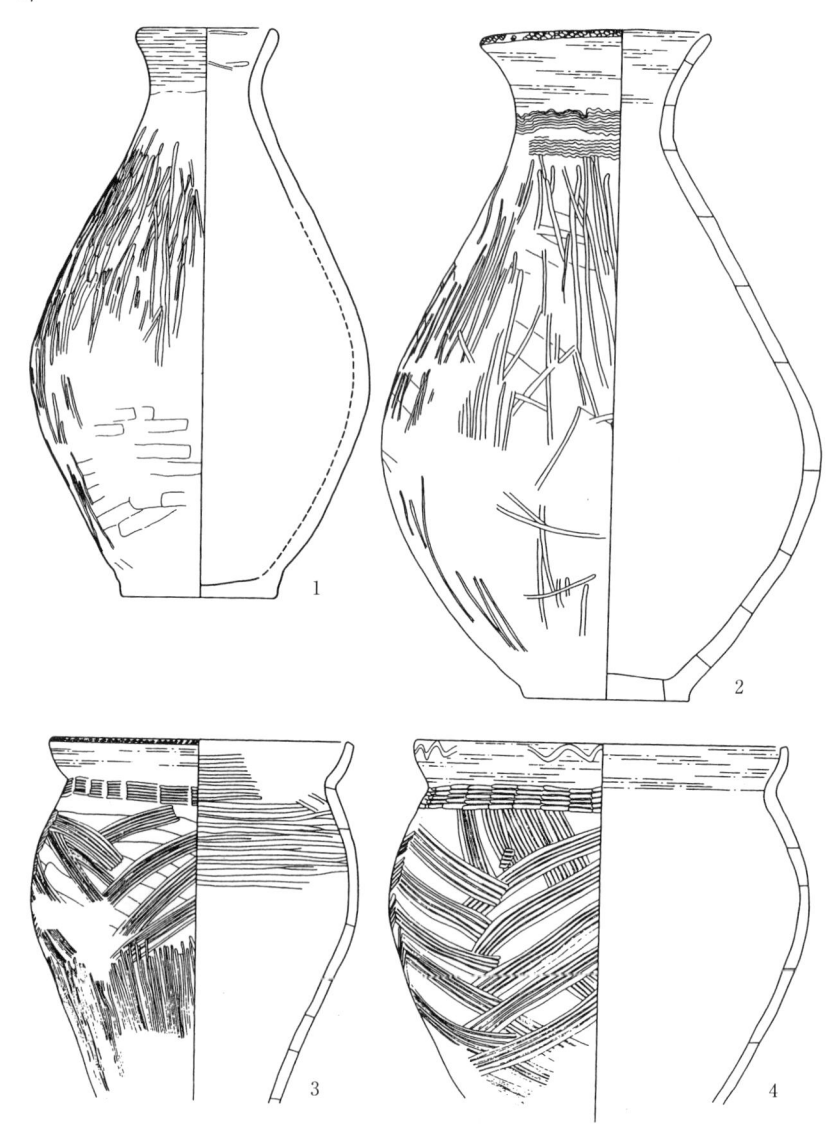

図8 群馬県内竜見町土器 (1/4)

原遺跡では氷式土器が確認され、縄文時代晩期の土器交流の事実を示している。
長野原町にある川原湯勝沼遺跡では、氷式土器並行の土器が出土している。

弥生時代中期中葉以降に、水田農耕への生業の変化とともに始まった集落立地の低地への展開、長野県の中期栗林式土器と強い共通性をもつ竜見町土器群の展開とともに、集落立地の変換が起こる。つまりそのときに、土器交流は存在していたことがわかる。

第2節　河川からみた地域社会

交流の視点を河川流域に置き、吾妻川流域、南西部の鏑川、碓氷川流域を長野県との関係から取り上げて概観したい。

吾妻川は群馬県と長野県との境界に位置する鳥居峠を水源とし、長野との関連を考える上で重要なルートである。渋川市押手遺跡（図1-6）の存在する吹屋白井、中郷地域は、南流する利根川と東流してくる吾妻川の合流部の北にあり、榛名山東麓にあたる。押手遺跡は、標高200mを前後する河岸段丘上の西端にある。1998年、現在の渋川市当時の子持村吹屋白井、中郷地区を東西に走る国道353号線の改修工事が開始された。引きつづきこの地区の東端で合流し、南北走する国道17号バイパスの改修計画は、2002年に着手するところとなった。この計画にともない道路用地部分の発掘調査が始まり、国道353号線は2004年、17号バイパスは2006年発掘調査を終了した。

生活環境の利便さを求めた現代の行政判断は、同時にきわめて重要な考古資料の新発見をもたらした。というのは、2件の道路事業にともない、10数カ所に及ぶ遺跡の発掘調査が行われることとなったからである。遺跡群は縄文時代をはじめ、弥生時代後期から古墳時代前～後期の遺跡群である。以前よりこの地域は大規模発掘調査は少なく、広範囲にわたる遺跡の発掘調査の実施はあまり多いとはいえなかった。新しい道路上をトレースした発掘調査は吹屋白井、中郷地区に南北、東西の考古学的試掘トレンチを入れる結果となり、その試掘結果はきわめて重要な遺構や遺物をもたらしたのである。

1982年、吹屋白井、中郷地域で発見された黒井峯遺跡は日本のポンペイとよばれ全国的に知られるが、そこに至る経過は発掘範囲も狭い軽石採集にとも

なう緊急調査であった。その後1993年に黒井峯遺跡は国の史跡指定を受けるのであるが、そこに至ったのは以下の事情による。[3]

　榛名山の噴出軽石の下から現れた黒井峯遺跡は、古墳時代後期のひとつの集落の有り様を世間に提示した。集落は榛名山の噴出火山軽石の下に、みごとにパックされていたのである。しかし黒井峯遺跡を前後する時期の遺跡の存在は、その後発見されることはなかった。

　2件の道路事業に係わる遺跡群の調査は、この間を埋める資料として多くの遺物、遺構を確認することができたのである。吹屋白井、中郷地域の両バイパス改修工事の事前調査で確認された遺跡群の資料は、いままで等閑視されていた小規模な周辺の遺跡群を関連させる大きな手がかりとなった。

　1987年、吹屋白井、中郷地区の西端にある押手遺跡では、縄文土器をはじめ弥生時代前期の遠賀川式土器、前期の墓、中期土器片、後期の周溝墓が確認されていた。調査概報によれば、条痕をもつ壺は再葬墓とされている。押手遺跡では弥生時代の前、中、後期を通した土器と遺構が認められた。

　近年の道路改修による事前調査は、この押手遺跡の成果に肉付けし、弥生時代前期から、古墳時代後期黒井峯遺跡への空白を埋める資料となった。

　さらに工事にともなう遺跡の発掘調査は、弥生時代から古墳時代前期の様相も示してくれた。榛名山東麓で、古墳時代初頭期にかけて、弥生時代後期樽式土器や赤井土式土器（赤城南麓に分布する）が土師器と共伴する事例が増えてきた。

　渋川市内周辺遺跡をみると、353号線上の東西に沿って白井北中道Ⅲ遺跡中郷田尻遺跡、中郷糀屋遺跡、中郷恵久保遺跡で樽式土器と土師器が多くの遺構で共伴出土している。

　したがって吹屋白井、中郷地区で弥生時代後期から古墳時代に継続する遺構、遺物がこのエリアで確認されたわけである。つまり渋川市内には弥生時代前期押手遺跡から古墳時代後期黒井峯遺跡まで、時代がとぎれることなく継続して存在したことがわかった。この結果、地域の弥生時代から古墳時代へと変換していく時間の流れを、土器をもって認めることができることとなった。

　周辺遺跡内から出土する弥生時代後期の遺物のほとんどは、系譜的に後期樽式土器の範疇にはいるが、土師器と共伴する段階の土器は樽式土器の器形をも

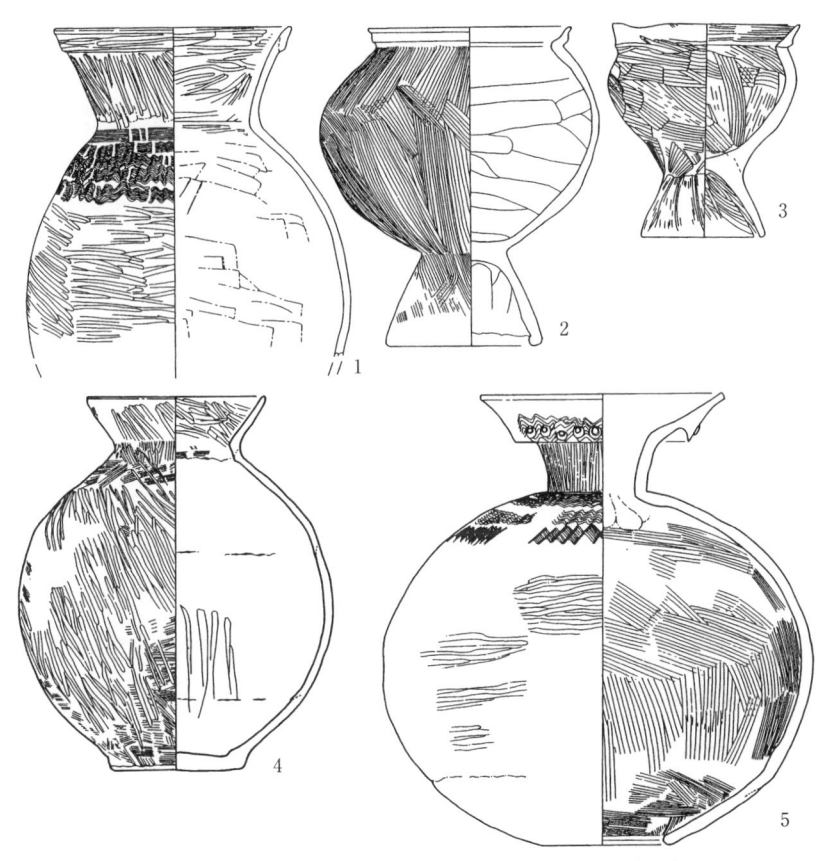

図9 群馬県内古墳時代初頭期に検出される土器群（1/4）

ち、櫛描波状文が消えるものや肩が広がり胴部が丸みをもつものが多く認められる。中郷恵久保遺跡出土土器は、すでに土師器と共伴する段階の樽式土器であることが看取される。近年、古墳時代初頭期の弥生土器を樽系土器とよぶ研究者もいるが、筆者は系統、系譜からみると、型式学的には樽式土器というのがふさわしいと考える。つまり本地域に限らず、全県下の遺跡で確認できる土師器と共伴する段階の樽式土器は、古墳時代初頭期に土師器と共存する弥生土器と筆者は認識している。土師器と共伴する樽式土器が群馬県内で確認できることは、系譜の残存であり、地域的違いにより多少の時間差や変化の違いをも

ちながら、弥生時代から古墳時代への変換を明確に示している。
　さて353号線改修にともなう遺跡群を概観すると、白井北中道Ⅲ遺跡に隣接する中郷田尻遺跡では弥生時代後期の遺構、遺物、さらに西に接する中郷恵久保遺跡、継続して古墳時代前期に比定される遺構、遺物が確認されている。中郷田尻遺跡の西にある吹屋糀屋遺跡から弥生時代樽式土器の遺構、遺物が検出され、吹屋糀屋遺跡で5世紀代の集落跡が確認されている。
　このように吹屋白井、中郷地区の遺跡群の発掘調査は、押手遺跡、黒井峯遺跡等以前からの調査成果とあわせ、点から線となり地域を意識させる広がりを認めることができるようになったといえる。そこで、弥生時代の吹屋白井、中郷地区の周辺範囲をさらに広げて概観すると、遺跡の存在する吹屋白井、中郷地区から利根川下流域右岸に有馬条里遺跡、有馬遺跡が隣接して存在し、直線距離で約5kmを測る。有馬条里遺跡は弥生時代中期から古墳時代へつながる集落と弥生時代後期の礫床墓が確認され、有馬遺跡からは弥生時代後期礫床墓、壺棺墓があわせて100基以上確認されている。両遺跡ともに古墳時代へ継続していく遺跡である。(4)なお、有馬遺跡礫床墓で8基の墓から8振りの鉄剣が出土した。顕微鏡検査によると、束の部分から鹿角の痕跡を確認した。礫床墓群からはほかにガラス玉があわせて250点を超え、翡翠製勾玉、鉄石英製管玉、鉄製釧、青銅製釧等が出土している。有馬条里遺跡は弥生時代中期の墓、後期の礫床墓が検出され、他に弥生時代中期の他殺人骨が出土している。(5)有馬条里遺跡北約4km吾妻川右岸に、弥生時代前～中期再葬墓が確認された南大塚遺跡がある（図1-7）。
　さらに有馬条里遺跡と利根川をはさんだ対岸旧赤城村樽（現渋川市）には、樽式土器の標識遺跡の樽遺跡が、吹屋白井、中郷地区から直線距離で1.5kmに所在する。その周辺には弥生時代後期の鉄剣を出土した田尻遺跡、古墳時代前期集落樽舟戸遺跡、鉄製品が豊富に出土した北町遺跡が所在している。このように渋川市内で利根川と吾妻川が合流する周辺環境をみると、弥生時代から古墳時代にかけて多くの遺跡が、川の両岸に存在していることがわかる。筆者はかつて弥生時代の地域間交流を検討したことがある（友廣2003）。略述すると、交流には二つあり、遠距離間と周辺地域間を想定した。遠距離間とは、押手遺跡のような北九州の遠賀川式土器の存在などから考えられる地域で、一方、

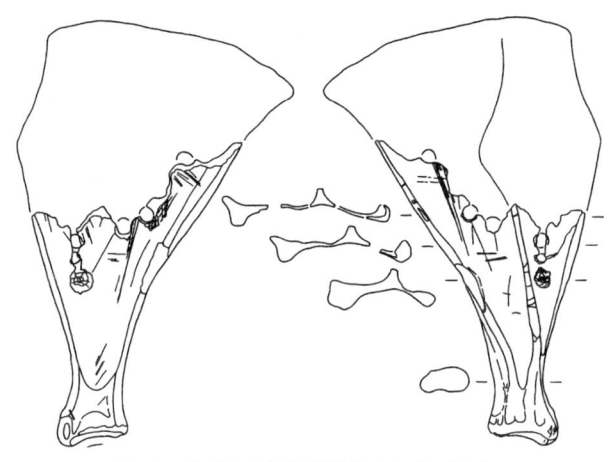

図 10　新保田中村前遺跡出土卜骨（1/4）

周辺地域とは同じ時期に並行して存在した周辺遺跡群である。
　具体的には、新保遺跡、新保田中村前遺跡を中心に隣接する両遺跡を新保地域として検討をした。そのなかで新保田中村前遺跡で弥生時代鉄剣の束が出土し、目釘穴の検討と有馬遺跡出土鉄剣の束部分から検出された鹿角の成分と合わせ、有馬遺跡出土鉄剣の束に装着が可能なことがわかった（図11）。
　新保田中村前遺跡では鹿角製束とともに、製造途上中の束と鹿角が多数出土している。したがって考えられることは、新保田中村前遺跡からの交流品の可能性である。しかし有馬遺跡でも同じ鹿角の束を造っていることを否定できない。しかし、有馬遺跡では鹿角は出土していない。
　重要な点は同じ時代に現在の高崎市と渋川市で、鹿角製束をつけた鉄剣が使用されていることである。同じ造りの束を装着した鉄剣を下げた人びとがかつての渋川市と高崎市で生活していた社会があり、その時に新保田中村前遺跡で鹿角で剣の束を造っていたことである。新保地域では束の他に木製農耕具と未製品、板材、卜骨（図10）、イノシシ、シカの肩胛骨が大量に出土する。
　このような出土状況から、物の交換場所、すなわち交流の場であった可能性を想定した（友廣 2003）。新保地域と似た生活社会が吹屋白井、中郷にも存在した可能性があり、新保地域と同様の機能をもった遺跡が周辺にある可能性も

30

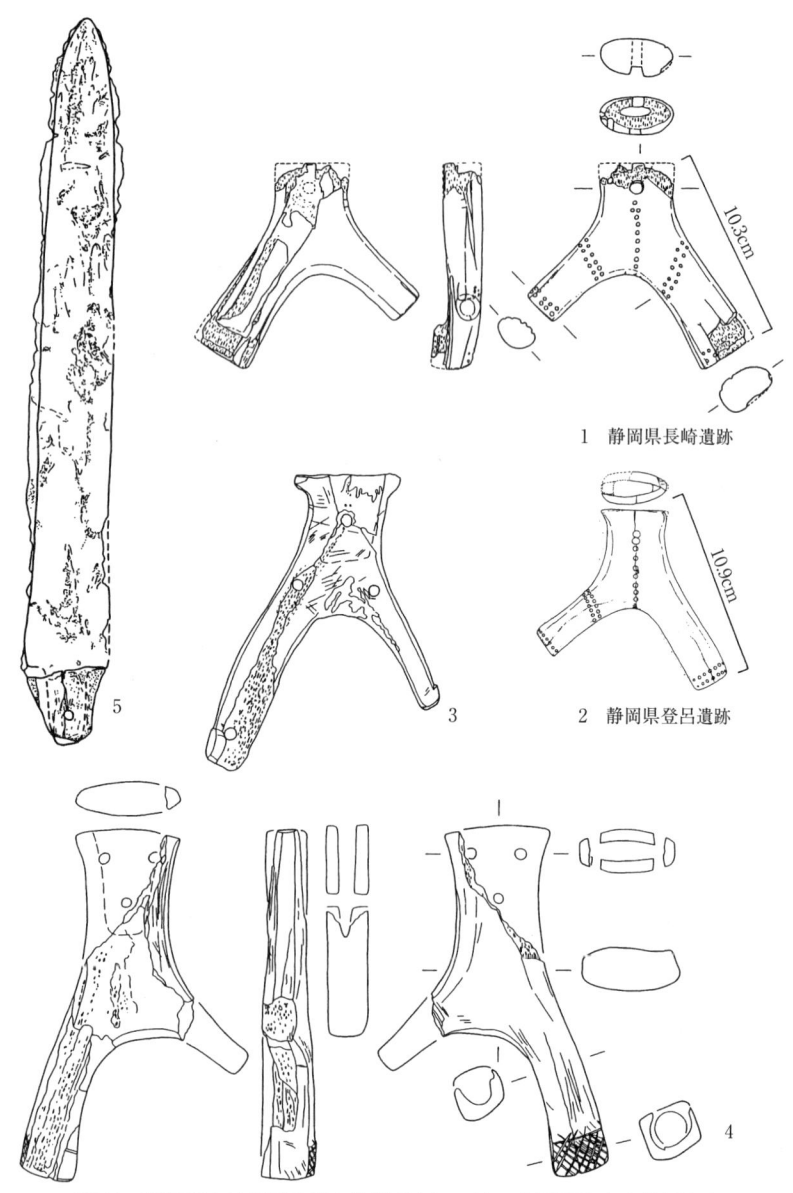

1 静岡県長崎遺跡

2 静岡県登呂遺跡

図11 新保田中村前遺跡出土鉄剣束(3・4)・有馬遺跡出土鉄剣(5)

合わせて指摘した。

第3節　渋川地域の社会

　かつての吹屋白井、中郷地域と高崎地域は、弥生時代後期に同じ樽式土器をつくり使用している。同じ時代同じ型式の土器をもつ遺跡群の関係は、当時の社会を考える上で重要なことである。たとえば吹屋白井、中郷地区の周辺では押手遺跡を最古に南大塚遺跡、有馬条里遺跡、有馬遺跡、樽遺跡等々弥生時代前期から後期にかけて、さらに弥生時代の遺跡が古墳時代へ、とぎれることなく継続している。各遺跡では並行して条痕文土器、竜見町土器、樽式土器が出土する。弥生時代後期、新保田中村前遺跡で造られたであろう束が装着された鉄剣が有馬遺跡で出土した。押手遺跡に始まり継続した弥生時代の社会が、やがて古墳時代に向かったときにどのようにまとまっていくのか。土器や集落のあり方から資料的に見え始めてきている。

　吹屋白井、中郷地区で発掘調査された遺跡群は隣接して確認されたが、遺跡自体がおのおの独立しているわけではない。むしろ、全体として大きな遺跡の一部分と考えられるのである。そこで、吹屋白井、中郷地区と有馬、有馬条里遺跡、そして新保地域等大きなエリアを頭に入れ、樽式土器をもつ広い地域を検討してみよう。

　日本には当時の社会を記載した文献は存在していない。しかし日本の弥生時代後期の倭国の風俗や社会を記載した資料が中国に存在する。『魏志倭人伝』である。現在の群馬県が『魏志倭人伝』に記載された倭国にあるとの特定はできないが、記載された時代に並行している。同じ時代の記載のなかに樽式土器を作り使った人びととの共通点があるとすれば、弥生時代後期の社会を解く一つの手がかりになると考えられる。そこで『魏志倭人伝』を引き検討したい。

1.　『魏志倭人伝』から見た群馬県

　それでは以下『魏志倭人伝』(「三国志」巻三十「魏書」「烏丸鮮卑東夷伝」第三十「倭人条」) を利用してみよう。なお、ここでは水野祐の読み下し文 (水野 1998) を引用した。

『魏志倭人伝』については江戸時代より新井白石、本居宣長等有名な学者たちが邪馬台国所在地論争をくり返してきたが、結論は未だに出ていない。ここでは数百年かかっても結論が導き出せない問題はさておき、当時の社会習慣が描かれた部分に注目してみたい。

『魏志倭人伝』に記載されているのは卑弥呼の時代、すなわち弥生時代後期にあたる。当時の人びとの生活、風俗をみよう。

「今使訳通ずる所三十国なり」

「東南陸行するところ五百里。伊都国に至る。官を爾支といい、副を泄謨觚柄渠觚という。千余戸あり。世々王ありて、皆女王国に統属す。郡使の往来つねに註する所なり。」

「東南、奴国に至るには百里。官を兕馬觚といい、副を卑奴母離という。」

倭国には魏と交流している国が30国あったとされている。そして国々には王、あるいは長官がいて、長官には必ず副官が付く。

おのおのの国が独立しているようであるが、この王たちをとりまとめているのが邪馬台国の王、卑弥呼である。卑弥呼は倭国王として邪馬台国に住んでいた。

伊都国には郡使が駐在していたと記載されている。社会としてのまとまりが進んでいたことがわかる。

倭国の30国がどこかは邪馬台国同様不明であるが、ここに記載されているのは弥生時代後期の倭国の社会背景として読み進めよう。

まず吾妻川、利根川の合流地点周辺、渋川市内には多数の弥生時代の遺跡が存在し、今回新たに吹屋白井、中郷地区を加えた合流部を中心として大きな社会エリアを考えることを可能にしている。つまり川のそばには遺跡が多く、交流の好適地と考えるのである。川のそばにある遺跡の立地から即水運というものではなく、前段で検討してきたように川筋には多数の遺跡が存在し、吾妻川、鏑川、碓氷川のように川筋から峠を越えて他地域との道と考えることができる。

そこで邪馬台国の記載とあわせて、川筋が地域を繋ぐという点、そして『魏志倭人伝』の2点から検討してみたいと考えている。

国という字は『魏志倭人伝』に漢字で表記してあるのでこの語を使っているが、もとより筆者も現代の国と同じ意味で使用していない。国の範囲は未だに

よくわからない。たとえば同型式土器をもつ集団とエリアをどのようにとらえるかという意味が必要となってくる。つまり同じ型式の土器群を共時的に所有する社会は同じ国なのかどうかを考えねばならない。今までに土器だけではなく、墓の形態や住居跡の形態から集団を見出す方法などさまざまな研究がなされてきた。

そこで吹屋白井、中郷地区を中心に、群馬県内全域を上記の2点からどこまでを一つの集団（社会）としてとらえられるのかを検討したい。

吹屋白井、中郷地域は押手遺跡発見以来、近年にかけて資料が急増している。これら資料から、現在どこまで社会エリアとして検証が可能かを考えるために、弥生時代から古墳時代初頭期の群馬県内の様相をみてみたい。

群馬県内の遺跡では弥生時代末から古墳時代初頭に、外来の土器が多数確認されるようになる。土器は東海、畿内、北陸、南関東地方等の土器群である。

従前より群馬県内では、S字状口縁台付甕を主体とする東海系土器様式になるとされてきた。しかし筆者の検討では、S字状口縁台付甕は調査時や報告時にその特異な形のため注目を集めるが、じつは出土土器の主体を占めるのは、圧倒的な量の在地土器である。しかし、なぜか群馬県ではS字状口縁台付甕を主体とした東海系の土器に変換するというのが以前より定説になっている。

群馬県内の遺物を検証すると、煮炊き具の甕は、東海系S字状口縁台付甕が主体となることはなく、平底の単口縁甕や他の器種の甕が多数出土する。甕以外の器種も在地土器群と畿内、南関東系、北陸系等複数他地域の外来土器の系譜を引くものが混在しているが、主体は在地系土器にある。さらに個別にみていくと、群馬県内の弥生時代終末から古墳時代前期にかけての遺跡では、甕の一器種S字状口縁台付甕は、甕全体の割合からすると在地の平底の甕より少量である。さらにS字状口縁台付甕の大半は、群馬在地産の可能性が高い。

東海系の土器とともに南関東系、北陸系の土器も多く出土し、弥生時代末から古墳時代への変革期には複数他地域の土器が混在した状態がみとめられる。むしろ混在した状態が一般的で、東海系一色にはならないのである。このような複数地域からの多器種の土器が存在する背景として、遠隔地との地域間の交流を否定することはできない。

つづけて水野の読み下し文で『魏志倭人伝』をみてみよう。

「祖賦を収むるに邸閣あり、国々に市有りて有無を交易し、大倭をして之を監せしむ、」

とある。そのまま考えれば大きな蔵のようなものがあり、有無を交換する場所、つまり市がある。そして市を監督する人がいるというのである。この交易が村々をつなぐのか国をつなぐのか、あるいは両方であるのかはわからないが、少なくとも市場、交流、交易の場があったとの記述である。

しかし問題がある。倭人伝は邪馬台国を含む倭国の風俗をかいてあるものである。かつての渋川地域が『魏志倭人伝』と同じ社会の範囲にいたのかはわかっていない。

さらに倭人伝を開いてみると、

「其の俗、事を挙げ、行来に云為する所あらば輒ち骨を灼きて卜し、以て吉凶を占す。」

とある。新保田中村前遺跡から卜骨に使われた灼骨、シカ、イノシシの肩胛骨が出土している。いっしょに卜骨に使用する以前の肩胛骨が保管のために、まとめられて出土している。

「子は大小となく皆鯨面分身す。」

とある。弥生時代中期から後期関東地方を中心に弥生土偶が出土する。土偶の顔の特徴から髯をのばした表現や入れ墨を施した例がある。

『魏志倭人伝』の記載はこのように当時の倭国の風俗を示し、北関東では弥生時代中期に盛行した鯨面土偶や卜骨が出土している。この弥生時代中期以降の鯨面土偶は関東地方、西日本でも出土している。群馬県内の弥生土偶は藤岡市沖Ⅱ遺跡、日高遺跡、人形土器が有馬遺跡から出土している（図12）。新保田中村前遺跡で確認された卜骨の灼骨や、沖Ⅱ遺跡出土鯨面土偶は『魏志倭人伝』の記載と符合するのである。そして西日本でも鯨面土偶が出土している事実から、『魏志倭人伝』に記載された事実を群馬県内の発掘遺物から再現することができるのである。さらにつけ加えると有馬遺跡、新保田中村前遺跡で確認された鹿角製鉄剣束は神奈川県池子遺跡、静岡県登呂遺跡、長崎遺跡で共通するものが確認されている。登呂遺跡では灼骨、木製農耕具等新保地域と共通する出土品が多数確認されている（金子 1994、山田 1986）。

2. 群馬県内出土の土器

渋川市を東流する吾妻川流域の弥生土器を概観すると、上流部の長野原町川原湯勝沼遺跡で前期氷式並行埋設土器が出土している。篠原正洋は「群馬県西吾妻地方において、西部東海系条痕文土器やその影響を受けた大型の突帯文壺型土器の出土例はこれまでになく、遠賀川系土器を含めた西部東海系条痕文土器が、長野県東信地方から吾妻川流域経由で群馬県中央部へと波及する動きも想定できる」と指摘する（篠原 2005）。

長野県から長野原町に入り吾妻川を下ると、中期再葬墓を検出した鷹の巣岩陰遺跡がある。そして岩櫃山を左岸に眺め東吾妻町、中之条町を過ぎ渋川市に入り押手遺跡、前～中期の再葬墓のある南大塚遺跡、そして吹屋白井、中郷地区に入り利根川と合流する。利根川を南下すると有馬遺跡、有馬条里遺跡がある。さらに吹屋白井、中郷地域から利根川を北上すると、遠賀川式土器を出土した糸井宮前遺跡が

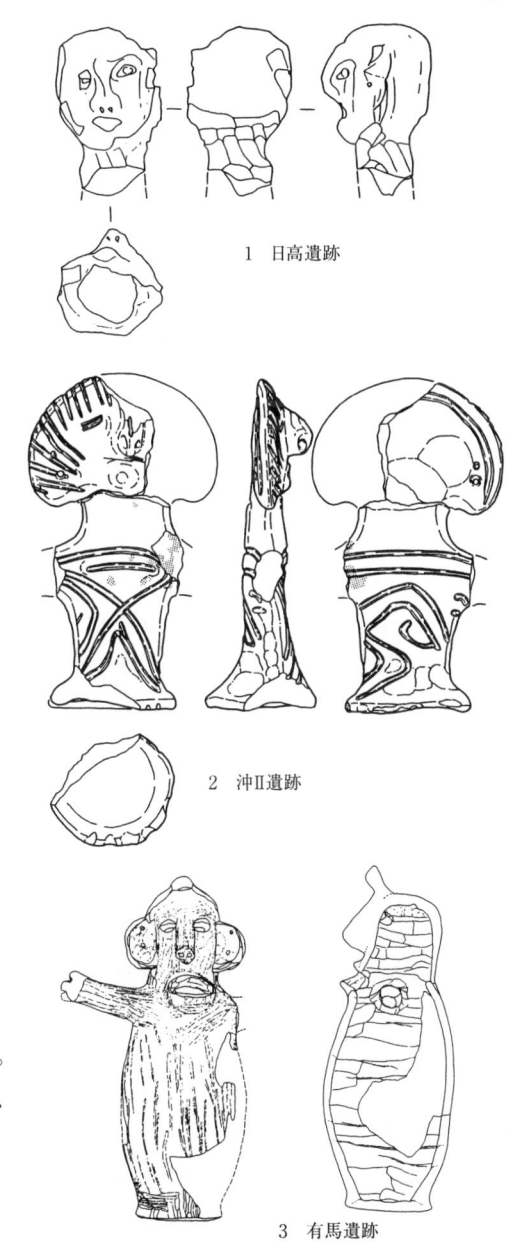

1 日高遺跡

2 沖Ⅱ遺跡

3 有馬遺跡

図12 県内出土弥生時代土偶・人形形土器 (1/8)

ある。再葬墓に関連する群馬県中央部の遺跡群には藤岡市沖Ⅱ遺跡、倉渕村（現在、高崎市）上ノ久保遺跡、安中市注連引原遺跡、そして同じ吾妻川右岸渋川市内の南大塚遺跡がある。

　篠原が指摘するように県南部と川原湯勝沼遺跡との関連は、前段で検討したごとく川を媒体としたルートを考えれば否定できるものではない。それどころか吾妻川を遡上した先は上田市につながり、安中市、藤岡市を東南流する鏑川、碓氷川を遡上した先は軽井沢を経て長野県と直結しており、川媒体のルートを示しているといえる。

　吹屋白井、中郷地域の弥生時代前期から中期にかけては、吾妻川流域の遺跡群を範囲として、県南の鏑川、碓氷川を通じた隣県長野県との密接な関係が存在したことがわかる。東海西部系条痕文土器の出土は、群馬県内の注連引原遺跡や川原湯勝沼遺跡例が示すように、長野県を通じてもたらされるからである。

　現在、群馬県内の遺跡の有り様は中期中葉を境に、長野県の栗林式土器、竜見町土器の出現により、集落が平野部に展開を始める。この事実は今までの発掘事例から確認されている。中期から始まる遺跡は渋川市内では有馬条里遺跡、高崎市では新保遺跡、新保田中村前遺跡である。それ以前の弥生中期前葉までは注連引原遺跡や吉井町神保富士塚遺跡、同神保植松遺跡（図1-17）のような標高の高い山麓にあることが多かった。山麓にある遺跡の特徴は条痕文系土器をもつことにある。弥生中期中葉から後葉に集落が展開する有馬条里遺跡、隣接して後期に継続する有馬遺跡があり、南部では高崎の新保遺跡、新保田中村前遺跡である。平野部に立地する遺跡群から出土する中期の土器には条痕文土器は消えて、竜見町土器への変換が進んでいく。新保遺跡でも条痕文土器は少なく、竜見町土器が多くなる。同様に新保田中村前遺跡でも住居跡から竜見町土器が集中して出土してくる傾向にある。つまり平野部に所在する遺跡は条痕文土器が消失していく事実がある。

　この時期の出土土器をよく観察すると、外来の土器を認めることができる。在地土器とともに東海、畿内、西日本だけではなく南東北地域の土器群、長野県の土器群が確認できる。長野県の栗林式土器が有馬条里遺跡、新保遺跡、新保田中村前遺跡等で確認されている。

　前橋市南部にある玉村町一万田遺跡では、東関東系御新田式土器の出土が確

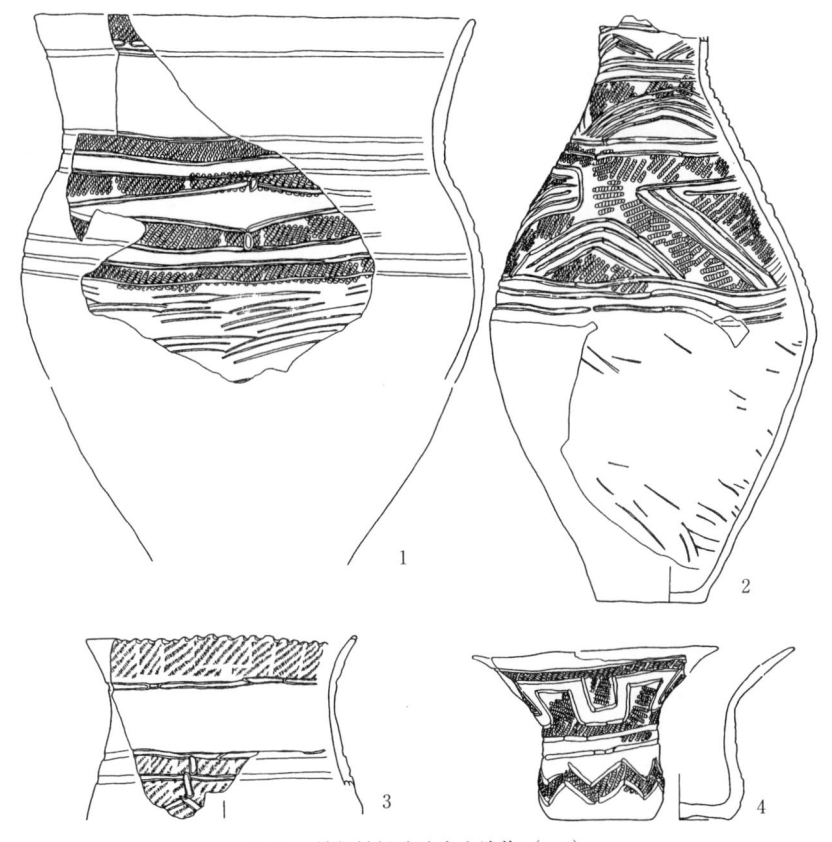

図13 神保植松遺跡出土遺物（1/4）

認されている。また、出土地ははっきりしないが、県北部みなかみ町の北東にある川場村で南東北系土器が確認されている。

近年、前橋南部に接する玉村町では、群馬県南部を東西走る北関東自動車道の南を平行に走る、国道354号線建設にともなう遺跡の事前調査が行われた。以前は現利根川流域平野部は弥生時代には開拓不可能であり、不毛の荒野とされていたが、前橋をはじめとする伊勢崎市、太田市の利根川周辺の低地部分で、弥生時代中期の土器出土の報告が急増している。前橋市徳丸仲田遺跡、玉村町福島飯塚遺跡等々県南部低湿地部の複数遺跡で弥生時代中期の土器群の出土報

38

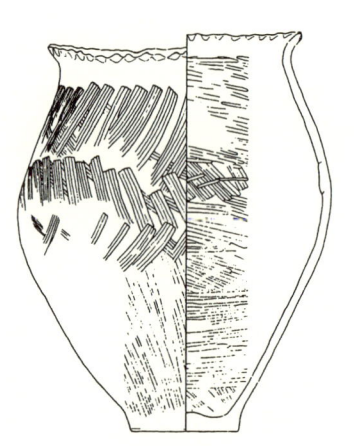

図14 一万田遺跡出土遺物 (1/6)

告がある。伊勢崎市西太田遺跡（図1-33）では、以前より弥生時代中期の土器片が確認され、さらに近年太田市内でも北関東自動車道建設にともなう遺跡で、多くの資料が蓄積されている。

　前橋市東部荒砥地域は、赤城南麓にあたる。昭和40年代から50年代にかけて、圃場整備事業で広い範囲で発掘調査が行われ、荒口前原遺跡、荒砥前原遺跡、西迎遺跡などの弥生中期の遺跡が確認された。ここでは南東北系の同心円を基調とする川原町口式土器、縄文と沈線を多用する天王山式系土器が確認され、後期から古墳時代初頭期には東海系、畿内系、南関東系、北陸系の土器群が出土している。このように群馬県内全域で、弥生時代中期～古墳時代初頭期にかけての遺跡から外来系土器の出土が多数確認されている。荒砥地域や伊勢崎市を含む南部低地部は、以前より弥生時代遺跡の存在を否定されてきた。しかし、遺構はともなわないが、多くの中期弥生土器が低湿地で確認される事例が報告されていた。伊勢崎市西太田遺跡は中期後半から後期にかけての住居跡とそれにともなう土器が報告され、前述の前橋市一万田遺跡では御新田式土器の壺棺墓が確認された。

　平野部で確認されるこれらの遺跡は、現利根川周辺前橋市から伊勢崎市、太田市周辺に多く、時期は竜見町土器への変換時、弥生時代中期中葉にあたる。つまり前述の渋川市有馬条里遺跡や西太田遺跡をはじめ、前橋市荒砥前原遺跡、荒口前原遺跡、西迎遺跡、高崎市新保地域の遺跡群が、平地へ展開するのと時を同じくして進出を開始しているのである。同じ時期に群馬県内の複数の場所で、低湿地帯への進出展開と土器の変換が同時に始まるのである。

　これは偶然ではない。土器の変換は生活習慣の変質を物語っていると理解できるからだ。と同時に近距離間交流は、土器だけではなく当時の社会慣習を含んだ社会構造を、その背後にうかがうことができる。具体的には、土器の系譜からみると、平地部に展開する遺跡群からは条痕文系の土器群が消えていき、中期中葉以降、竜見町土器群に変換している。竜見町土器への変換は岩櫃山式土器、条痕文系土器群から大きく異なり、器種が増え、器形も多種多様になる。つまり生活習慣、食習慣等の変換を物語るからである。

　竜見町式土器の出現から、平野部に遺跡が広がるのは、中期中葉頃と考えられる。

そしてこの時期に群馬県内全域の遺跡で、南東北系川原町口式、長野県栗林式、東関東御新田式土器群等北関東地域や南東北等の地域との交流も認めることができる。このような集落立地の変換は、当時の社会が農耕指向へと変化していく様をみせている。つまり低湿地、平野部への農耕社会への展開、変質である。灌漑をともなう広い範囲の米作が、群馬県内の平野部で始まるのはこのときである。しかし前述のように、それ以前中期前半の鏑川流域の高台に所在する神保富士塚遺跡土器底部に籾痕が確認され、山麓での農耕を否定するものではない。むしろこの時期の遺跡からは石鏃の出土が多い。農耕社会の内容的な変化が、集落立地の変換に現れたと看取できる。土器の変換と大規模な低湿地への米作の展開は、中期中葉以降に始まったことが理解できる。

そして平野部地域で中期に始まった遺跡群は、その地で後期に拡大していく。その後広い範囲で、後期樽式土器が出土する遺跡群が拡散、形成される。

筆者は新保地域に、交易の場を想定した。もちろん渋川市地域や他の地域でも、同じ機能をもつ集落があったことを想定している。このように群馬県内には、弥生時代中期から後期に継続する遺跡は多数あり、交流の存在を確認することができる。そのなかで新保地域と有馬遺跡との交流はかなり可能性のたかいものである。さらに渋川市内の弥生遺跡を俯瞰してみると、吾妻川と利根川の合流部から吾妻川上流部吾妻町内、岩櫃山中腹に鷹の巣山岩陰遺跡、渋川市に押手遺跡、南大塚遺跡が所在する。前期から中期に位置づけられる再葬墓の遺跡は、押手遺跡を含め、近年ではさらに上流部の長野原町内でも確認されている。前期の再葬墓が川原湯勝沼遺跡で確認され、中期の立馬遺跡（図15）では竜見町土器の壺棺墓が確認されている。押手遺跡から吾妻町までは吾妻に並行する国道で約20km、そこからさらに長野原まで同じく吾妻川を約10km遡上することになる。つまり遺跡は川筋を通じ、交流があったことが看取され、川伝いの交流網の存在が指摘できる。

利根川上流域に遠賀川式土器を出土した糸井宮前遺跡（図1-43）があり、同じみなかみ町の八束脛洞窟遺跡（図1-42）では死者の歯や骨を穿孔している。これらも弥生時代中期再葬墓の遺跡である。沼田市、川場村、片品村では弥生時代から古墳時代前期の遺跡が多数確認され、弥生時代後期になると鉄剣を出土した石墨遺跡、集落遺跡の戸神諏訪遺跡、環濠集落日影平遺跡、北陸地

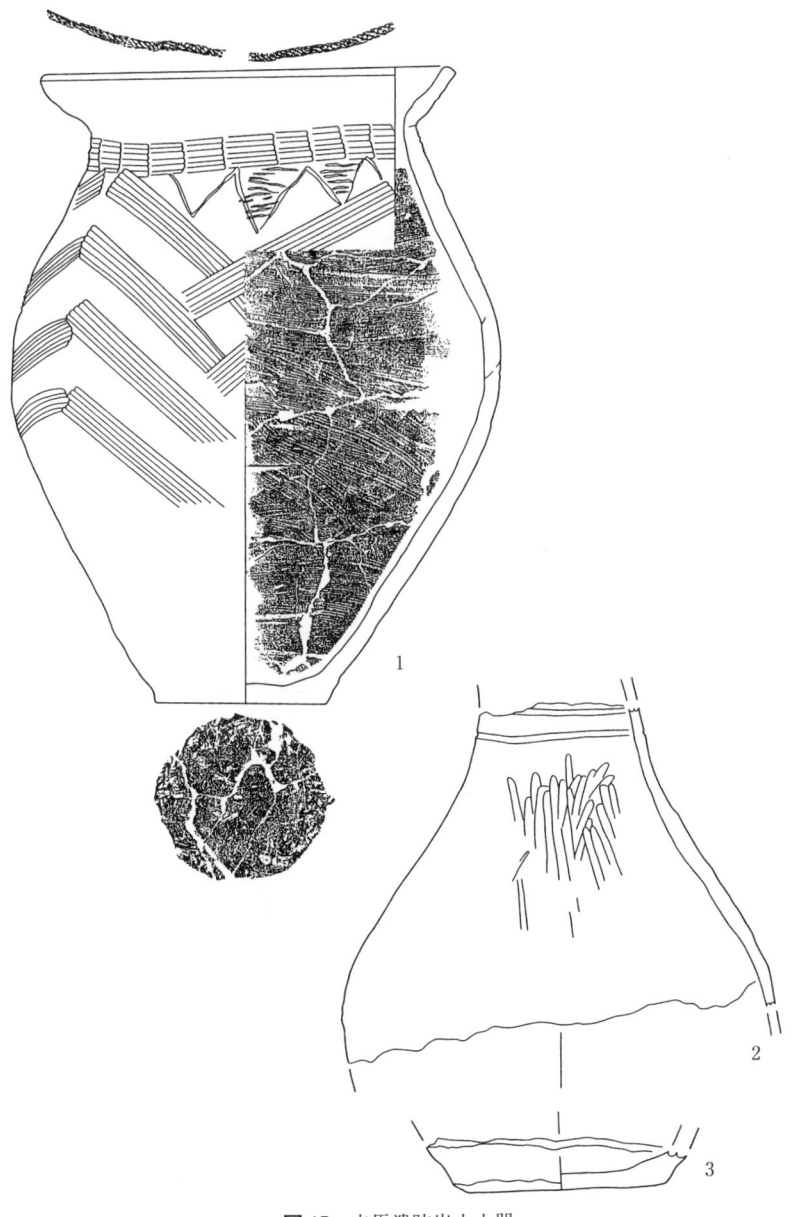

第 2 章 古墳時代へ向かう社会　41

図 15　立馬遺跡出土土器

42

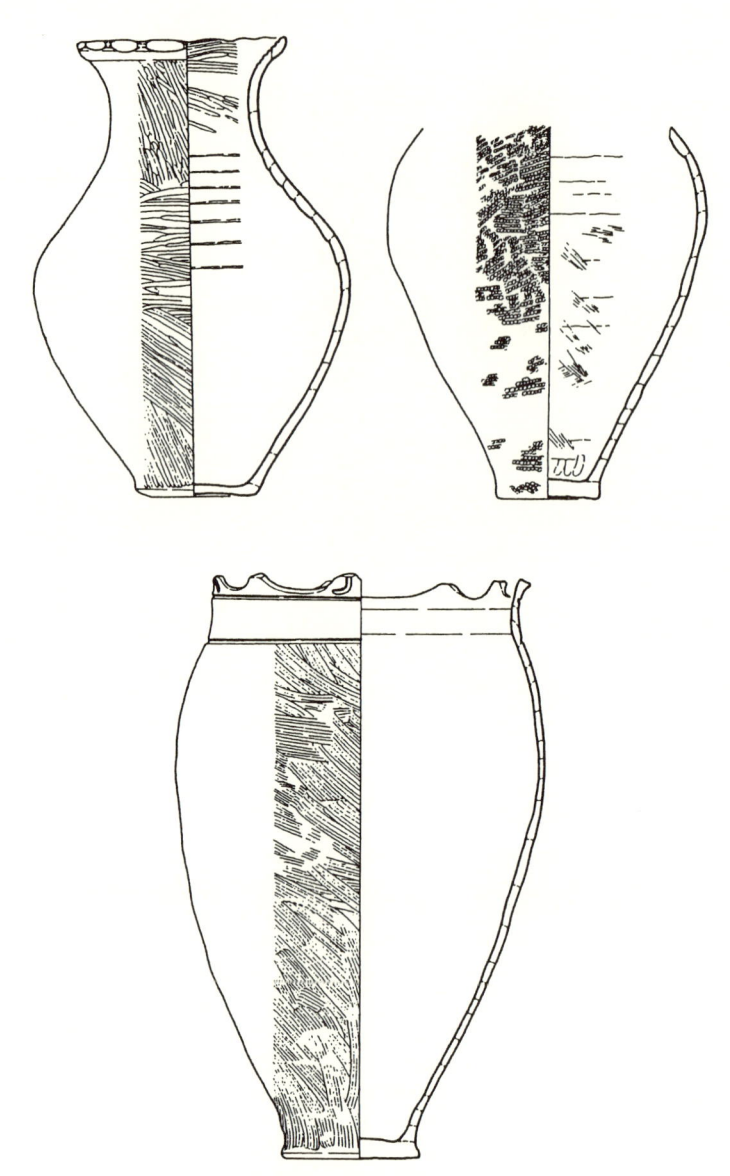

図 16 南大塚遺跡出土遺物 (1/6)

方の弥生後期月影式土器を出土した町田小沢Ⅱ遺跡等々が確認されている。それに加えて前述の川場村立岩遺跡（図1-41）出土の中期南東北系土器が、地域間の交流を示している。

吾妻川の上流域からは長野県上田市に抜けるルートが控え、利根沼田地域は川場村、片品村の先に尾瀬ルートが控えている。おのおのの先には、長野県栗林式土器分布圏、そして南東北系土器（弥生中期）南御山式、川原町口式、天王山式土器群の分布域がある。

沼田市では後期になると川場村生品西浦遺跡で、東関東系土器が石包丁と共伴出土している。

このように川筋の遺跡周辺をみると、他地域間との交流を物語るさまざまな土器や遺物が確認できる。

ここで吹屋白井、中郷地域にもどる。以前は弥生時代の遺構がきわめて少なかったが、近年資料が著しく増加した。周辺を「川と交流」という視点からみると、対岸地域や県南部を含め弥生時代を通した遺跡群から、同一地域社会をイメージすることができる。群馬県内全域を俯瞰すると、在地の岩櫃山式土器をもち、再葬墓という共通する文化をもち、やがて竜見町土器に、さらに一斉に樽式土器文化へ継承される共通性があることから、同じ地域文化圏に属するものと想定できるのである。

3．川を媒介にした交流

渋川市は県西北から東流する吾妻川、北東から南流する利根川の合流部にあたる。一般に利根川は段丘が発達しているため、水利の点から農耕には向かず、村落は水害のない後背湿地で平坦な場所を選んだと考えられていた。そして地形を分断する川筋が文化や社会を分けるものと考えられていた。しかし近年、そのような常識は覆る可能性が出てきた。

前橋市田口町に所在する田口上田尻、下田尻遺跡は、利根川の左岸で分流する桃の木川に接し、古墳時代初頭期から中世にいたる複合遺跡であることがわかり、新たな集落立地の事例として注目された。

長野県中野市で、銅鐸と銅戈が共伴した柳沢遺跡は、千曲川が蛇行する川岸に存在する。埼玉県熊谷市では旧利根川の流路で、現地表下数メートルの自然

堤防上から、弥生時代中期の池上遺跡や北島遺跡などが報告された。

　吹屋白井、中郷周辺と渋川市内を俯瞰すると、弥生時代の遺跡である有馬遺跡、有馬条里遺跡は、利根川の河畔に位置する。川をはさんだ対岸の同市北橘町では弥生時代後期の樽遺跡、古墳時代は鉄剣を出土した田尻遺跡、鉄製品が多数出土した北町遺跡等の集落遺跡も、利根川の河畔に立地している。

　このように渋川市内吾妻川、利根川合流部周辺には有馬遺跡、有馬条里遺跡さらには礫床墓から鉄剣を出土した空沢遺跡など、弥生時代から古墳時代にかけての集落や墓域が存在する。特に有馬条里遺跡、有馬遺跡では多数の住居跡、礫床墓が確認され、鉄剣、鉄製釧、青銅製釧、勾玉、管玉、ガラス玉が出土している。有馬遺跡、有馬条里遺跡の集落が展開を始めたのは弥生時代中期にさかのぼり、押手遺跡の前期遠賀川式土器から南大塚遺跡と並行、連続して吹屋白井、中郷地域に継承され、同時期に面的な遺跡群の地域を形成する。

　吹屋白井、中郷地区から押手遺跡は、北西へ2.5km、南大塚遺跡は南西へ約4km、有馬遺跡、有馬条里遺跡は南へ5kmの位置関係にある。これらはいずれも河川の合流部に営まれた共通するエリアに属している。

　筆者は川という地形的環境は、前述の長野県とみなかみ町、長野原町も含めた文化や社会の交流の場をつないでいると理解している。

　そしてその河畔にある吹屋白井、中郷地域の多くの遺跡は、この地域が弥生時代前期の押手遺跡から、古墳時代後期まで継続することを証明した。

　特に弥生時代から古墳時代にかけて、きわめて充実した遺構と資料を提供し、周辺地域の遺跡群ともリンクしている。渋川市白井北中道Ⅲ遺跡では、弥生時代後期の住居跡6軒が確認されている。住居跡から出土した遺物はすべて在地の樽式土器である。口縁部の開きや胴部の丸み等から、土師器と共伴する時代に共通する点が認められる。以前は弥生時代後期から、古墳時代初頭期の樽式土器をもった遺跡は、この地域では希少であったが、隣接する糀屋遺跡、恵久保遺跡に継続し、たがいに交流をもちながら存在したことがうかがわれる。

　さて前述の新保地域は利根川西岸染谷川の端にあり、実際に古墳時代以降河川の変流による水害を受けていたことが、発掘でわかっている。新保田中村前遺跡周辺は現在でも氾濫、増水が多く、河川改修のために発掘調査された遺跡であった。田口上田尻、下田尻遺跡の存在の理由は現代人が考える水害の問題

より、さらに優先する河川周辺地の利用価値があったことを示しているといえる。利用価値とは、平野部への立地変換同様、リスクはあるが洪水による被害よりも肥沃な土地の保証と川筋の交流ルートなのである。

このように群馬県内を概観すると、土器が竜見町土器群に変化した頃に、長野県、南東北、東関東等の弥生時代中期の外来土器が確認され、後期には北陸、畿内、南関東、東海地方からの土器が確認される。

渋川地域では前期から中期に至り、土器群の進入路（交流）に吾妻川がある。そして明らかに同時期の遺跡が存在した弥生時代前・中期から後期に他地域の土器群が存在し、交流が行われた事実を認めることができる。換言すれば、弥生時代前期から通してとぎれることなく、他地域と交流があったことを証明している。

弥生時代後期、新保田中村前遺跡では鉄剣の束を製作していた。さらに鹿角の在庫品、製作途上の束の出土もある。静岡県登呂遺跡、長崎遺跡、神奈川県池子遺跡でも同様な剣の束がある。新保地域で鹿角の出土の他、イノシシやシカの肩胛骨を保管していたと考えられるような出土例や、卜骨が行われた灼骨の出土から、まさに人びとが吉凶を占った事実を確認できるのである。

4. 同一土器をもつ集団

従前より同じ土器様式をもつ集団と集団が、どのような有機的なつながりをもつかということは等閑視されがちであった。同じ型式、様式の土器群をもつ人びとはどのような形でつながっていたのだろうか。同じ型式の土器をもつ人びとが数キロの範囲に同時に集落を築いていれば、行き来や交流、交換もあったはずである。その証明として新保田中村前遺跡と有馬遺跡の鉄剣の束、さらには群馬県内での遠賀川式土器の出土、立岩での弥生時代中期の南東北系土器の出土、荒口前原遺跡、西迎遺跡や内堀遺跡でも同じく南東北系土器の出土、新保地域で栗林式土器が出土している。外来土器は後期になると、東関東系十王台式土器が群馬県内に広い範囲で出土する。東日本全域で、弥生時代末から古墳時代初頭期の遺跡で他地域の土器が出土する。東海系、北陸系、南関東系、畿内系土器群が在地の土器群に混在する。その背景にある交流は、弥生時代を通して機能、継続していたわけである。

外来土器の存在は、弥生時代後期末から古墳時代にかけてだけではなく、弥生時代全般を通じ、つねに他地域との交流の存在を明確に物語っている。「もの」だけではなく、さらに重要なのは卜骨で吉凶を占う人びとの社会慣習を含めた交流であろう。近距離間の集落群は、弥生時代中期に一斉に竜見町土器に変化し、集落は低地へ移動する。新保田中村前遺跡で作られた柄が、有馬遺跡の鉄剣に装着される。そのとき有馬遺跡と新保田中村前遺跡を含めた群馬県内では、樽式土器が出土する。そこに地域社会の範囲がある程度想定できる。

　『魏志倭人伝』にある卜骨や鯨面の存在が指摘でき、さらに「国々には市が存在し有無を交易していた」と記載されている。管理者の存在、さらには収穫物を納める蔵の存在や階層社会の存在までが記載されている。だからといって吹屋白井、中郷地域や新保地域が邪馬台国の範疇にあるということではない。しかし、少なくとも新保地域では交易や交易品の貯蔵、卜骨という行為からは記載と共通する文化内容が見られる。樽式土器という共通した土器様式の内部の社会を表しているといってもよい。たがいに共通する土器様式や生活様式はきわめて重要な問題であり、同様に同じ文化内容を共有する社会がどこまでの範囲に存在するのかを考える必要があろう。そのときに土器の型式、様式の問題同様に同じ生活様式を共有していることも、重要な意味をもっていると考えられる。共通の交易物、同様の慣習をもった社会内で当時の人びとが土器や卜骨、有柄、鯨面を共有したからである。その結果として同じ地域社会を、構成したと考えることができる。

　ここで取り上げた吹屋白井、中郷地域、荒砥地域、新保地域のみに限らず、古墳時代になると東海、畿内、北陸、南関東系の土器が混在する事実を加味して、「クニ」の概念が新たに問題として提起される。吹屋白井、中郷地域、新保地域、荒砥地域は交流の範疇では一つのエリアが想定でき、同じ地域社会を構成していた可能性がある。その背後には当時の人間の地縁的、血縁的集団の存在があり、周辺との交流のなかには通婚圏等をはじめさまざまな集団間の社会関係があったはずである。

　検討はさらに後段に譲るが、弥生時代の墓は墓域のなかで複数の形態をもつ。礫床墓や木棺墓、周溝墓の周溝の形態の違いなど統一されているわけではない。なぜ統一されていないのか。彼らは同様な墓であっても複数の選択肢のなかか

らその形態を選択したのである。しかし重要なのは溝が巡る墓、という範疇のなかにあることだ。

　弥生時代中期、再葬墓、鯨面土偶、後期の樽式土器も選択肢のなかから彼らが選んだ結果である。それが「クニ」への始まりであると考える。筆者は古墳時代に成立する社会は、当時そこで生活していた人びとがさまざまな「もの」や文化のなかから選択し、のぞんだ結果、彼らの意思によって生まれたものであると考えている。農耕社会を指向した立地（平地のなかでの場所）の選択、低地や河畔に集落を構成すること。また竜見町土器、樽式土器を選び、後期には北陸系土器、畿内系土器、東海系土器を導入選択したことも彼らの意志である。当時の社会はさまざまな選択肢のなかから人びとの意思、選択で作り上げたものと筆者は考える。その背景には、自由でさまざまな多岐にわたる交流の社会があり、そのなかで卜骨、有髭土偶、再葬墓、周溝墓等を、彼らが自らの意志で選択したのである。

註
（1）　沖Ⅱ遺跡は、1983年学校建設によって藤岡市教育委員会が調査。県内ではめずらしい土器埋設土坑27基を検出。条痕文土器等が出土した。
（2）　注連引原遺跡は、1985・1986年養護学校建設にともない安中市教育委員会により調査。県内ではめずらしい弥生時代前期の遺跡。条痕文土器を検出。
（3）　黒井峯遺跡は、1982～8年にかけて子持村教育委員会が調査。火山災害で一気に埋没した村。1993年国指定を受ける。
（4）　礫床墓は、弥生時代後期の墓形態。木棺墓の底面に板ではなく小さな石を敷き詰めている墓。周溝墓の主体部にあるが単独墓が基本。
（5）　土坑から出土した弥生時代の人骨が他殺であるとわかった。聖マリアンナ医科大学の鑑定で、渋川市有馬条里遺跡から検出したもの。

第3章　古墳時代へ進む立地変換

第1節　前橋市東部荒砥地域・伊勢崎市西部地域

　前章では、群馬県内で弥生時代中期に土器と立地の変換があったことを指摘した。その結果、日常生活全般が変わっていったと解釈し、特に生産の基盤の一部である農耕について群馬県内の各地域での立地環境が違うなかで、どのように導入されたのか検証したい。

　前橋市東部、荒砥地域を概観してみよう。弥生時代中期に出現する遺跡は荒口前原遺跡、西迎遺跡、荒砥前原遺跡等があげられる。荒砥地域の集落展開は、弥生時代前期に比定される遺跡は確認されず、中期中葉以降に始まる。その後、県内全域と同じ経過で古墳時代へと継続拡大していく地域の一つである。

　荒砥地域は前橋市東部、伊勢崎市西部の赤城山南麓に広がる扇状地上にあり、標高は100m前後である。地形の特徴は、山裾が南北に長く尾根が延びる。

　昭和40年代からの圃場整備事業で多くの尾根台地を削り、谷を埋め平坦地を造ったが、今でも比高差をもつ水田が多い場所である。さらに整備事業にともなう発掘調査であったため、調査区が狭く同じ台地上を何度も整備行程に合わせくり返し名前を冠したために、小さな遺跡が多数散在するような印象になってしまった。図17にあるように低地と扇状地形の尾根とは比高差は5～10m（あるいはそれ以上のところもある）を測る台地上に集落が形成され、低地部を水田耕作地として利用したと考えられる。台地上に弥生時代中期に集落が造られはじめ、以降古墳時代へと継続し、谷部に水田が形成される。

　図17に弥生時代から古墳時代へ継続する地域の遺跡を示した。この赤城山南麓地域には荒砥島原遺跡、荒砥前原遺跡、荒口前原遺跡、今井

白山遺跡（図1-28）、西迎遺跡等の弥生時代中期から古墳時代前期の遺跡群が存在している。
(1)

　遺跡群は同一の尾根上に所在し、時代を経て他の集落へと継続している。荒口前原遺跡から荒砥北三木堂遺跡（図1-30）、荒砥北原遺跡へという具合である。荒砥川と神沢川が合流する伊勢崎市では、荒砥前原遺跡から同じ川筋に沿った下増田越渡遺跡、荒砥島原遺跡（図1-31）、波志江中野面遺跡、荒砥二之堰遺跡へと継続あるいは並存している。小さな川筋を繋ぐ遺跡間の距離は、1～2kmの範囲に存在している。遺跡群の有り様は、おのおのの小範囲の狭い遺跡ごとに報告書が刊行されてきたため別々に考えられていたが、同じ台地上に弥生時代中期から古墳時代までの遺跡群が存在することから、同一の継続する遺跡と考えたほうがよい。そして同じ低地を耕した弥生時代から継続する集落である、と考えるほうが妥当である。また同じ川筋で低地をはさみ、荒砥前原遺跡と下増田越渡遺跡は数百メートルの距離にある。このような遺跡も同様に、同じ集団を構成していたと考えられる（図17）。

　さて以下、そのような視点で臨んでみよう。荒口前原遺跡や西迎遺跡から群馬県内で中期に位置する竜見町土器に混じって、同心円を基調とする南東北地方川原町口式系土器が共伴する（図18）。荒口前原遺跡の東500mに弥生時代から古墳時代へ継続する鶴谷遺跡群、北200mには古墳時代前期で住居跡約20軒を確認した荒砥諏訪西遺跡、南へ200mには5～6世紀の住居跡を主体とし、弥生時代の土器片を出土した荒砥北三木堂遺跡、南西200mには古墳時代前期の周溝墓を検出した荒砥北原遺跡が接するように並んでいる。

　荒砥川と神沢川が合流する地点には、弥生時代中期の南東北系の土器を出土した荒砥前原遺跡、西北700mには弥生時代後期の方形周溝墓を確認した下増田越渡遺跡、北1.2kmには古墳時代前期の荒砥島原遺跡、西に隣接して古墳時代前期の住居跡を確認した荒砥宮原遺跡がある。また北東1.2kmには、古墳時代前期の住居跡と周溝墓を確認した波志江中野面遺跡が所在している。このように同じ台地上、同じ低地をはさんで向かい会う集落、同じ川筋に近接して所在する遺跡は、弥生時代中期から古墳時代に通時的、共時的に存在した遺跡群であると考えることができる。今まで個々に検討されていた遺跡群を、視点を変えて同じ地域内に所在する遺跡群としてとらえると、地域社会といえる

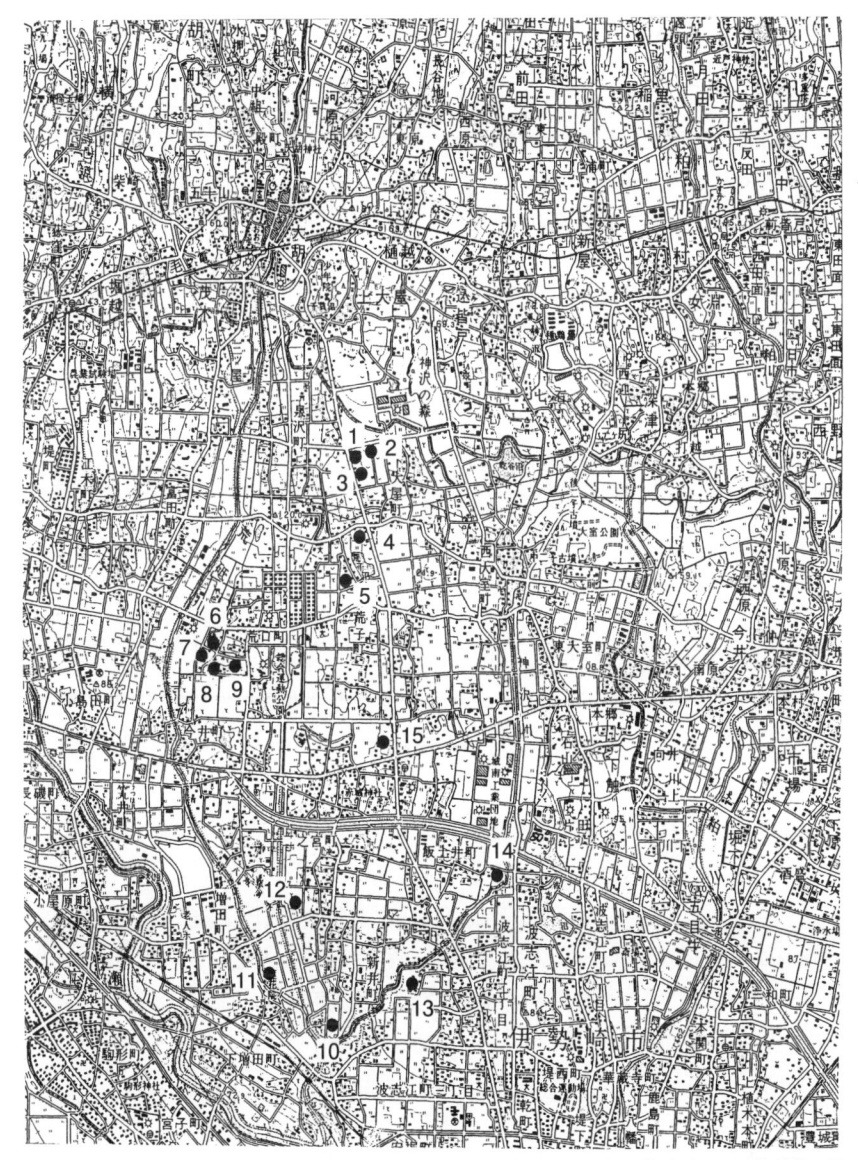

第 3 章　古墳時代へ進む立地変換　*51*

1．東原B遺跡　2．中山A遺跡　3．村主遺跡　4．堤東遺跡　5．頭無遺跡　6．荒砥荒口遺跡　7．荒砥北原遺跡　8・9．荒砥三木堂遺跡　10．荒砥前原遺跡　11．下増田越渡遺跡　12．荒砥島原遺跡　13．波志江中野面遺跡　14．荒砥二之堰遺跡　15．荒砥上之坊遺跡

図 17　荒砥地域遺跡分布図

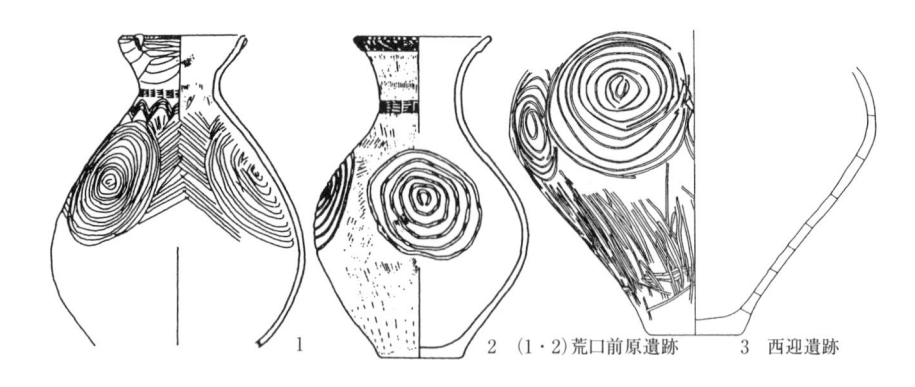

図18　荒砥地域出土同心円文を持つ土器（1/6）

　新たな姿が見えてくる。なぜなら南東北、長野、東海、北陸、南関東の土器をもつ集団同士が、同じ時に数百メートルの距離をおき没交渉でいたとは思えないからである。彼らは同じ土器様式をもち、同じ木製農耕具をもち、同じ谷を耕していただろう。このような農耕を生業とする集団は同じ社会を構成していた可能性が高いと考えられる。

　つまりこのような遺跡群は別々の存在ではなく、少なくとも赤城山南麓地帯の農耕を指向する社会を構成していた集団である。弥生時代中期の土器群をもった荒口前原遺跡の北東1.2kmで、同一台地上にある東原B遺跡は、古墳時代前期の住居跡20軒と前方後方形周溝墓2基を含む周溝墓16基、甕棺墓2基が検出された。東に接する中山A遺跡には前方後方形周溝墓と、方形周溝墓2基があり、南に接する村主遺跡には、古墳時代前期住居跡20軒が検出された。さらに南東500mの北田下遺跡には、古墳時代前期の住居跡10軒が確認されている。弥生時代から古墳時代にかけて、住居跡と墓群が継続した地域社会の様相を垣間見ることができる。前橋東部から伊勢崎西部にかけての、赤城山南麓での低地部を利用した、農耕集落のありようが看取される。

第2節　碓氷川と鏑川地域

　碓氷川の水源は長野県との境、碓氷峠にある。碓氷峠を越えると現在の軽井

沢に通じる。鏑川の水源は、群馬県下仁田町と長野県佐久市の境にある物見山である。碓氷川は安中市を南東流し、高崎市で烏川と合流する。

鏑川は下仁田町で南牧川と合流し、富岡盆地を経て高崎市で烏川と合流する。どちらの川も川筋をたどると、吾妻川同様長野県に通じる。安中市は群馬県西部に位置し、その南に接する藤岡市同様、川を介して長野県に通じている。

さて、藤岡市鏑川右岸、白石大御堂遺跡（図1-44）で遠賀川式土器が出土している。弥生時代の遺構は明確に把握できなかったが、遠賀川式土器と岩櫃山式系の土器(2)、他に工字文、変形工字文、条痕文土器が出土している。

同じ鏑川右岸の尾根上に所在する神保植松遺跡は、直線距離で東約5 kmに神保富士塚遺跡が所在する。ここでは遠賀川式土器と岩櫃山式系土器、そして東海系条痕文土器との共伴から長野、東海地方との交流が看取される。同様な土器と遺跡の立地から、長野原町との共通性を確認することができる。さらに安中市碓氷川流域に所在する中野谷・原遺跡で、神保富士塚式土器（筒型を基調とする神保富士塚遺跡出土土器）が出土している。碓氷川流域では他にも神保富士塚式土器が表採されている。このため碓氷川、鏑川の流域をいっしょに概観したい。碓氷川には数条の支流が存在している、おそらく当時からその川筋に弥生時代集落が存在したことが考えられる。

群馬県で遠賀川式土器と共伴する条痕文土器は東海西部地方に由来し、遠賀川式土器が運ばれた同じ道を経て群馬県にもたらされたと考えられる。

東海地方と群馬県を繋ぐ重要な位置に、長野県が存在している。

弥生時代前期の遺跡は安中市、富岡市、藤岡市で確認されるが、集落遺跡の確認は少ない。沖Ⅱ遺跡、神保植松遺跡、神保富士塚遺跡はすべて再葬墓土壙を確認した遺跡である。また安中市注連引原遺跡で住居跡が1軒だけ確認されている。群馬県内で弥生時代前期の住居跡が確認されない理由は、農耕定住性が薄いことなどが指摘されるが、神保富士塚遺跡で確認された籾痕や同時期の多くの遺跡で石鍬が出土するなど、陸耕の存在を否定することはできない。

碓氷川には河岸段丘が2段形成され、その上位段丘上に弥生時代の遺跡が存在する。この段丘面は横野台地とよばれ、縄文時代晩期から弥生時代初期遺跡の注連引原遺跡をはじめ、その後時間を経過し、中原遺跡（図1-11）、下原遺跡（図1-13）と絶えることなく継続する。遺跡群は約10km²の範囲内の台

地上に存在していることがみて取れ、それぞれの遺跡群は水場を押さえた小さな谷筋に立地していることがわかる。これは陸耕の有り様について示唆を与える。

　碓氷川、鏑川流域でも弥生時代遺跡の立地に変化が生じるのは、他の地域と同様に弥生時代中期以降で、竜見町土器群の出現期に遺跡の低地化現象が始まる。富岡市小塚遺跡（図1-15）、東八木阿曽岡権現堂遺跡、南蛇井増光寺遺跡（図1-14）は鏑川低地に所在し、弥生時代後期に展開していく。このように鏑川、碓氷川筋に存在する弥生時代中期から後期にかけての遺跡の立地と開始期は、前橋市東部赤城山南麓の立地と共通して遺跡の低地化が見られる。[3]

　つまり、前段で見たように渋川市では利根川と吾妻川合流部の標高約100m前後の台地上に、多くの集落が営まれている。利根川端も同様に有馬条里遺跡、有馬遺跡、中村遺跡などをあげることができる。一方、前橋南部、高崎市で、遺跡は小河川が流れる微高地上に立地する。おのおの違った立地を選択するが、同じ時、同じ土器を共有している事実を見逃せない。

　これら遺跡群の内容を論ずる前に、次章では各遺跡の土器構成を概観して、その背景にある社会を検証したい。

註
（1） 前橋市東部から伊勢崎市西部にあたる荒砥地域は弥生時代中期にこのように展開を始める。集落には南東北や長野県等の土器が出土し、他地域との交流を維持していたことがわかる。
（2） 岩櫃山式土器は縄文土器の伝統をもち、条痕文系の影響を受けた土器で、図6、鷹の巣岩陰遺跡に代表される土器群である。
（3） 立地とともに指摘できるのは岩櫃山式土器と中期の竜見町土器の誕生である。小塚遺跡、南蛇井増光寺遺跡等平野部に移動した集落では竜見町土器への変換が始まっている。

第4章　弥生土器から土師器へ

第1節　弥生土器と出土遺物

　前章まで、群馬県内の弥生土器における中期中葉の竜見町土器群への変換と、低湿地の水田農耕指向の拡大は、ほぼ時を同じくしていることが遺跡の調査からわかってきた。ここでは土器を変換した社会は、どのような構造であったのかを検討したい。

　弥生時代中期岩櫃山式土器の特徴は、縄文時代の土器文様と条痕文を基調とすることで、1939年に発見された吾妻町にそびえる岩櫃山の洞窟遺跡にその名の由来がある。再葬墓の遺構からは17個の土器が確認され、伝統的な縄文の技法と東海西部系の条痕文土器との融合が産み出した土器群である。吾妻川左岸の押手遺跡では遠賀川式土器と条痕文土器が出土し、その背景として北九州、東海地方とを長野県で繋ぐルートが浮かび上がり、列島内の広い交流の存在をうかがわせる。

　今のところ岩櫃山式土器を出土する住居跡の検出はない。すべてが再葬墓の例なので居住地は不明である。平野部での出土は少なく、群馬県西北部吾妻川、碓氷川、鏑川流域から出土する。川原湯勝沼遺跡で出土した氷式土器や、注連引原遺跡縄文晩期土器群とも合わせ、弥生時代以前の縄文時代から他地域と継続した交流を示している。

　弥生時代中期中葉をすぎる頃、高崎市、前橋南部地域の平野部一体に農耕集落が展開を始める。低地一帯に進出する遺跡群から出土する土器は、高崎市竜見町で発見された竜見町土器である。竜見町土器とは高崎市竜見町で出土した土器を指し、研究史のなかで竜見町式土器と認定した事例は未だない。さらに

竜見町土器と長野県栗林式土器との差違を認めることはできず、栗林式とよぶ研究者もいる。これが正しければ長野県と群馬県の弥生時代中期は、同じ土器文化圏といえることになる。いずれにせよ、長野と群馬の密接な交流の存在を認めることができる。ここでも型式論による結論は出ていないことと、竜見町式土器の認定もないので竜見町土器とよぶ。[1]

竜見町土器の分布が広がる低地部を含めた遺跡は、ここで取り上げたなかでも県西北部の立馬遺跡をはじめ高崎市浜尻A遺跡、新保遺跡、新保田中村前遺跡、渋川市有馬条里遺跡、前橋市荒口前原遺跡、西迎遺跡、富岡市南蛇井増光寺遺跡、伊勢崎市西太田遺跡、みどり市（旧笠懸町）和田遺跡（図1-36）、太田市磯之宮遺跡（図1-39）等である。遺構は山麓を中心に再葬墓が発見され、居住域は不明であり、後期に継続する様子はうかがえない。

一方、低湿地に展開した竜見町土器をもつ遺跡は、後期に樽式土器へ変換し展開していく。長野原町では氷式土器並行の再葬墓、川原湯勝沼遺跡から立馬遺跡、安中市では注連引原遺跡から中原遺跡、下原遺跡、中野谷・原遺跡を経過して後期樽式土器住居跡35軒、古墳時代前期住居跡10軒を検出した荒神平・吹上遺跡がある。

碓氷川、鏑川流域では、神保植松遺跡、神保富士塚遺跡、小塚遺跡を経過し富岡市南蛇井増光寺遺跡で弥生時代後期から古墳時代前期にかけての住居跡、約180軒が確認されている。

渋川市内では、前期押手遺跡から南大塚遺跡、有馬条里遺跡を経て後期から古墳時代前期に及ぶ約80軒の住居跡を検出した有馬遺跡、そして古墳時代前期北村遺跡へ展開する。県北部では川場村立岩遺跡、みなかみ町八束脛洞窟遺跡から沼田市弥生時代後期から古墳時代初頭期にかけての住居跡10軒と、鉄剣を出土した周溝墓がある石墨遺跡、そして遠賀川土器を出土した糸井宮前遺跡では弥生時代後期から古墳時代前期の住居跡35軒が検出されている。

高崎市新保遺跡、新保田中村前遺跡は熊野堂遺跡等と並行継続し、前橋市荒口前原遺跡、荒砥前原遺跡、伊勢崎市西太田遺跡を含む前橋市東部から伊勢崎地域には後期から古墳時代にかけて北田下遺跡、村主遺跡、明神山遺跡、諏訪西遺跡から同市内舞台遺跡へ古墳時代前期の集落へと繋がっている。

前述した前橋市徳丸仲田遺跡や玉村町の福島飯塚遺跡等で弥生時代中期の土

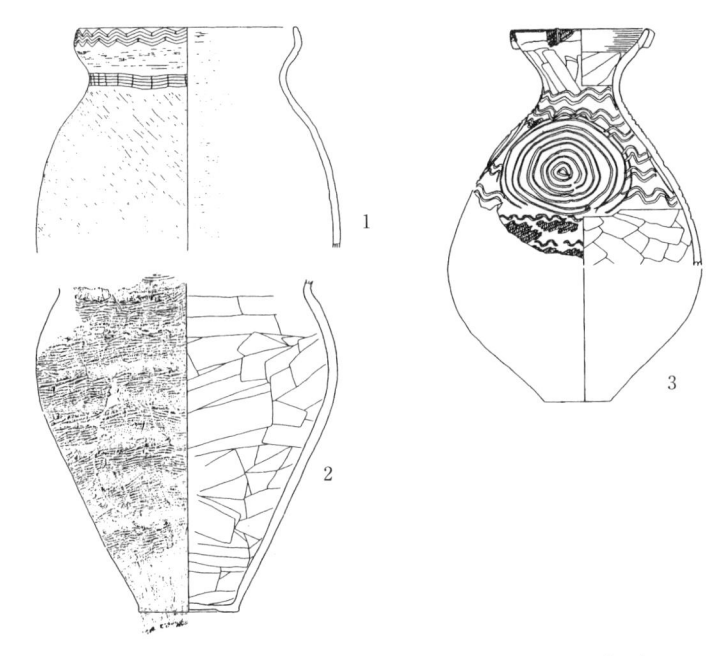

第4章 弥生土器から土師器へ 57

図19 磯之宮遺跡（3）・和田遺跡（1・2）出土遺物（1/6）

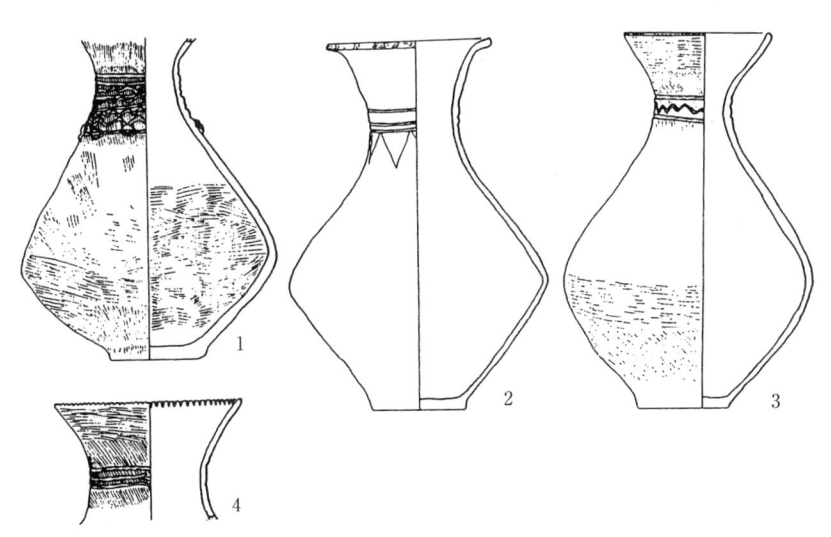

図20 浜尻A遺跡出土遺物（1/6）

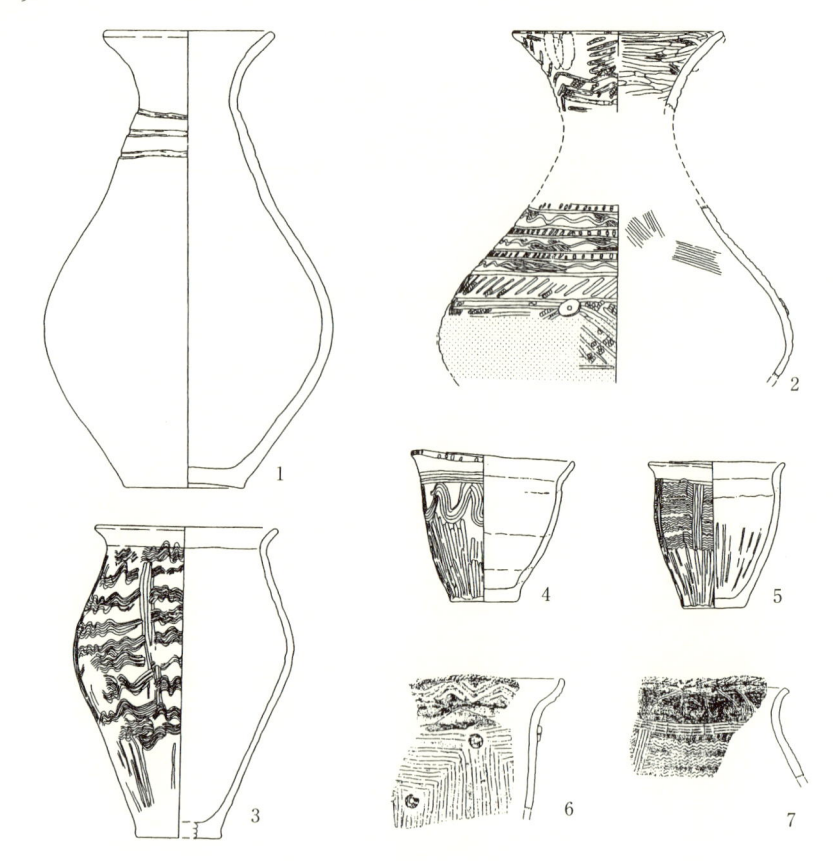

図21　熊ノ堂遺跡出土遺物（1/6）

器片が確認され、北関東自動車道調査遺跡、現在整理中の県東部低地部の太田市内の遺跡群で弥生時代中期の土器片の出土が多数確認され始めている。
　このように現在多くの遺跡調査の結果から遺跡周辺を確認すると、一定の範囲内に時間を継続する遺跡群をうかがうことが可能になってきた。
　弥生時代中期以前の集落社会は、遺跡数は少ないが中期中葉から後期、古墳時代前期へと継続する集団社会が見えてくる。
　竜見町土器は平野部一帯に普及し、安中市、富岡市、荒砥地域、伊勢崎市、太田市を含む県東部に広がり、同様に南東北地方の土器群が県東部を中心に広

がりをみせる。一方、前述のように土器研究では竜見町土器と栗林式土器との分類はむずかしく、竜見町土器を栗林式土器の一部とみる見解もあり、筆者もそのように考えている。このような背景からは群馬県と長野県との密接な関係を維持した社会背景を考えなくてはならない。さらに、一方では県東部に存在する多重沈線文と縄文をもつ南東北系の土器群、川原町口式などの存在から西だけではない広い交流の存在を認めるべきである。

　このような低湿地部に広がる中期中葉の遺跡群は、核となって後期に展開を始める。この時期は神奈川県でも中里遺跡、埼玉県の池上遺跡や北島遺跡、千葉県の常代遺跡等々、群馬だけに限らず関東地方一帯に低地に向けて大きな集落展開が始まるときにあたり、社会変革をともなう集落立地の変換は時を同じくして、広い範囲で始まったことがわかる。特に近年、銅鐸と銅戈の出土で話題となった柳沢遺跡のある長野県でもまったく同様な変質が生じていることがわかっている。柳沢遺跡でも中期中葉の水田、墓域が確認されている（石川2009）。

　広い範囲で同じ現象がおきることから、その背景にある社会の変革を検討することが可能になってきたと考えている。さらに群馬県と近密な長野県でも、同様なことがおきているのである。つまり東日本地方全体に同じ時期に、平野部で水田農耕が始まるのである。このことは関東地域全体に、なんらかの情報交流があることを示していると考える。検討は後段にするとして、次は群馬県内で調査された遺跡の後期樽式土器から、古墳時代に向けた集落を検討したい。

　新保田中村前遺跡は竜見町土器をもち、後期樽式土器へとつづく遺跡である。隣接する遺跡は新保遺跡、さらに東日本で初めて水田遺構を確認した後期日高遺跡がある。

　群馬県では弥生時代末から古墳時代前期にかけての遺跡、遺構から他地域の土器が在地土器と共伴して多数出土する。このような土器群は外来土器とよばれ、群馬県内研究者のほとんどは、群馬県の古墳時代成立の要因は外圧によるものと考えている。つまり群馬県の古墳時代の社会・文化は他地域からの移住民や入植民がきて作り上げたという説である。

　しかし、群馬県内の遺跡から外来系土器が出土するのは、弥生時代末だけのことではなく、ここまで検討をしてきたように、遠賀川式土器の出土に始まり

弥生時代を通した交流の事実を認めることができる。弥生時代中期には、栗林式土器をはじめ南東北地方の川原町口式土器、天王山式土器、関東地方の御新田式土器、池上式土器、北島式土器に加え南関東宮ノ台式土器が荒砥前原遺跡、荒砥北三木堂Ⅱ遺跡等々で出土し、東海だけとの関係ではなく広い範囲の交流が認められる。このように西からだけではなく、群馬県内の遺跡からさまざまな地域の土器が出土している。弥生時代から古墳時代に継続する遺跡も多く、高崎市新保遺跡、新保田中村前遺跡、熊野堂遺跡、雨壺遺跡、渋川市有馬遺跡、有馬条里遺跡、前橋市棚島川端遺跡等、多くの遺跡をあげることができ、さらに前橋市荒砥地域では中期以降の遺跡群が狭い台地上に確認できる。

　遺跡の見方を広げ、地域内でエリアとして複数の遺跡群をみると、弥生時代から古墳時代へ経過、継続する地域社会を確認することができる。弥生時代中期から古墳時代へ継続する遺跡群は、平野部への展開に始まり成立当初から他地域との交流を維持しながら発展していく。

　前述したように神奈川県の弥生時代中期中里遺跡、千葉県常代遺跡、埼玉県池上遺跡などでは、群馬県と同様に弥生時代中期に低湿地へ集落が展開する。中里遺跡では東海東部系土器、常代遺跡では東海系土器とともに南東北の土器、池上遺跡では、南東北系土器と東海地方の土器が出土している。このような複数他地域の土器が広い範囲に確認されることと、弥生時代中期以降の低湿地への集落展開は群馬県と同じ現象と考えることができる。このことから筆者は、現在の関東地方を含む広い範囲で、この時期に灌漑用水をもつ水田農耕社会への変換が始まったと考えている。すなわち、このような遺跡の有り様から、群馬県の後期樽式土器をもつ社会のみが外圧により社会変革がおきたとは考えていない。

　群馬県のみが殻に閉じこもり外圧を待っていたのではなく、じつは群馬県だけではなく汎東日本がこのとき、積極的かつ能動的に新しい農法を取り込み、受け入れ、農耕社会へ進む意思をかため、新しい社会構造を選択したのである。

第2節　新保地域出土遺物

　群馬県内において、弥生時代中期に成立し古墳時代へ継続する集落遺跡のひ

とつである新保遺跡を取り上げ、弥生時代の社会がどのように古墳時代へと変化したかを検討してみよう。新保遺跡は現在の高崎市内染谷川の端に位置し、流れは約2km南流した後、井野川に合流する。弥生時代中期にこの場所に占地し、古墳時代へと継続した集落遺跡である。出土遺物は土器、木製品に加え、骨角製品、種子等が多数出土している。

　住居跡からは竜見町土器、樽式土器が出土し、やがて土師器へと変換していく。そのなかで弥生時代中期から後期にかけて、複数地域の外来系土器が確認されている。特に弥生時代後期樽式土器と共伴出土する他地域の土器群は、東海、畿内、北陸、南関東等複数地域の土器が多数確認されている。このような外来系土器が目につくことから古墳時代の成立期にかけて、群馬県内では集団の移住や入植民という外来勢力の圧力があったとする論考が多く、現在では常識、定説となっている。その説では入植者は東海から進出し、最初の入植地は井野川流域、則ち新保遺跡の所在する地域であるとされている。

　そこで、ここではその井野川流域に所在する新保遺跡が、弥生時代中期に低湿地へ展開した後どのような経過を経て古墳時代を迎えたかを概観してみたい。[2]

　新保遺跡が所在する高崎市新保町は関東平野西北部に位置し、低湿地が広がる微高地上にあたり、染谷川自然堤防上の標高は90m前後にある。新保田中村前遺跡は新保遺跡の北側に接し、現染谷川の河川改修工事の事前調査で確認された遺跡である。さて、新保遺跡調査で大溝と命名された河川跡が検出され、そのなかから多量の土器、遺物が出土した。新保田中村前遺跡でも同様に多量の遺物を出土した河川跡が検出された。両河川跡は検出位置、出土遺物から弥生時代から古墳時代にかけての同じ流れであることがわかっている。両遺跡からは多量の土器の他、木器が合計して4000点を越え確認された。そのなかには多数の農耕具が認められた。新保遺跡、新保田中村前遺跡に集落が営まれた当初の土器組成は竜見町土器を主体とし、そのなかに栗林式、御新田式、池上式、川原町口式等多数の外来系土器を確認している。新保遺跡114号住居跡では竜見町土器を主体とし、御新田式、池上式土器を確認し、新保田中村前遺跡2号河川跡覆土中から南東北系の土器群同心円文をもつ土器が出土している。このような立地と出土土器から、同一の集落と考えることができ、ここでは新保地域として2遺跡をあわせて検討したい（図30）。

新保地域から出土した遺物は土器、木器、骨角器、稲、種子で、そのほとんどは大溝、河川跡から出土している。つまり出土遺物の大半は新保遺跡大溝、新保田中村前2号河川跡からである。
　新保田中村前遺跡2号河川のなかには2条の流れが確認され、おのおの2-1、2-2号河川とされ、調査時の断面検討の結果、2-1号河川が新しいことがわかっている。時期は2-1号河川が弥生時代中期から古墳時代前期、2-2号河川からは弥生時代中期から後期の土器が出土している。

1．木器

　新保田中村前遺跡出土木製品は、木片も合わせ取り上げ総量数2000個体以上である。このなかから製品と認められる個体を対象とした。新保遺跡大溝からは総数2100点以上が出土し、このうち製品と加工材個体を対象とした（表2、図22〜25）。
　まず新保地域で出土した木製品の樹種の内訳をみると、215個体9％がカシ、1186個体50％がクヌギ、そして970個体41％がその他の種になる。次に製品を用途により分類してみると、農具は128個体41％がカシ、129個体41％のクヌギ、56個体18％がその他になることがわかる（図22〜25）。新保地域全体でみると9％でしかなかったカシが、農耕具では41％と大きな比率を示すこととなる。新保遺跡報告書で木器を考察した山田昌久によれば、登呂遺跡や東海地方の弥生時代遺跡から出土する木製農耕具は90％以上がカシであるという（山田 1986）。
　このほかに農具柄は96本が確認でき、このうちカシ製の柄は6本、これに対しクヌギ、その他の樹種が残りを占める。つまり土を直接耕す鍬先、鋤先部分にカシを集中させている。全体量の少ないカシを農耕具にあてるという結果からは、当時の人びとの樹種の選択と意図を読み取ることができる。
　新保遺跡、日高遺跡報告書中での花粉分析によれば、当時の周辺地域はクヌギ節を含むコナラ属がカシ属の10倍という結果が出ている。したがって自然界の植生と大きく違った高い比率のカシが偏って出土していることがわかる。これだけの比率のカシを選択伐採したとすればカシの植生が維持できるとは考えられず、当時の新保地域の農耕具に使われるカシの出土比率は、周辺自然環

表2　新保地域樹種

新保地域	カシ	クヌギ	その他	計
農具	128	129	56	313
工具	11	85	70	166
建築・加工材	76	972	844	1892
計	215	1186	970	2371

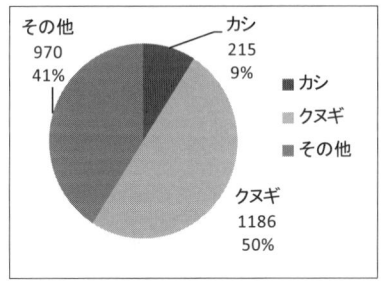

図22　新保地域の樹種比率

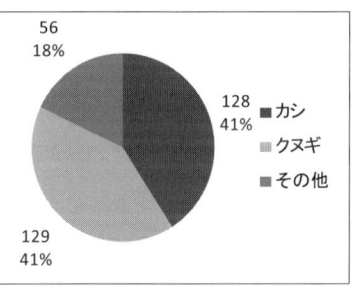

図23　新保地域の農具比率

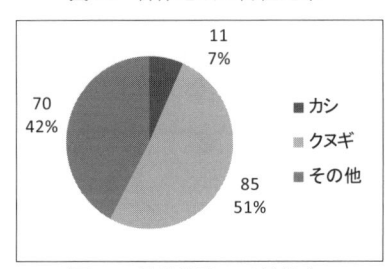

図24　新保地域の工具比率

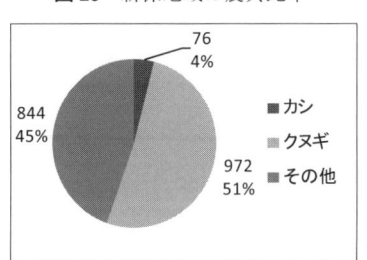

図25　新保地域の加工材比率

境とは大きく異なっていることが看取できる。

　次に農具以外の木製品をみると、工具では砥、木皿、木台でカシの使用頻度が農具の1/3以下となることがわかり、クヌギ材が50％を越える使用比率である。この結果からも、当時の人びとが農耕具にカシを選択している事実を読み取ることができる。じつは新保地域からは木製品以外に板材とされるものが多数出土している。カシ（材）が40個体、クヌギが150個体出土している。

　板材の比率でもカシは、190個体中21％という比率を認めることができる。山田は当時の周辺植生から鑑みて、カシは南関東以西からの移入品の可能性を

指摘している。さらに新保田中村前遺跡の調査、整理担当者の下城正は、報告書中で2号河川内で出土した6本の原木をあげ貯木の可能性を指摘している（下城 1994）。新保地域西に隣接する日高遺跡は、東日本で初めての弥生水田が確認された遺跡でもあり、日高遺跡からも木製農耕具が出土している。

このように出土木製品の木質が当時の周辺植生とまったく異なった比率を示すことは、新保地域の人びとの選択伐採だけでなく、広い地域との交流の事実を示していると考えられる。

2．骨角器

新保地域には木器の他に多くの骨角器、獣骨が出土している。新保遺跡では1100点、新保田中村前遺跡でも1000点を超えている。骨の種類は大半はイノシシ、ニホンシカで、他に狸、熊、犬である。骨角製品は鏃、刺突具、弭形製品、髪飾、卜骨（未使用と使用したもの、ほとんどがシカ、イノシシの肩胛骨）等であった。他に鹿角製剣の束、日本狼の牙に穴を穿った垂飾りなどめずらしいものも出土している。このなかで鹿角製束が、新保地域で28個体出土している。内訳は新保遺跡8個体、新保田中村前遺跡の20個体である。そのなかには製品、未製品（製作途上品）と未加工状態の鹿角も多数検出されている。報告書中で金子浩昌は同様な束頭を出土した静岡県登呂遺跡、同長崎遺跡、神奈川県池子遺跡を紹介している、さらに群馬県内の渋川市有馬遺跡でも出土している（図11）。有馬遺跡の出土例は弥生時代後期の墓に埋葬されていた鉄剣に装着されていたもので、顕微鏡観察の結果、茎に鹿角の残滓を確認した。有馬遺跡の鉄剣は全部で8振り確認でき、茎にあけられた装着用の穿孔場所から、有馬遺跡出土鉄剣に装着されていた束は新保田中村前遺跡で出土したものと同型と考えられる。有馬遺跡では他に墓から青銅製釧、鉄製釧、管玉、勾玉、ガラス玉が多数確認されている。

このほか獣骨が多数確認され、金子は『新保田中村前遺跡Ⅲ』報告でイノシシ、ニホンシカの遺存個体に比較して肩胛骨の出土量が少ないことに触れ、シカについて「肩胛骨：3個を検出したのみである。これはシカの場合についてもいえることであって、特別な処理のあったことを推定しなければならないであろう」としている（金子 1986）。イノシシの項目でも「肩胛骨の遺存は極め

て少なく……」としている。金子の指摘は後の『新保田中村前遺跡Ⅳ』で解明されることになる（金子 1994）。「以前には検出できなかった肩胛骨は実は新保田中村前遺跡でまとまって出土したのである。総計はイノシシ31点、ニホンシカ22点が確認された。このうちイノシシ8点、ニホンシカ6点から熱灼痕が認められ、卜骨の事実を確認した」。金子が新保遺跡考察当時奇妙に思っていたことは、遺跡内から3個体の出土であったシカの肩胛骨が隣の新保田中村前遺跡内の1カ所で50個体を上回る骨がまとまった形で出土したことである。金子が指摘した「特別な処理」とは、肩胛骨が卜骨用に保管されていたと考えることができる。

新保地域からはこのように木製品、骨製品の他、多くの弓も出土している。樹種はイヌカヤ材である。

『魏志倭人伝』を開くと「……兵には矛、楯、木弓を用い、木弓は下を短くし、上を長くす。竹箭は、或いは鉄鏃、あるいは骨鏃……」の記載がある。多数の獣の牙や骨といっしょに当時木弓に用いられたイヌカヤとの共伴が確認され、骨鏃の存在もそれを証明し、また「木弓は下を短く」は西日本に盛行した銅鐸に描かれた弓にも共通性を指摘できる。

日高遺跡、新保田中村前遺跡で出土した鹿角の分析をした宮崎重雄によれば「鹿角には落角が2本含まれており（略）その他の大多数の鹿角は前頭骨角座骨が付いているものであり、角の骨質化も完了していて、捕獲季節が秋から冬にかけてであったことを示している」。新保地域出土鹿角の大多数は捕獲鹿のものだった事実がわかったのである（宮崎 1993）。

第3節　遺物が語る交流の有り様

弥生時代北九州に伝来した農具も土器と同じように東へ伝播すると山田は指摘する。農具製作用の磨製石斧も同時に東へ伝播し、新保地域からも磨製石斧が斧束と出土している。山田は新保地域の木器の形態の共通性から東海地方、中部高地、北関東への伝播の道を想定している。

さて、同様に当時の植生とまったく異なった木材の出土、下城の貯木の指摘からは、新保地域内での製材の可能性をも想定できることになる。山田が想定

したカシの移入も板材か原木の状態で製材をした可能性も考えられる。
　しかし、周辺植生にくらべ多いとはいえ、カシの存在自体は新保地域では東海や西日本と比較すれば少ないものである。このため農具の柄の部分には在地でとれるクヌギ類を使用するなど、当時の人びとは量の過多に根ざし厳選していたことが理解できる。このような使用方法や板材と思えるような出土状況から、製材を含めた保管等の管理を認めることができる。
　次に有馬遺跡では、鉄剣が弥生時代後期の墓から出土した。新保田中村前遺跡で出土した束は下城の検討で有馬遺跡鉄剣の束に収まった（図11）。鉄剣の鉄は化学分析の結果中国華北産の成分が混入していた（佐藤明 1990）。
　当時の社会情勢を考えれば朝鮮半島、北九州や畿内はもちろん東海地方や長野県を含む地域を経なければ、入手はできなかったであろう。直接大陸、朝鮮半島に出向き取引をしたとは考えられない。同じく渋川市田尻遺跡、空沢遺跡、高崎市八幡遺跡、沼田市石墨遺跡、富岡市押出遺跡で弥生時代後期の鉄剣が出土しており、その束には鹿を捕獲し加工した鹿角が束として使われていた可能性が高い。新保遺跡から東海や畿内で多く出土する青銅製の巴形銅器が出土している。さらに有馬遺跡からは鉄製釧とともに青銅製釧が出土している。巴型銅器の化学分析の結果は畿内、東海で検出される成分と近い傾向を認める結果が得られた（佐藤明 1988）。
　有馬遺跡の墓から出土した勾玉のなかには、糸魚川産翡翠製勾玉、佐渡島産鉄石英製管玉も確認できた。このように弥生後期の群馬県で畿内、東海、さらに北陸、大陸の鉄を含み遠隔地との交流は、山田が指摘した南関東からの木製農耕具製作技術、板材の移入等々土器だけではないさまざまな交流が指摘できる。さらには静岡県の登呂遺跡と類似する造りの束頭の存在等のように生活習慣にまで及び、弥生時代前期から存在していた交流ルートは古墳時代を迎えるまでとぎれることはなく、その紐帯はさらに太く、多岐にわたっていった。そのなかでも長野県の存在がきわめて強いことがわかる。このような交流の基には『魏志倭人伝』に記載されていた「国々市有り」を大きく思い起こさせるところである。さらに貴重な鉄、青銅を扱うには「もの」を保管、管理する人間がいなければならない。つまり「市」を管理する人が必要であろう。そのような人間社会の存在が当然あったはずである。

東日本で初めて水田遺構を検出した日高遺跡は、新保地域の西側に隣接している。日高遺跡からは木製農耕具と鹿角が出土し、木製品は新保地域で造られた可能性が高いと指摘された。鹿角を分析した宮崎重雄は、角が落角ではなく捕獲した鹿からとったものであることを示した（宮崎 1993）。したがって鹿は捕獲され、食料であることはもちろん、角や肩胛骨の採集をもかねているわけである。つまり新保地域を含んだ水田農耕集落の人びとは、農耕具の製造から木材の貯蔵、食料や卜骨用の肩胛骨を得るために狩猟を行い、その後肩胛骨は保存していたことがわかる。日高遺跡も新保地域と同じ集団であった可能性がある。さらに同じ時間を共有する近隣周辺の集落とも、密接な関係を保っていたことが想定できる[3]。

　また、同じ鉄剣をもつ渋川市だけでなく沼田市、高崎市、長野県に近い富岡市をも含む広い範囲で鉄剣をもち、有馬遺跡と新保田中村前遺跡では静岡県の登呂遺跡と同じ形態をしている束の存在の事実もある。周辺地域で採集が可能なものだけではなく、鉄剣というものが群馬県内の複数遺跡から出土することは、おのおのの遺跡の人たちが独自で他地域へ行ったり大陸、半島に行って取引したのではなく、群馬県内の決まった場所に鉄剣とそれに装着される束が製造、管理されて保管され、同じ生活習慣を共有する社会が存在していたことを示している。

　これら遺物の共通性は単にものが同じということだけだろうか。筆者は「もの」が移動する交流のルートがあると考える。そして弥生時代後期だけではなく、それ以前、遠賀川式土器の存在から大陸で使用された戈をまねた石戈の出土、弥生時代を通して複数地域の土器の出土、鉄剣の束や農耕具の存在から、弥生時代が始まったときには、遠隔地域・遠距離間の交流の事実を認めることができる。逆にいえば、群馬県内の近隣遺跡の集落同士が、没交渉でいることの困難さを示していると考えられる。木製品の樹種の選択使用、木材の移入は、他地域や周辺地域社会との活発な交流の事実がわかると同時に、近隣集落間の交流を如実に示している。その社会は東海地方からの移住民や入植民がつくった社会、外圧によって成立したものではないことは明らかで、多くの遺跡の有り様、遺跡出土品から当時の人びとの自由な意志と選択が存在した社会であることがわかる。

註

（１） 竜見町土器が型式認定されていないのは本文の通りであるが、岩櫃山式土器はやがて竜見町土器へと変化する。平野部に展開する竜見町土器は前代の岩櫃山式土器、条痕文土器と当初共伴してやがて主体となっていく。新保遺跡熊ノ堂遺跡、小塚遺跡等々。

（２） 新保地域は平野部への展開を開始した遺跡群の一つであり、やがて古墳時代へと変遷していく。入植説をとれば、今までの信州や南東北との交流や中期以来の複数他地域との関係がどうなったかを解明しなければならない。

（３） このように近隣周辺だけの交流ではなくさらに広い範囲の交流が存在したことを、鉄剣の柄や卜骨、青銅器等々の出土遺物が証明している。

第5章　石田川式土器

第1節　石田川式土器研究史

　群馬県の古墳時代前期土器は、石田川式土器と総称されて久しい。その内容はS字状口縁台付甕を主体とした東海系土器群である、とされている（若狭 2007）。しかし、石田川遺跡報告書で石田川式土器が提唱されたとき、このような規定ではなく、東海系、南関東系、北陸系、畿内系と複数他地域の土器要素をもった土器群であることは周知されていた。石田川式土器様式が設定されたのは複数他地域の土器群という規定であった（松島 1968）。

　その後、段階的に変容がくり返され、S字状口縁台付甕を中心とした東海系土器と変化してきた。近年では、石田川式土器といえばS字状口縁台付甕単体を指す場合もあり、当初石田川式土器とされた土器群と現在の認識の間には大きな隔たりを認めることができる。

　成立当初の石田川式土器とされた土器でも、現在では石田川式土器の範疇にないと判断する研究者もいる。したがってそのような土師器群は石田川式土器並行期、石田川期などとよばれ、古墳時代前期を指す漠然とした使用例も多くなっており、石田川式土器の整理、検討が必要であると考える。

　そこで、ここでは発見当時からの石田川式土器様式の変化と変遷を追ってみたい。とともに、なぜ土器様式の認識が変化しなければならなかったかもいっしょに検討したい。

　石田川式土器の様式設定は『石田川』（1968年）の刊行をもって提唱された。発掘から報告書の刊行までは16年の年月を経ている。ここではその経緯も踏まえ、発見から現在までを3時期に分けて研究史を追ってみたい。

1．第1期　1952年～1967年

　1952年、石田川遺跡が発見された。同年11月京都大学人文科学研究所の日本考古学協会第10回総会研究発表会において、群馬大学教授尾崎喜左雄によりその概要が報告された。しかし、この報告は追加発表のため要旨は残っていない。発表では当初、米沢遺跡とされたが、同じく米沢地区の遺跡と混同されないようにするため、のちに石田川遺跡と改名され、その後石田川遺跡として広く認知されるに至った。石田川遺跡は尾崎喜左雄と群馬大学学生、松島榮治らによって行われた。

　当時の報告書『石田川』中では、S字状口縁台付甕について「広く類例を求めたが、わずか九州に少々類似したものがあると聞くのみであった」(尾崎・松島・今井1968)としている。

　遺跡が発見された当初は、石田川遺跡出土土器が弥生式土器なのか土師器なのか未だ議論を要した。実際に当時、弥生式土器とする研究者と土師器とする研究者の2者に分かれていた。

　1955年、尾崎喜左雄は石田川遺跡出土土器を『日本考古学講座』で弥生式土器として報告している。当時、群馬県内の弥生時代の調査遺跡は中之条町内に弥生時代中期の有笠山遺跡[1]、後期渋川市樽遺跡[2]、高崎市水沼遺跡[3]程度にとどまっていた(尾崎1955)。

　このなかで尾崎は「群馬県の彌生土器のうち、水沼遺跡出土の土器は西北山間部に、石田川遺跡の土器は東南部平坦地にみられ、その分布圏にかなりはっきりした差がみえている。……他方この地方の比較的古い古墳は平坦地に多く分布し、とくに石田川遺跡出土土器の分布圏に一致している。…(中略)…ようするに有笠山遺跡ならびに水沼遺跡と古墳との関係は認められず、石田川遺跡の文化がこの地方の古墳発生の母体と考えられるのである」と指摘した。

　同文中ではつづけて石田川遺跡出土土器を弥生土器に編年し、水沼遺跡出土土器と石田川遺跡出土土器との間に時間的な差はないとした。そして石田川遺跡出土土器を南関東の弥生土器に似ていることを指摘した。

　さらに石田川遺跡出土土器を「これらの土器による生活の状態は、いわゆる南関東後期彌生式文化に似たもので、前記の水沼遺跡とは異なっており、どちらが母体的なもの、あるいは発展的なものと決めることはできない。したがっ

て、この二種の土器群は系統的に異なるものとして、ほぼ同じ編年的位置をとるものと思う。しかし、石田川遺跡の土器は古墳時代の土師器との関係が他のものより強く考えられるので、土師器への発展の母体となったものであろう」としている。

　1962年、松島榮治は『日本考古学辞典』で米沢遺跡として紹介している。1955年すでに尾崎は石田川遺跡とされていたが、松島は米沢遺跡と表記している。「群馬県太田市大字米沢地内の石田川流域に、昭和27年発見された住居を主とする遺跡で、石田川遺跡とも呼ばれる」。そして遺跡から出土した土器については「南関東の前野町式土器に類似するものであり、北関東平坦地において末期弥生式遺跡の標準とされる」とし、米沢遺跡を北関東の弥生式土器の標準遺跡とした（松島 1962）。

　1966年、神沢勇一は『日本考古学』Ⅲにおいて石田川遺跡出土土器を弥生時代後期にあてている。そのなかで「南関東以外の地域においては後期後半の資料は断片的な形でしかとらえることはできない」とし、「相模湾北西部沿岸では神奈川県千代遺跡をはじめ、東海地方的な色彩をのこしながらも、前野町式土器と酷似した様相を示す土器が広く分布する。以上のうちで、石田川遺跡出土土器と千代遺跡出土土器に代表される一群には、土器は組成、製作手法、装飾の簡素化において、前野町土器に近い様相がうかがわれるのであるが、北関東東部においては、同様な傾向を生じながらも、地域的な伝統がより強く残存するようである。すなわち、この段階においては、従来、櫛目文土器の影響を受けず孤立的であった南関東が他地域との関連性を示しはじめ、むしろ北関東東部に孤立的、後進的な傾向がみられるのである。土器に反映されるこの地域の差異は、関東地方における弥生文化から古墳文化へと過渡的に、先進的な地域と後進的な地域の存在したことをしめすものであろう」ととらえ、石田川遺跡出土土器を弥生時代後期に編年している。神沢は当時の樽式土器を弥生時代後期中葉にとらえていた（神沢 1966）。

　甘粕健、久保哲三らは1966年『日本考古学』Ⅳで石田川遺跡出土土器を土師器としている。そのなかで両氏は群馬県内にある前期古墳を取り上げ「朝倉二号墳は、群馬県における最初の土師器である石田川系土器（＝五領式土器）を、埴輪のように墳丘の周囲に巡らしており……」とし、石田川遺跡出土土器

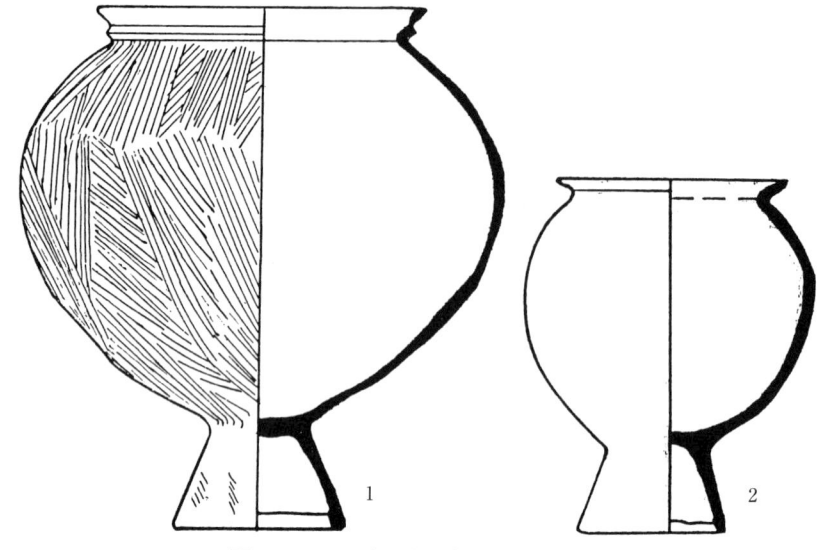

図26 石田川遺跡出土甕形土器 (1/4)

を石田川系土器とよび土師器とした（甘粕・久保 1966）。

　さて、ここまでは石田川遺跡発見第1期前半にあたり、石田川式土器という用語はまだない。発見当初から尾崎、調査を担当した松島、そして神沢は一貫して弥生式土器とし、3者に共通するのは南関東系前野町式土器との共通性である。

　石田川遺跡出土土器を当時、土師器と認定したのは古墳研究者である甘粕と久保である。資料の少ない当時、学会を代表する研究者の間でも、弥生式土器か土師器かの認定に議論が分かれていた。

　石田川式土器が発見されてから、報告書が刊行されるまでの16年の間、並行して土師器の研究が急速に進歩している。石田川遺跡で土器が発見された頃、埼玉県東松山市で、五領遺跡の発掘調査が実施された。五領遺跡の調査は土師器研究に多くの資料を提供し、五領遺跡の検討がされるなかで石田川遺跡も大きくクローズアップされることとなる。並行して関東地方の古式土師器の資料が集積された時期にも当たる。

　五領遺跡の土師器研究を概観すると、大塚初重が五領遺跡出土土器を土師器

第5章 石田川式土器 73

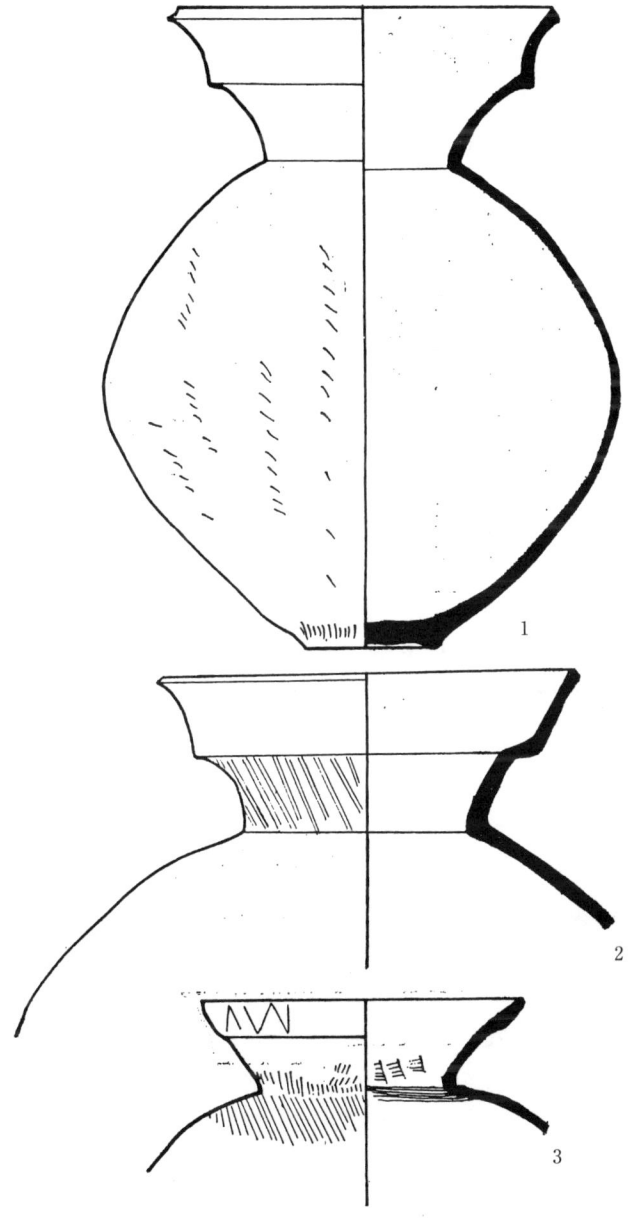

図27 石田川遺跡出土壺形土器 (1/4)

としたのが1961年のことである（石田川遺跡の報告書『石田川』の刊行は1967年である）。『弥生式土器集成　資料編』で大塚は「土器は壺、小型壺、鉢、器台、甕の組み合わせで土師器に属する」とし、つづけて「これらは畿内およびその周辺地域における土師器の出現によって、はじめて生じた特徴と思われる。すなわち、前野町式土器の伝統を維持しながら、新しい時代の要素をあらわしている点が五領遺跡出土土器の重要性であろう」とした。

さらに大塚は2年後の1963年『日本考古学年報』10で埼玉県東松山市五領遺跡の報告をしている。「調査はⅠ、Ⅱ、Ⅲ区とわけておこなわれたが、Ⅰ・Ⅱ区とⅢ区とは約100mに達する距離があり、中間地域が未発掘のため、いかなる連続状態を呈するか不明である」と前置きし、「しかし、ほぼ同時期の竪穴住居跡が発掘されたことは、弥生文化終末期から古墳時代へかけての、集落の全容をうかがい知る手がかりを与えたものとして、特筆すべき発掘例といえよう。また五領式土器として知られる古式土師器の資料を豊富にしたことも、東日本における土師器研究を新しい観点に立たせることとなった」とし、ここで五領式土器という用語を使用した（大塚 1963）。

この意見に対し同年、金井塚良一は「五領遺跡B区発掘調査中間報告」と題し『台地研究』13のなかで、五領期の住居跡にコメントした。「五領期と推定した19ヵ所の住居址の中、特にB地点36、37、46号住居址の如く、二つの住居址と複合しているものも発見されているが出土遺物についても相互に多少の相異が認められるようなので、五領期の住居址はおそらく2乃至3の時期に細分しなければならないだろう。これは何れ土器の詳細な検討結果と照合して分類するつもりであるが……」として、この段階で五領式土器が2～3分類できることを示唆している（金井塚 1963）。

翌年大塚は、明治大学が1959年に調査した群馬県太田市高林遺跡を『日本考古学年報』12に発表した。このなかで石田川遺跡出土土器を引いている。「東日本の古式土師器として、群馬県石田川遺跡出土例と同様の型式と考えられる。…（中略）…住居址床面から発見された土器は、いずれも土師式土器である。東日本における古式土師器と認められる。したがって、本遺跡は古墳時代前期の集落遺跡であり、古式土師器研究上に重要な資料を提出したものといえよう」（大塚 1965）。

第5章　石田川式土器

　さらにその翌年大塚は「埼玉県東松山市五領遺跡」と題し、『日本考古学年報』13に明治大学考古学研究室で行われた五領遺跡の第3次調査の報告をした。「過去2回に及ぶ調査に比較して、今回の出土遺物量がもっとも多かった」。さらに弥生土器と五領式土器との共伴を指摘し「とくに46、47号住居址の複合は、前野町期と五領期の住居址という点で、五領遺跡の集落構造の解明に重要な資料になると思われた」としている（大塚 1966）。

　1966年、岩崎卓也と玉口時雄らは「土師器」と題し、『日本原始美術』6のなかで、土師器の始まりから終わりまでを区分し、第Ⅰ形式は4～5世紀初め頃が中心であるとした。「しかし、これらはさらに前半期と後半期の2期に区分して観察すべき特性をもっている。つまり、前半期の土器は、それぞれの地域の先行する弥生式土器の残影を根強くとどめているため、必ずしも全国的に共通した器作をとらない。これに対し、後半期においては、おそらく畿内地方でまずつくりだされたと思われる。小型丸底土器、小型器台などを中核とする、特殊な土器のセットが形成され、急速に各地に伝播していった事に特色がある。…（中略）…つまり、第Ⅰ型式の土師器を通じての1つの特性として、日常性をもつ土師器群のほかに、多分に祭祀的な色彩をもった別個の土器群が共存していた点をあげることができる。しかも、これらはまず畿内地方で定式化し、それが全国に伝播していくところに重大な意義を見出しうるのである」と定義している。

　さらに、日常性をもたない祭祀的土器群に対し、日常性をもつ土器に「また、日常性を有する土器にしても、全国的に広まる丸底化の現象、さらには滋賀県以東の各地にみるS字状口縁を有する土器の広がりなどがとくに目立つ。つまり弥生時代の櫛描文土器に萌芽がみられる小地域→大地域への動きが決定的となるわけである」として古墳時代初頭期の土器を位置づけている（岩崎・玉口 1966）。

　その後、1967年になると大塚は『日本考古学年報』15で、五領遺跡紹介のなか、土器の編年を示した。「出土遺物は土器、土製品および鉄片である。土器は弥生町および五領Ⅰ式土器である。五領Ⅰ式土器は、南関東における前野町式土器に対応する時期のものであり、五領Ⅱ式土器は小形丸底の坩、丸底甕、甑、器台、杯、壺などの組み合わせからなる…（中略）…この五領Ⅲ式土器の

内容は、かつて日本考古学講座における杉原荘介、中山淳子の五領式土器を基調として、若干の多様さをみとめるものである」（大塚 1968）。

同年、大塚と小林三郎は再度群馬県高林遺跡の調査結果を『考古学集刊』第三巻第四号に示した。遺跡は太田市高林字本郷で 1955 年ごろ畑を耕しているときに偶然土器片が発見され、1959 年の明治大学調査をもとに報告をしたものである。

この遺跡の立地は石田川の左岸石田川遺跡の東約 1.7km の地点にあり、4世紀代にあたる朝子塚古墳に接し、同時に古墳の掘の一部も発掘している。大塚・小林は「高林遺跡の出土土器は一括して一型式内のものと断じて差支えないように思われる」としている。さらに「いうまでもなく、高林遺跡出土土器群は、いわゆる五領式土器として認められるものであろうが、北関東地方のいままでの代表例としてみられる石田川遺跡例とは少なからず異なった様相を示していると思われる。このことは、石田川遺跡例のみならず、他の同時期に比定されている遺跡群とも比較してみるとその様相の違いを汲みとることができるであろう。すなわち、高林遺跡が、群馬県太田市という地理的条件において、当然示すであろう様相としての土器群の組み合わせが、周辺諸地域における諸様相との混合形態としてみとめられるのである。勿論、高林遺跡における当然示すべき様相が、具体的に掴みうるわけではないが、少なくとも、前代の弥生式土器との関連において、また、南関東地方に分布する、いわゆる五領式土器との関連において予想される様相を意味している」（傍点は筆者）という指摘をしている（大塚・小林 1967）。

さらに個々の土器に対し、おのおのの出自を検討し、南関東地方、北陸地方、東海地方等の文化的な混在状況を指摘した。論中、大塚・小林は S 字状口縁台付甕にも触れ、S 字状口縁台付甕を甕形土器 B 類としている。「ある一群の土器は、いわゆる「有段口縁」をもつ台付甕形土器のグループであり、勿論、この器種は東日本一帯にも分布する標式的なものと思われる。この種の土器群が本来は東海地方においてきわめて標式的で特徴的な存在を示していることや、関東地方一帯、長野県、山梨県にかなりの分布を示していることから考えてみると、東日本におけるこの種の土器群が演じた土器文化上の役割は、またきわめて大きかったといわざるをえない」。

図 28　石田川遺跡出土小形土器（1/4）

　大塚・小林はこのときすでにＳ字状口縁台付甕と東海地方の関係、長野県、山梨県にも分布していることを承知した上で検討をしている。「すなわち、関東地方では、土師式土器文化の当初からは、この種の土器（甕形土器Ｂ類）はみとめられず、第二次的な段階としてはじめて明確に求められる。そして、それは平野部の周辺地帯に多くみられ、弥生式土器文化との接触点においては不明確である。このことは五領式土器と呼ばれるグループの中において、比較的弥生式土器と近い関係にある土器群には存在せずに、むしろ、それから一歩進んだ段階においてみとめられるということになろう」としている。
　つづけて「勿論、いわゆる五領式土器が南関東地方の弥生式土器から発展した土器として把握されるであろうし、それの分布も関東一円に及んでいるが、高林遺跡のある群馬県下では、五領式土器を生み出す母体がきわめて薄弱であ

るにもかかわらず、周辺地域の影響とみとめられる土器群の混入がみられるのは、分布上の相異ということだけではかたづけられない問題を含んでいるといえよう。そして、五領式土器の分布の中心は、やはり前野町式土器文化の範囲から求められるべきであり、それより成立した五領式土器は、単純な土器文化から、やがて周辺地域の土器文化との混成文化を生み出したのであろう。……高林遺跡の場合では土器群の組成から考えてみると、いわゆる五領式土器とはいいながら、先述の如き混成文化的な様相が強く観察される。しかし、群馬県東部における土師式土器文化の成立についての詳細な分析が、充分になされ、再び高林遺跡の検討がおこなわれてから、改めて編年的位置づけを試みた方がよいと思われる」と結んでいる。

そもそも土師器研究は1955年、杉原・中山の論文「土師器」に始まる。もちろん石田川式土器、五領式土器は成立していない。和泉式以前の土器の存在を議論していた時代である。そのような時代に石田川遺跡、高林遺跡、五領遺跡の発見は土師器研究の好資料であった。

大塚・小林が五領遺跡と比較して、五領遺跡の土器と南関東弥生土器との関連から前野町式土器をその母体とし、対する石田川遺跡出土土器と同時期に考えられる高林遺跡の土器を「当然示すであろう様相」の欠如を理由に、編年的な位置づけに対しては慎重な立場をとっている。このことはきわめて先見性があり、重要な指摘であるといえる。

筆者が理解した「当然示すべき様相」とは、五領遺跡の土器に現れる前代弥生時代終末期との土器の混在状況であると考える。五領式土器は、弥生時代終末期の前野町式土器を母体とすることが出土状況から指摘されていた。つまり石田川遺跡、高林遺跡の土器出土状況では前代との系譜的なつながりを明確に示していないということである。

そのため大塚・小林は石田川遺跡出土土器を第2次的としている。このことは岩崎・玉口の指摘した「小型丸底土器、小型器台などを中核とする」段階の前段階が1次的と考えることができ、筆者は、大塚・小林が高林遺跡、石田川遺跡の土器に前代の弥生時代土器の残影を感じることができずに、「当然示すべき様相」の欠如から岩崎・玉口の土師器第Ⅰ形式前半期と同じ段階の土器群、つまり石田川遺跡、高林遺跡へつづく前に、もう一段階の土器群が存在する可

能性を指摘したと理解する。

　石田川遺跡、高林遺跡の一段階前とは岩崎・玉口の「つまり、前半期の土器はそれぞれの地域の先行する弥生式土器の残影をとどめているため」と同義で、まさに四者の土師器に対する認識は同じであると理解できる。

　岩崎・玉口と小林の解釈と、大塚が行った五領遺跡の編年も同じ立場にあり、『日本考古学年報』15で五領Ⅰ、Ⅱ、Ⅲ式のなかで小型丸底土器が現れ、土師器が定型化する段階を五領Ⅱ式に編年している（大塚 1968）。

　このようにみると、四人の土師器研究者は、同じ見解を示していると理解できる。筆者が設定した研究史第1期は1967年までであるが、当時としては和泉式以前の土師器の存在がようやく市民権を得たときであり、そんな時にあって、すでに土師器研究者間ではある一定の方向性が示され始めていた。

　このようななかにあって石田川遺跡出土土器は弥生土器、土師器の間におかれ統一した見方はまだなかった。しかし重要な点は、大塚・小林が高林遺跡出土土器を土師器とし、さらに古い段階の土師器が存在する可能性を指摘したことと、すでに東海から山梨、長野地域にS字状口縁台付甕が分布すること、高林遺跡出土土器が北陸系、南関東系等土器の系譜が混在していることを指摘していたことにある。

　大塚・小林が編年的な位置づけを先に送ったのは、石田川遺跡、高林遺跡出土土器に弥生土器の系譜が認められないからであった。大塚・小林だけではなく当時の土師器研究者の多くが認めていた、「前代の弥生時代の系譜をもつ土器群の存在」という共通の認識があった。しかし、石田川遺跡報告書のなかで、この認識はまったく異なった方向へ、一人歩きを始めるのである。

2．第2期　1968年〜1977年

　『石田川』は1968年に尾崎喜左雄、今井新次、松島榮治により報告書として刊行され、石田川式土器の命名はこの報告書でなされた。このとき、石田川遺跡は報告書で米沢遺跡から石田川遺跡に統一された。発掘調査の内容は、護岸工事の際に偶然発見された2軒の住居跡出土土器群である。

　報告のなかで第Ⅰ種土器とされたのが石田川式土器である（図26〜28）。もちろん図にあるように、東海系土器一色ではなく、さまざまな地域の土器が混

在している。石田川式土器様式として土器構成を示した松島は、様式認定の根拠に杉原荘介の『原始学序論』を引用している。

松島榮治の考察 石田川第Ⅰ種土器を設定した松島は、「東日本においてはとくに南関東の所謂「前野町式土器」に類似するが梢々趣を異にし、又埼玉県東松山市五領遺跡発見のなかにも一部類似したものをみるが、個々についてみればその差違も指摘できるし、器種の共伴関係からみても所謂五領式土器と俄に同一視する事はできない」とし、石田川遺跡第Ⅰ種土器群は五領式土器ではないとした。さらに大塚（1958年）の日本古学協会報を受け「ここに五領式土器と呼ばれる形式も確立するに至ったとみられる」、「斯様にして、弥生土器に続き然も和泉式以前にあるとみられる土器の研究は、実にこの石田川遺跡の発見に始まり、爾後、その存在に関する論考が各方面より進められた訳であるが、決定的な資料を欠いた故に今日未だ一定の結論を得ず、この問題は弥生式土器末期あるいは土師器の研究者にとって最大の焦点となっているのである。依って本節は石田川発見の第Ⅰ種土器をもって、この研究に参画し、敢えて石田川式なる一様式を設定し、この問題を一歩解決に近づけようとするものである」としている。

報告書考察中で「その分布は特に形態的にみれば、北関東の利根川およびその支流平坦地に広く一帯に認められ、尚、接続する南関東でも、東京都下前野町遺跡を始め、埼玉県五領遺跡にも梢々類似したものを認め、離れては東海地方でも……」とし、東海や静岡地方を視野に入れ「関東平野を中心に東海地方にその分布圏があるように思われる」と指摘している。

しかし、松島は石田川式土器の時期と群馬県の弥生時代樽式土器の関係を、南関東和泉式土器の第4様式とし、樽式土器と石田川式土器との並存・並行との見解を示した。「従って、樽式土器は一応弥生式土器と認定されたとしても、土師器との関係を全く無視することは出来ない。他方、石田川式土器は、様式を構成する個々の土器について、形態的に観察した場合、所謂土師器とみられたものを主とし、従来弥生式土器とみられたものも一部含まれており、所謂弥生式文化末期の土器と全く関係ないとはいえない。さすれば、樽式土器と石田川式土器の両者の関係は、時間的に著しく異なるものとしては認め難い。……そして、分布の状態からして、あるいは又両者の関係は、何れをもっても母体

あるいは発展的なものとはなり得ないという系統的な問題からして、一応並存した異質の文化と結論する事ができよう」。

松島は石田川式土器の提唱とともに、石田川式土器と群馬県内の弥生式土器の樽式土器文化は時間的に並行するとし、両文化は並存したとの結論を示した。さらに石田川遺跡が群馬県内の南東平野部にあること、樽式土器分布圏が西北山麓部で発見されたことから、「則ち、石田川式土器と樽式土器は相互に独自性を保ちつつ並存し、しかも、石田川式土器文化は樽式土器文化の東進をも牽制し、阻止したのではないだろうか。そこには石田川式土器文化の古墳築造にみる卓越した経済力、政治力並びに高度に発達した文化があったと推察される」とし、また「則ち、石田川式土器文化は、この地域あるいは周辺において自生したものとは云えないということで……」と、ここで他地域からの移住等を示唆した。さらに『日本書紀』にある毛野と朝鮮出兵（白村江）等を引用し、移入者の出自を朝鮮半島をも含め広く示した。

これが、群馬県内に広く大きく反響と影響を及ぼし、現在定説となっている入植民説、移住民説の初源である。

入植民説は、松島が最初の提唱者である。その最大の根拠は、石田川遺跡出土土器群と樽式土器群は、まったく接触がないことが前提となっている。しかし、松島は入植者たちの故地は示していない。

松島の石田川式土器の編年設定の根拠は、石田川遺跡で出土した小型坩が群馬県内上細井稲荷山古墳、白石稲荷山古墳出土土器模造品との比較により、「実物の壺あるいは坩の使用は、古墳の年代より幾分古く考えても差しつかえないと考えられる。よって本様式は、四世紀後半から五世紀の前半に著しく下ることはないと思われ、古墳文化編年の3時期区分法の所謂中期、2時期区分では所謂前Ⅱ期から前Ⅲ期に相当するものと思考される」とした。

梅澤重昭の考察　1968年の『石田川』刊行後、群馬県内研究者の梅澤重昭は「石田川遺跡出土の土器」として『土師式土器集成』（梅澤 1971）に発表した。このなかで梅澤は石田川遺跡出土土器と高林遺跡出土土器を掲載している。梅澤は石田川遺跡出土土器として報告し、ここでは石田川式土器という用語を用いていない。

同年梅澤重昭は、太田市米沢二ッ山古墳を調査した。石田川遺跡と同じ石田

川左岸にあり、遺跡から西北500mに所在する。古墳の下から住居跡が1軒検出され、土師器が出土している。

調査を担当した梅澤は、土師器の一群を大塚・小林と同様な立場で複数他地域の土器混在状況とした。さらに出土土器には東海地方、畿内地方、南関東地方、北陸地方等の影響があることを指摘した。

S字状口縁台付甕、単口縁台付甕の出土を例にあげ「まず「S字形」複合口縁であるが、高林遺跡、石田川遺跡での標式的位置を占める器形であり、最近は群馬県内の各地で発見されている」とし、「本住居址出土土器は、北関東における土師式土器成立の時期のものとする事ができるのであり、南関東地方に対比すれば前野町期直後の五領I期と同時期に位置づけられる土器群とするのが妥当であろう。しかしその土器群の組成をもって一形式を認定するまでの土器文化の独自性を認めることはできない。より全国的な土師式土器の発展のなかでその成立期に地方的に開花した一様式として理解したい」というように、石田川式土器に対しては報告書刊行前年の大塚・小林と同様一形式の認定にはきわめて慎重な立場を維持していた。

そして「東毛の無人に近い広大な低地性平野に入植し、古墳文化発展の源となった村落を構成した小規模集落遺跡の一住居址と推定し、本報告のまとめとしたい」と結んでいる。梅澤は、複数他地域の影響を認め、入植という用語を用いている（梅澤1971）。しかし、遺跡自体の集落が在地の集団なのか、外来の集団なのかは明確には示していない。当時すでに、群馬県内のすべての研究者は石田川遺跡の人びとは他地域からの入植者という共通認識をもっていた。

梅澤は住居跡出土土器群を「南関東地方に対比すれば前野町期直後の五領I期と同時期に位置づけられる土器群」とし、五領式土器研究者の五領I期の認識より古くし、大塚とは異なった編年を行った（大塚は五領式I段階は前代の前野町式土器と共伴する段階においていた）。

梅澤は住居跡出土土器を五領I式とし、さらに「高林遺跡の場合、胴部肩部に横走する櫛目文を装飾的に付しているものが含まれるが、石田川遺跡と本遺跡の場合、その種のものは存在していない。「S字形」複合口縁甕形土器の濃密な分布が知られる。先に指摘した東海西部地域ではこの種の甕形土器の型式的分類が明確だとされ、肩部横走櫛目文による文様的構成の行われた時期から

行われない時期への移行のあることが考えられているようである。すなわち装飾性の退化現象が「S字甕」複合口縁甕形土器の盛行している期間に進められたことを推定している。本遺跡ではその観点からすると二次的様相として出現した土器ということになるが、今のところ、その実際の出現が肩部横走並行櫛目文を有する種類の甕形土器に代わって出現したものなのかは断言できない。様式的には単一的様相をもって出現した移入的性格の強い甕形土器であるということを指摘するにとどめておきたい」としている。

　梅澤の考察では、出土土器は土師器出現期におかれ、当時の多くの研究者とは異なった年代観にある。このため五領式土器との並行関係も大塚ほか多くの研究者とはまったく異なった段階においていることがわかる。

　尾崎喜左雄の考察　同じ1971年、尾崎喜左雄は『前橋市史第1編古代』のなかで石田川式土器を取り上げている。また後閑天神山古墳の時期認定に火山噴出浮石層を取り上げ、4世紀初め頃の年代観を古墳に与えた。この火山軽石は弥生時代と古墳時代を分ける時期に堆積し、その浮石層より下から石田川式土器が検出されたので石田川土器はそれ以前に群馬の地に入ってきたとした。

　「右の浮石は浅間山噴火のもので、地学ではCスコーリアとよばれているものである。このCスコーリアは水沼遺跡でも発見されたものであり、浅間山噴出であることは地学研究の諸氏のすでに認めているところであるが、その噴出年代は一世紀ないし五世紀といわれて明確ではなかった。そこで従来の土師器および古墳の研究から追い上げて、かつ弥生文化の下限をも勘案して、浮石堆積のときを四世紀初めころより前に発生していることになる。この土器は昭和二十七年に太田市米沢の石田川沿岸で発見されたものからはじまる」。

　土師器の編年は群馬県内研究者井上唯雄を引用し、石田川式土器を井上の1段階4世紀から5世紀初めまでと紹介している。

　さらに石田川式土器を携えた人びとは外来の人びとであるとし、「これらの点からみれば、本県への古墳の移植は、すでに前住地において階層分化の行われていた集団が、大勢力を以て移住してきたものと見られる。もちろんこの大集団の先行者としてすでに多少の移住があったであろう。ただし、古墳文化をもった集団の移動は斬進的に行なわれていたものではなく、近畿地域から一挙に群馬の地に移ったものと考えられる。近畿地方の大豪族が隷属者をあげて移

住してきたものであろう」としている（尾崎 1971)。

　4年後には、再度、尾崎喜左雄、山本知良、柿沼恵介らが『倉淵村誌』別冊のなかで水沼遺跡を取り上げている。

　水沼遺跡は群馬県弥生時代樽式土器文化の集落である。樽式土器文化圏と、明確に石田川式土器との用語を使用し、「群馬県の山間部より弥生文化後期の樽式土器の文化が発展していた時期、群馬県東南部石田川式土器をもつ古墳文化が入って来た」との見解を示し、石田川遺跡報告書以来の入植説を支持、維持している。そして石田川式土器文化は樽式土器文化とは異なる集団であり、両文化は並存するとの見解を再度示した（尾崎・山本・柿沼 1975)。ここで尾崎は近畿地方という故地と大集団という見解を示した。しかし、ここまで入植説を支持した研究者諸氏は、入植の意図、意味を示してはいない。

　第2期での他県の土師器研究　ここまでを筆者は、石田川式土器研究第2期とした。この段階は石田川式土器が、群馬県内の一部の支持を得たのみで、広く認知されたわけではない。

　梅澤はこの段階まで、石田川式土器という用語を用いていない。ただ群馬県内の多くの研究者間で、石田川遺跡出土土師器をもつ集団は外来の人びとであるとの共通認識は確立した。

　樽式土器との関係では尾崎、松島、柿沼、山本は並存とし、梅澤は当時の学会の年代観とは異なり、最古の土師器として五領Ⅰ段階においた。

　筆者が設定した第1～2期までの研究史を概観したが、2期は石田川式土器を中心にしたため、群馬県内に係わる部分が多い。他県での第1～2期に係わる土師器研究も概観しておきたい。

　1963年、岩崎卓也は「古式土師器考」と題し、『考古学雑誌』第48巻第3号に発表した。岩崎は「長野県更埴市城の内遺跡出土品を中心として」という副題で発表し、このなかで小型丸底土器、高坏形土器をあげ、斉一性を指摘し、土師器の認定を行った。論文は古式土師器研究に大きな問題を提起し、斉一性の問題はその後、古式土師器研究の基調ともなった。

　このなかで「長野県北部の場合、「全国的斉一性」を持つ土器群は、先行する弥生式土器にその祖形があるとは考えられず、複合口縁の技法とともに、むしろ新たに加わった要素であり、したがってその源流は他地域に求むべきもの

であるように思われる」とした（岩崎 1963）。
　「他地域に求むべき」とは土器の源流のことである。
　『台地研究』に「特集　シンポジューム五領式土器について」と題された記録が発表されたのは1971年である。このなかで金井塚良一、小出義治による五領遺跡、五領式土器の報告後検討が行われた。金井塚、小出の間には五領式土器を含め東国での最古の土師器に認識の違いがあった。
　このシンポジウムでは岩崎卓也、櫻井清彦、玉口時雄らの発言が記録され、当時の土師器研究の高いレベルの議論が取り交わされている。小出と金井塚は五領式土器の細分に細かい異なりを示した。小出は五領をⅠ・Ⅱ・Ⅲに分ける立場にあり、金井塚は前半期、後半期の2期に分ける立場にある。
　両者の違いは、小出のⅡ段階を金井塚が前半期としている点であり、土器分類そのものに編年観の違いはなく、両者ともに五領式土器に対する年代観は共通している。ここでの論点は弥生土器と土師器との分類に対する斉一性の考え方であった。本シンポジウム記録のなかで五領式土器に並行する北関東の土器は、との質問が会場から出た。これに対し金井塚は、「石田川でしょうね。もっとも石田川出土土器については前野町並行位にもっていく考えもあるようですけれど、あそこからはS字状口縁のある杯形土器も出ているようですし……46号住居址はその時期位に考えてよいのではないでしょうか」と答えており、この解釈に玉口は同意している。
　さて、ここで問題になった46号住居址出土遺物を金井塚は五領式土器後半期に考えている。小出はⅢ期に判断し、この意見にも玉口は同意している。つまり当時の多くの研究者間には、石田川遺跡出土土器を、五領Ⅲ並行とする一定の共通認識があった。

3．第3期　1978年〜
　1978年、梅澤は群馬県太田市五反田、諏訪下遺跡を調査した。遺跡は石田川遺跡西北約3kmに位置し、住居跡から土師器を検出した。
　梅澤は特に五反田遺跡2号住居跡出土遺物を基準に土師器を分類し、ここではじめて石田川式土器という用語を使用し、石田川式土器Ⅰ・Ⅱに分類した。この報告以来群馬県内では、一気に石田川式土器という用語が波及していく。

つまり、石田川遺跡関係者以外の研究者が石田川式土器を認知していく時期に当たる。このことから、以降を筆者は石田川式土器研究史第3期とした。

さて、梅澤の土師器編年は、同一住居跡内出土土器を新旧に分類している。その根拠は「甕形土器の主体をしめるのは五反田、諏訪下両遺跡とも、S字状口縁台付甕であるが、それは肩部に櫛描沈線文を一周しているものと、しないものとで、前者を甕形土器Ⅰ-1類土器、後者をⅠ-2類土器に分類した。この甕形土器の系譜は東海西部濃尾平野を中心とする地域に求められるものであり、前者が先行タイプであることは間違いない」としてまずは東海編年を当て、東海地方のS字状口縁台付甕の新旧に合わせ、他の杯、坩の編年を行っている。

この新旧関係は当時の東海西部での編年観である。S字状口縁台付甕の肩部の櫛描沈線文の有無による東海編年は、現在でも群馬県内の研究者に受け継がれ、S字状口縁台付甕の新旧関係の根拠とされている。さらに東海地方の編年をそのまま使うことは、後の東海勢力の入植民説に強い影響を与えていく。

梅澤の石田川式土器Ⅰ・Ⅱの分類では、Ⅰ段階を土師器として定型化した段階に位置づけ、五領Ⅰに並行とした。五領Ⅰ段階は当時の学会でも土師器か弥生土器かの論争があった土器群であり、事実五領式土器のシンポジウムでは石田川遺跡出土土器は共通して五領Ⅲにあった。石田川式土器の年代観は、群馬県では当時の国内多くの土師器研究者と異なった年代観からのスタートであったといえる（梅澤 1978）。

S文状口縁台付甕　ここで、東海地方の土器であるS字状口縁台付甕を取り上げてみたい。管見に触れるなかでS字状口縁台付甕という用語を初めて使ったのは、増井義巳の論考である。

増井は「いわゆる古式土師器の問題」を『考古学手帖』5に発表した。増井が同論文で「土器①はS字状口縁台付甕と名付けているが、これは一風変わった特徴を備えているため、東日本で弥生式土器最末期の資料を見られた人は、誰でも一応は注意される土器である」としてこの甕の口縁部をS字状口縁と命名し、報告したのは1958年である。S字状口縁台付甕という用語は、ここから始まる。さらに「北関東以東のものには肩部の格子目文が消失したり、櫛目文が消失したり、また製作技法のみを模したものが現れる」とした。また、他の土師器研究者同様、前野町土器と和泉式土器の間におくことを想定してい

る（増井 1958）。

1968年になると大参義一の「弥生式土器から土師器へ—東海地方西部の場合—」と題する論文が『名古屋大学文学部研究論集』に掲載された。本論考は梅澤が、太田米沢二ッ山古墳報告書中で、S字状口縁台付甕の新旧関係の問題で引用している。

大参はS字状口縁台付甕の器面に「単方向かまたは羽状に、深くするどい櫛状具によるかき目痕がみられ、肩部または胴部に数本の平行線文が施されるのが通例である」とし、さらに次のa、b類に分けている。a類は「口縁上部の立ち上がりの部分に櫛状具による刺突文を施すものが多く」とし、a類では肩部の横走文を指摘していないが、b類（つまり口縁部に刺突をもたないもの）では「肩部の櫛状具による平行線文は（a）類に比して少なくなる」との指摘にとどまる。

つまり口縁部に刺突をもつa類と比較してb類では並行線文は少なくなるとし、あくまでa、b類の比較であり、b類のなかでの平行線の有無による新旧関係とは明記されていない印象を筆者は受けている。さらに「群馬県の高林遺跡のS字状口縁台付甕の場合は口縁部の立ち上がりが強くて（a）類に似るが他の特徴はすべて（b）類である」とのコメントを付している。

1974年には、安達厚三、木下正史らが「飛鳥地域出土の古式土師器」という論考を『考古学雑誌』60-2に発表した。二人は飛鳥地方で出土したS字状口縁台付甕の編年を行った。大参がb類としたS字状口縁台付甕を安達・木下はⅢ類とし「Ⅲ類はS字土器として定型化したものであり、北陸地方から北関東地方にまで広く分布」し、「中部山岳地方や関東地方でみられるものは、ほとんどが本類に属するものである」という。Ⅲ類は2種類に分類され、肩部の横線についての特徴はA類が「肩部の平行線文は、Ⅰ類にくらべて少なくなる傾向があ」り、B類には「肩部の平行線がなくなるものがある」としている（安達・小林 1974）。このように全国各地でS字状口縁台付甕が出土するようになり、特に東海西部地域では大参、畿内地方での安達、木下の肩部の横線の有無による土器の分類は、新旧関係として群馬に援用されることとなった。

その先駆けが、梅澤ということになる。したがって二ッ山古墳住居跡出土共伴遺物で新旧関係を示したが、五領遺跡Ⅰ・Ⅱ・Ⅲと石田川式土器Ⅰ・Ⅱは、

群馬県内での型式設定と年代観の問題を解決したものではない。つまり梅澤の石田川式土器の設定には共伴の問題、入植の問題、五領遺跡土器との並行関係の問題等々、齟齬が生じ、多くの解決しなければならない問題を抱えたままであった。

　1981年、田口一朗によって群馬県高崎市に所在する元島名将軍塚古墳の調査が行われた。報告書中で田口は外部施設の確認調査時の出土遺物を分類した。このなかで田口は二重口縁壺に注目し、口縁部が逆八の字状に開く壺を伊勢型二重口縁壺とし、他の器種の土師器についても同様に、東海地方の土器編年に照らしている。田口は「今回は、型式を二重口縁壺、単口縁広口壺、小型壺、小型坩、S字状口縁台付甕、単口縁台付甕、単口縁甕（平底）、高坏、小型器台等の分類にとどめ、個々の説明で、細分、組列等補足」し、つづけて「検討資料の空間としては、原則として井野川流域に限定したい。これは、従来の関東における古式土師器研究の空間設定は、現在の行政区画に左右されたり、調査例が多かったり、調査資料の公表が進んだ地域を中心に行われたという現状の研究段階に起因する事が多かったといえよう」としている。

　田口は空間を高崎市東部、井野川流域に限定したため、S字状口縁台付甕の分類には石田川遺跡出土土器を資料化していない。S字状口縁台付甕との比較では五領遺跡例を第IV期、石田川遺跡甕は第V期にあてている。つづけて「このように、伊勢（特に調査例の多い安濃川流域）と井野川流域ではほぼ同じ型式変遷をたどっており、各期にわたって長い期間交流が跡絶えなかったことを示していよう。これは他の型式の土器、特にS字状口縁台付甕においても同様であり、所謂石田川式土器の大きな特性であり、同時に重要な歴史的意義を見出せる」としている（田口 1981）。つまり石田川式土器のなかの1器種であるS字状口縁台付甕の変遷は、井野川流域と安濃川流域では、同じ型式変遷をたどるとしているのである。

　そして「このような入植は多分に、政治的な背景のもとに成されたものであると推察される。S字状口縁台付甕に代表される土器形式の連続性から理解される「母集団」とも呼びうる伊勢湾沿岸地域との交流こそは、集団的入植が一度に行われたものではなく、かなり長時間（土器要素の「母集団」との一致している時間）にわたって断続的であったことを示している」とし、石田川式土

器のS字状口縁台付甕の編年は、入植民と母体である東海地方伊勢湾沿岸地域と密接な交流のもとにあるので、同じ変遷をたどるというものである。この結果、S字状口縁台付甕の変遷と編年は、東海地方からの入植民が存在し、彼らは故郷とつねに密着するからこそ、同じ変遷をたどるとした。まさにS字状口縁台付甕の変遷は、入植民の存在に裏打ちされるという理解である。

田口は石田川式土器という用語を用い、東海地方からの継続的入植および継続する緊密なつながりがあったとした。土師器の編年は、時間軸を追えるとしたS字状口縁台付甕に代表させている。田口はS字状口縁台付甕をⅤ段階に分類し、肩部の横線は、Ⅲ期段階ではあるものとないものが共伴し、Ⅳ期段階に消えるとした。これ以後、S字状口縁台付甕が大きくクローズアップされ、石田川式土器はS字状口縁台付甕単体を指すことが増え始めた。

同年、梅澤と橋本博文は日本考古学協会シンポジウム「関東における古墳出現期の諸問題」で古墳出現期の問題を取り上げた。梅澤・橋本は群馬県内の古墳文化を「この古墳をもたらした土器文化は石田川式土器文化であることは間違いない」との前提から始める。

このなかでS字状口縁台付甕をⅠ・Ⅱに分け、梅澤が五反田・諏訪下遺跡で示した肩部の横線を新旧のメルクマールとした。そして「しかし、石田川系土器類の発見事例が増すにつれ、石田川遺跡第Ⅰ種土器は、石田川式土器のなかでは後出する様相を持つものであることがわかってきた」とし、石田川遺跡出土土器を、二人の編年の後半にあたる第Ⅴ期に位置づけている。

このなかでは、石田川式土器という用語は使わず、石田川系土器という言葉を用いている。そして「このことから石田川系土器文化をもたらした集落の進出は、この地域への強力な他からの働きかけに他ならない」と考え、それは、「樽式土器文化を擁した人々が主体となったものではない」と規定してしまった。さらに藤岡市竹沼遺跡20号住居跡を取り上げ「そのなかには石田川系の「S」字口縁台付甕も共伴して」いるとし、S字状口縁台付甕を石田川系土器とした。また、弥生土器樽式土器、赤井戸土器と土師器が共伴する上縄引遺跡周溝墓（本書題66図）を取り上げ、「ところが、最近の発見では、当該地域である前橋東部の赤城山南麓の丘陵地帯にある上縄引遺跡で、樽式、赤井戸式の土器とともに古式土師器の壺、台付甕、高坏等がともなって円形周溝墓から出

土して」おり、この円形周溝墓は「浅間山C軽石（4C前～中）降下期前後のもの」で、「この円形周溝墓出土の古式土師器は、石田川系とは異なる様相がうかがえるものであり、弥生時代後期の終末に近く、他からの影響が在地系の樽式、赤井戸式土器のもののなかに現れてくるようになったことをうかがわせ」ており、「前石田川系土器の進出といってもよいものかも知れない」が、「それはごく限られた時期の現象であり、そのような土器には、畿内、北陸、駿河、南関東系のものがある」という。

変容する石田川式土器の意義　ここでも石田川系土器文化をもたらしたのは、在地の樽式土器を擁した人びとではなく、他からの強力な働きかけとし、外来勢力を示唆し、入植が支持されている。さらに「前石田川系土器」とよび、入植が一度ではないかの観を与えている。つまり在地の弥生土器との共伴は「在地土器の残影」、「当然あり得べき様相」ととらえるのではなく、土師器をもつ人びとはすべて外からの入植民を示すという風土が確立していることを示している。

S字状口縁台付甕は、山梨県や長野県をはじめ汎東日本で確認されているが、他県と異なり群馬県だけは、S字状口縁台付甕をはじめとする土師器の存在自体がイコール入植民の存在を示す証である、とされ現在につづいている。

松島は当初、東海系のS字状口縁台付甕を含み北陸系、畿内系、南関東系等の複数他地域の系譜をもつものの混在状況を石田川式土器様式と認定した。しかし、石田川式土器は、この第3期に入った頃からすでに変容を始めたといえる。その後、在地の弥生土器の残映を強くもつ土器と共伴しても、研究者は「外来の強力な働きかけ」とした。

このように第3期に入って研究者間の土器の認識が異なり始め、S字状口縁台付甕の研究が深化すると同時に、石田川式土器様式はS字状口縁台付甕を主体とする東海（西部）系土器、という認識に一変してしまう。

そして東海系以外の南関東系の単口縁台付甕等、東海地域以外の土器群を前石田川系というようになった。これは複数の入植民の存在を示唆するかの観を与え、曖昧な表現が多くなり、入植民の規定もさまざまになった。

もともとの石田川式土器様式とは、東海系の土器群だけでなく、単口縁台付甕、小型坩もすべて含まれていた。かつて大塚・小林が高林遺跡出土土器を検

第5章　石田川式土器

討した段階で、すでに南関東系、北陸系、畿内系等さまざま複数地域の混合形態を指摘し、S字状口縁台付甕は群馬だけでなく汎東日本に確認されることも指摘していた。

また石田川遺跡出土土器自体は、もともと松島が示したように複数他地域の土器群であったはずが、第3期に入ってからは石田川式土器イコールS字状口縁台付甕を主体とする東海系土器群という認識が広まり、定着し始めた。

入植民は、畿内や他地域からという考えはなくなり、東海地方の複数地域と具体的に指摘されるようになり、S字状口縁台付甕は、東海系土器というキーワードから、一気に東海地方から井野川流域に入植が行われた、という具体的な体系を形作った。さらに石田川式土器様式とは、S字状口縁台付甕を主体とする東海系土器様式から、S字状口縁台付甕単体を指す例も定着する。

梅澤、橋本の発表のあったシンポジウムで、埼玉県の塩野博からの基調報告があり、このなかで塩野はS字状口縁台付甕に触れ、石田川系S字状口縁付甕という用語を使用している。埼玉県小山川、志戸川流域の土器のなかで、群馬県元島名将軍塚古墳出土のS字状口縁台付甕に類似する土器に対して「すなわち、群馬県における石田川式土器の盛行期にあたり、この埼玉県北部地域では、この時点、すなわち五領Ⅱの中頃から台付甕形土器には素口縁の土器が少なくなって、石田川の「S」字状口縁台付甕が主体を占めてくるようで」あるとし、ここでS字状口縁台付甕を、石田川のS字状口縁台付甕としている。利根川南岸部に対して「壺は、素口縁のものが多いが、東海系の「S」字状口縁台付甕が入り、一部石田川系の「S」字状口縁台付甕が」あるとし、東海系と断りながらもS字状口縁台付甕を石田川系とよんでいる。

ここでの石田川系S字状口縁台付甕というのは、元島名将軍塚古墳出土土器を引用し井野川流域を強く意識している。ここに東海系S字状口縁台付甕と石田川系のS字状口縁台付甕が出現した。

小出義治は、この1981年日本考古学協会のシンポジウムを受け「古式土師器研究の現状と展望」と題した論考を編んだ。「欠山期に次ぐ元屋敷期に発達したS字状口縁台付甕の、関東への波及は群馬県井野川の東岸一帯に定着し、独自の石田川式土器を発展させるが、S字状口縁台付甕の分布拡散状態は、関東一円を越えて東北地方南部にも及ぶ」とし、このなかで石田川式土器の年代

観を再度五領Ⅱ段階以降とした（小出 1985）。

つまりここで、井野川流域に出土する土師器の一群は、五領Ⅱ段階以降の土器となった。筆者が設定した石田川式土器研究史第3期に入り、群馬県内研究者間で土器に対するとらえ方に差違が生じ、錯綜し始めたのである。

ここまでの差違の生じたポイントを3点、列記する。

①石田川式土器様式は石田川遺跡出土第Ⅰ種土器、東海系、畿内系、北陸系南関東系の土器群を以て設定された。その後石田川式土器はＳ字状口縁台付甕、東海系土器群へと変容した。太田市内高林遺跡でも石田川遺跡と似通った土器群が発見され、内容は畿内系、北陸系、南関東系、東海系と石田川遺跡と同様さまざまな地域の土器群であった。

②太田市五反田・諏訪下遺跡出土土器Ｓ字状口縁台付甕を東海編年に従い分類した。高崎市元島名将軍塚古墳報告書で、Ｓ字状口縁台付甕を分類し東海安濃川流域と同じ編年を用いた。その理由は安濃川流域と同様な変遷をたどること。Ｓ字状口縁台付甕の存在は入植を前提とし、その故地安濃川流域との密接で継続的な関係を維持するとした。

③関東近県でＳ字状口縁台付甕が出土すると石田川式土器、石田川系等の文言が使われるようになる。Ｓ字状口縁台付甕イコール石田川式土器という認識が広がり、石田川式土器は井野川流域に分布するという認識が広がる。

石田川式土器様式は、石田川遺跡出土土器ではなく、Ｓ字状口縁台付甕を主体とする東海系土器群となり、Ｓ字状口縁台付甕の研究へとシフトをかえ、Ｓ字状口縁台付甕の編年には入植民の存在が欠かせなくなってきた。すなわち、石田川式土器は、さまざまな周辺地域の混合土器群から、東海の土器様式に様変わりしてしまったのである（しかし、内容は小型坩、北陸系甕、南関東系単口縁台付甕がある）。

そして新たな補強に尾崎が指摘した浅間山火山軽石の年代観が加わり、石田川式土器、入植説、火山軽石の3者は切っても切れない状況を呈していく。

火山灰とのかかわり このころ群馬県内の研究者の多くは火山軽石に注目するようになってきた。1979年には、石川正之助、井上唯雄、梅澤重昭、松本浩一らが「特集、火山堆積物と遺跡」と題し、『考古学ジャーナル』157に重要

第 5 章　石田川式土器

なポイントとなる論考を発表した。

　この段階になると土器に対する実年代観の議論が盛んになっていた。群馬県内には榛名山、浅間山等からの火山噴出物が堆積し、特に浅間山 B 軽石は天仁元（1108）年に噴火したことが『少右記』（平安時代藤原実資の日記）に記録され、年代の決め手として使われてきた。松村一昭、井上唯雄は赤堀村（現伊勢崎市）鹿島遺跡 6 号住居跡覆土に浅間山 C 軽石があることに注目し、同住居跡出土土器である単口縁台付甕を南関東系とした。

　松村一松、井上唯雄は同論考の中で「遺物全体の特徴としては概括的に石田川期に包括されるものであろうが」、「高坏および脚付甕は石田川式土器というより南関東における五領式との関連を推察させるもので」、この土器を石田川式土器並行とし、「また、これと併行する石田川期の住居跡を浅間山 C 軽石が覆う例も荒砥川流域で確認されている。これらから、本住居は古墳時代初期の所産であり、形態、技法上からも弥生時代の遺風を遺している点からも 4 世紀中葉ごろのものとして誤りないものと考えられる」とした。

　ここで大きな問題が 2 点生じた。一つ目は、入植民の故地は東海と決めたため、いままで石田川式とよんでいた土器のうち、東海系以外のものを前石田川系、石田川式土器並行、石田川期、いわゆる石田川等の用語を用い始めたことである。

　もう一点は、住居跡の堆積覆土にある火山噴出軽石に出土した土師器から年代を与え、さらに土器の年代を浅間山 C 軽石という火山噴出物に与えたことである。その後、土器の年代観はすべて、この軽石を 4 世紀中葉におき、土器の出土が軽石の上か下かで時間を判断するようになってしまった。自然災害をあたかも土器型式とし、年代の基準にしてしまうのである。

　この 2 点の問題はその後、噴出軽石の年代観の修正はあっても土器様式等の議論には発展しなかった。そして、本特集のなかで特筆されるのは地質学者である群馬大学教授の新井房夫の論考である。

　新井は「関東地方北西部の縄文時代以降の指標テフラ層」のなかで浅間山 C 軽石の年代観に触れている。尾崎の論文に触れ「"C"」は群馬県南部の地域における有能な指標層で、文化層との関連が各地で明らかにされている。尾崎はそれらを総合して、この軽石層の年代を 4 世紀前半ごろと考えた（4）。その後

の新資料もきわめて多いが、それによって上記の年代に矛盾はないようである」とし、文中の註（4）は「"C"は群馬県最古の型式をもつ古墳（前橋天神山）の覆土直下にあり、弥生時代後期（樽式）の住居跡を被覆していることによる」と補足している。このように地質学者の新井は、浅間山C軽石を4世紀前半においている（新井・尾崎 1971）。

　さて、再度石田川式土器は新たな状況を迎える。それは前石田川、石田川式土器並行、石田川式土器並行期、石田川期等々の呼称である。このころから石田川式土器様式の用語は曖昧さを増し、群馬県内の研究者は石田川式土器は井野川流域に東海からの入植民が定着し、使用した東海系の土器群と認識するようになった。そして石田川遺跡出土土器はそれに後出するとした。

　このころから石田川式土器はS字状口縁台付甕を主体とする東海様式として定着し、現在につづくことになる。さまざまな地域の土器要素をもった石田川式土器様式自体の概念は、その後さらに様変わりし、本来的な様式設定の検証がないままになってしまった。さらに石田川式土器と南関東系単口縁台付甕は別個のものとなり、並行したり前石田川式土器ということになってきた。

　群馬県内で石田川式土器の検証、検討が行われないまま用語のみが一人歩きを始めるなか、大木紳一郎は、古墳時代前期に関する問題を提起した。

　1980年、大木は太田市内にある『庚塚・上・雷遺跡』報告書考察のなかで、石田川式土器に「　」を付け使用し、梅澤の石田川式土器Ⅰ・Ⅱと前石田川という認識に対し、「従ってここでは、単口縁台付甕の主体的存在を重視し、また本地域周辺に見られる南関東系土器の様相を考えあわせ、本遺跡出土遺物は五領式に近親するものであると推測するに止めておきたい」と前置きし、この遺跡出土土器を南関東系土器とし、つづけて「本遺跡出土土器の編年的位置づけは古墳時代初頭に与えられる。具体的にはS字甕の特徴から梅沢の細分案によれば「石田川Ⅰ」期に相当するものと思われる。しかしながらこれはS字甕の変遷を軸とした細分案だけに、本遺跡ではむしろ客体的な存在を示すS字甕のみをもって編年付けの根拠としなければならず、妥当なものとは考え難い」とし、「石田川遺跡、高林遺跡、五反田遺跡、二ッ山古墳墳丘下住居跡等から当該期の良好な資料が出土しているが、これらとS字甕以外の器種、たとえば高坏、壺を比較した場合、少なくともこれらに先行する積極的な根拠は

見出せない」とした。

大木は「前石田川」という呼称、位置づけに反対し、遺跡出土土器を「その位置づけについては「石田川」式古段階に併行させるのが妥当」とした。また、以下のごとく石田川式土器に対してきわめて適切な指摘をしている（大木1980）。「これら南関東系土器群の解明は、「石田川」式と五領式の編年上の関係をより明らかにするばかりでなく、関東地方の土師器波及プロセスを解明する重要な問題である小地域の間における相互影響関係を明らかにする重要な手がかりになると思われる。そのためには南関東系土器群の詳細な分析はもちろんの事、それと対比される「石田川」式形式内容、つまり形態的特徴の抽出や基本的な組成の分析等の作業によって「石田川」式概念規定の明確化を図る事が早急に必要であろう。ともすれば極めて個性的な器形であるＳ字甕のみがクローズアップされてきた本型式を再度型式学的な比較を可能にするものと期待するのである」。この指摘はきわめて重要であるにもかかわらず、その後の研究の方向を変えることはできなかった。

大木は1985年荒砥前原遺跡報告書考察でも同様な指摘を行い、当時の土師器研究に重要な問題を提起していた。

4．変容する石田川式土器

その後、Ｓ字状口縁台付甕個別の研究が深化し、さまざまな研究が進んだ。そして甕の研究と型式概念、入植民を前提とした研究は密接にリンクした状態で進んでいく。

2007年、若狭徹は『古墳時代の水利社会研究』で、土器の細部にわたる型式分析を行う綿密な研究レベルの論文を出した。本文中での若狭の立場は入植が存在することが前提となっている。若狭は「群馬県地方（および北武蔵）において樽式甕（平底、厚甕）が払拭され、全く構造の異なったＳ字口縁甕（台付甕、薄甕）を受容、生産し、同時に東海西部系器種を核にした新たな土器様式が成立しえた要因とは、上述したような大幅な集団再編成の経過を知ることにより理解されよう。この時形成された新しい地域統合の形は、後の上毛野における古墳時代の社会構造を長く規定していくことになるのである」としている。

さらに入植民は「おそらくは、外来系土器（移入集団）の影響が在来文化を席捲したといえるのは群馬郡域の一部のみである。他の地域では、密度の差はあるにしても特定のポイントに濃厚な移入拠点があり、そこから周囲に情報が拡散したとみた方がよい」としている（若狭 2007）。

群馬県では第3期をすぎると古墳時代前期はどのような形で入植があったのかの検討に移り、石田川式土器はS字状口縁台付甕を主体とする東海西部系の土器群となる。

第2節　入植民・移住民説

1．石田川式土器と入植民

ここまで石田川式土器を検討してきたが、石田川遺跡出土土器は、当初弥生土器と考えられ、その後の資料の増加と埼玉県五領遺跡の発見等にともない土師器に分類されるに至った経緯がある。つまり発掘当初は他に類例がなく、まったく今までの弥生土器とは異なることが大いに目を引くものだった。このことは第6章の最終節でさらに詳しく検討するが、じつは報告書が刊行されるまでの16年の間に土器の研究は急速な進歩を遂げ、それはとりもなおさず土師器の類例の発掘調査が増えたことによる。埼玉県東松山市で五領遺跡が発見され、五領遺跡では前代の南関東系前野町式土器から、土師器へ変換する過程の土器が共伴することがわかった。このことから、弥生時代からの土器の系譜をもつものと混在する段階を当時の研究者は五領Ⅰ段階に設定し、土師器が定型化する段階をⅡ段階さらにⅢ段階への変遷を確認した。

一方、群馬県における石田川遺跡の発見をまさに五領遺跡に対比すれば、今にして考えればⅠ段階が抜け、Ⅱ段階以降の土師器化した遺跡であったことが理解できる。このため在地の弥生土器の系譜とはまったくつながらないことが大きな要因となり、入植民説が生まれた。したがって入植民の存在が、在地の弥生式土器とは混在しなくてもよい理由の一つになった。そして石田川式土器は、樽式土器と併存する文化である、との認識が定着する。このような背景のなか、報告書では五領式土器との類似を認めながらも、石田川式土器様式の提唱をしたのである。当初よりこの土器文化をもつ人びとこそ、前代の弥生時代

の人びととは、まったく異なった集団であるとの認識から始まったのである。その後、入植、移住民の有無の議論には至らず、最初から定説として現在に至っている。

1990年になると松島栄治、梅澤重昭、井上唯雄、松本浩一らは『群馬県史』に入植説を支持する意見を出し、松島は「この石田川式土器は、台付甕、壺、長頸壺、短頸壺、坩、高坏、鉢、椀、器台などの各器種の組み合わせからなり」と石田川式土器のセット関係を解説し、そして「石田川式土器はいわゆる土師器祖形であり、弥生土器から土師器への推移を知るうえで貴重であるが、それにも増して、この土器が注目されるのは、この土器文化が、群馬の初期古墳およびその形成に密接な関係を有することである」、さらに「次に、石田川式土器文化の発展について考えてみよう。利根川とその支流域の平坦地は、弥生時代には十分に開発されていなかった。こうした毛野のこの地を開発したのは、それまで群馬の地で弥生文化を担っていた人々とは全く別の、石田川式土器を使用する人達であった。その時期は、遅くとも四世紀中ごろまでのことであり、その導入と発展の動きには、集団的植民を思わせるものがある」と入植民の存在は当然のこととして、疑うものなく定着した（梅澤・井上・松島・松本 1990）。

梅澤は「その開拓集団こそ、石田川式土器文化を担った人々だったのである。群馬県の無住の曠野に、石田川式土器を伴う集落遺跡が急激に増加するという事実が何よりも雄弁にそれを物語っている。このことからみて、石田川式土器文化を担った開拓集団は、おそらく舟運を利用して東京湾方面から利根川をさかのぼり、その支流地域に分け入ったのであろう」。「前橋天神山古墳の首長は、そうした立場を利用し、三角縁神獣鏡を大和政権から入手し、連合に加わるようになった在来からの首長たち、すなわち両毛地域の弥生時代後期の社会から成長した首長たちを主に、その鏡類を配布したのである」としているが、在地出身の首長を含むとは、どのような社会構造であろうか。

翌年、須藤宏は「集団と首長墓—群馬県太田市周辺の分析—」と題し、『群馬考古学手帳』2に論考を発表した。須藤は集落と古墳の位置づけを行い、「また集落の展開からも政治的な入植を積極的に裏づける証拠をあげることはできない」とした。樽式土器文化と石田川式土器文化の併存にも言及し、「し

かし、両者を対立的に考えることはできないと考える。石田川式系統のものも古いタイプのものは樽式、赤井戸式の集落においてそれらと共伴しているのであり、石田川式系統の土器のみの集落というものはないようである。また石田川式土器のみをもつ集落が平野部に形成されるようになると、時を同じくして山麓の集落が姿を消すことが知られている」とし、「政治的に計画された入植というものから想起されるイメージ、無人の原野への大量の人員の一括投入というものは認められない」としている（須藤 1991）。

2．入植民説が変えたもの

　ここまで石田川式土器を通し、入植説を見てきた。群馬県内の常識では、石田川式土器文化を担った人びとが入植、移住してきたことになっている。これは報告書中で提唱されて、瞬く間に定着したことである。しかし、じつはこの段階から今まで入植者、移住者はどこからどのくらいきた、ということを明確に示した論考はない。入植の手段はその後、梅澤は舟運という具体的移動方法を指摘している。しかし、入植者たちが何の目的で、群馬の地へ旅立ってきたのかを示したものもない。尾崎は畿内から一族隷属民をあげての大移動とされ、田口は井野川流域に安濃川流域の人びとが、継続的にきわめて政治的背景をもってきたとされている。

　これを受けて、近年の入植説の立場にある若狭は井野川流域をその場所としている。「井野川流域における外来系土器の系譜の検討から具体性をもって提起されたこの視点は群馬県東部の弥生土器の空閑地に石田川式土器が成立し、大規模首長墓が成立する現象とあわせて論じられている。また東海地方の研究者からは、S字甕に代表される拡散と定着の現象の一部は集団の移動として考えてよいとする意見も出されている。井野川流域に、東海西部の手法を比較的よく守っている外来系土器が多いこと、それが一連の形式変化をとげていくことは、外来の情報が直接的かつ継続的であることの現れである」としている（若狭 2007）。

　このような考え方は、前節の東海地方からの入植を意識した指摘である。この理解は、田口が行った井野川流域のS字状口縁台付甕の検討と深くリンクしている。

田口はＳ字状口縁台付甕の研究で、井野川流域と東海地方安濃川流域はきわめて似通った甕の変遷をするとして、東海地方との継続的密接な関係を指摘している。しかし安濃川流域は政治的にどのような立場にあるのか、なぜ安濃川流域の人がくる理由があるのかは示していない。安濃川流域の政治力により井野川流域へ人がくる理由も示していない。

　古墳時代土師器の研究は、Ｓ字状口縁台付甕の深化にともない東海の土器構成という方向に重点が置かれていくようになった。その結果若狭は「Ｓ字口縁甕（台付甕、薄甕）を受容、生産し、同時に東海西部系器種を核にした新たな土器様式が成立した要因……」という具体的な土器構成と入植者集団の出自を明示した（若狭 2007）。先述のとおり若狭は群馬郡域の一部、つまり入植地は井野川流域であることを指摘した。そして井野川流域の地域ごとの祭祀的土器セットにおける伝統性の消長と段階を細かに検討し、井野川流域における外来集団の存在を示した。「……以上の検討から井野川流域における外来集団の移動・定住は、可能性の高いものと考える。その影響力は、各地域の在来集団を一律に制圧したという性格ではなく、開発の進展にしたがって徐々に周辺へ及んだものであろう。当然各地域の距離関係や、開発の指向性に絡んでその影響力のグラデーションには時間差が存在する」。

　一方、在地集団に対しては「在来系集団はさまざまな問題を内包しつつも基本的に自立的変化のなかで、新たな文化を享受したということができよう」としている。しかし、外来集団と在地集団との関係と、その後入植が行われて成立、存在したであろう社会構造の内容には立ち入っていない。

　さて、このように石田川遺跡報告書で提示された外来集団は、尾崎の畿内系の隷属民をともなう入植から、井野川流域にＳ字状口縁台付甕を主体とする石田川式土器をもつ東海からの入植民が定着した、という説となり今日に至っている。

　つまり入植民の故地が東海であるため、石田川式土器はＳ字状口縁台付甕を主体とする東海系土器となったわけである。この結果入植民たちは、東海の人びとであるということになった。入植者の故郷が東海と決まってからは、他の複数他地域の土器群は顧みられず、赤城南麓地域で出土する南関東系単口縁台付甕の出土を前石田川式土器とよぶようになったのである。

そして、本来は石田川式土器の様式を決定していた南関東系土器を含むという内容は、東海勢力の入植説が確立したことにより、石田川式土器からはずされ、石田川式土器ではなくなったのである。そして東海の土器をもった入植民たちがきた以前におかれ、前石田川式土器とよばれることになる。

こうして南関東系前石田川式土器群のよび名が生まれた。当初複数他地域の系譜が混在することを特徴とした、石田川遺跡出土土器群、石田川式土器の東海系土器以外は、「前石田川式土器」、「石田川期」、「石田川並行期」、「いわゆる石田川」などとよばれるようになった。石田川式土器は、入植がないと成立しないこととなったのである。

3．入植民説の問題

ここまで入植の問題を取り上げた。筆者は入植民の存在を考える場合には、きわめて強い政治的な背景が必要であると考える。

そして、どこからきて何を目的とした移動であろうか。田口、若狭は東海という具体的な故地を示している。東海の人びとは静岡県、山梨県、長野県、神奈川県、東京都、埼玉県、千葉県、栃木県等々には目もくれず、なぜ井野川流域をめざしたのだろうか。その背景にある政治的意図と政治力とは何に由来するかを解明する必要があろう。弥生時代、縄文時代から人が行き来し、交流が存在したことは、前段までにたびたび言及してきた。それを入植というレベルにもち上げるには、政治、経済だけでなく、日常生活習慣や生業等々、さまざまなところで問題が生じるはずである。入植とはまさに革命的なテーマであるといえる。

したがって、そのすべての問題をクリアーしなければこのような大きなテーマを立証することはできないと筆者は考える。[4]

かつて群馬県内研究者の多くが、入植民の集落は不毛の曠野とよばれる群馬県南東平野部とした。前代弥生時代の人びとがいないところにきて、樽式土器文化と併存するとの認識であった。しかしその不毛の曠野からその後、多くの弥生時代中期、後期の土器が出土し、多数の遺跡群が確認されている。入植による時代画期の規定、文化の規定を提唱するには、S字状口縁台付甕の存在だけではなくさらなる検証、証明が必要と考える。

第5章 石田川式土器

　石田川式土器とは当初より東海系Ｓ字状口縁台付甕、南関東系単口縁台付甕、北陸系甕、畿内系小型坩等々の複数地域の土器構成をもっており、当時から広く認識されていた。しかしその後、Ｓ字状口縁台付甕の研究が深化し石田川式土器Ⅰ・Ⅱに分類した梅澤や他の多くの研究者は、南関東系単口縁台付甕を前石田川式とよび、石田川式土器からはずしている。そしてＳ字状口縁台付甕を主体とした、東海の土器様式として井野川流域に石田川式土器が定着したとされていく。

　この考え方は、石田川式土器は、入植者が携えてきた土器様式である、入植者は東海地方からきた、そのため東海地方の系譜をもたない南関東系や他地域の土器は、石田川式土器様式のなかに納めることができず、石田川式土器と分離しなければならない、という事情から、前石田川式土器、石田川式土器並行期である、としたという経過をたどったと理解できる。このような経過をたどり当初の石田川式土器（東海系、北陸系、南関東系、畿内系の土器系譜が混在する土器様式）の認識は変容してきた。その根拠は、入植説の存在に大きな要因があったと筆者は認識している。土器様式の構成を入植者の故地にあてなければならないところに、大きな内容変更の意味があった。

　大木が指摘したように、石田川遺跡報告書では、これら複数他地域の系譜のすべてを含み石田川土器様式と認定しているのである。したがって現在広く流布しているＳ字状口縁台付甕を主体とする東海系土器様式とは、当初の石田川式土器の規定とは、まったく異なった土器群を指していることになる。そして東海地方以外の複数他地域の土器群を指す場合において、前石田川、石田川式土器並行期、石田川期、いわゆる石田川等々の用語が氾濫してしまった。

　というより、そうしないと入植説が成り立たないところまできてしまったのである。つまり石田川式土器の内容が異なってきた最大の要因は、入植民が東海からきたことと、次節に紹介する浅間山Ｃ軽石の存在である。

　入植民のさらなる検討は次章につづくが、ここで土器の年代観と弥生時代と古墳時代を分ける変換期に、群馬県内で一般的に使用されつづけている浅間山Ｃ軽石に触れる。浅間山Ｃ軽石も石田川式土器、入植説とは切っても切れない問題を引きずってきた。

第3節　浅間山C軽石

　浅間山C軽石（以下C軽石）は群馬県、長野県の県境に位置する浅間山を噴源とする火山軽石である。2〜5mm程度の灰褐色で発泡性のある軽石は、噴火後東向きの偏西風に乗り東方一帯に広がっている。
　主に県西半部に確認される。後の6世紀初頭に噴火した榛名山のFP降下は、渋川市内では2〜3mの厚さで堆積している。しかしC軽石は村を埋め尽くすほどの堆積ではなく、数センチから数十センチ、あるいは遺構内覆土に混じる程度であるため、噴出時の堆積であるかどうかの判断はきわめて慎重にならなければならないと筆者は考えている。
　1971年、尾崎喜左雄は、『前橋市史』で前橋天神山古墳、朝倉Ⅱ号墳の墳丘下にC軽石を確認し、さらに市内桜ヶ丘団地弥生住居跡覆土中に検出されることから弥生時代と古墳時代を区分すると考え、当時の弥生時代と古墳時代の間の年代観である4世紀前半という年代をあてた（尾崎 1971）。
　その後、1979年に石川正之助、井上唯雄、梅澤重昭、松本浩一らは群馬県内火山噴出物の堆積遺跡を集成し、土師器の出土が確認された鹿島遺跡6号住居跡覆土にC軽石が認められることにより、当時弥生時代と古墳時代を分けるとされていた4世紀中葉の時期をあてた。
　つまりこのとき、C軽石の上は土師器の時代、下が弥生時代という考古学的な判断が明確化したのである（石川・井上 1979）。
　さて、1980年代に入ると群馬県内では関越自動車道、上越新幹線等の大規模プロジェクトが始まり、遺跡調査事例が爆発的に増えてきた。これにともない遺構からC軽石が確認される例も増えてきた。このなかにあって関越自動車道にともなう高崎市内新保遺跡141号住居跡内から、C軽石の堆積が確認された。C軽石下からはS字状口縁台付甕を含む土師器の一群が出土した。また新保遺跡北に近接する日高遺跡では、C軽石の下から土師器が確認された。このため土師器はC軽石以前に出現することが判明してきた。[5]
　しかし、議論の内容は土師器がさらに古くなることではなく、土師器がC軽石の下にあるという驚きであった。その理由は、4世紀後半の石田川式土器

をもつ入植民、移住民説にはC軽石の問題がリンクしているからである。

つまり入植の根拠は石田川式土器をもつ移住民がきて古墳時代をつくったこと、土師器は彼らが携えてきて使用した土器であること、土器の年代観ではC軽石は弥生時代と古墳時代を分ける時期、当時の4世紀頃、だから入植民がきたのはC軽石以降であることにある。

鹿島遺跡6号住居跡から、南関東系単口縁台付甕が出土した。入植民は東海からきた、すなわち前石田川である。したがって当時の考古学では4世紀代が古墳時代の始まりとされており、前石田川は古墳時代前期4世紀後半のいちばん中葉に近い段階、入植以前の土器、これが前石田川式土器に与えた年代なのである。つまり、石田川式土器文化は樽式土器とは無関係な人びとの社会でなければならず、さらに彼らはC軽石降下以降にきている。この結果浅間C軽石は4世紀中葉に決まった。このためにC軽石の下から出土した土師器を入植民の土器ではない土器、すなわち「前石田川式土器」、「石田川式土器並行期」等々さまざまな呼称が発生し、このころからさらに、「いわゆる石田川」という言葉が追加された。石田川式土器をもつ集団は東海からきた入植民でなければならず、石田川式土器という呼称は土師器の総称とはなっていないのである。

つまり当時は、弥生時代と古墳時代を分けるのは4世紀であるが、入植者がきたのはC軽石降下以後、そして古墳時代が始まり、そのときに運び込まれたのが、彼らの故地東海地方の土器群という図式が決まっていたためである。したがって、南関東系単口縁台付甕がC軽石下から出土したこと、石田川式土器は東海からの入植者の土器でなければならず、ここで前石田川式土器という呼称が生まれたのである。しかし、その後C軽石の下からも多くの東海系土器が出土したため、C軽石下から出土する東海系以外の土師器に対して「石田川式土器並行期」あるいは「いわゆる石田川系」等の使用例が急増した。

このような用例はまさに入植者たちが東海地方からきたとの前提で始まった理解であり、当初の石田川式土器様式からはまったくかけ離れたものであった。つまり、そうでないと入植民説が成り立たないからである。したがって浅間山C軽石、石田川式土器、入植説、この3者は切り離し難くリンクしているのである。

では土器から見たC軽石であるが、鹿島遺跡6号住居跡出土遺物は単口縁台付甕、壺等南関東系である。住居跡を覆う覆土中の一部にC軽石水平堆積層、軽石の純層が確認されている。しかしよく観察すると純層（と記載されている）の層位より下位にある層からもC軽石を多量に含む層が存在している。したがってこの軽石は明らかに噴火したときの堆積ではないことがわかる。

　この南関東系土器は、当時前石田川式という段階にあてられ（C軽石の下にある土器だから石田川式土器でないとの判断である）、石田川式土器より古く編年されている。しかし松島の理解では、石田川遺跡出土第I種土器、石田川式土器である。

　南関東系の土器が、このころから石田川式土器と切り離されていったのは以上のとおりで、石田川式土器以前、古墳時代最古段階におかれていた。つまり入植民説を維持するために、入植以前とした。

　問題は土層断面の検討と土師器の年代観よりも、C軽石の年代に重きを置いたことにある。その最大の理由は入植説と密接にリンクする点にある。

　現在であれば、自然災害の噴出軽石の年代観をもって、火山災害の年代観が動くことに抵抗はないが、当時一度浅間山C軽石に年代をあてて、その年代観で土器、時代を規定した。C軽石の有無で文化や社会を規定していた。つまり入植民説を成立させるためには、そうしなければならなかった。

　以後、発掘現場では遺跡内の遺構におけるC軽石の有無が最大の観察の焦点となり、軽石の上下の議論がつづいた。そして遺構の年代は覆土中にC軽石があれば4世紀中葉以前とされていた。したがって遺構内にC軽石があり、東海系土師器だと入植してきた人びとの土器、東海系でない土器は前石田川、石田川期、石田川並行期とされるのである。そして遺構内にC軽石がないときはC軽石降下以降つまり堆積後に掘削されたからC軽石がない、との判断である。

　C軽石が覆土になくても、年代決定の決め手となるのである。さらに遺構にC軽石はないが土師器が古手となれば、C軽石降下以後に人間の手が入り軽石をどかした、等の見解が報告書中でも述べられ、山の噴火という自然災害が時代、文化、土器の年代の基準となってしまったのである。

　筆者はかつてこの問題について、火山噴火という自然現象もって土器や時代、

文化を区分することは即座にやめるべきと指摘した（友廣 1988）。第4節でも検討するが、浅間山の自然災害は石田川式土器、入植民の存在、群馬の古墳時代文化の規定にも援用、使用されていくのである。

そしてこの3者を緊密に繋ぐために、入植者たちの土器様式であるS字状口縁台付甕を主体とする東海系土器様式が、広く群馬県内に広まっていくことになる。この結果、弥生時代と古墳時代の変換期、火山の噴火と土器の年代観、入植民の社会の存在、どれ一つでもなくなると、群馬県の古墳時代は始まらないところまでおたがいをがんじがらめにしてしまった。

第4節　石田川式土器研究の現状

1. 石田川式土器と入植民、浅間山C軽石の関係

石田川式土器、入植民説、C軽石の問題は、密接に相互補完の状態で長い間つづいてきた。石田川式土器の研究は第3期に入ると石田川式Ⅰ・Ⅱに編年され、この編年案は、S字状口縁台付甕の肩部の横線の有無による東海編年を借用した。この結果、その前提としての東海からの入植民の存在が欠かせなくなった。

「当然示すであろう様相」は、確認されても無視されてしまった。その理由は、「当然示すであろう様相」を認めることは、入植民の存在を否定することになってしまうからである。石田川式Ⅰ期は4世紀後半にあてられ、古墳時代の開始期が4世紀後半にあるという当時の時期区分から、まさに4世紀中葉におかれたC軽石の存在、という問題とも相互に密接にリンクし、切っても切れない関係を築き長くつづいた。この3者のどれ一つでも異なると、群馬県の古墳時代前期の時代区分、土器の年代観、とりもなおさず入植者が構築した古墳時代文化そのものが崩れてしまうからである。

この結果、入植民の存在を含めた3者の相互補完関係はつづき、どれ一つ動かせない状態となった。年代観の問題は、当時の資料の少なさから今とは異なることを批判できないが、土器の編年観と時代区分、自然災害を鼎立させ、入植というきわめて政治的な仮説にリンクさせたことには大きな問題を残した。

さて石田川式土器とは、そもそも石田川遺跡出土第Ⅰ種土器である。その後

石田川式土器という型式、様式のもとに1978年梅澤は五反田、諏訪下遺跡の1軒の住居跡出土土器、共伴するＳ字状口縁台付甕の肩部の横線の有無で東海の編年観をもってあてた。そして石田川Ｉ・ⅡのⅠ段階を埼玉県五領式土器のⅠ段階とした。しかし当時の学会の古式土師器研究者は、それ以前から石田川遺跡出土土器は五領式のⅢ段階におくという共通した合意があった。

　問題は古式土師器出現期の、認識の違いと考えられる。つまり土師器の形式が生まれるには、まず前代の弥生式土器最終末段階の土器との共伴が認められるという立場である。五領式土器は、Ｉ段階に当時の弥生時代末期前野町式の系譜をもつ土器との共伴を確認したが、群馬県では入植民の存在が前提にあるため、石田川遺跡出土土器を樽式土器から変遷しなくともよいわけである。したがって完成された土師器、石田川遺跡出土土器を土師器に認定した。発掘例の少ない当時としては、批判できない問題でもある。

　その後、大きな変換点をむかえる。井野川流域のＳ字状口縁台付甕を検討した論考等が増え、土師器の出現をＳ字状口縁台付甕の出現に対応させた。そして古式土師器が確認された当初に指摘されていた、複数他地域からの土器の系譜が存在していることは、Ｓ字状口縁台付甕の研究が深まるにつれ、問題とされなくなり、井野川流域の検討が進むと群馬県内の石田川式土器は、井野川流域に一気に広がることになった。こうして石田川式土器は、Ｓ字状口縁台付甕を主体とする東海系土器様式として井野川流域に定着し、当初提唱されていた石田川遺跡出土土器や高林遺跡出土土器の概念規定とはまったく異なったものとなる。

　その結果、井野川流域に定着した石田川式土器と、石田川遺跡出土第Ｉ種土器は違う土器群を指すこととなった。つまり石田川遺跡で出土した石田川式土器は南関東、東海、北陸、畿内の系統が混在する土器群であり、井野川流域の石田川式土器とは、Ｓ字状口縁台付甕を主体とする東海系土器群としたからである。

　このとき、井野川流域にある石田川式土器は、別の土器様式となった。この結果二つの石田川式土器が並立し、石田川遺跡出土第Ｉ種土器である南関東、畿内、北陸系土器群を指して、前石田川式土器、あるいは石田川式土器並行期等の用語が生まれ、石田川式土器本来の認識は人により異なったものとなった。

その後、石田川式土器という用語を使用しない方がよいとの意見も出され、使用するには新たな規定が必要であるとの意見も出た（大木 1996、友廣 1997）。

このような経過のなか、現在、石田川式土器とは、井野川流域に入植、移住してきた人びとが使用した、S字状口縁台付甕を主体とする東海系土器であることが群馬県内で支持され常識となっている。

しかし、かつて大塚・小林に指摘された「当然示すであろう様相としての土器群の組み合わせ」という土器構成の遺跡が、近年爆発的に増えた。すなわち樽式土器と土師器の共伴例が増えた今は、群馬県の古墳時代は樽式土器文化を担った人びとから生まれたものであるという明らかな証拠が増えている。本文後段で示すが、樽式土器の無文化した甕や壺は土師器を意識していることは間違いない（友廣 1997）。

本章は資料のない時代を批判するものではなく、資料が爆発的に増えた現在から当時の研究史を揶揄するものでもない。資料が増えたいま、現状を再検討し、新たな指摘、軌道修正をすることが現在群馬県内の研究者の責任と考えるからである。

2．現在の石田川式土器の認識

ここでは現在の石田川式土器の現状と、群馬県内研究者の理解を見たい。

まず基本的な石田川式土器の認識として、1996年の平野進一による『日本土器事典』をみてみよう。平野は、石田川式土器の設定は石田川遺跡調査者である松島榮治によるとしたうえで、「石田川式土器を中心とする古式土師器の分布は、高崎地域、前橋地域、藤岡地域、伊勢崎地域、太田地域の沖積平野を中心に広く分布が認められ、赤城山南麓、利根川上流域の沼田盆地周辺などの山間地域にもその広がりを見せている」とし、「北関東地方における古墳時代初期の土師器として学史的に位置づけられる石田川式土器の名称は、この地域の古式土師器の総称として使用されている」と結んでいる。ここで平野が石田川式土器として表記した土器は石田川遺跡出土土器と高林遺跡出土土器である（平野 1996）。

1999年、深澤敦仁は『群馬県遺跡大事典』で、石田川式土器の再検討の必要性を指摘している。その指摘は2点あり、一つは時間的な問題、二つは入植

民説である。第1の問題は石田川式土器とは井野川流域の土器を指し、さらに石田川式土器以前の土師器の存在を指摘している。問題は、深澤のいう石田川遺跡出土土師器以外に群馬県内には土師器が存在するという指摘である。「「石田川式土器」群の様相は古墳時代全体を通して見られるものではなく、その後半期のものであることが判明してきている。「石田川式土器」の基準資料は汎日本的な土器交流の時期である古墳時代初頭（おおむね3世紀後半から4世紀初頭）の様相は見られない。むしろ、盛んな土器交流を経たのち、S字状口縁台付甕（以下、S字甕）などの東海西部を主とする土器文化が在地化していく時期（おおむね4世紀前半以降）の土器群と考える方が妥当である。近畿の布留1式から2式、東海の廻間Ⅲ式に並行する時期と考えることができる」とする。

　第2の入植説の問題は、S字状口縁台付甕と田口が指摘した伊勢形二重口縁壺の源流が、東海西部（伊勢湾地域）に求められることから、石田川式土器の成立の契機に東海西部からの大規模な入植集団の存在を想定する説を示している（以下「　」内の前説とは入植説）。「一方、樽式土器と「石田川式土器」の間に無文の樽式土器が見られることから、「石田川式土器」の成立は、在地主導の土器変容によるものとする説があるが、前説の方が後説よりも広く受け入れられている。前述の通り、樽式土器と「石田川式土器」の間には、社会現象としての大規模な土器交流の時期があり、その時期を介して、主に東海西部の影響を強く受けた上で、外来系土器の在地化として「石田川式土器」が成立していることが明らかなためである。「石田川式土器」が他地域の土器文化の流入（人の流入）によって成立したと考えるほうが、在地主導の変容の結果と考えるよりも適切であろう。土器文化の流入現象が制圧的、支配的なものなのか、友好的なものなのかについて、さらに検討が必要であることはいうまでもない」とし、石田川式土器は古墳時代初頭期よりやや時期が下がるとしている。そして「石田川式土器よりも古い土師器があることが分ってきた」（深澤1999）とし、編年的位置づけに課題を示した。つまり石田川式土器の前に石田川式でない土師器があることを認めたのである。古い土師器とは以前の前石田川式土器、いわゆる石田川並行期の土器を指していると筆者には受け取れる。

　平野は石田川式土器の分布を高崎市、太田市、北は沼田市を含め、群馬県内

全域に認め、石田川式土器をこの地域の古式土師器の総称として位置づけている。筆者にはこの両者の認識が、現在の群馬県内の研究者を代表しているように思える。時には石田川式土器を石田川遺跡出土第Ⅰ種土器とし、石田川遺跡出土土器群より古い土師器の存在を指摘するが、最終的には両者とも古式土師器の総称である、となる。ただ共通する点は石田川式土器の源流は外来系土器が基本で、入植が前提となっていることである。[7]

深澤は入植の有様を、制圧的か支配的か友好的かという内容の議論までしている。その根拠は「S字状口縁台付甕と伊勢型二重口縁壺の型式の源流が伊勢湾周辺に求められることにある」としている。その背景にはS字状口縁台付甕を主体とする、東海系土器群が石田川式土器であるとの前提があり、石田川遺跡出土土器群は、石田川式土器ではないといっていることになる。

すなわち深澤は東海系、畿内系、北陸系、南関東系土器が混在するものは石田川式土器ではないとの立場を示し、石田川式土器とはS字状口縁台付甕を主体とした東海系土器群、すなわち井野川流域に定着した土器群を指している。

深澤のいっている石田川遺跡は、複数他地域の土器群が存在し、土器の交流段階以後としている。石田川遺跡が、井野川流域に入植が行われた以後になるのは矛盾してしまう。本文中で示したように、学史をみても石田川遺跡、高林遺跡出土土器には東海、畿内系、北陸系、南関東系等複数の外来系土器群が存在することが確認できる。井野川流域の元島名将軍塚古墳墳丘上からも、畿内系小型坩の出土が確認され、古墳時代初頭期における井野川流域の遺跡群で多くの畿内系、北陸系、南関東系土器群、樽式土器を確認している。

深澤は古墳時代初頭期に複数の土器交流があって、やがて東海系土器に統一され後半には在地化するとした。これは安濃川流域からの入植民がいて東海地方と同じ土器変遷をたどるという田口や若狭とは、異なった入植民存在の根拠となっている。

このように土器の変遷や交流の事実は、入植民の存在を示す根拠としても、それぞれが異なった認識・理解となってしまった。

当初より石田川式土器という土器様式に東海だけではない他地域の土器の系譜が存在していたのは、学会でも周知の事実であった。

筆者は石田川遺跡出土土器が古墳時代初頭期にはあたらないと考えている。

畿内系小型坩の共伴も見られるからである。
　近年の資料から筆者は、樽式土器に多くの他地域の系譜をもつ土師器が共伴することは、樽式土器をもつ人びとが弥生時代末から古墳時代初頭期にかけて継続的に東海地方と北陸地方、畿内地方、そして南関東地方と密接な関係を、長期にわたり維持していたことを証明していることになると考えている。これが大塚・小林が指摘した「当然示すであろう様相」であるからである。
　事実は、井野川流域を含め、群馬県の古墳時代前期の土器群は、S字状口縁台付甕を主体とした東海系土器群ではない。そのことは次章、第6章で実際に遺跡群にあたり証明することとしたい。

第5節　古墳時代前期の背景

　ここまで石田川遺跡出土土器から、群馬県内の土師器の検討をしてきた。結論をいえば石田川式土器を図示、規定したのは、石田川遺跡報告書中の第Ⅰ種土器以外は存在していない。また現在群馬県内で定着している、S字状口縁台付甕を主体とする東海系土器群を形式、様式として図示した論考はない。
　このように群馬県では、古式土師器の認識と石田川式土器の認識には大きなずれが存在しているわけである。
　石田川式土器とは、石田川遺跡出土土器と高林遺跡を含むもの。あるいは図示、検証されたものはないが井野川流域に分布するとされる、S字状口縁台付甕を主体とした東海系土器も石田川式土器と総称している。このように研究者おのおのが異なった土器群をイメージしているのが実態といえる。
　その背景には、入植民の存在がある。S字状口縁台付甕の研究が進むなか、当初から確認、承認されていた複数他地域の土器群は顧みられなくなり、S字状口縁台付甕の出自が東海とわかると、入植民は東海からきたことになり、S字状口縁台付甕を主体とする東海系土器群が石田川式土器の実態となってしまった。ついにはS字状口縁台付甕単体を指すようにもなり、石田川式土器とはS字状口縁台付甕のことを指す場合も多い。しかし近年、筆者は群馬県内の遺跡群を検証するなかで北陸系、南関東系、東海系、畿内系等さまざまな地域の土師器が在地樽式土器と共伴する例を確認している。井野川流域の遺跡

群にあっても東海系、北陸系、畿内系、南関東系の土器と在地樽式土器の共伴の事実を確認することができるのである。近年では樽式土器と土師器の共伴事例は爆発的に増え、かつて大塚・小林が指摘した「当然示すであろう様相」が明らかに存在している。岩崎、玉口が指摘した土師器第1期前半にある「前半期の土器は、それぞれの地域の先行する弥生式土器の残影を根強くとどめているため……」という事実を示す多くの遺跡が、井野川流域で確認することができる。つまり井野川流域の多くの遺跡で樽式土器と土師器が共伴する例を確認することができる。そのような遺跡、遺構は次章で実際の例を上げて示したい。

　杉原荘介は「弥生式土器と土師式土器との境界」『駿台考古学論集』のなかで、弥生土器と土師器の区別をA系列、B系列に分けた（杉原1974）。土器の斉一性を問題とし、「土器の装飾は少ないが、それでもなお地方色を残しているものをA系列とし、ほとんどのものが斉一性を確実に認めているようなものをB系列」とした。そしてA系列を前期前半、B系列を前期後半として、前期を考えようとすることをA案、B系列のものだけを前期と考えようとすることをB案とした。

　この考え方を取り入れるならば、現在樽式土器と土師器の共伴出土例が増えるなか、石田川遺跡出土土器はB系列の土器ということができる。つまりこの段階は大塚・小林をはじめとする岩崎、玉口、櫻井らの五領Ⅲ段階ということができよう、認識が異なっても分類的には金井塚の前半期をさし、同じ分類の立場にある。かつて井野川流域に存在する定型化した土師器の一群を、小出は五領Ⅲとし、ここでもおおかたの研究者は同意見であった。

　群馬県内ではこれに対し、研究者の多くが是とする入植説が存在しているため、石田川式土器文化と樽式土器文化はまったく異なる社会、文化にされている。入植民説では、樽式土器文化と石田川式土器文化は併存する異なった文化である。すなわち接点であるA系列土器群は存在しなくてもよいと考える立場である、と筆者には受け取れる。これは入植説が前提の主張としては論理的ではある。つまりA系列土器群は入植説にあっては必要ないという立場であり、逆にA系列土器群があっては入植説が成立しないことになる。

　A、B系列は、ともに古墳時代前期の土器群をどのように考えるかの問題を示しているもので、古墳時代前期土師器の分類や型式の違いをいっているもの

ではない。石田川遺跡出土土師器より古い土師器が高林遺跡にあるからといって、その土器がA系列ということではない。大塚・小林が指摘した「すなわち、高林遺跡が、群馬県太田市という地理的条件において、当然示すであろう様相としての土器群の組み合わせ……」とは、筆者の解釈では杉原が提示したA系列に納まる土器群、すなわち岩崎、玉口の「それぞれの地域の先行する弥生式土器の残影を強くとどめる」土器群にほかならない。[8]

しかし群馬県では、樽式土器と土師器との発掘資料の少ないままに多くの研究者が入植説を認めたため、A系列土器群を見失った。無視したといってもよいだろう。さらに入植民説を補強するために、樽式土器と石田川式土器文化の並立が確立されてしまった。五領遺跡とは異なり、群馬県ではB系列土器群の発見から始まったことが大きな原因であった。

現在群馬県内では杉原のA系列土器群の遺跡が爆発的に増え、再度検討し直す必要があると考える。もちろん入植説は、その上で仮説の一つとして再検証する必要がある。なぜならば現在、群馬県内大半の研究者は井野川流域に入植者たちがくるのは土師器が出現した後、古墳時代初頭ではない、としているからである。井野川流域に定着した入植民が携えた石田川式土器とは、S字状口縁台付甕を主体とする東海系土器様式であり、それ以前の土師器は前石田川式土器、石田川式土器並行段階の土器だからである。しかし、近年の調査遺跡の増加にともなう資料から、入植があったとされる時代の遺跡でも複数他地域の土器が共伴出土している。とはいえ、入植民説という仮説は、時を経るに従い矛盾が生じ、次から次へと齟齬が多数生じながらも常識、定説のままにある。

このように群馬県内では、近年樽式土器と土師器が共伴する遺跡が増え、出土土器から杉原が指摘したA系列土器群が確認されている。つまり群馬県では遺跡資料の少ない時期、突然B系列土器群を出土する石田川遺跡が発見され、その後A系列の遺跡が次々に調査されたわけである。

したがって群馬県の土師器への変遷は関東周辺の地域と同様な変化をとげたことが理解できる。つまり石田川遺跡は五領Ⅲ段階以降の遺跡である（石田川遺跡出土土器群は、古墳時代初頭期ではなく、新しいということは入植民説の立場にある県内の大半の研究者も認めている）。そして、多くのA系列土器を検出する多数の調査例は、まさしく当時多くの土師器研究者が賛同した五領Ⅰ

第5章　石田川式土器

段階の遺跡群なのである。

第6節　土師器出現時期

　このように石田川式土器は現在土師器の総称としながらも、石田川式土器、石田川並行期、石田川期、いわゆる石田川等の呼称を生み出した。つまり石田川式土器とは松島の示した石田川遺跡出土第Ⅰ種土器、その後新たに加わったS字状口縁台付甕を主体とする東海系土器群の二つが存在していることになる。この両者はまったく異なった土器群を、呈示しているわけである。しかし石田川式土器という土器様式は、それぞれに入植民の存在があってこそ、存在をしている（筆者は以前より、石田川式土器様式の統一された概念規定がないため土師器という用語を使用している）。

　松島榮治が規定したのは、石田川遺跡出土第Ⅰ種土器である。このなかには南関東系単口縁台付甕、畿内系小型坏が共伴している。群馬県内ではじめてS字状口縁台付甕を取り上げ、肩部横線に着目したのは梅澤であったが、分類のなかで横線があるものが古い根拠は「この甕形土器の系譜は東海西部濃尾平野を中心とする地域に求められるものであり、前者が先行タイプであることは間違いない」という立場で、共伴する1軒の住居跡出土土器を編年した。群馬県内のS字状口縁台付甕の編年が、濃尾平野と同じ変遷をとげる根拠は不明である。田口はS字状口縁台付甕は同じく東海地方の安濃川流域と同じ変遷をたどるとした。その根拠は入植民は安濃川流域の人であるからとした。さらに安濃川流域との継続的かつ密接な交流の存在を根拠とした点は一歩踏み込んだ理解であるが、複数器種のうち、S字状口縁台付甕という単種のみが、東海の安濃川流域と同じ変遷をたどるとの指摘もまた検証が必要であろう。もしそのようなことが証明できれば、政治的背景をもつ恒常的な入植民の存在から井野川流域が東海勢力による植民地になったということになる。しかし同じように群馬県内で共伴出土する、複数他地域の土器群の存在の理由は証明できていない。

　もちろん資料が増えた今の段階で、批判はできない。土師器が定型化した段階は、五領式にあてるとⅡ段階以降とするのが妥当で、筆者は梅澤の石田川式

土器Ⅰは五領Ⅲ段階にあてるのが妥当であると考える。いずれにせよ深澤の入植民がきたとされる時期（布留Ⅰ～Ⅱ）は、古墳時代初頭期でなく前期の少し下る時期にある。以上のように入植説のなかで、入植民がいつ、どこからきたのかは、人によってさまざまである。

　井野川流域には、杉原の指摘したA系列土器群を出土する遺跡が多数ある。北陸系、東海系、南関東系土器と樽式土器の共伴する遺跡である。前掲の新保遺跡、新保田中村前遺跡もそのような遺跡である。

　この段階は石田川遺跡の前段階におくことができる。つまり五領Ⅰ段階にあてることが可能で、この段階に土器の交流が盛んに行われていたことがわかる。後段で示すが、北陸編年では月影式から白江段階、畿内と並行させれば庄内段階を群馬県での土師器の出現段階ということができる。

　まさしく先学諸氏の示す、五領Ⅰ段階である。その遺跡群は弥生時代中期以降平野部に広がった遺跡群と、明らかにリンクしてくる。樽式土器文化圏を山麓におき、石田川式土器文化圏を南東平野部におく解釈では新保遺跡、新保田中村前遺跡、すなわち井野川流域が理解できなくなる[9]。

　ここまで見てきたように、石田川式土器の成立は入植民の存在など、さまざまな要素を含み、相互に補完しながら現在に至ってきた。石田川遺跡に住んでいた人びとは、在地の弥生時代の人びととまったく関わりのない土器文化の人びとであると規定したことは、その後さまざまに問題を残してきた。

　入植民ありきから始まり、石田川式土器が在地の土器と共伴する必要がないこと、したがって石田川遺跡出土土器は群馬では最古の土器形式（五領Ⅰ並行とした）であること等々、その後の資料が増加しても、この立場を変更しなかった。この結果、この規定を維持するために石田川式土器は、東海系土器であるとされた。その根拠は、入植民が安濃川流域からきた人びととしたことである。このときから東海系土器以外は、石田川式土器ではないことになった。東海系一色の石田川式土器とそれ以外が「前石田川式土器」、「いわゆる石田川」「石田川並行」とよばれ始める。

　前章で見たように新保地域周辺は弥生時代中期に始まり、古墳時代に継続した遺跡群である。つまり群馬県内の土器変遷は、竜見町土器から土師器まで、樽式土器を経て継続した地域といえる。杉原荘介が示したA系列土器群から

B系列土器群へと変質していく。その土器群は東海一色に納まるものではなく、A・B系列段階の変遷のなかにあっても北陸系、畿内系、東海系、南関東系のそれぞれの土器が樽式土器と共伴出土するのである。井野川流域に所在する新保地域2号河川では、古墳時代初頭期から畿内系叩き甕、北陸系小型土器、S字状口縁台付甕、樽式土器が共伴し、東海一色の土器群を想定するわけにはいかない。

つまり、群馬県だけが独自の土器変遷をたどるのではなく、在地の弥生土器から徐々に土師器に変遷していくことがわかってきた。そこで次章では群馬県内各地域の遺跡に実際にあたって検討をしていきたい。

註
(1) 県西北部中之条町の岩壁にある弥生時代中期の遺跡。竜見町土器が出土している。イノシシ、シカなどの焼けた骨が出土している。
(2) 赤城山西麓に所在する弥生時代後期の遺跡。樽式土器の標識遺跡である。明治大学杉原荘介が調査した。
(3) 高崎市西北部烏川の段丘上に所在する弥生時代後期の遺跡。樽式土器を出土する。
(4) 入植民は当初、石田川遺跡出土土器があまりにも樽式土器と異なるために、別な集団であるとの認識からのものであった。その後、S字状口縁台付甕の故地である東海地方、安濃川流域などの故地が示された。この結果入植が政治性をもつものになり、きわめて重要な問題を内包した。政治力は安濃川流域の政権であるのか、政治性という言葉は背後にある国、国家があることが前提の文言である。端的にいえば群馬が東海安濃川流域の植民地になったという主張になる。
(5) 井上と松村は鹿島遺跡6号住居跡覆土中のC軽石は弥生時代と古墳時代を分ける軽石とし、下の時代は入植以前、上は入植後とした。入植民が東海地方としたため、軽石下にはS字状口縁台付甕はないとした。そして単口縁台付甕を「前石田川土器」とよんだ。しかしその後、新保遺跡を始め県内の多くの遺跡でC軽石下からS字状口縁台付甕の出土例が認められるようになった。
(6) なぜC軽石が時代を分けるようになったのか、明確な論考はない。鹿島遺跡6号住居跡での単口縁台付甕を前石田川式土器としたときに、東海からの入植の前に南関東から人がきたとの指摘もあった。

（7）県内では長い間入植があることがつねに前提にある。したがって入植の有無は問題とされない。このため入植の形態が議論されるが、具体的にどこからどのような人が何の目的で入植したという議論はない。さらに問題はなぜ群馬の地が選択されたのかということも不明確なままである。

（8）当時は五領遺跡シンポジウムでも理解できるように学会での土師器の分類と、時期の問題は共通した理解と認識があった。この考え方は杉原荘介のA・B系列の認識とも合致している。

（9）入植説に従えば、もし井野川流域に政治的背景をもった入植民が入れば新保地域の人びととの軋轢が生じる。また石田川遺跡がある県南西部の不毛の曠野に入ってきたという地域では、現在弥生時代中・後期から古墳時代前期に継続する遺物・遺跡の発見が急増している。

　入植説では外圧、東海勢力等の言葉が使われ、政治性や、背後の権力等の存在を示唆していることになる。

第6章　古墳時代を迎えた土器様相

第1節　弥生時代末期から古墳時代初頭期の出土土器

1．分類の内容

　第4章第2節で新保遺跡、新保田中村前遺跡、そして弥生時代後期日高遺跡出土遺物を概観した。木器や骨製品等から遠隔地、周辺地との弥生時代前期からの交流を想定できた。ここまで検証したように、当時の人びとが実際に生活し、木を伐採、製材、備蓄し、シカやイノシシを捕獲し、その骨でト骨し、剣の束、骨鏃を造ったことを考古資料から復元できたわけである。
　ここでは古墳時代を迎える新保地域で、木器や骨製品を実際に使用した人びとの生活を、土器と合わせた形で検討したい。
　小林行雄は「様式は常に他の個性的なるものとの対立に於いてのみ認識され得、随って上位の軌範に對して常に個性的なるものである……（略）一民族が他の諸民族から個性的に特殊化してゐる時明らかになる」、つまり「一定の要素の斉一性である」とした（小林 1955）。
　第5章で、群馬県内では以前より古墳時代初頭期の土器様式は、外圧の結果によるS字状口縁台付甕を主体とする東海様式とされていると紹介した。しかし、ここでは出土土器の故地探しの鑑定、同定ではなく、まずは群馬県内の遺跡の土器出土の実態を把握することから始めてみたい。
　1952年、太田市内で石田川遺跡が発見された。当時はまったく出自のわからなかった東海、畿内の土器群を検出した。調査者である松島榮治は出土した土器群のなかで、古墳時代前期にあたる土器群を出土地にちなみ、石田川式土器様式とした。発掘の段階ではS字状口縁台付甕の出自が東海にあることは

わかっていなかったが、松島は在地の弥生土器とまったく異なる土器の出土に驚き、他地域から異なった土器文化の人がきたことを提起する。石田川遺跡出土土器は東海系、北陸系、畿内系、南関東系土師器が混在していた。

　前章で示したように、その後S字状口縁台付甕が東海地域の土器であることが判明してからは、北陸系、畿内系、南関東系とは切り離され石田川式土器とはすなわち東海地方の土器様式であり、東海地方から大挙して人が入植するという説が一般化し、入植説、移住説として今日群馬県で定説となっている。その背景にあるのは、東海からの入植民たちが故地の土器様式をもち込み、以来当時の群馬県の土器は東海一色に変換したというものである。入植民説は、当初は石田川遺跡発掘当時、それまでの在地の弥生土器との違いに驚いたことによる発想であった。

　石田川遺跡出土土器群において東海系S字状口縁台付甕、南関東系単口縁台付甕、畿内系小型坩形土器や北陸系甕形土器等が共伴していることは、当時周知の事実であった。近年群馬県内ではそのような組み合わせの出土は、古墳時代前期の一般的な出土傾向となっている。したがって現実は、群馬県内の古墳時代前期の土器様相は東海的であるとはいえない。つまり石田川遺跡発見以後の発掘調査により、古墳時代初頭期の土器様相はさまざまな複数他地域の土器が混在して出土することがわかってきた。S字状口縁台付甕の故地である東海一色にないことは、現在では明らかとなっている。

　そこで在地、外来土器という枠組みをはずし、人の生活の原点である日常必要な煮炊き具、甕の所有形態をみるために甕を分類し検証してみたい。当時の人びとの煮炊きに使用する甕の使用傾向から、彼らがどのような甕を使用したのか、彼らの生活の一端を見ようというものである。考古学の通例では出土土器の型式分類を行い、そのあと土器に時間を与える。

　群馬県内では長い間、入植民説のため古墳時代初頭期の土師器研究、編年は樽式土器とまったく切り離して研究されてきた。しかし最近では在地弥生土器に外来の土師器が共伴し、やがて土師器化していく様が当り前のようになっている。外来の土師器とは東海、畿内、南関東、北陸等さまざまな地域からもち込まれたであろうもの、在地で造られたであろうもの、正確な区別ができないのが実態で、さまざまな仮説が立てられたが未だに実態はよくわかっていない。

ここでは出土土器を時間差、地域差による分類とは異なった、甕という器種を視覚的に分類をし、当時の社会背景や人びとの選択意図、意思を観察する。まずは当時の土器所有の実態を把握し、その後で考察してみたい。

2．甕の分類

甕の分類は細かな分類基準をさけ、形だけとし、平底と台付きの2種類に分類した。さらに台付甕は単口縁台付甕、S字状口縁台付甕に分けられる。平底甕は器形や文様帯に樽式土器の系譜を引くものと土師器平底甕がある。

以下の四つに分類した（図29）。

①S字状口縁台付甕：東海地方に出自をもつ甕。

②単口縁台付甕：南関東に出自をもつ甕。五領式土器に出自をもつと考えられる。

③土師器平底甕：樽式土器平底甕から発展したもの。前代の弥生時代の伝統にある樽式土器の系譜をもつもの。北陸地方の系譜をもつ土器を一部含む。平底は樽式土器時代からの伝統的な甕と考えられる。

④樽式土器甕：在地弥生時代の伝統的土器である。樽式土器の文様が残るもの器形だけ樽式土器で文様が消えたものも含む。

分類基準の理由は、本章第2節で述べる。

ここでは新保遺跡、新保田中村前遺跡、熊野堂遺跡、下佐野遺跡等々、表4にあるように高崎低地部に広がる遺跡群を検証する。この地域は現在群馬県で常識となっている、S字状口縁台付甕を主体とする東海系土器群を携えた入植民がきたとされる井野川流域でもあり、あわせて入植民が存在したのかも解明できるはずである。

3．甕から見る遺跡出土土器の傾向

新保遺跡、新保田中村前遺跡（両遺跡は隣接するため同一遺跡と考え新保地域とよぶ）で甕を出土する弥生時代末～古墳時代初頭期の住居跡は、あわせて38軒ある。出土土器は合計340個体、このうち甕は174個体ある。

甕総量のうち各甕の占める比率はS字状口縁台付甕67個体38％、単口縁台付甕17個体10％、土師器平底甕63個体36％、樽式土器甕27個体16％であ

S字状口縁台付甕

単口縁台付甕

土師器平底甕

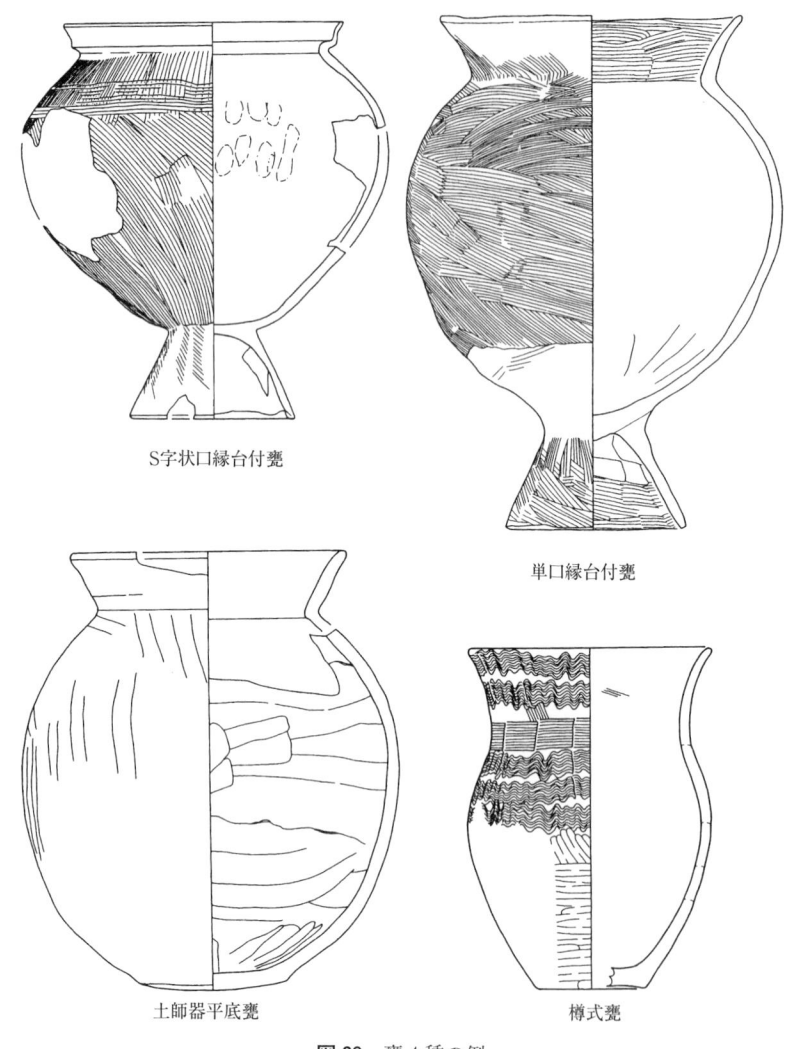

樽式甕

図29 甕4種の例

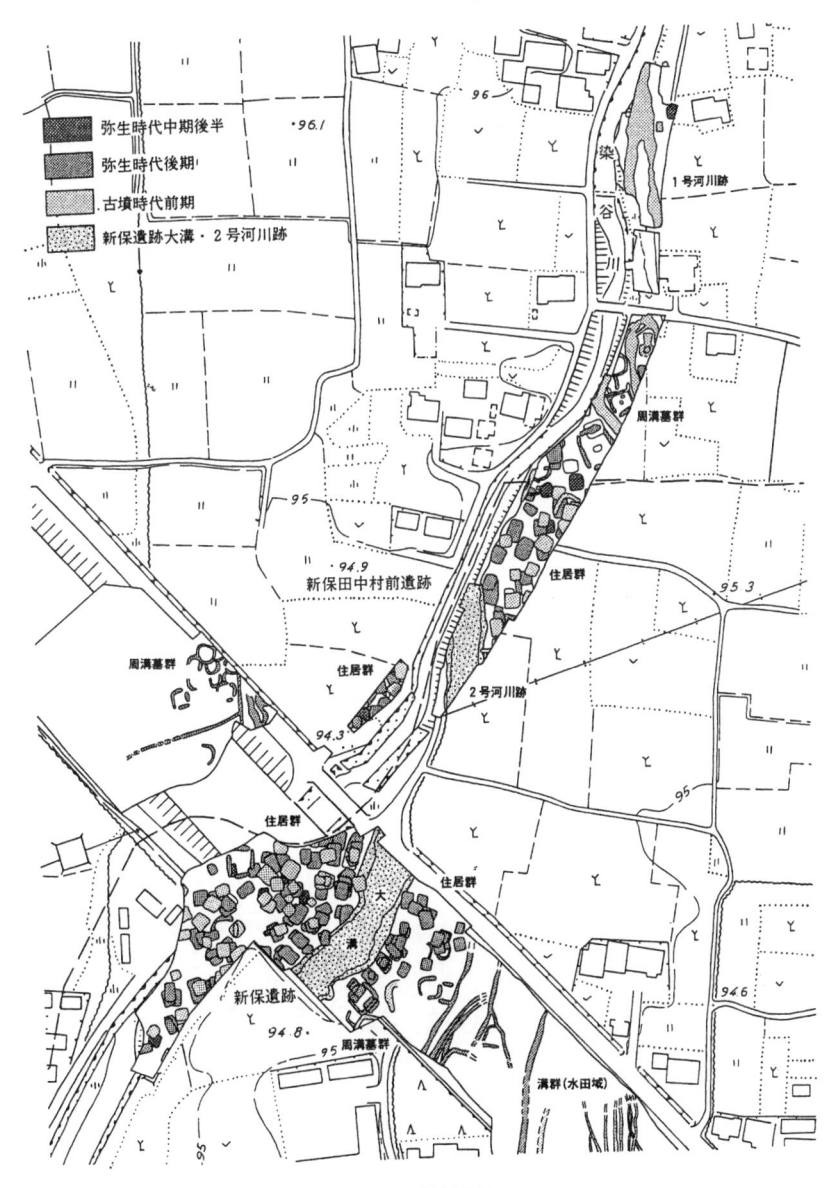

第6章　古墳時代を迎えた土器様相　121

図30　新保地域

る。

　次に各甕が38軒の住居跡の住民の生活に、どのくらい普及しているかを延べ軒数でみると、S字状口縁台付甕を出土した住居跡は24軒33％、単口縁台付甕7軒10％、土師器平底甕29軒40％、樽式土器甕13軒17％である（表3、図31、32）。新保地域内ではいちばん多く出土した甕はS字状口縁台付甕、いちばん普及率が高い甕が土師器平底甕という結果が出た[1]。次に甕が単器種（本章内の単器種あるいは単独器種とは、共伴がないものや、他地域の土器がないものを指す）しか出土しなかった住居跡をみると、S字状口縁台付甕が4軒、単口縁台付甕2軒、土師器平底甕4軒、樽式土器甕1軒が存在している。

　ここで新保地域全体の生活の道具である、甕の出土傾向を数値化してみたが、結果が示すものは、当時の彼らの選択の結果であると筆者は考えている。

　甕総数では、67個体38％のS字状口縁台付甕は、64個体36％土師器平底甕とほぼ拮抗する。しかしおのおのの甕が出土する軒数は、S字状口縁台付甕をもつ軒数が24軒33％、土師器平底甕をもつ軒数29軒40％となる。この数値の結果をどう読み取るべきなのだろうか。当時の集落に住む人たちは、自由に自分が使う甕を選択している。そのなかでS字状口縁台付甕と、伝統的な平底甕の人気が高いことが読み取れる。出土傾向から逆に考えると、24軒はS字状口縁台付甕を選んだが、あとの14軒はS字状口縁台付甕を選んでいない。また平底甕をもつ人たちは29軒、あとの9軒は土師器平底甕をもっていない。そして単口縁台付甕の7軒と樽式土器甕をもつ12軒は少数派である。

　そして単独器種の甕しかもたない住居跡軒数は、両遺跡でS字状口縁台付甕4軒、単口縁台付甕2軒、土師器平底甕4軒、樽式土器甕1軒と、筆者が見る限りいずれかの甕に特にこだわっている傾向は、読み取ることはできない。

　単独器種の甕しかもたない住居跡は、合計で4軒10.5％ある。つまり残りの34軒89.4％の住居跡の住人は、複数器種の甕をもっているわけである。

　この結果が示すものは、当時の生活者の甕の所有形態は複数甕を所有し、そのなかでS字状口縁台付甕と、土師器平底甕の所有率が高かったことが読み取れる。この結果は、彼らが自由に自分の意思で甕を選択し、使用していることの現れと考える。

　さらに甕のうち、S字状口縁台付甕だけを出土する4軒の内容をみよう。新

第6章 古墳時代を迎えた土器様相

表3 新保地域の住居跡別出土土器一覧

新保田中村前遺跡Ⅱ

住居跡	S字甕	単台甕	土甕	樽甕	壺	高坏	器台	坩	他	総数	備考
2号	2		1			1	1		1	6	裾広がる高坏
19号	1				2	1			2	6	裾広がる高坏・二重口縁壺
148号	4				1	2	1			8	東海高坏・ひさご壺赤彩
149号	1		2		2					5	ひさご壺
150号	1		1							2	
151号			2							2	
153号	8		2	6	7	1	1			25	二重口縁壺・樽壺・樽高坏
155号	1		2	2	3		1		3	12	甕口縁内面刷毛目
156号	1		2	1		2				6	
157号	3		1		1	3			1	9	小形高坏
174号	1				1					2	ひさご壺

新保田中村前遺跡Ⅳ

住居跡	S字甕	単台甕	土甕	樽甕	壺	高坏	器台	坩	他	総数	備考
205号			2	4	1	2			9	18	2号溝北陸土器出土 赤彩高坏
243号			3	1	1	1				6	パレス文壺・高坏破片
254号	1	1	1	1						4	北陸甕
14軒	24	1	19	15	19	13	4		16	111	
延べ軒数	11	1	11	6							

新保遺跡

住居跡	S字甕	単台甕	土甕	樽甕	壺	高坏	器台	坩	他	総数	備考
16号	1			1	2					4	樽壺
70号	4		3		8	2		1	2	20	北陸小形土器・小形坩
86号	1			1	2					4	
100号	9		3		4			1	1	18	ひさご壺・小形坩
115号			2		1					3	
116号	1		1		3					5	樽壺
120号	2		1		2					5	
125号	9		4		10	1			1	25	ひさご壺
135号		3			1	1				5	ひさご壺
140号			1		2	1				4	下段に稜高坏
141号	3	3	3		8	4			2	23	小型高坏・下段稜高坏
151号	2				2			1	2	7	ひさご・小形坩
155号	4	6	7		11	4	4		1	37	小型高坏
167号	1		1							2	
170号			1		2	1			1	5	
186号				2		1	1			4	
191号		2								2	
205号		1	3							4	
280号			2				1			3	小形坩?
282号	2		3	4	3				1	13	樽壺
292号			5	1	3		2		4	12	
295号			1	3	3	1				8	
296号		1	1		1	2			1	6	小形高坏
298号	4		2		2		1	1		10	小形坩
計24軒	43	16	44	12	67	17	9	5	16	229	
延べ軒数	13	6	18	6	18	9	5	5			
新保地域計	67	17	63	27						340	
延べ軒数	24	7	29	12							

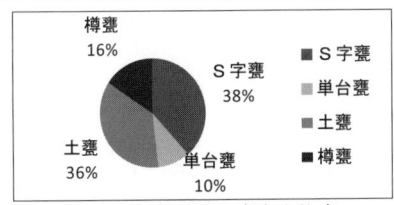

図31 新保地域の甕出土比率

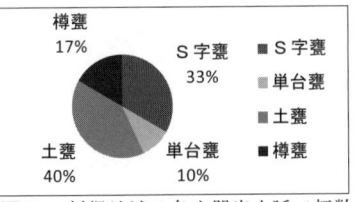

- 樽甕 16%
- S字甕 38%
- 単台甕 10%
- 土甕 36%

図32 新保地域の各土器出土延べ軒数

- 樽甕 17%
- S字甕 33%
- 単台甕 10%
- 土甕 40%

保遺跡151号住居跡、新保田中村前遺跡19号、148号、174号住居跡の共伴遺物は、東海系壺、小型坩、小型高坏、二重口縁壺などがあり、148号、174号住居跡は、赤彩された東海系壺が供伴する。151号住居跡で畿内系小型坩が共伴する。甕はS字状口縁台付甕だけ、とこだわってもっているともいえるが、全体の土器構成をみると、東海系土器様式に執着している様子はうかがえない。

　土師器平底甕だけをもつ住居跡は、新保遺跡115号、170号、280号住居跡、新保田中村前遺跡151号住居跡の4軒ある。新保遺跡115号住居跡で壺の破片、170号住居跡で壺、280号住居跡で小型坩と思われる破片、151号住居跡では共伴遺物はない。この住居跡群は、土師器平底甕だけの所有であるが共伴関係は不明瞭で、こちらも在地土器にこだわっているようでもない。

　単口縁台付甕だけの単独住居跡は、新保遺跡135号、191号住居跡の2軒で、135号住居跡では東海系壺、191号住居跡は共伴遺物なしである。樽式土器甕単独住居跡は186号住居跡で高坏、器台と共伴する。

　この出土土器の構成状況から、新保地域に居住する人びとの生活習慣、つまり甕の出土傾向を考えてみよう。

　S字状口縁台付甕は、明らかに東海に出自をもつ土器である。同様に単口縁台付甕は南関東、樽式土器甕は在地、土師器平底甕は樽式土器からの平底指向と考えられる。この結果から得られるものは、彼らの生活跡である住居跡から出土する甕の選択は○○型式、○○様式土器と系統づけられるものはない、ということである。これは共伴する遺物からも明らかである。つまり当時の人びとは自由に好きな甕を選択使用していたのである。もちろん甕だけでなく、他器種の土器も同様である。

　新保地域の傾向は、38軒のうち単独の甕4軒を除いた34軒、すなわち89％を越える住居跡では複数器種の甕をもっており、それは一般的であったことがうかがわれる。つまり彼らは、単独器種（S字状口縁台付甕）を主体とする土器様式を選ばない（選択していないし、習慣もない）のが一般的だった、ということができよう。

4．井野川流域（図1-19～27の遺跡を中心とする地域）

　では弥生時代終末から古墳時代初頭期にかけて、このような傾向は新保地域

第6章 古墳時代を迎えた土器様相

表4 井野川流域の遺跡別出土甕集計

遺跡名	S字甕	単台甕	土甕	樽甕	甕総数	総数	甕軒数	甕率	S率	単台率	土率	樽率
熊野堂・雨壺遺跡	6	12	13	8	39	70	10	55.7	15.3	30.7	33.3	20.5
新保遺跡	43	16	44	12	115	229	24	50.2	37.9	13.9	38.2	10.4
新保田中村前遺跡	24	1	19	15	59	111	14	53.1	40.6	1.6	32.2	25.4
八幡遺跡	44	9	28	12	93	178	19	52.2	47.3	9.6	30.1	12.9
高崎情報団地遺跡	35	4	16	2	57	126	25	45.2	61.4	7	28	3.5
保渡田遺跡Ⅶ	11	8	10	7	36	72	9	50	30.5	22.2	27.7	19.4
倉加野万福寺遺跡	19	1	4	0	24	48	5	50	79.1	4.1	16.6	0
下斉田・滝川遺跡	11	11	25	0	47	99	3	47.5	23.4	23.4	53.1	0
下佐野遺跡	129	4	43	0	176	336	37	52.7	73.2	2.2	24.4	0
舟橋遺跡	11	0	5	0	16	33	6	48.5	68.7	0	31.2	0
元総社西川遺跡	14	3	2	1	20	32	4	62.5	70	15	10	5
棚島川端遺跡	72	4	45	16	137	206	43	66.5	52.5	2.9	32.8	11.6
12遺跡合計	419	73	254	73	819	1540	199	53.2	51.1	8.9	31	8.9

表5 井野川流域の甕単器種軒数

遺跡名	S字甕	単台甕	土甕	樽甕	その他	計
熊野堂・雨壺遺跡	0	0	0	0	10	10
新保遺跡	0	0	2	1	21	24
新保田中村前遺跡	1	0	0	0	13	14
八幡遺跡	3	0	1	0	15	19
高崎情報団地遺跡	3	1	0	0	21	25
保渡田遺跡Ⅶ	0	0	0	0	9	9
倉加野万福寺遺跡	0	0	0	0	5	5
下斉田・滝川遺跡	0	0	0	0	3	3
下佐野遺跡	7	0	1	0	29	37
舟橋遺跡	1	0	1	0	4	6
元総社西川遺跡	1	0	0	1	2	4
棚島川端遺跡	0	0	0	0	43	43
12遺跡合計	16	1	4	3	175	199

表6 井野川流域の甕出土延べ軒数

遺跡名	S字甕	単台甕	土甕	樽甕	合計
熊野堂・雨壺遺跡	3	6	7	4	20
新保遺跡	13	6	18	6	43
新保田中村前遺跡	11	1	11	6	29
八幡遺跡	13	8	12	4	37
高崎情報団地遺跡	20	2	11	2	35
保渡田遺跡Ⅶ	4	5	7	5	21
倉加野万福寺遺跡	3	1	3	0	7
下斉田・滝川遺跡	2	3	3	0	8
下佐野遺跡	35	4	19	0	58
舟橋遺跡	5	0	4	0	9
元総社西川遺跡	3	1	2	1	7
棚島川端遺跡	26	4	25	9	76
12遺跡合計	138	41	122	37	350

表7 井野川流域の外来系土器

遺跡名	東海	北陸	畿内	樽	土甕	他	計
熊野堂・雨壺遺跡	3	0	1	4	7	1	16
新保遺跡	16	1	5	6	18	0	46
新保田中村前遺跡	12	1	12	6	11	0	42
八幡遺跡	15	5	1	4	12	0	37
高崎情報団地遺跡	20	4	0	2	11	2	39
保渡田遺跡Ⅶ	7	0	1	5	7	0	20
倉加野万福寺遺跡	3	2	0	0	3	0	8
下斉田・滝川遺跡	3	0	0	0	3	0	6
下佐野遺跡	35	6	6	0	19	1	67
舟橋遺跡	5	0	1	0	4	0	10
元総社西川遺跡	2	0	1	1	2	1	7
棚島川端遺跡	34	4	6	7	30	0	81
12遺跡合計	155	23	34	35	127	5	379

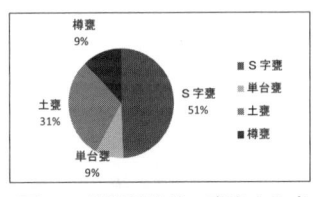

図33 井野川流域の甕出土比率

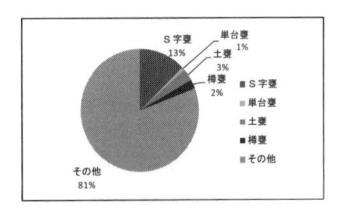

図34 井野川流域の甕単器種軒数

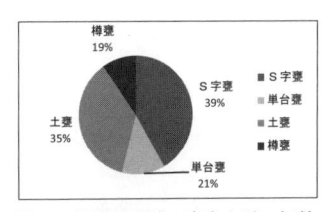

図35 井野川流域の甕出土延べ軒数

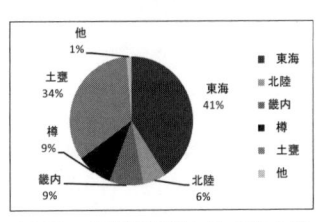

図36 井野川流域の外来系土器

だけの特徴なのかどうか、さらに範囲を広げて井野川流域の遺跡群を同様な手法でみてみよう。井野川流域の12遺跡を、同じように土器出土傾向を表にまとめてみた（表4～7、図33～36）。

　住居跡はあわせて199軒、出土器総数は1540個体、甕はあわせて819個体である。甕の出土個体数と比率はS字状口縁台付甕419個体51％、単口縁台付甕73個体9％、土師器平底甕254個体31％、樽式土器甕73個体8.9％である。おのおのの甕を出土した延べ軒数はS字状口縁台付甕146軒41％、単口縁台付甕43軒12％、土師器平底甕127軒36％、樽式土器甕34軒11％である。

　井野川流域では、S字状口縁台付甕出土比率は50％を超えるが、延べ軒数の比率をみると、S字状口縁台付甕をもつ住居跡の比率は下がり、土師器平底甕をもつ住居跡は上がる。では単独器種甕の出土軒数をみると、S字状口縁台付甕16軒8％、単口縁台付甕1軒0.5％、土師器平底甕4軒2％、樽式土器甕3軒1.5％となる。

　さて、井野川流域に住んでいた集落の住民たちは、圧倒的な割合でS字状口縁台付甕をもっていたように見える。しかし、じつはS字状口縁台付甕をもつ住居跡軒数は、199軒のうち138軒69.3％、これを全体の比率に直すと39％、単口縁台付甕41軒21％、土師器平底甕122軒35％、樽式土器甕37軒19％である。さらに単独の甕をもつ住居跡は、全体で24軒12％で、大多数の住民たち80％以上は複数器種の甕を所有しているのが実態であることみてとれる。したがってS字状口縁台付甕でなければ、単口縁台付甕でなければならないという生活スタイルは、当時としては一般的ではなかったといえよう。

　この結果からいえることは、東海様式を選択する習慣、規制や統制はなく、自分の好きな単独器種の甕の生活を、選ぶことができたということである。自由に選択し、複数器種の甕を所有することが当時の一般的な生活スタイルであったと理解できる。

　この結果を新保地域の生活スタイルと比較してみると、新保地域での単独甕器種を選択した住居跡は38軒中4軒10％、新保地域では90％が複数甕器種を所有するのが、一般的な生活スタイルである。井野川流域の広い範囲にある周辺遺跡12遺跡の甕の所有形態をみても、同じ結果が得られた。

表8 熊野堂・雨壺遺跡の住居跡出土土器

住居跡	S字甕	鉢台甕	土甕	樽甕	壺	高坏	器台	坩	他	総数	備考
熊野堂第Ⅲ地区											
8号	1	1	1	3	2					8	A類S字・赤彩壺1
9号		3	2		2	1	1		3	12	パレス壺1
雨壺遺跡											
85号	4									4	土師100・弥生130 雨61住二重口縁壺
熊野堂遺跡(2)											
136号			1		2					3	瓢壺(1)
173号		2	2		1					5	
209号		1	2	3	2	2			2	12	畿内壺
4区15号		1	1		4	2			1	9	柳が壺・樽壺
4区18		4	4	1						9	樽台付甕
3区8号	1									1	
熊野堂遺跡(1)											
13号				1	2	1			3	7	樽式・東海高坏
10軒	6	12	13	8	15	6	1		9	70	
延べ軒数	3	6	7	4							

表9 八幡遺跡の住居跡出土土器

住居跡	S字甕	鉢台甕	土甕	樽甕	壺	高坏	器台	坩	他	総計	備考
69号	1	2	5	4	8	1	2		3	26	北陸甕・東海壺
80号			1	1	4	3				9	東海壺
119号		1	3	3	4				7	18	北陸甕・樽壺
3号			3		2	3				8	小形高坏
6号	1		5		5	3			1	15	
9号				1		1				2	
10号			2		5	2			1	10	ガラス小玉・畿内壺
19号		1	1		1	1				4	
27号	9	1	3							13	北陸甕
51号	7	1	2		4				7	21	
54号	2				2					4	
71号	2	1	1			1				5	北陸甕
73号	2					1	1			4	
76号	1									1	
83号	11	1	1			3	1		4	21	
86号	1				1					2	
90号	5		1		1	4	1		1	13	北陸器台
95号	1									1	
102号	1									1	
19軒	44	9	28	12	36	20	5	0	24	178	
延べ軒数	13	8	12	4							

表10 高崎情報団地遺跡の住居跡出土土器

住居跡	S字甕	単台甕	土甕	樽甕	壺	高坏	器台	坩	他	総数	備考
5号	2	1		1	7	2	2			15	器台赤彩・樽壺・稜高坏
8号	2				1		1		4	8	樽鉢
17号	1				1					2	
23号	1		1			1				3	稜高坏
24号	1									1	
45号	2		1		7	1	1		2	14	樽壺・稜高坏・赤壺
51号	1		1		3				1	6	樽壺
59号	3				2	1			1	7	樽壺・パレス壺
61号				4			1			5	北陸甕
62号	2									2	
64号	1		2		1					4	北陸甕
66号	1		1							2	北陸甕
67号	4		2		4	1	3		4	18	北陸器台・稜高坏
68号	2		1		5	2			1	11	
70号			1		1					2	口縁棒状浮文壺
73号	1				2					3	口縁棒状浮文壺・ひさご壺
75号			1							1	
76号		1	1						2	4	
81号	1			1	1					3	樽壺・樽甕
82号		2			1		1			4	
83号	6					1				7	稜高坏
86号	1									1	
87号	1									1	
99号	1									1	
125号	1									1	
25軒	35	4	16	2	36	9	9		15	126	
延べ軒数	20	2	11	2	13						

表11 保渡田遺跡Ⅶの住居跡出土土器

住居跡	S字甕	単台甕	土甕	樽甕	壺	高坏	器台	坩	他	総計	備考
1号		1		1	1	1			1	5	小形高坏
2号			1	1	1					3	樽壺
3号	2	1	1	1		3				8	小形高坏
5号	7	1	2		4	2		1	3	20	小形坩・高坏・赤彩鉢
6号	1	2	2			4				9	
7号		2	2			5			3	12	
8号	1		1			1				3	
10号		1	1	2		2			2	8	小形高坏
11号				2	1	1				4	小形高坏
9軒	11	8	10	7	7	19		1	9	72	
延べ軒数	4	5	7	5				1			

第6章 古墳時代を迎えた土器様相　129

表12 倉加野万福寺遺跡の住居跡出土土器

住居跡	S字甕	単台甕	土甕	樽甕	壺	高坏	器台	坩	他	総数	備考
4号	15		2		3	1	3		1	25	
5号			1							1	
7号	3				5	4	3			15	北陸器台・二重壺・小形高坏
11号			1			1	1			3	北陸器台・砥石
14号	1	1			2					4	
5軒	19	1	4		10	6	7		1	48	
延べ軒数	3	1	3								

　現在群馬県では、古墳時代前期の土器様式はS字状口縁台付甕を主体とする東海様式とされている。東海色の面から見ると199軒のうちS字状口縁台付甕を出土した住居跡は138軒、S字状口縁台付甕単独器種の甕をもつ住居跡は16軒8％であった。この結果、井野川流域の東海系土器様式を満足させる土器構成をもつ住居跡は、新保地域を含め周辺12遺跡全体199軒のうちで、16軒8％という結果が得られた（友廣 2003）。

　新保地域を含んだ周辺遺跡全体は、高崎市、前橋市西部を含む井野川流域で、群馬県ではS字状口縁台付甕を主体とする東海様式であるとされていた地域である。土器の実態調査の結果、大多数の人びとは東海のS字状口縁台付甕をもつが、東海様式一色の土器構成ではないことがわかった。

　遺物の量比をみると、199軒から出土した甕の51％がS字状口縁台付甕である。ほぼ半分がS字状口縁台付甕なのである。しかしこれだけの量のS字状口縁台付甕をもちながら、出土土器全体が東海系土器様式といえる住居跡は16軒8％である理由はどこにあるかが問題であろう。井野川流域12遺跡でS字状口縁台付甕を出土した住居跡軒数は138軒69.3％であり、逆に、199軒のうち61軒30.6％の住居跡はS字状口縁台付甕をもっていないことになる。さらに東海様式的な土器をもっているといえるのは199軒中16軒、8％である。

　さて数値から見ると、井野川流域12遺跡はS字状口縁台付甕が主体の東海系土器様式ではない、ということが明らかになった。

　S字状口縁台付甕は、たしかに東海地方からもたらされた土器である。入植、移住という表現は、人間が別の地域に根を下ろし生活を営むこと、同じ社会体系をもつ社会構成員とともに新たな地に根付くことである。そのためにはきわめて大きな政治力、あわせて当然軍事力も必要となってくる。

ところが新保地域は、弥生時代中期に集落形成を開始し、後期から古墳時代前期にかけて東海だけではなく信州、北陸、南関東、南東北、東関東ともきわめて活発な交流を継続しつづけ、その結果さまざまな地域、複数他地域の土器の存在を認めることができる。土器の面や他の金属器や木器などからも、盛んな交流を読み取ることができる。そのような交流の場が存在した集落に入植、移住が行われれば、在地での交流網や交流の場の管理者との軋轢が生じるはずである。甕の出土状況の結果から、入植者たちがいればS字状口縁台付甕を主体とする東海の土器様式があるはずであろう。結果は、井野川流域全体を見ても、東海様式らしきものは8％しか抽出できなかった。

　このような複数器種の甕を所有する形態は、逆の視点でみると199軒のうち樽式土器甕と、樽式土器に系譜をもつ土師器平底甕をもつ住居跡は、159軒確認できる。つまり159軒80％の生活者は、在地の伝統的系譜をもった平底甕を選択使用し、その上で外来器種のS字状口縁台付甕や単口縁台付甕を選択しているといえる。

　このように弥生時代中期に始まった新保地域は、土器をも含めたさまざまな地域との交流のなかで発展してきたのである。

　古墳時代前期の群馬県では、東海系S字状口縁台付甕の出土が多いことは事実である。そこで再度S字状口縁台付甕に目を向けると、井野川流域、新保地域周辺全体では、出土個体数が非常に多い（51％）ことがわかる。しかし出土延べ軒数は10％さがり（41％）、単純に考えると同一住居跡からの出土が多いことを意味している。そこで個々の住居跡からどのように甕が、出土するのかを検証してみたい。

　199軒で土器の総出土個体数は、1540個体、平均すると1軒から7.7個体出土し、甕は819個体で1軒あたり4.11個体である。

　さて、新保地域でいちばん甕を出土した住居跡は、新保田中村前遺跡155号住居跡で17個体の甕を出土した。内訳はS字状口縁台付甕4個体、単口縁台付甕6個体、土師器平底甕7個体、このほか壺が11個体出土した。同遺跡100号住居跡は、S字状口縁台付甕9個体、土師器平底甕3個体、同125号住居跡はS字状口縁台付甕9個体、土師器平底甕4個体、新保田中村前遺跡153号住居跡は、S字状口縁台付甕8個体、土師器平底甕2個体、樽式土器甕6個

表13 下斉田・滝川A遺跡の住居跡出土土器

住居跡	S字甕	単台甕	土甕	樽甕	壺	高坏	器台	坩	他	総計	備考
1号	10	4	8		6	14	2			44	小形高坏
2号	1	1	5		4					11	
8号			6	12	22	3			1	44	樽壺・稜ある高坏・小形高坏
3軒	11	11	25		32	17	2		1	99	
延べ軒数	2	3	3								

体、合計16個体の甕を出土した。

　この4軒の住居跡から出土した甕の数は、平均の4個体をはるかに超えている。つまりS字状口縁台付甕の出土量は多いが、出土軒数が下がるのはここに理由がある。このような結果が、集計の結果に現れていたわけである。

　新保地域周辺を概観すると、下佐野遺跡がS字状口縁台付甕の出土量がずば抜けている。周辺地域全体12遺跡199軒から出土したS字状口縁台付甕総数は419個体、このうち下佐野遺跡が129個体30.7％である。

　下佐野遺跡全体甕数は、176個体である。このうちS字状口縁台付甕は129個体、実に甕のうち73.3％がS字状口縁台付甕という出土率である。

　この結果はどのような意味があるのだろうか。

　さらに下佐野遺跡に注目してみると、7区45号住居跡から総数70個体の土器が出土した。内訳はS字状口縁台付甕25個体、土師器平底甕10個体である。他に壺が17個体、高坏8個体、器台6個体、小型坩2個体他である。もちろん35個体の甕の量は標準的生活には必要以上の多さであり、17個体の壺の数も同様である（表14）。

　下佐野遺跡では同様に、甕が平均を大きく上回る住居跡がもう3軒存在する。A区74号住居跡出土総量が21個体、S字状口縁台付甕7個体、土師器平底甕2個体。B区12a号住居跡は出土総量15個体、S字状口縁台付甕9個体である。C区1号住居跡は出土総量26個体、S字状口縁台付甕15個体が出土している。この4軒から出土した甕の総量は68個体、遺跡全体の甕出土量が176個体、遺跡内出土甕の38.6％である。さらに68個体のうちS字状口縁台付甕は56個体、82％が4軒から出土した個体数で、1軒あたり平均は17個体である。

　下佐野遺跡全体でS字状口縁台付甕の56個体が、この4軒から出土したこ

表14 下佐野遺跡の住居跡出土土器

住居跡	S字甕	単台甕	土甕	樽甕	壺	高坏	器台	坩	他	総数	備考
A 35号	3		4		1	1				9	土甕の1つはS字丸底甕
36号	2		1						1	4	
38号	2									2	
39号	2									2	
72号	2						2			4	北陸系器台
73号	1									1	
74号	7		2		3	5			4	21	駿河壺・小形高坏・稜高坏
B区4C号	1		1			2				4	
4 d 号	2	1								3	
6号	4									4	
8号	2		2							4	
9 d 号	2	1								3	
10 a 号	3		4		3	5	1		1	17	ひさご壺
12 a 号	9				3		3			15	北陸系器台
12 b 号	2		2		1					5	ひさご壺
16号	3		2		3	2	1			11	北陸甕5の字
17号	1							1		2	小形坩
24号	2									2	
25号	3		2							5	
28号			4		1	1			2	8	赤井戸壺
31号	3				1					4	
41 a 号	6				1	3				10	
C 1号	15				4	3	4			26	稜高坏
2 b 号		1	1							2	
10号	5		1		3		2	1		12	北陸壺・小形坩
13号	2							1		3	ひさご壺
Ⅱ地区											
6区9号	4				3	3				10	玉造住居跡
7区22号	1		1		1					3	壺赤彩・玉造り
24号	3	1	2		6	1	3			16	玉造り・北陸器台
30号	1				2	1	1	2	1	8	S字鉢・小形坩・玉造り
41号	1		1		3	1		1		7	小形坩
6区20号	2		1		2	1				6	ひさご壺
22号	1		1		2	2	1			7	二重口縁壺
7区25号	2				2	2	1			7	ひさご・パレス壺
45号	25		10		17	8	6	2	2	70	ひさご・小形坩・北陸器台 二重口縁壺（東海）
48号	4		1		6	1			1	13	
56号	1				2		1			4	赤彩器台
37軒	129	4	43		70	42	26	8	12	334	
延べ軒数	35	4	19	0							

表15 舟橋遺跡の住居跡出土土器

住居跡	S字甕	単台甕	土甕	樽甕	壺	高坏	器台	坩	他	総計	備考
2区2号	1		1		1		1		1	5	ひさご壺
3区6号	2		2		1					5	
4区6号	1				1			1		3	小形坩・ひさご壺
9号	2				1	1				4	ひさご壺
5区15号			1		1				2	4	
7区5B号	5		1		3	1			2	12	パレス壺
6軒	11		5		8	2	1	1	5	33	
延べ軒数	5		4								

表16 元総社西川遺跡の住居跡出土土器

住居跡	S字甕	単台甕	土甕	樽甕	壺	高坏	器台	坩	他	総計	備考
6号	11	3	1		2	2			3	22	S字状口縁鉢・二重口縁壺 小型高坏
8号	1				1	1				3	瓢壺
11号				1		2				3	
12号	2		1		1	1				5	樽壺
4軒	14	3	2	1	4	6			3	33	
延べ軒数	3	1	2	1							

とになる。S字状口縁台付甕129個体のうち43.4％である。ここで4軒を抜いた33軒から出土したS字状口縁台付甕の量は73個体、試しに4軒を抜いて遺跡全体をみると甕の総数は108個体、このうち33軒のS字状口縁台付甕出土量は73個体、1軒平均は2.2個体となった。4軒を抜いた33軒の甕出土の平均個体数は2.2個体である。

　この4軒を観察すると共通する点がある。4軒ともに出土総数が多いことのほかに、S字状口縁台付甕だけではなく複数種の甕、複数他地域からの土器を多数もっていることである。新保地域における板材やシカ、イノシシの肩胛骨の出土の状況と類似すると考えることができる。

　近年の発掘調査で、伊勢崎市波志江中宿遺跡からS字状口縁台付甕を出土する粘土採掘坑が確認された。また継続するようにすぐ近くに6世紀代の粘土採掘坑をもつ光仙坊遺跡が確認されている。このような遺跡の存在は、波志江中宿遺跡周辺でS字状口縁台付甕を造っていた可能性が指摘されている。筆者は、群馬県内で古墳時代前期に、土器製造の専業化があったとするならば、その前提には流通経路、供給者、供給の場所「市」、その管理者等の背景を検討しなければならないと考える。他地域との人の交流は当然あっただろう。当

表17　榛島川端遺跡の住居跡出土土器

住居跡	S字甕	単台甕	土甕	樽甕	壺	高坏	器台	坩	他	総計	備考
3号	2		2		3	2		2		11	小型坩・パレス壺
5号	3		2		3			1		9	小型坩
13号	2		1		1	2				6	
14号	2		1		2	1	1			7	
15号	1		2		1	1				5	
17号			2	1		1	1			5	
18号	1		2			1				4	
36号	1	1	1		2		1			6	
42号	2		1					1		4	小型坩
48号	3		1					1		5	小型坩
50号	1	1	3	3		1				9	
51号	2		1							3	
54号	1									1	
57号	1		1	2						4	
58号			1							1	
63号	2			1		1				4	
65号				2		1				3	
73号	1			4		2				7	
80号	2		2							4	
81号	1		1							2	
84号	2		2	1	3					8	
85号	3		2		1					6	
87号	1		2		1			1		5	小型坩
88号	30	1	9	1	13	5	2	4		65	小型坩
94号	2		1							3	
101号	2		1							3	
102号	2		1		1	1				6	
108号	1	1	1	1	2			1		7	小型坩
115号			2							2	
18区5号	1									1	
計30軒	72	4	45	16	33	19	6	11		206	
延べ軒数	26	4	25	9							

時群馬県内でS字状口縁台付甕造りの職人が東海からきて土器を造ったことも否定できないし、彼らを主体に専業場所を選んだ可能性も否定できない。この点もあわせて後段で検討したいと考えている。

　さて新保地域を検証し、井野川流域に視野を広げて土器の視点から見ると、土器様式は4器種に分類した甕を自由に選択している様子がうかがえた。では、このような自由な選択の結果は、どのように生まれるのだろうか。

　甕は各家ごとに造られたのだろうか、もしそうであれば日常生活に必要ななかで、これほど各地域の器種が混在するのだろうか。他地域の土器を、それも複数器種を造るほど熟練していただろうか。つまりS字状口縁台付甕や単口

縁台付甕と土師器平底甕に樽式土器を、集落内で造っていただろうか。そしてＳ字状口縁台付甕と単口縁台付甕の共伴、その上に小型坩、在地の樽式土器がいっしょに出土するだろうか。

　筆者は甕も含め、土器は専業の集落なり集落民がいたのではないかと考えている。それも個別の集落内だけの供給でなく、複数集落を含んでいた。たとえば井野川流域全体の範囲をカバーしていたと考えられる。そして新保地域で確認されたと同じく、おのおの保管されていた。

　新保地域での骨材や木器の製作、鉄の保管など、特にカシ材の厳選された使用にみられる管理体制は、土器だけを疎外していたとは考えられない。土器自体も板材や骨角製品のような製造、備蓄の可能性を示す結果と考えることができる。むしろ使用頻度の高い日常生活の必需品である土器こそが需要、供給の対象としていちばんに要求されるものと考えられる。そこで、後段ではさらに群馬県内の他の地域とを比較して検討するが、その前にどのように分類した土器を比較するのか、説明を加えておきたい。

第２節　土器分類の意味

　土器は数千年の時代を経過し使用された。われわれは現在、ひと目で縄文土器と弥生土器を分類することができる。それは先人の研究の結果、土器はその時代を表わすことがわかっているからである。稲作や古墳を造る行為の結果も、現在のわれわれの目には時代を表象する最大の特徴である。そして同様に日常生活に使用した土器も、弥生土器、古墳時代の土師器が時代を区分するのではなく、その土器を造り使用した人びとの意思、選択した結果がその背景にある。いわば土器の形も、当時の社会を表す表象物なのである。つまり当時の人びとの嗜好や選択結果を現すものだからである。

　その視覚的表現物をもって、われわれは弥生時代、古墳時代を一目で分類することを可能にしている。さて、筆者はここで弥生時代から古墳時代を迎えようとする時代の土器を通し、当時の社会を検討したいと思う。土器の分類は今まで考古学のなかでは、時代を区分するものであり、時間軸を示すために用いられることが一般的であった。このような方法は時間を指し示すに有効であっ

たと考えるし、今後も型式・形式分類、様式分類から社会を解明するのは方法として正しいであろう。

しかしここで土器を分類する目的は従来と異なる。現在の群馬県では弥生時代は中期の竜見町土器、後期樽式土器が出土し、やがて古墳時代になると土師器が出土するようになる。こうしたとらえかたではなく、弥生時代樽式土器を造り使った人びとは、やがて樽式土器の使用（製作）を土師器に変換した。彼らは樽式土器を造り、使うことをやめ、土師器を造り使用するという選択をした。その結果が弥生時代と古墳時代を規定する。この視点から土器を再検討する。従来のものではないそのような方法をなぜ使用するのかというと、古墳時代初頭期はさまざまな器種をもつ複数他地域の外来土器が混在して出土する。そのなかでも外来故地から運ばれたもの、その土器をまねて在地で造ったもの等、さまざまな要素が混在してくる。つまり古墳時代になると従来からの地域を明確に表す弥生土器、樽式土器という型式がなくなることが指摘できる。前代の土器型式が変遷発展するのではなく他の地域からの搬入土器、在地の模倣土器等型式、様式が混在してしまうからである。したがって群馬県の遺跡で出土する土器が、搬入品か在地産かの選別はまったく基準がないし、ともすれば意味のないことになってしまう。

彼の地の土器にきわめて忠実に造られているものか、搬入品であるのか。群馬の地にその土地の職人がきて造れば、搬入品と模倣品の違いはわからないし、仮に搬入品、在地品が明らかになってもその結果が示すものは意味のないものであろう。そこで前段の甕のような分類基準を設けたわけである。ただ単に故地の土器に似てる、似ていないでは人によって感覚が異なってしまう。同じ土器をある人は似てるといい、別の人は似てないというとき、結果を多数決で決定してよいものだろうか。

さらに、土器の似てる、似てないから入植民の存在がわかるのであろうか。現在、外来土器の出土だけから入植者たちの存在を決めているが、外来土器があることだけで入植民の問題を解決してしまってよいのだろうか。

また、入植にはきわめて政治的な背景が存在するはずである。さらにその背景には、土器製作集団の入植もあるはずだ。つまり、外来土器がそこにあるという場合、土器造り職人がきたということだけで事足りてしまうし、人の交流

が頻繁になり土器職人がきたというだけでは入植民の存在を意味しない。

　入植説を唱えるためには、外来土器の出土から国家、社会、政治、経済、時には軍事までをも含める大きな問題を検証し、解決する必要があると考える。前段で検証したように、石田川遺跡発掘以来多くの研究者は、群馬県は古墳時代になると石田川式土器様式が成立したとして古式土師器の総称としてきた。

　その後、当初の様式基準から大きく変容し、石田川式土器様式の最大の特徴は東海に起源をもつS字状口縁台付甕を主体とした東海様式であるとし、多くの人間が土器や物を携えて群馬の地へ入植、移住してきたとされている。

　この仮説に対し筆者は以前より検討を加え、この仮説は可能性として正しい部分もあるが、間違っている可能性が高いことを指摘した（友廣 2003）。

　たとえばある遺跡から100個体の土器が出土したとする、99個体の樽式土器と1個体のS字状口縁台付甕が出土したとする。そのとき、筆者の考えでは、いちばんたいせつなのは1個体の東海の土器ではなく、99個体の樽式土器でもない。

　遺跡の性格を規定するのは、樽式土器99個体＋1個体の土師器を選択した当時の人びとの意思である。問題は99個体の樽式土器（弥生土器）のなかに、なぜ1つの土師器があるのかを理解することであると考える。また入植者がいるとすれば入植、定着の痕跡、事実を遺跡から検証、検討しなければならない、具体的にいうと、この地域のこの遺跡は明らかに入植者の集落であるとの証明が必要となるはずだ。

　したがってここでは、入植民の問題をふくめ土器を検証したい。そのために群馬県内の遺跡から出土する土器構成を以下検討する。

　加納俊介は土器の分類を行うにあたり、器種と器類の用語を用いた分類を示している。加納は中尾佐助の『分類の発想』を引用し、クライテリオン（分類基準）を元にタクソン（分類項目）に分けた（中尾 1990）。加納が引用した中尾の分類は生物、植物分類の基準となる生態系、系統樹によるところが大である。つまり低レベルから高レベルへの発展分類である。この場合低レベル、高レベルとは植物分類学での種、属、類の分類法による。このように考古学での土器の分類には、生物学的な系統的分類方法が援用される例が多い（加納 2000）。

生物学者の池田清彦は『分類という思想』のなかで「A 対非 A」は分類ではないと、くり返し述べている。つまり池田は「A が A であるためには A は A である理由があり、B が B であるためには B が B である理由が必要である」とし、それが分類であるとしている。分類には共通の基準で分けることができる根拠、理由が必要なのである（池田 1992）。それが A と B を分けるための条件である、と解釈できる。さらに A と B は同じ分類項目を共有しない（これは A にはあって B にもある、だからここは同じだけど、ここは違う等の項目）。そして筆者なりに池田の意味を解釈しつつ分類したのが、前節の甕の 4 分類である。古墳時代前期の甕は平底甕、台付甕が存在し、台付甕は S 字状口縁台付甕と単口縁台付甕に分けることができる。そしてさらに池田の指摘に従い、分類項目は極力少なくしたい。
　筆者はここで甕という用語を用いたが、分類の基準は形（形相）だけとする。
　その理由を考える上で、はたとえば甕の分類基準に機能性を加味してみよう。甕の機能は煮炊きである。筆者は日常の発掘調査、報告書作成作業のなかで火を受けたことが認められる壺型土器を確認している。つまり煮炊きに供された壺は、壺形土器で用途は甕と同じということになる。煮炊きという機能性が同じ分類の項目を共有してしまうわけである。逆に甕形土器とよばれる（よんだ）土器のすべてに火を受けた痕跡を認めることが可能であるのか。これも管見ではすべての甕に火を受けた痕跡を認めることはできなかった。したがって群馬県で確認される甕と用途的な意味の用例をあわせての使用はここではしない（できない）。
　さらに、この甕には東海の要素がない、だから在地である、という考え方も分類ではない（池田の指摘する「A 対非 A は分類ではない」）。すなわち、この土器にはこれがある、だから A で、この土器はそれがないから B、という分類は池田の指摘する「A 対他者すべて」になってしまうからだ。そこで筆者は分類に必要な項目として一つだけ、すなわち「外形」のみからの分類をし、甕は甕形土器という用語で 100％の外形分類を行いたいと考える。池田は分類項目が増えれば増えるほど分類は複雑、多岐になるとしている。つまり、甕形土器という形相で分類し、煮炊きという別の項目の分類基準を加味すると、分類はそれだけで分類の意味がきえてしまうからである。

第6章　古墳時代を迎えた土器様相

　ここでの目的は、弥生時代から古墳時代へと変革する時代背景を示す（表象）ものとしての土器を検討、分類し、その社会背景を解釈することにある。前提として、時代を区画する土器は大きな変化を示したが、背景にある社会を構成した人間社会は継続しており、人間の社会は断絶や崩壊したわけではない、という視点にたつ。もちろん検討前から入植を否定しているわけではなく、この検討により入植民の存否もあわせて明らかとなるものと考えている。

　したがってまず、時代を画することを可能にした土器（当時の社会の表象として表れた）を分類することにより、背景にある弥生時代から変革した社会構造の意味を考えてみたい。

　ここでくり返すが、土器を分類するにあたっては池田の分類法を参考にし、分類項目は形相だけにする。形相に機能を加えると、甕と分類したものはすでに甕である機能性を言葉のなかに認識してしまう。たとえば甕は煮炊き具である。しかし、火にかけられた痕跡をもつ壺形土器は火にかけた壺か、壺の形をした甕である。このようにたった二つの分類基準をもたせただけでも混乱が始まる。したがって形相のみの分類とし、甕形土器、壺形土器として、機能や用途はいっさい加味しない。

　また、土器はまずは共時的なものとして扱う。つまり弥生時代後期樽式土器に甕形土器がある、古墳時代初頭期に甕形土器がある、この異なった型式の樽式土器と土師器が時代を画するもので、甕形土器の変化と理解する（樽式土器の甕が古墳時代の甕に発展したという意味ではなく、弥生時代の人びとは樽式土器の甕を使い、やがて古墳時代になると土師器の甕を使っていた）。筆者の理解では、樽式土器の甕（この場合は甕という煮炊き具という機能を指す）は通時的に古墳時代の甕（この甕も形相ではなく機能を指す）に継続する。しかし、その甕形土器（実際の古墳時代の甕形土器を指す）自体は、樽式土器から形式的変遷をたどっていないものがある。S字状口縁台付甕や単口縁台付甕は明らかに突然の出現である。群馬県の古墳時代前期の樽式土器甕形土器は、土師器の甕に変わる。そして、さまざまな形の甕をもつ。そこに平底の甕を使う、S字状口縁台付甕を使うという、彼らの意思を感じ取ることを可能にしている。

　何よりも樽式土器甕が土師器甕に変わった理由は当時の人びとの選択、意思

にあると考えるからである。そのときに彼らはS字状口縁台付甕でなく、弥生時代樽式土器の伝統を強くもつ平底を選択したとの仮説も成り立つ。

いずれにしても、以前より考古学ではまず土器の型式（ここでは形相）分類をし、その後に時間軸を検討するというのが常道である。ここでもまずは共時的な立場で形相分類（型式分類）を行い、次に通時的な問題（時間軸）を考えてみたい。したがって方法論は従前とまったく異なることはない。

ただあくまでもここでは、在地（現在の群馬県地域）という地域を限定し、あるがままの土器の存在を基本とし、この地域で生活した当時の人びとが選択した甕の分類を行い、その後に視野を広げる。あまり外来土器に偏りすぎたり、在地の土器群にこだわりすぎると、実際の土器様相が把握できなくなってしまうからである。まずは、弥生時代と古墳時代の変換期の土器を、あるがままの状態で把握することに努めたい。樽式土器から土師器への形相の変換は突然に変化しているように見えるが、制作者、使用者の意思があるはずである。その背後に彼らが存在した社会がある。樽式土器を使っていた人びとが土師器を選択したという結果が、弥生時代と古墳時代の時代を分ける土器の変化である。つまりこの変換には当時の社会、人びとの意思、選択が介在しているのである。さらにいえばこの選択や意思に、特定外来地域の規制や統制はない。[3]

いわば当時の群馬県の人びとの選択結果である。したがって外来土器、他地域の土器群の存在からは、群馬の地では直接土器の分類や組列のなかに進化論的な解釈ができない。S字状口縁台付甕と樽式土器との間にはまったく文様、器形の系譜的な継続はないからである。また単口縁台付甕も同様、樽式土器からの系譜をもたないからである。したがって共伴する土器の形相の違いが、時間と造り手の違いをおのおの示すこともありうるし、示さないこともある。

群馬県の弥生時代から古墳時代への台付甕の変化は、前代の樽式土器から器形的な系譜が引ける痕跡は確認できず、突然に採用し、新しい形相を受け入れたことになる。そこが今までの土器の変化（竜見町土器から樽式土器など）と大きく異なるところである。その結果、古墳時代前期の土器には、従来の縄文土器や弥生土器の文様、系統論と同じ方法では解釈できない部分もあると考える。なぜなら、樽式土器の系譜を引くもの、他地域の形相を受け入れるもの、土器そのものが搬入される場合など、さまざまな様相が複雑に入り組んでいる

からである。そのために古墳時代前期の土器を時間的な枠をいったんはずし、分類をする必要があると考える。

　先行して形相分類を行うが、「やや胴が張る、口縁がやや開くが立ち上がるもの」など、観察者の感覚は分類基準としない。これは分類をしないのではなく分類基準にならないという立場にある。

　土器の分類に先立ち、甕形土器、壺形土器、高坏形土器、鉢形土器、坩形土器等のように形相のみによって分類をする。さらに東海系土器、北陸系土器等のように地域名に系をつけた外来土器をさす用語を使用する。また、弥生土器である樽式土器は古墳時代へ経過し、継続するものとする。つまり古墳時代になっても樽式土器という型式名は樽式土器である。樽式土器は古墳時代になっても形式学的には弥生土器そのものである、との立場である。

　さてこのような分類方法をもって背景の社会を検討したい。この分類の基準や方法は、群馬県内での弥生時代から古墳時代への間を考察するに有効と考えている。外来の土器の系譜と在地の土器が、多数混在して認められるからである。したがってここでの分類は土器を大きく分け、細分を目的とはしない。そして遺跡内の出土傾向を検討したいと考えている。まずは、群馬県にある弥生時代末から、古墳時代前期集落で出土する土器の実態を把握しようという視点である。

　前節では新保地域には遠隔地と周辺地と、密接な交流を維持していたことが理解できた。以下ではその社会という理解のなかで、同じ時間を共有する周辺集落間の土器様相の実態を把握してみたい。

第3節　新保地域周辺と他地域の土器様相の比較

　新保地域と当時の社会を共有した人びとは、弥生時代中期竜見町土器という長野県と密接な関係をもつ土器を使用し、やがて樽式土器に変換した。

　渋川市は弥生時代前期遠賀川式土器を出土した押手遺跡、再葬墓南大塚遺跡につづき、弥生時代後期の樽式土器の標識遺跡である樽遺跡をはじめ、弥生時代から古墳時代前期へ継続する有馬遺跡、田尻遺跡、北町遺跡等多くの遺跡が所在している。ここでは集落遺跡として調査された7遺跡を表にまとめた（表

表18　北群馬地域の遺跡別出土甕集計

遺跡名	S字甕	単台甕	土甕	樽甕	甕総数	総数	甕軒数	甕率	S率	単台率	土率	樽率
有馬遺跡	2	3	70	43	118	198	23	59.6	1.6	2.5	59.3	36.4
石墨遺跡	1	0	5	15	21	42	3	50	4.7	0	23.8	71.4
見立溜井遺跡	0	0	10	13	23	49	5	46.9	0	0	43.5	56.5
糸井宮前遺跡	22	1	46	17	86	170	26	50.6	25.6	1.2	53.5	19.8
戸神諏訪遺跡	13	7	77	54	151	299	40	50.5	8.6	4.6	50.1	35.8
門前橋詰・舛海戸遺跡	2	0	5	27	34	81	7	41.9	5.9	0	14.7	79.4
北町遺跡	273	5	131	61	470	890	42	53.9	58	1	27.9	13
7遺跡合計	313	16	344	230	903	1729	146	52.8	34.5	1.8	38	25.5

表19　北群馬地域の甕単器種軒数

遺跡名	S字甕	単台甕	土甕	樽甕	その他	計
有馬遺跡	0	0	3	0	20	23
石墨遺跡	0	0	0	1	2	3
見立溜井遺跡	0	0	1	1	3	5
糸井宮前遺跡	2	1	1	1	21	26
戸神諏訪遺跡	2	1	5	2	30	40
門前橋詰・舛海戸遺跡	0	0	0	2	5	7
北町遺跡	4	0	1	3	34	42
7遺跡合計	8	2	11	10	115	146

表20　北群馬地域の甕出土延べ軒数

遺跡名	S字甕	単台甕	土甕	樽甕	合計
有馬遺跡	2	3	21	11	37
石墨遺跡	1		2	3	6
見立溜井遺跡	0	0	4	4	8
糸井宮前遺跡	14	1	18	7	40
戸神諏訪遺跡	11	7	28	17	63
門前橋詰・舛海戸遺跡	2		4	6	12
北町遺跡	36	3	29	22	90
7遺跡合計	66	14	106	70	256

表21　北群馬地域の外来系土器

遺跡名	東海	北陸	畿内	樽	土甕	他	計
有馬遺跡	8	13	2	11	21	0	55
石墨遺跡	1	0	2	3	2	0	8
見立溜井遺跡	0	0	1	4	4	0	9
糸井宮前遺跡	16	2	9	7	18	0	52
戸神諏訪遺跡	15	0	6	17	28	0	66
門前橋詰・舛海戸遺跡	3		0	6	4	0	13
北町遺跡	36	4	8	22	29	0	99
7遺跡合計	79	19	28	70	106	0	302

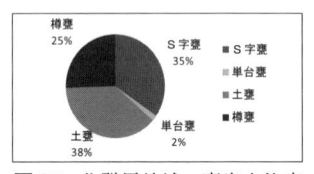

図37　北群馬地域の甕出土比率

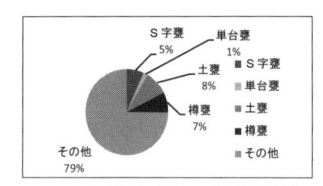

図38　北群馬地域の甕単器種軒数

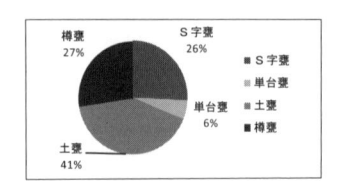

図39　北群馬地域の甕出土延べ軒数

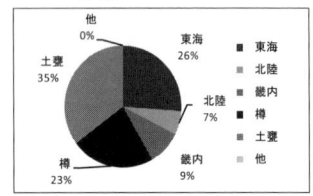

図40　北群馬地域の外来系土器

18～28、図37～40。図1-6～8を中心に43糸井宮前遺跡までを含む地域)。

　ちなみに石墨遺跡は、渋川市より北に位置する沼田市に、遠賀川式土器を出土した糸井宮前遺跡は昭和村に所在する。

　7遺跡の集計は住居跡総数146軒、出土個体数は出土遺物総数1729個体、甕総数903個体である。

　S字状口縁台付甕313個体35％、単口縁台付甕16個体2％、土師器平底甕344個体38％、樽式土器甕230個体25％である。

　甕出土軒数はS字状口縁台付甕66軒26％、単口縁台付甕14軒6％、土師器平底甕106軒41％、樽式土器甕70軒27％である。

　ここでは土師器平底甕の出土量がいちばん多く、出土軒数は106軒41％と軒数はさらに増えている。S字状口縁台付甕は個体数は313個体35％であるが出土軒数になると66軒26％に下がる。目を引くのは樽式土器の出土量が、S字状口縁台付甕の35％、土師器平底甕の38％に及ばないが25％である。さらに出土住居跡軒数はS字状口縁台付甕26％を上まわり、土師器平底甕41％につぎ27％と増えることである。さて北群馬の特徴は、井野川流域のS字状口縁台付甕と土師器平底甕の関係が逆の形であり、S字状口縁台付甕は出土率が高く出土軒数がへるという同じ結果を示していることがわかる。

　土師器平底甕は出土量が最大で出土軒数も最大である。この点は、井野川流域の最大出土量のS字状口縁台付甕と異なる点である。もう一点は井野川流域で最大30％のS字状口縁台付甕を出土した下佐野遺跡と同様に、渋川市北町遺跡から7遺跡全体で273個体87.2％のS字状口縁台付甕が出土し、さらにもう一つの特徴は樽式土器甕の出土量が最大であることにある。7遺跡全体で目を引くのは、樽式土器甕出土軒数は70軒27％とS字状口縁台付甕を上回ることである。

　単独の甕の出土状況は、7遺跡全体でS字状口縁台付甕8軒5％、単口縁台付甕2軒2％、土師器平底甕11軒9％、樽式土器甕10軒7％である。単独の甕をもって生活する人は井野川流域と同じように少数派で、ここでも115軒77％の住人たちは、複数器種の甕をもって生活していることが共通する特徴といえる。

　7遺跡全体のS字状口縁台付甕の出土量を考えると、井野川流域における

表22 有馬遺跡の住居跡出土土器

住居跡	S字甕	単台甕	土甕	樽甕	壺	高坏	器台	坩	他	総数	備考
82号			12		5	1		3	1	4	26	北陸小形坩・甕・小形坩
85号			5				3			8	北陸甕
86号			1	4	1					6	赤井戸・北陸・樽壺
89号			1	5	2	3				11	二重壺・樽甕・壺・小形高坏
90号				1		2				3	小形高坏
200号			3	1	3				1	8	赤井戸・北陸・ひさご
201号			1		2					3	
203号		1	1			1			1	4	
204号		4	3			3			2	12	小形高坏
209号		1	3	2		1			2	9	
211号			1	4	3					8	北陸・樽壺
212号			6						2	8	北陸
214号	1		2		1	1	2			7	
216号			3		4	1	1			9	北陸
232号				8		1			1	10	樽甕・壺・高坏稜を持つ
233号	1		3		1	2			1	8	
235号			6	3	3	2				14	北陸・樽壺・小形高坏
202号			1	5	1					7	北陸
205号		1	3							4	北陸
206号			3	4						7	
213号			3	6		1			1	11	北陸
234号			8		2	1		1	2	14	北陸甕・北陸坩・小形坩
229号			1							1	北陸
23軒	2	7	70	43	27	21	9	2	17	198	
延べ軒数	2	3	21	11	11	14	4	2			畿内小形坩1

表23 石墨遺跡の住居跡出土土器

住居跡	S字甕	単台甕	土甕	樽甕	壺	高坏	器台	坩	他	総数	備考
14号				6	2			1	1	10	樽壺
17号			2	3	2			1		8	小形坩
B区17号	1		3	6	8			1	5	24	小形坩
3軒	1		5	15	12			2	6	42	
延べ軒数	1		2	3	3						

表24 見立溜井遺跡の住居跡出土土器

住居跡	S字甕	単台甕	土甕	樽甕	壺	高坏	器台	坩	他	総計	備考
H1号			4	1					2	7	
2号			1						1	2	
6号			4	7	2	1			4	18	樽壺・二重口縁壺
7号				3		4	5		4	16	樽壺
9号			1	2			1		2	6	
5軒			10	13	2	5	6		13	49	
延べ軒数			4	4	1						

表25 糸井宮前遺跡の住居跡出土土器

住居跡	S字甕	単台甕	土甕	樽甕	壺	高坏	器台	坩	他	総数	備考
38号	4							2		6	小形坩
39号			1		1					2	樽壺
40号			1							1	
44号	1		3		2				3	9	
46号			1		3			1	1	6	小形坩
47号			1							1	
48号	2		2	1	4		1	2		12	小形坩・二重口縁壺・赤甕
49号	4				3					7	二重口縁壺
50号				4	1	1				6	
51号	1									1	
52号		1						1		2	小形坩
54号			3	2	3	3	2		5	18	小形坩・小形高坏・赤甕
56号			1	4	1	1				7	赤甕
57号	1		1		3					5	小形坩
58号			4	1				2	2	9	赤甕・小形坩
59号	1		4	1	2				1	9	赤甕
61号	1		1		4			1	1	8	小形坩・S字椀
62号			2				1		2	5	
71号	2		1				1		2	6	
76号	1		2	4						7	赤甕
87号	1								5	6	
101号	1				1		1			3	
112号			1						1	2	S字鉢
119号			2			2	1	2		7	小形坩
125号	1		15		1	2			1	21	北陸鉢
148号	1							1	2	4	北陸器台
26軒	22	1	46	17	27	11	9	13	24	170	
延べ軒数	14	1	18	7	12		8				

　単器種の甕をもつ住居跡の少なさに類似点があり、相違点は樽式土器甕の出土量と普及率にある。樽式土器甕が使われている軒数が多いというのは、弥生時代、古墳時代変換時の時間差とみるべきだろうか。しかし表28を見てわかるように北町遺跡では、樽式土器甕をもつ住居跡では東海系、北陸系、畿内系土師器と共伴し、C区3号、6号、12号住居跡では樽式土器甕と小型坩が共伴出土し、B区24号住居跡はS字状口縁台付甕単独の住居跡から、樽式土器壺が共伴出土している。

　北町遺跡の様相を概観すると、甕の出土総数は470個体42軒、S字状口縁台付甕は273個体58%、単口縁台付甕5個体1%、土師器平底甕131個体27.8%、樽式土器甕61個体12.9%である（表28）。つまりS字状口縁台付甕出土比率では、下佐野遺跡のS字状口縁台付甕出土率と同様高いが、出土軒

表26 戸神諏訪遺跡の住居跡出土土器

住居跡	S字甕	単台甕	土甕	樽甕	壺	高坏	器台	坩	他	総計	備考
11号			6	13	7	1			3	30	赤甕・樽壺・樽高坏
12号		1	1		1			1		4	二重口縁壺・小形坩
15号				1	2	3	1		3	10	樽壺・砥石
22号			1		1		1			3	
24号			1							1	ガラス玉
31号	2	1	2	2		1			3	11	赤甕2
32号	1		1	8	3	2	1			16	樽壺
33号		1			1					2	
36号			1	1				1		3	
39号		1		2	4	1			1	9	二重口縁壺・小形高坏
75号			3	1			1		3	9	赤甕1
76号		1		1	1	1				5	
85号			4		1	1				6	小形高坏・砥石
87号			22	4	4	1	2	5	2	40	小形坩・ひさご壺
88号			3		1			3	2	9	
90号			2	2		1				5	赤甕・稜高坏赤彩
103号			1		1					2	
107号			1		1	1				3	稜高坏赤彩
134号			1	1	2	1			1	6	
144号			1		2			1		4	
146号			1			2		1		4	小形坩
147号			1		2					3	ひさご壺
151号	1		3					1		5	小形坩
161号			6			1	3		1	11	
165号	1				1					2	
戸神諏訪遺跡Ⅲ											
26号	2		1	1	2	2				8	ひさご壺・赤甕・小形高坏
36号	1			3		2				6	ひさご壺
48号			1							1	
51号		1	3			1	1			6	
53号	1		5	3			1		2	12	石包丁?
57号		1			3	4			1	9	稜高坏・小形高坏
58号	1									1	
64号	1			1	4	2				8	樽壺・稜高坏
65号	1					1			1	3	
66号			2				1	1	3	7	小形坩
67号			1	1	3				4	9	
72号	1				1			1		3	赤壺
73号				3	1			2	1	7	赤甕
79号			1	7	3				1	12	樽壺
90号					1		1	1	1	4	小形坩・二重口縁壺
40軒	13	7	77	54	52	31	14	17	34	299	
延べ軒数	11	7	28	17	23			10			

第6章 古墳時代を迎えた土器様相　147

表27　門前橋詰・舛海戸遺跡、高野原遺跡の住居跡出土土器

住居跡	S字甕	単台甕	土甕	樽甕	壺	高坏	器台	坩	他	総計	備考
橋詰2号			1	8	2				6	17	
舛海戸2号	1			4	1					6	赤井戸1
高野原遺跡											
2号			1	2	4	3		1	9	20	東海壺・二重口縁壺・樽壺
4号			1	1	1	1	2		3	9	小形高坏
5号	1		2		1			1	5	10	小形高坏
6号				8					6	14	
8号				4					1	5	
7軒	2		5	27	9	4	4		30	81	
延べ軒数	2		4	6						12	高野原3号住居跡小形高坏

数になると数値が下がる。北町遺跡でもやはりS字状口縁台付甕は、1軒の住居跡に複数個体が集中して出土していることがわかる。また逆に樽式土器甕は出土量に対して出土軒数が増えることは、普及率の高さを示しているといえる。

　北町遺跡をさらに観察しよう。北町遺跡の住居跡は42軒、出土土器総数は890個体、1軒あたりの出土土器平均は約21個体である。C区H1号住居跡から103個体の遺物が出土している。このうち55個体が甕である。内訳はS字状口縁台付甕29個体、土師器平底甕19個体、樽式土器甕7個体で、甕以外の遺物は壺が23個体、高坏3個体、さらに小型坩が5個体共伴出土している。また器形がわからない樽式土器片が出土している。壺は東海系壺、樽式土器壺で平底甕のなかには北陸系甕がある。このことは古墳時代に樽式土器が共伴している事実を示している。小型坩の畿内編年観をそのまま群馬県にもあてはめるのではなく、古墳時代前期の畿内系土器が群馬にあることから、少なくとも畿内の編年観をさかのぼることはないとしておく。したがって樽式土器甕があることは弥生時代終末ではなく、古墳時代前期に存在する樽式土器と考えることができる。

　北町遺跡ではC区H1号住居跡以外にも、土器出土総数が70個体を越える住居跡が4軒ある。A区4号住居跡は出土総数77個体、S字状口縁台付甕31個体、単口縁台付甕3個体、土師器平底甕24個体、58個体の甕が出土し、他に二重口縁を含む壺6個体が出土している。C区6号住居跡は出土総数73個体、S字状口縁台付甕21個体、単口縁台付甕1個体、土師器平底甕9個体、

樽式土器甕3個体、小型坩が共伴出土している。C区10号住居跡は出土総数72個体S字状口縁台付甕17個体、土師器平底甕11個体、樽式土器甕1個体、他に壺27個体が出土して東海系の壺と樽式土器壺が共伴出土している。C区12号住居跡は出土総数72個体、S字状口縁台付甕19個体、土師器平底甕11個体、樽式土器甕4個体で、他に東海系壺と樽式土器壺を含む22個体が小型坩と共伴出土している。この5軒につづくC区17号住居跡は、出土総数が66個体S字状口縁台付甕24個体、土師器平底甕5個体、樽式土器甕2個体、北陸系の高坏と樽式土器壺を含む14個体の壺が共伴出土している。

そしてC区17号住居跡と16号住居跡の2軒から、口縁部に斜位刻み列をもつ愛知県廻間遺跡編年では最古段階のA類S字状口縁台付甕が出土している。A類S字状口縁台付甕が出土し、かつ樽式土器甕が多数出土することから北町遺跡が古い段階の遺跡と考えられるが、報告者は東海の編年ではC類段階にあるとしている。これは他の土器の構成からの判断である。この報告に従えば口縁部に刻みのある東海でA類に分類されるS字状口縁台付甕は、群馬では編年観が異なるということを明確に示している。また北町遺跡集落の人びとは積極的に外来の土器群を取り込んだことが看取でき、しかし一方では前代の弥生式土器の伝統が強く遺っている土器を所有していることも同時に看取することができる。

さて58％に及ぶS字状口縁台付甕出土率の遺跡である北町遺跡のなかで、S字状口縁台付甕だけしかもたない住居跡が4軒ある。このうちA区6号住居跡は3個体のS字状口縁台付甕と2個体の壺うち、1個体は東海系であり東海的な土器構成をもっている。B区H21号住居跡は出土遺物がS字状口縁台付甕1個体のみであるが、同じB区24号住居跡、C区8号住居跡では2軒ともに樽式土器壺が共伴出土している。また、土師器平底甕単独の住居跡は、A区7号住居跡1軒である。樽式土器甕単独の住居跡はA区9号住居跡、B区22号住居跡、D区2号住居跡の3軒、単口縁台付甕単器種の住居跡はない。この結果34軒80％の住居では複数器種の甕をもっていたことになる。

ではさらに県北、遠賀川式土器を出土した昭和村糸井宮前遺跡をみてみよう（表25）。住居跡軒数は26軒、出土土器総数170個体、甕総数は86個体、甕の出土比率はS字状口縁台付甕22個体25.6％、単口縁台付甕1個体1％、土

表28 北町遺跡の住居跡出土土器

住居跡	S字甕	単台甕	土甕	樽甕	壺	高坏	器台	坩	他	総数	備考
A区H1号	3		1	1		1			1	7	脚直立高坏
2号			2	6					2	10	
3号	4			6	4	2	1		10	27	赤井戸甕・二重口縁壺
4号	31	3	24		6	3			10	77	二重口縁壺
5号	1		1							2	
6号	3				2					5	ひさご壺
7号			1			1			2	4	
8号	3		1		1	3			6	14	樽高坏
9号				3						3	赤井戸甕
10号	3		4			1		3		11	小形坩
11号	1		2		1				2	6	
14号	1			1	1	1				4	壺赤彩
15号	1		1							2	
18号	2			1	1	2			2	8	
B区H21号	1									1	
25号	4		1		1				1	7	二重口縁壺（傾）
22号				1					2	3	
23号	8		7		6	2		3	5	31	二重口縁壺（直）・赤甕
24号	1				2					3	樽壺
26号			2	1	2	3				8	樽壺
E区H27号	8		2		3	1			1	15	
28号	4		2		4				2	12	樽壺
C区H1号	29		19	7	23	3		5	17	103	ひさご壺・樽壺・北陸甕 小形坩
2号	20		2		6				2	30	ひさご壺？
3号	11		1	3	8	2		1	6	32	小形坩・二重口縁壺
5号	6		3		10				3	22	ひさご壺・畿内甕
8号	1				1					2	樽壺
9号	2	1			1					4	
6号	21	1	9	3	16	16		3	4	73	小形坩
7号	12		3	3	7	2	1		4	32	小形高坏・ひさご壺・
10号	17		11	1	27	7	2		7	72	ひさご壺・樽壺
11号	3			2						5	
12号	19		11	4	22	3		2	11	72	小形坩・樽壺・ひさご壺
15号	1		3		1				1	6	
13号	9		6	4	4	1			4	28	北陸甕
14号	3			1	1				1	6	
16号	4		1	2	8	2			2	19	A類・二重口縁壺・樽壺
17号	24		5	2	14	4			17	66	北陸高坏・樽壺・A類
D区2号				5	8				2	15	
3号	1		1	3	1				3	9	
5号	2		1	1	1					5	
4号	9		4		8			1	7	29	二重口縁壺・北陸甕？
42軒	273	5	131	61	201	60	4	18	137	890	
延べ軒数	36	3	29	22	32	20	3	7			

師器平底甕46個体53.5%、樽式土器甕17個体19.8%である。甕出土軒数はS字状口縁台付甕14軒53.8%、単口縁台付甕1軒3.8%、土師器平底甕18軒69.2%、樽式土器甕7軒26.9%である。S字状口縁台付甕の25.6%の出土比率が出土軒数になると53.8%と高い普及率を示している。ここで53.5%の出土率をもつ土師器平底甕の出土軒数は、69.2%の普及率をもっている。単独甕出土住居跡はS字状口縁台付甕が2軒7.6%、単口縁台付甕1軒3.8%、土師器平底甕1軒3.8%、樽式土器甕は1軒3.8%である。甕の単独器種甕出土軒数は少く、最大がS字状口縁台付甕で、遺跡全体では79%の住居跡が複数器種の甕をもっていることになる。S字状口縁台付甕単独の甕をもつ38号住居跡では小型坩が、148号住居跡では北陸系の器台、土師器平底甕単独の住居跡46号、119号住居跡では小型坩、112号住居跡ではS字状口縁鉢と共伴している。

　さて北群馬全体を概観すると、井野川流域と同様に115軒79%の居住者は複数器種甕を所有する傾向があることがわかる。

第4節　前橋市荒砥地域

　前橋市東部から伊勢崎市西部にいたる地域（図1‐28～34を中心とする地域）は、先に紹介したように赤城南麓部の尾根裾を削り、農地を平坦にする圃場整備事業によって小さな範囲（尾根部）を何度にも渡って調査した。この結果、調査のたびごとに遺跡として認識されてきた。そのような16遺跡を集め、332軒の弥生時代末から古墳時代前期にいたる変換期の住居跡を集めてみた（表29～48、図41～44）。

　総軒数は332軒、出土遺物総数は2945個体、甕総数は1190個体である。おのおのの甕の出土比率はS字状口縁台付甕272個体23%、単口縁台付甕161個体14%、土師器平底甕646個体54%、樽式土器甕111個体9％である。出土軒数はS字状口縁台付甕132軒24%、単口縁台付甕90軒17%、土師器平底甕248軒45%、樽式土器甕75軒14%である。

　単独器種甕出土軒数は、S字状口縁台付甕23軒8％、単口縁台付甕4軒1%、土師器平底甕59軒21%、樽式土器甕13軒5％である。最大出土甕は土

第6章 古墳時代を迎えた土器様相　151

表29　前橋東部・伊勢崎西部地域の遺跡別出土甕集計

遺跡名	S字甕	単台甕	土甕	樽甕	甕総数	総数	甕軒数	甕率	S率	単台率	土率	樽率
内堀遺跡	23	21	61	46	151	376	50	40.1	15.2	13.9	40.4	30.4
荒砥上ノ坊遺跡	5	9	69	21	104	269	28	38.6	4.8	8.6	66.3	20.2
荒砥前原遺跡	1	8	14	0	23	61	7	37.7	4.3	34.8	60.9	0
荒砥島原遺跡	8	3	4	0	15	31	7	48.3	53.3	20	26.6	0
荒砥二之堰遺跡	26	7	6	0	39	72	12	54.1	66.6	17.9	15.4	0
飯土井上組遺跡	7	2	7	0	16	51	2	31.4	43.8	12.5	43.8	0
芳賀団地遺跡	35	8	38	0	81	194	37	41.7	43.2	9.8	46.9	0
横俵遺跡	14	19	73	2	108	298	32	36.2	13	17.6	67.6	1.8
柳久保遺跡	19	3	28	0	50	102	10	49	38	6	56	0
村主・谷津遺跡	0	5	29	20	54	161	20	33.5	0	9.3	53.7	37
鶴谷遺跡群Ⅱ	1	0	1	1	3	25	2	12	33.3	0	33.3	33.3
北田下遺跡	0	1	22	7	30	97	11	30.9	0	3.3	73.3	23.3
下境Ⅰ・Ⅱ遺跡	26	28	112	3	169	401	41	42.1	15.4	16.6	66.3	1.8
荒砥諏訪西遺跡Ⅰ	54	42	123	0	219	512	29	42.8	24.7	19.2	56.2	0
東原B遺跡	2	3	31	10	46	91	19	50.5	4.3	6.5	67.4	21.7
波志江中野面遺跡	51	2	28	1	82	204	25	40.1	62.2	2.4	34.1	1.2
16遺跡	272	161	646	111	1190	2945	332	40.4	22.9	13.5	54.3	9.3

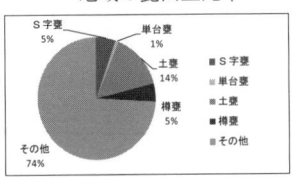

表30　前橋東部・伊勢崎西部地域の甕単器種軒数

遺跡名	S字甕	単台甕	土甕	樽甕	その他	合計
内堀遺跡	1	0	5	11	33	50
荒砥上ノ坊遺跡	0	0	2	1	25	28
荒砥前原遺跡	1	1	1	0	4	7
荒砥島原遺跡	1	0	0	0	6	7
荒砥二之堰遺跡	3	0	0	0	9	12
飯土井上組遺跡	0	0	0	0	2	2
芳賀団地遺跡	4	0	4	0	29	37
横俵遺跡	1	0	4	0	27	32
柳久保遺跡	0	0	0	0	10	10
村主・谷津遺跡	0	0	2	2	16	20
鶴谷遺跡群Ⅱ	0	0	0	0	2	2
北田下遺跡	0	0	5	0	6	11
下境Ⅰ・Ⅱ遺跡	1	2	10	1	27	41
荒砥諏訪西遺跡Ⅰ	0	0	4	0	25	29
東原B遺跡	0	0	6	1	12	19
波志江中野面遺跡	6	0	5	0	14	25
計16遺跡	18	3	49	16	246	332

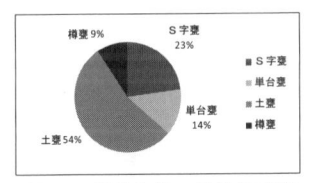

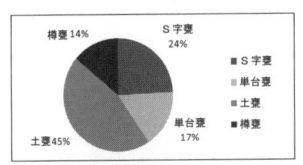

表31　前橋東部・伊勢崎西部地域の甕出土延べ軒数

遺跡名	S字甕	単台甕	土甕	樽甕	合計
内堀遺跡	14	12	31	29	86
荒砥上ノ坊遺跡	5	6	23	13	47
荒砥前原遺跡	1	3	5	0	9
荒砥島原遺跡	5	3	3	0	11
荒砥二之堰遺跡	11	4	6	0	21
飯土井上組遺跡	2	1	1	0	4
芳賀団地遺跡	21	7	24	0	53
横俵遺跡	9	14	29	2	54
柳久保遺跡	8	3	8	0	19
村主・谷津遺跡	0	5	15	13	33
鶴谷遺跡群Ⅱ	1	0	1	1	3
北田下遺跡	0	1	10	4	15
下境Ⅰ・Ⅱ遺跡	16	15	33	3	67
荒砥諏訪西遺跡Ⅰ	17	11	25	0	53
東原B遺跡	2	3	17	9	31
波志江中野面遺跡	19	2	17	1	39
計16遺跡	132	90	248	75	545

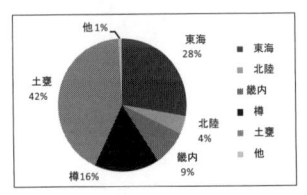

表32　前橋東部・伊勢崎西部地域の外来系土器

遺跡名	東海	北陸	畿内	樽	土甕	他	計
内堀遺跡	19	4	5	29	31	2	90
荒砥上ノ坊遺跡	11	11	4	13	23	0	62
荒砥前原遺跡	2	0	0	0	5	1	8
荒砥島原遺跡	7	0	0	2	3	0	12
荒砥二之堰遺跡	11	0	0	0	6	0	17
飯土井上組遺跡	2	0	0	2	1	0	5
芳賀団地遺跡	26	1	0	6	24	0	57
横俵遺跡	14	5	4	2	29	0	54
柳久保遺跡	8	0	0	6	8	0	22
村主・谷津遺跡	3	0	0	5	13	15	1	37
鶴谷遺跡群Ⅱ	2	0	0	1	1	1	5
北田下遺跡	2	0	1	1	6	10	19
下境Ⅰ・Ⅱ遺跡	16	1	1	19	33	1	71
荒砥諏訪西遺跡Ⅰ	19	3	2	12	3	25	0	62
東原B遺跡	3	0	0	9	17	0	30
波志江中野面遺跡	19	0	2	1	17	0	39
計16遺跡	164	26	51	96	248	5	590

図41　前橋東部・伊勢崎西部地域の甕出土比率

図42　前橋東部・伊勢崎西部地域の甕単器種軒数

図43　前橋東部・伊勢崎西部地域の甕出土延べ軒数

図44　前橋東部・伊勢崎西部地域の外来系土器

表33 内堀遺跡の住居跡出土土器

住居跡	S字甕	単台甕	土甕	樽甕	壺	高坏	器台	坩	他	総数	備考
内堀Ⅱ											
1号			2	3	8	5			3	21	樽壺・樽甕・赤壺
3号			1	1	4	1	1		5	13	樽壺・樽甕・十王台壺
6号			1		1					2	
14号			1	1	1					3	ひさご壺
15号				1	5	3			3	12	北陸・天王山・樽甕・樽壺
内堀Ⅲ											
1号			3			1	1			5	稜高坏
2号	1		1					1	1	4	小形坩
3号	1		1			1	1		2	6	小形坩
5号	3		3	2	5		1		9	23	二重口縁壺・樽甕・赤甕
6号			5						2	7	赤甕
7号		2		2	2	6	2			14	ひさご壺・北陸器台？赤甕
8号				2	1					3	赤甕
10号			1	2					1	4	赤井戸甕1
11号				3	2	1	1		4	11	樽甕・樽壺
12号			2	1		2				5	樽甕
14号			3							3	北陸・赤甕
15号				2						2	赤甕・樽甕
内堀Ⅳ											
39号		1	2		1	2	1			7	S字平底甕1・樽壺
40号				1					1	2	
49号	3	1	5	1	2	7	7		6	32	東海壺・北陸器台
50号	1		1	4	2	5	1		4	18	樽壺・小形高坏・樽甕
52号			1		2					3	
53号		1	1	1	6		1	1	2	12	小形坩・大廓？
54号	3		1		1					5	
56号	1				1	2				4	樽壺
62号	2	1	2	1	2	1			3	12	南関東壺
64号	2	2				2	2	1		11	小形坩
82号	2		2	2	3	4			6	19	樽甕・赤甕・稜高坏
84号		2	3	1	1	1			1	9	赤甕
85号		3	1		3	1	1		1	10	
86号		2	1							3	赤甕
90号				1						1	赤甕
内堀Ⅵ											
1号			2	5	2	2	2		1	14	樽甕・樽壺・ひさご壺 北陸器台
2号			1	1	2				1	4	樽甕
3号		1	1							2	樽甕
4号			1		2					3	小形高坏
8号			1	1	2	1				5	
9号	1								1	2	S字鉢
11号	1									1	
13号		4	1			1			1	7	
14号	1									1	
17号			5						3	9	
20号		1	4		2	3	2		3	15	
26号			2			1			3	6	赤甕
29号			1			1				2	
30号				1	2					3	赤甕
33号			1	1	2	1			2	7	赤壺・赤甕
34号				1					1	2	赤甕
38号				1	1					2	樽甕
41号	1		1	1	1				1	5	赤甕
50軒	23	21	61	46	57	65	27	3	73	376	
延べ軒数	14	12	31	29	23			3			

師器平底甕で出土率は54％、出土軒数は45％台と比率が下がる。S字状口縁台付甕23％の出土率と、出土軒数の24％とあまり変わらない。荒砥地域は南関東系単口縁台付甕が多いとされ、前章の入植民説の立場の研究者からは、前石田川式土器とよばれる地域でもある。

入植民の故地が東海地方となったために、単口縁台付甕は石田川式土器の範疇からはずされ、東海からの入植民以前とされている。そこで南関東系の単口縁台付甕をみると前橋東部、伊勢崎西部での数値は延べ90軒17％である。井野川流域では37軒10.9％と前橋、伊勢崎地域が際だって多いとはいえず、さらに単口縁台付甕の単器種甕住居跡は3軒1％にとどまる。その他の単独器種甕軒数は、S字状口縁台付甕18軒5.4％、土師器平底甕49軒14％、樽式土器甕16軒5％である。

この結果から、井野川流域の土師器平底甕とS字状口縁台付甕の量比が逆の形になっていることがわかる。4器種の甕のうちS字状口縁台付甕と土師器平底甕が主体をなしていることは共通し、決まった単独の甕を主体とした土器構成はあまり確認されない。

樽式土器甕の量比を比較してみると、前橋、伊勢崎地域では111個体9％、井野川流域は73個体9％、北群馬地域は230個体25.5％と個体数は圧倒的に北群馬地域が多い。しかし、井野川流域と前橋、伊勢崎地域を比較すると、個体数は少ないが樽式土器の出土比率は同じであることがわかる。

前橋、伊勢崎地域の甕は最大比率が土師器平底甕で、S字状口縁台付甕を最大数出土した遺跡は、荒砥諏訪西遺跡の54個体、しかしこの遺跡では123個体の土師器平底甕も出土している。遺跡内の甕出土率は、S字状口縁台付甕54個体24.6％、単口縁台付甕42個体19.2％、土師器平底甕123個体56.2％、樽式土器甕の出土はない。

つまり荒砥諏訪西遺跡は、前橋、伊勢崎地域で土師器平底甕を多数出土するが同時にS字状口縁台付甕をも多数所有しているといえる（表46）。さらに個別にみると、3区28号住居跡から出土した遺物総数は86個体、このうち甕は26個体でS字状口縁台付甕7個体、単口縁台付甕6個体、土師器平底甕13個体、東海系壺、小型坩、北陸系の甕、口縁部に輪積痕をもつ群馬県内後期弥生土器の赤井戸式甕、無文化した樽式土器壺が確認されている。29号住居跡で

表34 荒砥上ノ坊遺跡の住居跡出土土器

住居跡	S字甕	単台甕	土甕	樽甕	壺	高坏	器台	坩	他	総数	備考
1区41号			4	1	3	1			9	18	赤井戸甕・樽壺
43号		3	2		1	5	1		4	16	北陸甕・稜高坏・小形高坏
50号			4	1	5	1	4		4	19	赤井戸甕・樽壺
60号	1		2		1					4	ひさご壺
2区4号			3	1	2	1	1			8	樽壺・北陸高坏
7号		1		1	1				1	4	赤壺・樽壺
11号	1		1	1	1	2			2	8	赤甕・赤壺・小形高坏
12号			1							1	
19号	1									1	
20号			1			1			2	4	小形高坏
33号		2	12		9	9	3		15	50	北陸甕・小形高坏・ひさご壺
37号			1		2					3	樽壺
49号			6		6				1	13	北陸甕・樽甕
52号			2		3	1				6	ひさご壺
55号			1	1	3					5	赤井戸甕・北陸甕
57号			1		1		2			4	
59号			3	1	1	1			3	9	小形高坏
60号			3	1	8		1		1	14	赤甕・北陸甕・二重壺・樽壺
64号			1		2					3	パレス壺・北陸甕・羽状縄文壺
65号	1				1	1		1	2	6	樽高坏・小形坩
67号			1	4	3	1				9	北陸器台
77号			1	1	3	3	1			9	赤井戸甕2・北陸甕・樽壺羽状縄文壺
84号				1	1					2	樽壺
89号			12	1	7	1	1		2	24	北陸甕・樽甕
91号			1	1	6	2				10	北陸甕・赤井戸甕・羽状縄文壺・樽高坏・赤壺
6区2号		1			1	1				3	羽状縄文壺・小形高坏
12号	1		2		2				1	6	二重口縁壺
14号			1	7		1	1			10	赤井戸甕
28軒	5	9	69	21	73	29	15	1	47	269	
延べ軒数	5	6	23	13	24			1			

表35 荒砥前原遺跡の住居跡出土土器

住居跡	S字甕	単台甕	土甕	樽甕	壺	高坏	器台	坩	他	総数	備考
A区3号	1				2					3	
C区1号		2			4		1			7	
2号		4	6		5	2	3		3	23	
7号			1		2					3	
8号			3		4	1				8	小形高坏
9号			1		2	1				4	南関東弥生壺
4T3号		2	3		3		3		2	13	
7軒	1	8	14		22	4	7		5	61	
延べ軒数	1	3	5		7						

表36 荒砥島原遺跡の住居跡出土土器

住居跡	S字甕	単台甕	土甕	樽甕	壺	高坏	器台	坩	他	総数	備考
A区9号		1	2		2	3				8	稜高坏・ひさご壺
26号		1	1		1	1	2			6	小形高坏
C区4号	1									1	
6号	1	1	1		1					4	
8号	4				1	1				6	
9号	1							1		2	小形坩
10号	1				2			1		4	小形坩
7軒	8	3	4		7	5	2	2		31	
延べ軒数	5	3	3		5			2			

表37 荒砥二之堰遺跡の住居跡出土土器

住居跡	S字甕	単台甕	土甕	樽甕	壺	高坏	器台	坩	他	総数	備考
36号	2	2			2	1	2		6	15	
37号	4		1		1					6	
38号	6		1		3	1	2			13	
39号	3									3	
40号			1							1	
41号	2	3	1		5				1	13	
42号	1						1			2	
43号	1	1	1		2					5	
45号	1	1			1		1		1	5	
46号	2				1					3	
47号	1				1					2	
48号	3		1							4	
12軒	26	7	6		16	2	7		8	72	
延べ軒数	11	4	6		8						

表38 飯土井上組遺跡の住居跡出土土器

住居跡	S字甕	単台甕	土甕	樽甕	壺	高坏	器台	坩	他	総数	備考
3号	1		7		10	1	3	2	4	28	ひさご壺・小形坩・砥石
4号	6	2			4		1	2	8	23	二重口縁壺
2軒	7	2	7		14	1	4	4	12	51	
延べ軒数	2	1	1		2			2			

は出土遺物総数72個体、このうち甕が45個体出土し、住居跡内の内訳はS字状口縁台付甕6個体13.3%、単口縁台付甕13個体28.9%、土師器平底甕26個体57.8%である。他の共伴土器は小型坩、二重口縁壺、東海系壺、北陸系甕、赤井戸式甕、樽式土器の無文化した壺がある。40号住居跡は出土遺物総数は67個体、甕は30個体出土し、S字状口縁台付甕7個体23.3%、単口

表39 芳賀東部団地遺跡Iの住居跡出土土器

住居跡	S字甕	単台甕	土甕	樽甕	壺	高坏	器台	坩	他	総計	備考
379号			1			4		1	1	7	小形坩・稜高坏
382号	2				2	1	1	3	1	10	小形坩・ひさご壺
385号		1	3							4	
390号	1		1		1				1	4	
391号			1		1	1				3	砥石
393号			1		2					3	
405号			1		2			1	4	8	ひさご壺
408号	1		1		1					3	
416号			3		2	2				7	ひさご壺
417号			2							2	
418号			2		2					4	
419号			2		1					3	樽壺
420号	3							2		5	
421号			1							1	
422号	2				3	4		3	4	16	ひさご壺・小形壺
424号	1				3					4	二重口縁壺（畿内）
426号	1		2		2					5	
428号	4		1			6		1	1	13	小形坩
429号	1		1		1				1	4	
430号	1		3		1					5	
431号	3	1	2		11	1				18	ひさご壺・小形高坏
432号	2						1			3	
433号	3		1		4	2	1		1	12	ひさご壺
434号		1	1		1					3	
449号	1		2		1					4	
451号			1		1	2				4	ひさご壺
455号		1	3		1	1		1	1	8	ひさご壺
456号		2	1			2			1	6	
461号	1				2					3	ひさご壺
462号	1									1	
464号			1		1				2	4	
466号	1	1				1		1		4	小形坩
467~8号	2	1			2			2		7	小形坩・北陸坩・パレス壺
469号	2									2	
470号	1				1	1				3	
472号	1									1	
37軒	35	8	38		42	34	4	13	20	194	
延べ軒数	21	7	24		18			8			

縁台付甕3個体10%、土師器平底甕20個体66.7%、樽式土器甕は出土していない。

荒砥諏訪西遺跡Iの特徴は、荒砥地域で最大量のS字状口縁台付甕を出土するが、土師器平底甕の出土量も最大という点である。樽式土器甕の出土はまったくないが、無文化した樽式土器壺、口縁部に輪積痕をもつ赤井戸式の系

表40 横俵遺跡Ⅰ・Ⅱの住居跡出土土器

住居跡	S字甕	単台甕	土甕	樽甕	壺	高坏	器台	坩	他	総計	備考
横俵Ⅰ											
1号			2		1				1	4	
2号			1		1					2	
3号			1	1						2	
5号			1						1	2	
6号			1		1	1	1		2	6	稜高坏・樽壺
横俵Ⅱ											
9号	1	1			2	2		1	6	13	小形坩
11号	3				3				4	10	
12号			1		1	1			3	6	
13号		1	2		2				3	8	ひさご壺・赤壺
16号		3	1		3	1	1		3	12	
19号		2	3		2	2	1		3	13	小形高坏
21号		2	2		1	1	1		1	8	
22号	2		6			1	1		3	13	
23号	1		1		1			1		4	小形坩
25号		1	1			1	1			4	
26号		1	3		1	1	1		12	19	ひさご壺
27号			5		2	3	1	1	4	16	ひさご壺・北陸器台 小形坩
36号	1	1	3			2			4	11	
37号		1	3			1			1	6	
38号		1	3			2	1		9	16	北陸器台
39号		2	2						2	6	
40号	1		1			1			2	5	
47号			3		2	3	3		2	13	北陸器台
50号		1	1		4	1			3	10	二重口縁壺
54号			3			4	4		4	15	北陸小形坩?・樽高坏
57号			3		2	3	4	1	5	18	小形坩
58号			1	1						2	
61号	1		1			1	1		1	5	
62号			4							4	
69号	1		4		5	2			3	15	樽壺・樽高坏
107号	3	1	5				2			11	北陸器台
127号		1	5		2	2	2		7	19	
32軒	14	19	73	2	36	36	25	4	89	298	
延べ軒数	9	14	29	2	18			4			

譜を引く壺など、在地の要素をもつ遺物とともに二重口縁壺、小型坩、北陸系甕、東海系壺、単口縁台付甕などさまざまな地域の要素をもった遺物を出土する。

　このような背景のなかに、荒砥上ノ坊遺跡では北陸系の土器が多いことで注目されている。荒砥上ノ坊遺跡で甕を出土した住居跡は28軒、このうち北陸

表41　柳久保遺跡の住居跡出土土器

住居跡	S字甕	単台甕	土甕	樽甕	壺	高坏	器台	坩	他	総計	備考
25号	2				2		2	1	1	8	ひさご壺・小形坩
27号			6		1	1	1		1	10	
29号	3		3			3	1	4	2	16	小形坩
30号		1	2		2		1	3		9	小形坩
31号	2	1	4		2				5	14	
38号	2				1			1		4	小形坩
39号	3		6		2	1	7		1	20	ひさご壺
43号	1		1		1	1		1	2	7	ひさご壺・小形坩
44号	4	1	4					1		10	小形坩
45号	2		2							4	
10軒	19	3	28		11	6	12	11	12	102	
延べ軒数	8	3	8				6				

表42　村主遺跡・谷津遺跡の住居跡出土土器

住居跡	S字甕	単台甕	土甕	樽甕	壺	高坏	器台	坩	他	総計	備考
村主（谷津は弥生～古墳住居跡なし）											
2号			1		1	2	2		4	10	樽壺
4号				2	1	1	1		1	6	樽壺・赤壺
5号			1	1		1			2	5	
6号			1	1		1		1	2	6	赤甕・小形坩
13号			3			3			5	11	
14号			3	1		4			1	9	樽甕
17号			2	2	1		1		2	8	樽甕・樽壺
18号			1	2		3		1	1	8	小形坩・樽甕・樽壺
19号			3	1	2	1	3			10	樽壺
28号			4	2	3	3	1			13	樽甕・樽壺
29号		1		2	1	1	1	1	1	8	小形坩・樽台甕
33号		1	1		1	1		3		7	樽壺
34号			1	2	2	3	3	1	2	14	小形坩・樽甕・ひさご壺
35号		1		1	1	1			1	5	樽壺
37号			2		6		3		2	13	ひさご壺・樽壺
40号		1			3	1				5	樽壺
46号		1					1		1	3	受け口台甕
47号			2	1		1	1	2		7	
48号				1	1					2	樽甕
49号			3	2	2	3		1		11	小形坩・赤甕・赤壺・樽甕・ひさご壺
20軒	0	5	29	20	25	30	17	5	30	161	
延べ軒数		5	15	13							

表43　鶴谷遺跡群Ⅱの住居跡出土土器

住居跡	S字甕	単台甕	土甕	樽甕	壺	高坏	器台	坩	他	総計	備考
59号			1		2	2			2	7	ひさご壺・稜高坏
96号	1			1	6	2	3	1	4	18	小形坩、稜高坏・二重口縁壺 赤甕
2軒	1		1	1	8	4	3	1	6	25	
延べ軒数	1		1	1							

表44 北田下遺跡の住居跡出土土器

住居跡	S字甕	単台甕	土甕	樽甕	壺	高坏	器台	坩	他	総計	備考
18号			1				1		1	3	
中山B13号		1	3		3	3	1		1	12	ひさご壺・樽壺・小型高坏
18号			2	1	1	1				6	樽壺
19号			3			2			1	6	
23号			4			4	1		9	18	
24号			1		1	2				4	二重口縁壺（東海系）
26号					2		1	2		6	赤壺
27号			4	3	3	2	1		1	14	赤甕
28号			1		2	2	1	1	1	8	小型坩
29号			2	1	2	2			5	12	赤甕
30号				2	5		1			8	樽壺・二重口縁壺
11軒		1	22	7	19	18	8	3	19	97	
延べ軒数		1	10	4							

表45 下境Ⅰ・Ⅱ遺跡の住居跡出土土器

住居跡	S字甕	単台甕	土甕	樽甕	壺	高坏	器台	坩	他	総計	備考
下境Ⅰ　（下境Ⅱは弥生～古墳住居跡なし）											
1号		1			1		1			4	赤甕1
2号				1	1	1			1	5	樽甕1
4号			3		1	2				6	赤甕2
9号			4		3		3		1	11	北陸器台
11号	1		2		3	2				8	ガラス玉1
12号		2	3		1	1			2	9	
14号			1		1	5			1	8	二重口縁壺
15号			1							1	
16号			3			2				5	赤甕2
19号	3		2			2				7	
23号	1		2			1	2			6	赤甕1
25号	1	2	3		1	1			1	9	
26号	6		5		4		1		2	18	赤甕2
34号	1				3			2		6	
36号	1	1	2			1			3	9	赤甕2
43号	1	2			1					4	
47号	2		1			1				4	
52号			1			2				3	赤甕1
53号	1				1	1	3		1	7	赤彩壺　口縁棒状浮文
54号			4		2				2	9	赤甕2
55号		2	2			2	1		1	8	赤甕
56号	1		16		12	2	10			41	二重口縁壺　赤甕
57号			4		4	5	3		1	17	
62号			2		1	2			3	8	赤甕2
64号		2	2		2		1		1	8	
65号			3		2				2	7	
67号	1	3	18	1	61	5	1	1	4	95	樽甕　赤甕（縄文）ひさご
68号		2	6			1	2		1	12	赤甕（縄文）
69号		1								1	
70号			3			2	1		1	7	
71号			1		2	2				5	
72号			1		1					2	
73号			1		3					4	
75号	1									1	
76号	2	1	3			1				7	赤甕
77号	2		1	1	2		1			7	樽甕・壺
81号			1		1					2	
82号			1			1			1	3	赤甕
83号	1	5	9		2	2	1		3	23	赤甕
93号			1							1	
96号		1					1		1	3	
41軒	26	28	112	3	115	48	35	2	32	401	
延べ軒数	16	15	33	3							

表46 荒砥諏訪西遺跡Iの住居跡出土土器

住居跡	S字甕	単台甕	土甕	樽甕	壺	高坏	器台	坩	他	総計	備考
2区2号	2	1	6				1	1	3	14	小型坩
3号			3		1	1			2	7	赤採壺・稜高坏
5号	2	1	2		1					6	
7号			3				1			4	
8号	1		2		1	1				5	
9号	1				3		3		2	9	二重口縁壺
3区4号	2		2		1		1		2	8	
5号			1		1		1			3	
7号			2		4		1			7	
8号			2		3					5	
14号	1		1		4					6	
17号	4	3	7		18		1	3	6	42	二重口縁壺・樽4類・小型坩
22号	3				6	3	4	1	4	21	二重口縁壺・小型坩
24号		2	1		2		2		2	9	二重口縁壺・棒状浮文
25号	5		2		8		3		3	21	二重口縁壺・北陸・畿内系鉢
28号	7	6	13		21	3	4	14	18	86	鉢状小型坩含む
29号	6	13	26		6	1	8	1	11	72	二重口縁壺・小型坩
31号			1					4	5	S字状口縁鉢
32号			1		4	1			1	7	二重口縁壺・稜高坏
33号	4	7	11		9	1	2		7	41	二重口縁壺
35号	1				1			1		3	小型坩
36号	6	4	6		5	1	2		7	31	
39号			1			1				2	北陸系高坏?
40号	7	3	20		18	2	1	5	11	67	蓋北陸系?
41号			1		2			1	1	5	小型坩
47号		1	3		2				2	8	赤甕
48号	1	1	5		2	3			2	14	
49号	1		1						2	4	
28軒	54	42	123		123	18	35	27	90	512	
延べ軒数	17	11	25								

表47 東原B遺跡の住居跡出土土器

住居跡	S字甕	単台甕	土甕	樽甕	壺	高坏	器台	坩	他	総計	備考
2号			2		1	1	1		1	6	
5号			2	1		1	1		3	8	
15号		1	2	2		2			3	10	
18号			1			1	1			3	
23号			1							1	
30号			1	1						2	
31号			2	1			1		2	6	
32号			1						1	2	
34号			2	1	1	2	1			7	
35号			3			3	2		1	9	北陸器台
39号				1		2			1	4	
40号			3	1	1					5	
45号			1	1					1	3	
46号	1		3			1				5	
47号	1	1	3	1		1	1			8	
54号			2			1				3	
55号			1	1		1				3	
56号				1	1				1	4	ひさご壺
57号		1	1							2	
計19軒	2	3	31	10	6	17	8		14	91	
延べ軒数	2	3	17	9							

表48 波志江中野面遺跡の住居跡出土土器

住居跡	S字甕	単台甕	土甕	樽甕	壺	高坏	器台	坩	他	総計	備考
4号	2		1		1	2	1		1	8	
9号	3				4	1	2		1	11	
10号	3		4	1	2	3				13	波状文甕破片
12号	3		1			2			1	7	
14号	4		1		2	2	1		5	15	
16号	2				2	1		1		6	小型坩
17号	12	1			23	9	1		2	48	
18号	1	1	2		5	1	1			11	
22号	1				2	3				6	
23号	1		1		2	2			3	9	
24号	3		3		1					7	
25号	4		3		4	4	1			16	
27号			1							1	
30号	3		1				1			5	小型坩
31号			1			4				5	
32号			1		1					2	
34号	1		2		1				1	5	
36号			2		2	2				6	
37号	1				2					3	
41号			2							2	
44号			1						1	2	
68号	1				1					2	
B区3号	1					2				3	
C区6号	1					2			1	4	
C区12号	4		1			1			1	7	
計25軒	51	2	28	1	55	41	7	2	17	204	
延べ軒数	19	2	17	1							

系の土器を出土した住居跡は11軒39.3％、群馬県内では、ほかに北陸系の土器が多数確認されたのは、渋川市有馬遺跡の13軒である。有馬遺跡は23軒中の13軒56.5％と出土比率は上ノ坊遺跡よりやや高い。いずれにしろ有馬遺跡とともに北陸系の土器が多数確認された遺跡である（表34）。

荒砥上ノ坊遺跡の内容を検討すると、2区33号住居跡は出土総数50個体、甕は14個体、単口縁台付甕2個体、残りの12個体は北陸系甕を含む土師器平底甕である。共伴遺物のなかには畿内、東海系の高坏がある。また2区37号住居跡では北陸系甕と樽式土器壺が共伴し、6区12号住居跡では平底甕（口縁に北陸系の荒い刷毛目をもつ）、畿内系二重口縁壺、S字状口縁台付甕が出土している。

このように北陸系の土器が多数出土している遺跡でも、北陸の系統、様式に偏ることはなく、複数他地域の土器群と共伴している。上ノ坊遺跡の東海系の土器をもつ住居跡は、北陸系土器をもつ住居跡と同数の11軒、畿内系は4軒、

樽式土器をもつ住居跡は13軒。やはり在地の系譜がいちばん多いことにはちがいないが、特筆されるのは前橋、伊勢崎地域でも複数他地域の外来土器が出土し、外来の固定した様式はもっていないことである。これは北群馬や新保地域を含む井野川流域とも同様な結果である(5)。伊勢崎市波志江中野面遺跡は、16遺跡中で多数のＳ字状口縁台付甕を出土している（表48）。単器種甕はＳ字状口縁台付甕が7軒あり、土師器平底甕単独住居跡も6軒ある。また17号住居跡からＳ字状口縁台付甕12個体と単口縁台付甕1個体が出土し、Ｓ字状口縁台付甕のなかに口縁部に赤彩を施されたものも含まれ、23個体の壺と9個体の高坏が出土している。前橋、伊勢崎地域の遺跡でも単独器種甕の住居跡は少なく、65％の住居跡は複数器種の甕を所有していることになる。

　この結果、単口縁台付甕があるという理由で前石田川式土器とよぶ根拠は特になく、ただ単に単口縁台付甕が東海系ではないことによる呼称と考えられる。

第5節　東毛地域

　次に、伊勢崎市以東（図1‐37～39を中心とする地域）の8遺跡を概観する（表49～60、図45～48）。8遺跡の集計は住居跡軒数301軒、出土遺物総数2846個体、このうち甕は1318個体が出土している。Ｓ字状口縁台付甕596個体45％、単口縁台付甕168個体13％、土師器平底甕554個体42％、樽式土器甕は出土していない。

　したがって比率からみると、今回取り上げた遺跡群のなかで東毛地域は、群馬県内最大量のＳ字状口縁台付甕を出土することになる。

　出土軒数をみるとＳ字状口縁台付甕183軒35％、単口縁台付甕104軒20％、土師器平底甕233軒45％、樽式土器甕はない。ここでもＳ字状口縁台付甕は、最大出土量であるが実際には普及率では土師器平底甕より低くなる。

　この結果、東毛地域でも井野川流域、北群馬地域と同じ結果を示している。単独器種の甕をもつ住居跡は、Ｓ字状口縁台付甕32軒11％、単口縁台付甕6軒2％、土師器平底甕36軒12％、残りの227軒75％の住居跡では、複数甕を所有している事実が認められる(6)。最大量のＳ字状口縁台付甕を出土したのは太田市御正作遺跡で、8遺跡合計の596個体のうち246個体41.2％を出土し

第6章 古墳時代を迎えた土器様相

表49 東毛地域の遺跡別出土甕集計

遺跡名	S字甕	単台甕	土甕	樽甕	甕総数	総数	甕軒数	甕率	S率	単台率	土率	樽率
御正作遺跡	246	11	64	0	321	624	30	51.4	76.6	3.4	19.9	0
下田中遺跡	54	7	46	0	107	206	25	51.9	50.5	6.5	43	0
中溝・深町遺跡	73	6	74	0	153	291	46	52.5	47.7	3.9	48.4	0
三和工業団地遺跡	87	40	128	0	255	572	88	44.6	34.1	15.7	50.2	0
赤堀村鹿島遺跡	0	6	6	0	12	43	3	27.9	0	50	50	0
五目牛清水田遺跡	30	2	4	0	36	67	7	53.7	83.3	5.5	11.1	0
舞台遺跡	88	89	209	0	386	932	94	41.4	22.8	23	54	0
光仙房遺跡	18	7	23	0	48	111	8	43.2	37.5	14.6	47.9	0
計8遺跡	596	168	554	0	1318	2846	301	366.6	352.5	122.6	324.5	0

表50 東毛地域の甕単器種軒数

遺跡名	S字甕	単台甕	土甕	樽甕	その他	計
御正作遺跡	4	0	1	0	25	30
下田中遺跡	1	0	0	0	24	25
中溝・深町遺跡	9	1	1	0	35	46
三和工業団地遺跡	9	1	17	0	61	88
赤堀村鹿島遺跡	0	0	1	0	2	3
五目牛清水田遺跡	3	0	0	0	4	7
舞台遺跡	6	4	16	0	68	94
光仙房遺跡	0	0	0	0	8	8
8遺跡計	32	6	36	0	227	301

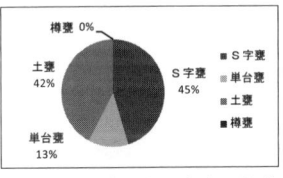

図45 東毛地域の甕出土比率

表51 東毛地域の甕出土延べ軒数

遺跡名	S字甕	単台甕	土甕	樽甕	合計
御正作遺跡	24	11	22	0	57
下田中遺跡	23	5	21	0	49
中溝・深町遺跡	32	3	34	0	69
三和工業団地遺跡	48	33	67	0	148
赤堀村鹿島遺跡	0	2	3	0	5
五目牛清水田遺跡	7	1	2	0	10
舞台遺跡	41	43	79	0	0
光仙房遺跡	7	5	6	0	18
8遺跡計	182	103	234	0	356

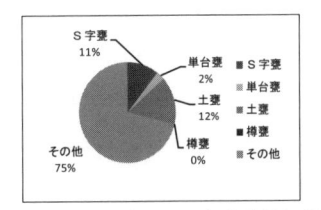

図46 東毛地域の甕単器種軒数

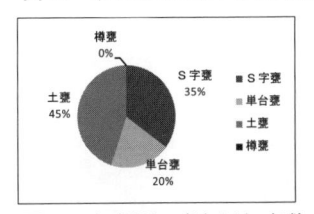

図47 東毛地域の甕出土延べ軒数

表52 東毛地域の外来系土器

遺跡名	東海	北陸	畿内	樽	土甕	他	計
御正作遺跡	28	2	3		22	0	55
下田中遺跡	24	7	3		21	0	55
中溝・深町遺跡	35	1	8		34	0	78
三和工業団地遺跡	55	3	10		68	3	139
赤堀村鹿島遺跡	2	0	1		3	0	6
五目牛清水田遺跡	7	0	4	0	2	1	14
舞台遺跡	42	22	5	1	77	25	172
光仙房遺跡	7	0	3	0	6	0	16
8遺跡計	200	35	37	1	233	29	535

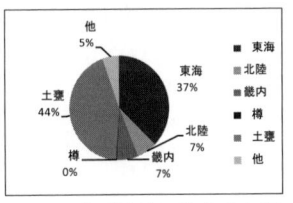

図48 東毛地域の外来系土器

表53　御正作遺跡の住居跡出土土器

住居跡	S字甕	単台甕	土甕	樽甕	壺	高坏	器台	坩	他	総数	備考
1号	1		1		2		1			5	壺2赤彩
2号	10		1		5	1	1	1	1	20	北陸器台・小形坩
3号	13	1	4		5				3	26	
4号	3				2	1				6	パレス壺
5号	17		3		9	4	1			34	
6号		1	4		12	2	1		2	22	赤彩壺
8号	19	1	2		4	1	1		1	29	北陸器台・
10号	1	1			3	2	1		4	12	
12号	18	1	1		8	2	1	2	3	36	ひさご壺・小形坩
15号			1	4	4	3	1			13	ひさご壺
16号	3				4	3	3		3	16	
17号			1	4	9	5	1		1	21	稜高坏
18号	24		1		13	2	4	1	4	49	稜高坏・S字鉢・小形坩 二重口縁壺
20号		1				3	2			6	小形高坏
21号	4		2		4	1	2			13	
22号	2									2	
23号		1	3		2	6	3		2	17	小形高坏
24号	1	1			1				2	5	
26号			2		2	1			2	7	
27号	2		7		5	3	4		4	25	小形高坏・樽壺
29号	2				1	1				4	
30号	5		1		5	1	1		3	16	ひさご壺
31号	5				4	1				10	ひさご壺
32号	22		3		14	5	1		5	50	ひさご壺・稜高坏
33号	16		3		8	1	3		3	34	赤井戸甕・ひさご壺
34号	22		1		7		5			35	ひさご壺
35号	10		2		5			2	10	29	
36号	12	1	2		4	2	1			22	
37号	3		2			1				6	
38号	31		11		7				5	54	
30軒	246	11	64		149	52	34	6	62	624	
延べ軒数	24	11	22		27			4			

表54　下田中遺跡の住居跡出土土器

住居跡	S字甕	単台甕	土甕	樽甕	壺	高坏	器台	坩	他	総数	備考
1号	3		2		2		1			8	ひさご壺
2号	1				1	1	1			4	
4号	1	1	3		2	4				11	北陸甕・小形高坏
5号	1		3		3	1	1		1	10	ひさご壺
6号	2		1							3	
7号	1		1		1					3	
8号	1		1							2	
9号			2		6	3	1		1	13	小形高坏・S字鉢・北陸壺
10号	5		1				2			8	
11号		2	3		3		3			11	北陸器台・樽壺
13号	1		1		1	2	1		1	7	小形高坏・ひさご壺
15号	1		2		2		2		1	8	北陸甕
16号										1	
17号	1		3		3	2	1		1	11	東海壺・畿内高坏
18号	8	2	7		5	1	5	1	1	30	北陸甕・稜
19号	5		1		2		1		2	12	S字鉢・ひさご壺
24号	1		1			1				4	稜高坏
25号	2		7		6	5	2			22	二重壺・小形高坏・北陸甕
27号	1		1							2	
30号	1		1				1		1	4	
31号	1		1			1				3	小形高坏
32号	3	1	1							5	
33号	1									1	
34号	6		2		1	1	1		2	13	樽壺赤彩・畿内鉢？
37号	6	1			1				2	10	畿内鉢？
25軒	54	7	46		39	22	21	6	11	206	
延べ軒数	23	5	21					5			

表55 中溝・一本杉Ⅱ遺跡の住居跡出土土器

住居跡	S字甕	単台甕	土甕	樽甕	壺	高坏	器台	坩	他	総計	備考
中溝											
1号	3		4		2	2	1			12	稜高坏
2号			1					1	2	4	小形坩？
16号	1					2	1	1		5	
20号	2		1			2				5	
21号			1							1	
22号	1		2		1					4	銅鏡片
23号	5		1		2		1		2	11	
24号	1		2		2	2	4	1	1	13	北陸器台・小形坩
25号	1						1			2	
26号			5			2			1	8	稜高坏
27号	1					1				2	
29号		2			1					3	
32号	9	1	19		15	4	3		3	54	二重口縁壺・稜高坏
39号			1		2	1				4	二重口縁壺
40号			1		1					2	
43号			1							1	
46号	1		2		1	1	1		1	7	
47号			2		1	1			1	5	稜高坏
平成3年度調査分											
2号	2				5					7	ひさご壺・パレス壺・銅鐸
一本杉Ⅱ遺跡											
1号	1		3							4	
2号	3		1		1					5	
3号	2		2		1				1	6	
4号			1		3					4	二重口縁壺
5号	1					1	1	1	1	5	小形坩（口26.2)
8号	2				1	1				4	
9号	5		2			2				9	
27号	1				1					2	
10号	1		2		1					4	
12号	2		2		3	1	3		3	14	
13号	3		4		1		2		2	12	
17号	2		1		3					6	ひさご壺
20号			1		1	1			1	4	S字状口縁鉢
21号			1							1	
23号	1		2		2				1	6	ひさご壺
26号	2						1		1	4	
31号	1		1		1					3	
32号		3	2			2				7	
34号	2					1		1		4	小形坩
36号			1					1		2	小形坩
38号			1		1	1				3	二重口縁壺
40号	1		1			1				3	
41号	1		1			1				3	
43号	9		1		2				1	13	
44号	2		1		2				1	6	
48号			1							1	
平成3年度分											
1号	3		1		1	1				6	族形石製品・銅鏡
46軒	73	6	74		55	26	26	6	25	291	
延べ軒数	32	3	34		24			6			

表56 三和町工業団地遺跡の住居跡出土土器

住居跡	S字甕	単台甕	土甕	樽甕	壺	高坏	器台	坩	他	総計	備考
6号	3	1	2		4	1	1		3	15	
8号			6		3	2				11	小形高坏
9号	3		2		4	2	1		4	16	溝持住居
11号		1	3		1					5	
12号	2	1	6		4	2	1		1	17	溝持住居・小形高坏
15号	1		1		2				1	5	
16号			2							2	
17号			2		2		1		1	6	
18号		1	2						2	5	
19号	1	1	1		4	7	1		2	17	
21号	2	1	2		3	2			1	11	稜高坏・縄文壺
23号	1	1	2			1				5	
25号	1	1	2		3	3			2	12	北陸坩
26号	4		1		5	2				12	
27号			2			1				3	
28号		2	2		1	2			1	8	稜高坏
29号	1	1	2					1	2	7	小形坩
31号			1		1					2	
32号	2		2		1	1	1			7	
33号	3		5		5		2		5	20	叩き?甕・南関東壺羽縄文
34号	2						1	1		4	小形坩
36号	1				1	2	1		1	6	
38号	1				1		1			3	北陸器台
39号	2				1	1			2	6	
42号	1	1	3		1	1		1	2	10	小形坩
45号	1				2			1		4	
46号	1	1	1		2	1	1			7	
48号			3		1	1				5	大廓?
49号			2		1				1	4	
50号	1				1	1				3	小形高坏
51号			2			1				3	
52号			1		2		2			5	
53号	1	1	1		3				1	7	
54号	1				1				1	3	
56号	1					1				2	
57号	5		8		7	3	1		4	28	二重口縁壺・小形高坏
58号	1								1	2	
59号			1		1	1				3	小形高坏
60号	1		1		1	1	1			5	棒状浮文壺
63号	1	3	4		5	4			1	18	稜高坏
64号			1		1				1	3	
65号			1		1				1	3	
68号			2			2			2	6	報告書98号誤植?
77号	1				1					2	ひさご壺
78号		1	1		2					4	
79号			1			1				2	
80号	5	1			2	3		1		12	小形坩
83号	3					1		1		5	小形坩
84号			1							1	
87号			2							2	
92号			1		1					2	
94号			1		2					3	
96号	1	1	1		2	1			1	7	ひさご壺
97号		1			1					2	
102号	1		1		2					4	ひさご壺
105号		2					1			3	
106号			1		1	1				3	

第6章 古墳時代を迎えた土器様相

107号			1		1		2		
108号		1	1				2		
110号			1	1	1		3		
114号	6		2	5	1	4	2	20	二重口縁壺
116号	1		1					2	
117号		1	2	2		2	1	8	ひさご壺
119号	3			6	2	2	7	20	大廓壺・小形高坏・二重口縁壺
120号			1	1	1			3	
122号		1			1	1	3	6	小形高坏
123号	1				1			2	
124号	1		1	1		1		4	
125号	4	1	3	4	5		6	23	稜高坏・
126号			1	3	2		3	9	稜高坏・二重口縁壺
127号		1	2		1	1		5	ガラス玉
129号	2				1			3	
130号	2		1	1			1	5	北陸甕
131号			4					4	
134号			1	1				2	
135号	2	1	1		1		1	6	
136号		1	1	1	1			4	
137号	3		3	2	1		1	10	ひさご壺・小形坩
139号	1	2						3	
140号			2	2	1		2	7	小形高坏
141号	1	1		1	2	1	2	8	
143号		2	2			1		5	
144号			1		1			2	
145号			1			1	1	3	
147号	1	1	1				1	4	
148号	1	1	2	1	1	1	1	8	
150号	1	1	3	1				6	
152号	1	2			1			4	
88軒	87	40	128	122	77	34	8	75	571
延べ軒数	48	33	67	56			8		

表57 赤堀村鹿島遺跡の住居跡出土土器

住居跡	S字甕	単台甕	土甕	樽甕	壺	高坏	器台	坩	他	総計	備考
3号			1				2	2	6	11	小形坩、小形高坏、
6号		3	1		11	1			1	17	小形高坏、樽壺
7号		3	4			2			6	15	
3軒		6	6		11	3	2	2	13	43	
延べ軒数		2	3								

表58 五目牛清水田遺跡の住居跡出土土器

住居跡	S字甕	単台甕	土甕	樽甕	壺	高坏	器台	坩	他	総計	備考
2号	2				2		1	2		7	小形坩
3号	3				4				1	8	砥石
11号	6					1		1		8	小形坩
16号	5		3		5		1	1	1	16	小形坩・大廓？
18号	4									4	
19号	8				3			2		13	砥石
20号	2	2	1		2	1	1	1	1	11	ひさご壺・小形坩
7軒	30	2	4		16	2	3	5	5	67	
延べ軒数	7	1	2								

表59 舞台遺跡の住居跡出土土器

住居跡	S字甕	単台甕	土甕	樽甕	壺	高坏	器台	坩	他	総計	備考
A14号			1		1					2	
5A号	4	5	8		8	2	4		16	47	北陸甕
7号	1		2		2	1	1	1	1	9	二重口縁壺
19号			1			2				3	ひさご壺
21号			1		1	2	1	1		6	
22号	1	1	3		2	2	1		8	18	
26号			3							3	
28号	4	2			1		1		2	10	
40号		2								2	
43号	2	7	4		6	3	3		3	28	
47号	1	1	1		1	1			4	9	
49号	2		4			2			4	12	北陸甕
A3 65号		1	3		1	1				6	北陸甕
A2 157号	4	1	2		9	4	4		10	34	北陸器台
162号	5	2	1		6	2			3	19	東海壺
163号		1	2			1	2		3	9	南関東系壺
B74号		1	3		4				2	10	北陸甕
75号		6			12			5	4	27	小型坩
76号	1	1						1	1	4	
78号	2		1		3			1		7	
B南1号			2		1	1				4	
C50号		1	7		5	3	1		3	20	
54号	2				2		1	1	1	7	
56号		1	1							2	
D3 3号	1								1	2	
5a・b号			2						3	5	
D3 6号		3	9		1	1			2	16	
7号		1							1	2	
8号			1			1			2	4	
10・14号	1	3	3						2	9	
11号		2				2	2			6	稜を持つ高坏
12号		3	3				1		1	8	稜を持つ高坏
13号			1		1				1	3	樽壺
15号	2		1		5	1	2		6	17	
18号			7			1				8	ひさご壺
19号			1						1	2	
20号		2	6		3	4	1		8	24	北陸甕
24a・b号		1	2		3	1			1	8	
27号	2				1	1				4	
28号			1				1		2	4	
29号		3	7		6	3	1		3	23	
31号	2	6	3			2	1		2	16	
36号			1	1						2	
38号	2	1	1		1					5	
39号		3	5		2	4			1	15	北陸甕
D83号	5	1	3		3	2	2		1	17	
84号	4	1	3		1	2	1		3	15	
86号			2			2	1		1	6	
135号			2			1			1	4	
136号	1		2						4	7	
139号	1	1	5		2	2			3	14	
142号			4				2		5	11	
143号			5		1	1			6	13	
146号	3		1		2	1			2	9	銅鏡（重圏鏡）

第6章　古墳時代を迎えた土器様相　169

住居跡									備考
148号			4	2	1		4	11	
160号	5		1	1	1	1	3	12	
186号			1					1	
216号			2					2	
217号		1	1	1				3	
E3 93号			1	1	2		1	5	稜を持つ高坏
100号	1	1	4	1			3	10	
104号	3		1				2	6	
131号	1	1	5				3	10	
132号		1	1				1	3	
176号			2					2	
186号			2	2	3		1	8	
F 46号	1		5	3			1	10	
54号	1		4	4			5	14	
56号		2	2		2	1	5	12	
57号			1		3	3	5	12	
58号	1	1	4	7			9	22	
59号			1					1	北陸甕
61号			1					1	
64号	1		1	3			1	6	
65号	2	4	8	8	7	2	2	33	小型器台
68号	3		1		1		5	10	
69号		2	1					3	
73号	2	3	1				1	7	
74号			4	3	2		1	10	
75号		2	1	5	1	2	2	13	
77号			1				1	2	
78号			4	5	2	5	7	23	
82号			1					1	
91号	1		1	2	1		3	8	
93号	1	2	3	3	1	1	13	24	北陸甕
94号		2					1	3	
95号	2			2	2		5	11	
96号	5	2		5	3	2	7	24	
98号	1							1	
工境1号			4	1	2		2	9	
8号	2			2	2		1	7	
10・11号	2		2	2	3	3	2	12	
12号			2				1	3	
93軒	88	89	209	160	98	51	13	224	932
延べ軒数	41	43	79						

表60　光仙房遺跡の住居跡出土土器

住居跡	S字甕	単台甕	土甕	樽甕	壺	高坏	器台	坩	他	総計	備考
8号	1	1				2		1		5	小型坩
27号	2					1		1		4	小型坩
30号	3		2		4	2	1		1	13	
31号	1	1	4		9	1		1	2	19	S字状口縁平底甕
36号	5	3	8		4	2			2	24	二重口縁壺
37号		1	2		1	1			1	6	
39号	4	1	5		6	1		6	2	25	
D-1号	2		2		5	1		1	4	15	
8軒	18	7	23		29	11	1	10	12	111	
延べ軒数	7	5	6								

た。30軒のうちS字状口縁台付甕をもつ住居跡は24軒、すなわち遺跡内の住居跡のうち80%はS字状口縁台付甕をもち、このうちS字状口縁台付甕単独の住居跡は5軒あり、22号住居跡はS字状口縁台付甕のみの出土で共伴する遺物はない（表53）。また、三和工業団地遺跡ではS字状口縁台付甕の出土は87個体34.1%、土師器平底甕は128個体50.1%であるが、S字状口縁台付甕単独住居跡軒数が17軒ある。三和工業団地遺跡ではS字状口縁台付甕の出土比率は低くても、単独甕の軒数が多いということがいえる（表56）。

太田市下田中遺跡では北陸系の甕が検出されている（表54）。北陸系の土器群は有馬遺跡や沼田市町田小沢Ⅱ遺跡等県北地域、荒砥地域上ノ坊遺跡、三和工業団地遺跡や御正作遺跡、下田中遺跡など東毛地域にも広く分布し、群馬県内全域で確認されている。北陸系土器については、さらに次章で触れる。

第6節　西毛地域

最後に県南部玉村町上之手八王子遺跡、富岡市東八木阿曽岡権現堂遺跡、藤岡市堀ノ内遺跡の3遺跡を概観してみると、弥生時代から古墳時代にかけての土器群を確認することができる（表61～67、図49～52、図1-14～18までを中心とする地域）。

前章まで確認したように、弥生時代前期に始まり古墳時代へ継続している地域である。特に藤岡市は弥生時代から古墳時代までつづく遺跡が継続して確認されている。

さて、3遺跡総軒数40軒、出土遺物総数245個体中、甕は110個体44.9%、S字状口縁台付甕44個体40%、単口縁台付甕20個体18%、土師器平底甕25個体23%、樽式土器甕21個体19%である。甕出土延べ軒数はS字状口縁台付甕25軒42%、単口縁台付甕11軒19%、土師器平底甕18軒31%、樽式土器甕5軒8%である。単独器種甕住居跡はS字状口縁台付甕8軒20%、単口縁台付甕はなく、土師器平底甕4軒10%、樽式土器甕2軒5%である。ここでは40軒のうち26軒65%が複数器種の甕を所有していることになる。

第6章 古墳時代を迎えた土器様相

表61 西毛地域の遺跡別出土甕集計

遺跡名	S字甕	単台甕	土甕	樽甕	甕総数	総数	甕軒数	甕率	S率	単台率	土率	樽率
東八木阿曽岡権現堂遺跡	1	7	14	21	43	91	11	47.2	2.3	16.3	32.6	48.8
堀ノ内遺跡	16	10	8	0	34	75	13	45.3	47	29.4	23.5	0
上之手八王子遺跡	27	3	3	0	33	79	16	44	81.8	9	9	0
3遺跡合計	44	20	25	21	110	245	40	44.9	40	18.1	22.7	19

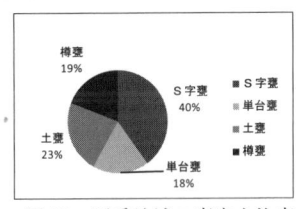

図49 西毛地域の甕出土比率

表62 西毛地域の甕単器種軒数

遺跡名	S字甕	単台甕	土甕	樽甕	その他	計
東八木阿曽岡権現堂遺跡	0	0	2	2	7	11
堀ノ内遺跡	2	0	1	0	10	13
上之手八王子遺跡	6	0	1	0	9	16
3遺跡合計	8	0	4	2	26	40

図50 西毛地域の甕単器種軒数

表63 西毛地域の甕出土延べ軒数

遺跡名	S字甕	単台甕	土甕	樽甕	合計
東八木阿曽岡権現堂遺跡	1	3	9	5	18
堀ノ内遺跡	10	5	6	0	21
上之手八王子遺跡	14	3	3	0	20
3遺跡合計	25	11	18	5	59

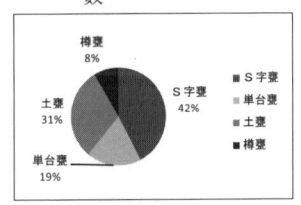

図51 西毛地域の甕出土延べ軒数

表64 西毛地域の外来系土器

遺跡名	東海	北陸	畿内	樽	土甕	他	計
東八木阿曽岡権現堂遺跡	4	4	0	5	9	0	23
堀ノ内遺跡	12	3	4	0	6	0	25
上之手八王子遺跡	15	0	0	0	3	0	18
3遺跡合計	31	7	4	5	18	0	66

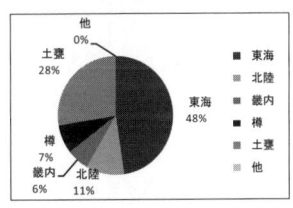

図52 西毛地域の外来系土器

表65 東八木遺跡・阿曽岡・権現堂遺跡の住居跡出土土器

住居跡	S字甕	単台甕	土甕	樽甕	壺	高坏	器台	坩	他	総数	備考
東八木											
13号			2		1					3	ひさご壺8号住居跡に掲載
24号			1		1					2	土師壺
阿曽岡地点											
11号		1	2		1	1				5	北陸甕
33号			3						1	4	北陸？
40号			2		3	2	1		2	10	樽壺
47号		2	1	10	1				1	4	19	北陸甕・樽壺・赤甕
65号		4	1	7	5	2	1		4	24	東海高坏・樽壺・赤甕
92号			1	1		4			1	7	稜高坏
権現堂地点											
141号			2		1	2	1			6	
143号			1		2	1	1			5	北陸器台
153号	1		1		1	1	1		1	6	
11軒	1	7	14	21	16	13	6		13	91	
延べ軒数	1	3	9	5							

表66 掘ノ内遺跡の住居跡出土土器

住居跡	S字甕	単台甕	土甕	樽甕	壺	高坏	器台	坩	他	総数	備考
BH1号	2	3	1		2	2			1	11	北陸甕？・東海東部壺
2号	1	1	1				1		1	5	
4号	1	2	1							4	北陸甕？
5号		2	3		1				2	8	小形高坏
FK16号			1			1				2	
18号	1				1					2	
FH19号	3		1		2	1			2	9	二重口縁壺
FH23号	2		1		1	3				6	
GH7号	3	2			2	1	1			9	東海壺・小形坩
GH14号	1				2					3	東海壺
GH27号	1				3	1	2			7	ひさご壺・小形坩・北陸壺？
28号	1				1		2	1	2	7	S字鉢・小形鉢
69号			1		1					2	東海壺
13軒	16	10	8		15	8	6	5	7	75	
延べ軒数	10	5	6					3			

表67 上之手八王子遺跡の住居跡出土土器

住居跡	S字甕	単台甕	土甕	樽甕	壺	高坏	器台	坩	他	総数	備考
BH102号	2				3		1		3	9	
116号	7		1		6	4			2	20	小形高坏
149号	1				1	2			1	5	
176号	1	1	1		1	2	1		2	9	
87号	1				3		1			5	
88号	3				2				1	6	
90号	5	1			2					8	
118号	1									1	
120号		1			1	2				4	二重口縁壺大郭？
177号	1				1					2	
202号	1				2					3	
203号	1									1	
205号	1									1	
207号			1		1					2	
209号	1								1	2	
210号	1									1	
16軒	27	3	3		23	10	3		10	79	
延べ軒数	14	3	3								

第7節　形相による分類の語るもの

　以上、群馬県内各地域の甕を中心にして土器の様相をみてきた。
　以前より群馬県では、弥生時代終末から古墳時代になると東海の影響を強く受け、土器の様式はＳ字状口縁台付甕を主体とする東海様式になるとされてきた。それを石田川式土器とよんでいたわけである。しかし実態は、ここまで示したような結果である。これには筆者自身も意外に感じた次第である。
　では表68を検討してみよう。弥生時代終末から古墳時代前期の主だった遺跡の甕をもつ住居跡1018軒46遺跡を集計した。もちろん時間の幅があるが、逆にその時間幅の経過を通したその時代の普遍性、平均性をみることができたと考えている。この結果から、群馬県内における弥生時代から古墳時代への過渡期に、住居跡から出土する甕の実態を看取できた。
　当時の群馬県の土器様式は、以前より（今でも）指摘されている石田川式土器、Ｓ字状口縁台付甕主体の東海様式ではない。甕の出土量の最大は土師器平底甕1823個体42％、次いでＳ字状口縁台付甕の1644個体38％、樽式土器甕435個体10％、単口縁台付甕438個体10％である。
　この結果は何を示すのか。Ｓ字状口縁台付甕が主体ではないことは明らかであるが、土師器平底甕が主体であるともいえない。さらにそのなかに少ないながらも単口縁台付甕や樽式土器甕が存在し、その選択肢から淘汰されていないことが重要である。特に北群馬では樽式土器甕が多く、前橋、伊勢崎地域になると単口縁台付甕が多数出土する。
　しかし同時に内容からみると、有馬遺跡や糸井宮前遺跡、北群馬地域ではＳ字状口縁台付甕や、小型坩等との共伴事例が示すように、同じ時代に畿内系と東海系土器が選択されていたことが理解できる。井野川流域の下佐野遺跡、渋川市の北町遺跡、太田市の御正作遺跡、前橋、伊勢崎地域では波志江中野面遺跡などでもきわめて高い比率で多量のＳ字状口縁台付甕を出土する。群馬県内各地域の遺跡群を総合してみると、地域単位で際だった違いというものを指摘できない。
　たとえばある遺跡ではＳ字状口縁台付甕が多く、となりの遺跡では土師器

表68 46遺跡集計

遺跡名	S字甕	単台甕	土甕	樽甕	甕総数	総数	甕軒数	甕率	S率	単台率	土率	樽率
熊野堂・雨壺遺跡	6	12	13	8	39	70	10	55.7	15.3	30.7	33.3	20.5
新保遺跡	43	16	44	12	115	229	24	50.2	37.9	13.9	38.2	10.4
新保田中村前遺跡	24	1	19	15	59	111	14	79.3	27.3	1.1	21.6	14.7
八幡遺跡	44	9	28	12	93	178	19	52.2	47.3	9.6	30.1	12.9
高崎情報団地遺跡	35	4	16	2	57	126	25	45.2	61.4	7	28	3.5
保渡田遺跡Ⅶ	11	8	10	7	36	72	9	50	30.5	22.2	27.7	19.4
倉賀野万福寺遺跡	19	1	4	0	24	48	5	50	79.1	4.1	16.6	0
下斉田・滝川遺跡	11	11	25	0	47	99	3	47.5	23.4	23.4	53.1	0
下佐野遺跡	129	4	43	0	176	334	37	52.7	73.2	2.2	24.4	0
舟橋遺跡	11	0	5	0	16	33	6	48.5	68.7	0	31.2	0
元総社西川遺跡	14	3	2	1	20	32	4	62.5	70	15	10	5
棚島川端遺跡	72	4	45	16	137	206	43	66.5	52.5	2.9	32.8	11.6
内堀遺跡	23	21	61	46	151	376	50	40.1	15.2	13.9	40.4	30.4
荒砥上ノ坊遺跡	5	9	69	21	104	269	28	38.6	4.8	8.6	66.3	20.2
荒砥前原遺跡	1	8	14	0	23	61	7	37.7	4.3	34.8	60.9	0
荒砥島原遺跡	8	3	4	0	15	31	7	48.3	53.3	20	26.6	0
荒砥二之堰遺跡	26	7	6	0	39	72	12	54.1	66.6	17.9	15.4	0
飯土井上組遺跡	7	2	7	0	16	51	2	31.4	43.8	12.5	43.8	0
芳賀団地遺跡	35	8	38	0	81	194	37	41.7	43.2	9.8	46.9	0
横俣遺跡	14	19	73	2	108	298	32	36.2	13	17.6	67.6	1.8
柳久保遺跡	19	3	28	0	50	102	10	49	38	6	56	0
村主・谷津遺跡	0	5	29	20	54	161	20	33.5	0	9.3	53.7	37
鶴谷遺跡群Ⅱ	1	0	1	1	3	25	2	12	33.3	0	33.3	33.3
北田下遺跡	0	1	22	7	30	97	11	30.9	0	3.3	73.3	23.3
下境Ⅰ・Ⅱ	26	28	112	3	169	401	41	42.1	15.4	16.6	66.3	1.8
荒砥諏訪西Ⅰ遺跡	54	42	123	0	219	512	29	42.8	24.7	19.2	56.2	0
東原B遺跡	2	3	31	10	46	91	19	50.5	4.3	6.5	67.4	21.7
御正作遺跡	246	11	64	0	321	624	30	51.4	76.6	3.4	19.9	0
下田中遺跡	54	7	46	0	107	206	25	51.9	50.5	6.5	43	0
中溝遺跡	73	6	74	0	153	291	46	52.5	47.7	3.9	48.4	0
三和工業団地遺跡	87	40	128	0	255	572	88	44.6	34.1	15.7	50.2	0
赤堀村鹿島遺跡	0	6	6	0	12	43	3	27.9	0	50	50	0
五目牛清水田遺跡	30	2	4	0	36	67	7	53.7	83.3	5.5	11.1	0
波志江中野面遺跡	51	2	28	1	82	204	25	40.1	62.2	2.4	34.1	1.2
光仙房遺跡	18	7	23	0	48	111	8	43.2	37.5	14.6	47.9	0
有馬遺跡	2	3	70	43	118	198	23	59.6	1.6	2.5	59.3	36.4
石墨遺跡	1	0	5	15	21	42	3	50	4.7	0	23.8	71.4
見立溜井遺跡	0	0	10	13	23	49	5	46.9	0	0	43.5	56.5
糸井宮前遺跡	22	1	46	17	86	170	26	50.6	25.6	1.2	53.5	19.8
戸神諏訪遺跡	13	7	77	54	151	299	40	50.5	8.6	4.6	50.1	35.8
門前橋詰・舛海戸遺跡	2	0	5	27	34	81	7	41.9	5.9	0	14.7	79.4
北町遺跡	273	5	131	61	470	890	42	53.9	58	1	27.9	13
東八木阿曽岡権現堂遺跡	1	7	14	21	43	91	11	47.2	2.3	16.3	32.6	48.8
堀ノ内遺跡	16	10	8	0	34	75	13	45.3	47	29.4	23.5	0
上之手八王子遺跡	27	3	3	0	33	79	16	44	81.8	9	9	0
舞台遺跡	88	89	209	0	386	932	94	41.4	22.8	23	54	0
46遺跡計	1644	438	1823	435	4340	9303	1018	46.6	37.6	10	41.7	10.6

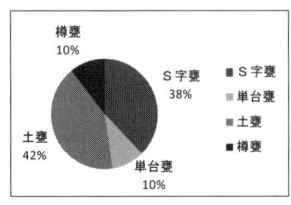

図53 46遺跡の甕出土率

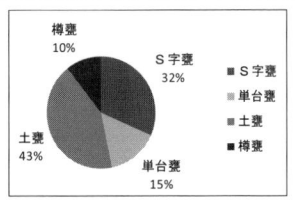

図54 46遺跡の延べ軒数

平底甕が多い。このことは下佐野遺跡7区45号住居跡出土の25個体のＳ字状口縁台付甕、土師器平底甕10個体と17個体の壺、あるいは北町遺跡のＡ区4号住居跡出土31個体のＳ字状口縁台付甕、3個体の単口縁台付甕、そして24個体の土師器平底甕の出土のように、遺跡単位でも甕出土比率がこのように偏って保有する住居跡が存在するのとおなじと考えることができる。Ｓ字状口縁台付甕が数多く出土するが、実際には出土軒数が減る要因はそこにあるのと同様である。つまり遺跡内で大量にＳ字状口縁台付甕をもっている住居跡が存在することは、ある地域にＳ字状口縁台付甕を大量に保有している集落が存在することと同じと考えることができる。Ｓ字状口縁台付甕を大量に所有する住居跡の意味と同様に、大量にＳ字状口縁台付甕をもつ集落という理解が成り立つ。しかし、そのような遺跡であっても、下佐野遺跡2軒、北町遺跡6軒、御正作遺跡6軒はＳ字状口縁台付甕をもってはいない。これはＳ字状口縁台付甕という「もの」を各遺跡、遺跡内の住居跡単位で保管している可能性を示すと筆者は考えている。

　このありようは、新保地域で出土した大量の木製品、骨角器、大量のシカ、イノシシの肩胛骨の保管状況と重なる部分は大きいといえる。つまり遺跡内にある保管品をもつ住居跡は地域の中にある各遺跡による甕出土の量比の違いと同じである。その視点から土器の構成を見ると出土量が最大であっても出土する住居跡、延べ軒数は少ないことが理解でき、結果出土量と普及率が正比例しないことの理由となっている。

　さて、古墳時代初頭期の土器構成は、東海様式ではないことがはっきりした。当時の人びとは、東海の土器であるＳ字状口縁台付甕を必ず使用したわけではない。逆に東海様式を指向するＳ字状口縁台付甕単独器種だけを、選択した人たちはきわめて少ないのが実態である。

　そのことを示すように、Ｓ字状口縁台付甕単独の甕軒数は群馬県内全体で、82軒8％という数値である。しかし前段で示したように、井野川流域では16軒がＳ字状口縁台付甕単独器種の住居跡である。これは甕だけの出土で共伴遺物を検討できなかったものや、小型坩など畿内系遺物と共伴するものがある。そのような住居跡を除くと、井野川流域では、199軒中16軒が東海様式的ということが可能な住居跡であった。井野川流域全体で8％の比率である。

S字状口縁台付甕、単独器種として確認される住居跡の最大の数値を示すのは、東毛地域の御正作遺跡である。出土量も最大で、東毛地域全体8遺跡合計では、596個体のS字状口縁台付甕のうち246個体41.2％を出土している。さらに御正作遺跡内の甕の比率は、甕総数321個体中の246個体、76.6％がS字状口縁台付甕と高い比率を示すが、S字状口縁台付甕単独器種の住居跡は4軒である。うち22号住居跡ではS字状口縁台付甕2個体のみの検出で、S字状口縁台付甕と他の土器が共伴出土する住居跡は3軒である。つまり遺跡の甕全体のうちS字状口縁台付甕が76.6％を占めるが、S字状口縁台付甕だけをもつ住居跡は、御正作遺跡内30軒中3軒、10％という比率なのである。
　北町遺跡は甕出土総数470個体中273個体、全体58％のS字状口縁台付甕が出土するが、単独器種住居跡は4軒、このうちB区H21号住居跡はS字状口縁台付甕1個体のみの出土である。他の3軒も2軒は樽式土器壺と共伴出土し、1軒が東海系壺と共伴する。このため北群馬地域7遺跡最大のS字状口縁台付甕をもつ北町遺跡であっても、東海様式はほとんど存在せず、ただ1軒2.4％である。北群馬地域で土師器平底甕単独器種をもつ住居跡は、11軒7.5％である。
　伊勢崎市の舞台遺跡の甕出土総数は386個体、このうち土師器平底甕は209個体54％、S字状口縁台付甕は88個体22.8％である。土師器平底単器種の住居跡は16軒ある。A1-4号住居跡は畿内系の壺と共伴し、D-148号住居跡では重弧文鏡が出土している。このうち他の器種と共伴しない土師器平底甕だけの出土の住居跡4軒を除くと12軒になる。土師器平底甕をもつことが、東海系様式を拒絶するわけでもなく、自由な選択が見て取れる。
　このように群馬県内でS字状口縁台付甕、土師器平底甕単独の住居跡が検出されるが、大半の住居跡からは甕以外の器種のなかに複数他地域の系統の土器が出土する。
　筆者は土師器平底甕は、在地弥生時代からの伝統と考えている。その理由は樽式土器は平底を基調にしていることにある。しかし土師器平底甕を所有する住居跡は、すべて伝統的であるわけではない。なぜなら他地域の土器をも出土するからである。北群馬地域では、土師器平底甕単独器種出土の住居跡が11軒あった。S字状口縁台付甕単独甕住居跡より数が多く、指向性が高いといえ

る。しかしこの結果から北群馬地域の甕の主体が土師器平底甕であるとはいえないのも事実である。土師器平底甕が広く選択されるが、北町遺跡ではＳ字状口縁台付甕が大いに人気があったのである。

　つまり当時、平底指向の伝統的な甕を主体として、そこに新たな器種を積極的に取り込んだ、取り込もうとしている結果である。

　群馬県全体で46遺跡を総合した結果、土師器平底甕が最大出土量で1823個体42％、出土住居跡軒数が746軒43％という数値から、出土量に見合う普及率にうなずける。Ｓ字状口縁台付甕は1644個体38％と土師器平底甕に次ぐ出土量にもかかわらず、出土軒数が552軒32％で11％、軒数で194軒の差、対土師器平底甕と軒数比率で11％数値が下回る。

　この結果は各遺跡、各遺跡内の住居跡から日常生活に必要以上の量の甕が出土することに密接にリンクしている。つまり需要にあわせた管理、ストックである。その意味からするとＳ字状口縁台付甕は当時、土師器平底甕と並んで高い需要があった甕と考えることができる。Ｓ字状口縁台付甕が波及した当時の人びとの選択、意思と考えるべきだろう。人びとが求め需要の高い土器であったからこそ、Ｓ字状口縁台付甕と小型坩、Ｓ字状口縁台付甕と樽式土器の壺、北陸系甕や単口縁台付甕、樽式土器の壺とＳ字状口縁台付甕の共伴として現れたのである。土器や様式の変換は一気にできあがったものではない。群馬県内の研究者が主張する、「古墳時代を迎えた群馬県は東海様式の土器組成に一気に変換する」ということはない。入植の根拠はないし、ある日突然、東海様式の土器構成に手のひらを返したように変化もしなかったことがわかる。

　当時の群馬の人びとは積極的に外来の甕を求めたことが、出土量の分析結果に表れているといえる。Ｓ字状口縁台付甕や土師器平底甕等の甕を多く所有していたり、あるいは少なかったりの傾向はあるが、Ｓ字状口縁台付甕を主体とする東海様式土器群をもつ土器構成は、遺跡・集落で確認できない。さらにＳ字状口縁台付甕を主体とする東海様式の集落遺跡を抽出確認することもできない。したがって、入植民の存在を証明するような集落を見出すこともできなかった。

　現在群馬県内の研究者が主張する、東海様式土器と断じていたものは、まさに様式の存在ではなく、Ｓ字状口縁台付甕という目をひく、単体の甕の多さに

由来するものであると考える。別の角度から見ると、平底の甕を弥生時代からの伝統的な生活習慣と考え、46遺跡全体で土師器平底甕が出土する746軒と樽式土器甕が出土する住居跡184軒を足すと群馬県内総軒数1018軒中91.4%の数値になり、S字状口縁台付甕の552軒32%を遙かに凌いでいる。

さらにここであげておきたいのは、少数であっても樽式土器の甕、壺が系譜として残ることであり、単口縁台付甕が存在することである。単口縁台付甕は南関東系の系譜と考えられ、どこからの搬入品であろうと当時の彼らのなかには必要とした人がいた。だから少量であっても少数であっても、樽式土器の甕、単口縁台付甕が淘汰されないところに当時の人びとの意思が感じられる。

この時代の特徴は、使用した甕が、どれかに統一されていないことにある。当時の社会、人びとの自由な選択とみることができる。ここで強調したいのは複数他地域の土器形式の甕や在地の伝統をもつ平底甕、さらには波状文をもつ樽式土器が混在することが重要であるということである。

つまりS字状口縁台付甕という甕の存在は、他地域の人びとが移り住み、入植し、自分たちの故地を偲んで土器様式が構成された、というロマンチックな発想、展開では理解できないということである。また入植民が存在し、その背後に政治的な権力があり、S字状口縁台付甕を主体とする土器様式への規制や統制の存在を認めるにも至らなかった。いずれにせよ、S字状口縁台付甕を主体とする東海様式の土器群で構成される集落遺跡はない。

当時の社会は活発な交流のもと、さまざまな器種の土器が自由に選択使用されていたのである。これこそが重要な特徴なのである。弥生時代、古墳時代、その時代の特徴のなかで、入植民の存在を示すに足る根拠はみあたらない。検討の結果は、弥生時代終末から古墳時代前期に群馬県に住んでいた大半の人びとの91.4%の住居で、明らかに自らの意思で複数器種の甕を選び、外来の土器を選択して使っていたのである。

土器の出土統計からみると、群馬県の古墳時代前期の土器様式は前代の樽式土器からつづいてきた平底甕指向を91.4%の人びとが維持し、東海地方から突然搬入されたS字状口縁台付甕という甕や畿内の壺、小型坩、北陸の甕や器台等、他の器種をおのおの単体で取り入れたと理解できる。このような土器構成はS字状口縁台付甕を主体とした東海様式ではもちろんないし、単口縁

台付甕や樽式土器甕の併用からは入植民がいて、Ｓ字状口縁台付甕の使用、生産体制に統制や規制があったことはあり得ない。

　甕４器種のなかでＳ字状口縁台付甕以外の甕をもつ延べ軒数は、1195軒である。この事実からは、畿内小型坩、二重口縁壺、北陸甕、南関東の単口縁台付甕等、さまざまな地域との活発な交流を維持しながら古墳時代を迎えた様子を認めることができる。

　ここでの結論は、古墳時代前期の群馬県ではＳ字状口縁台付甕を主体とした東海様式の土器構成はなく、入植民の存在、東海様式への規制や統制はまったく感じられないということである。

　土器の面から見ても当時の新保地域の活動や存在は、そのなかできわめて重要な位置を占めていたものと理解できる。そもそも筆者は、甕という日常の生活用具にまで規制や統制のある社会の存在は理解できない。当時の群馬県の人びとは弥生時代からの伝統的な生活習慣を維持しつつ、積極的に古墳時代を迎えたものといえ、弥生時代からつづいてきた伝統的な土器様式は外来土器を取り入れながら、在地文化のなかで変革していく。そこに当時の人びとの生きていた証を感じ取ることができる。

註
（１）　ここでは個体数の量比とともに、出土する住居跡の軒数を提示した。この理由は出土する住居跡軒数はそれだけ普及率、供給率が高いと解釈するためである。
（２）　井野川流域あるいは入植民の存否に使われるのはきわめて東海的な技法によって造られた土器の存在とする研究者がいる。しかし、東海地方からの技術者との交流があれば彼らがきて造ることは可能であり、人の交流は頻繁にあったと筆者は考えている。つまり土器製作技術者がくれば解釈できてしまう。
（３）　Ｓ字状口縁台付甕を主体とした東海様式の存在で規制や統制は想定できない。もしあるとすればすでに製作段階から他の器種は製造しないであろう。単口縁台付甕や樽式土器はすぐに消えるはずである。
（４）　ここでは鹿島遺跡は東毛地域のなかで表に入れているが、前石田川式土器に関しては５章でも述べたように梅澤は荒砥地域も指摘している。
（５）　荒砥上ノ坊遺跡は多量の北陸系土器を出土した。しかし、東海系土器が多いからといって東海様式にならないことと同様、荒砥上ノ坊遺跡でも北陸系土器様

式ではない。北陸系土器とともに東海系、畿内系さまざまな地域の土器を共伴出土する。

（6）5章で浅間山Ｃ軽石に年代をあてた鹿島遺跡が入っている。3軒の調査でＳ字状口縁台付甕は出土せず、単口縁台付甕は6号住居跡と7号住居跡で3個体ずつ出土している。土師器平底甕は3軒すべての住居跡で出土し、単口縁台付甕と同数6個体出土している。さらに前石田川式土器とした6号住居跡からは東海系小型高坏が出土し、3号住居跡からも東海系小型高坏と畿内系小型坩が共伴出土している。

（7）単口縁台付甕や樽式土器がなくならないのは、きわめておもしろい現象と考える。つまり北群馬ではないが、南群馬にはある、ということではなく、どの地区に行っても少ないながら存在していることに意味がある。これは必要な人、需要を求める人が同じように県内に少ないながら存在していると理解できる。

第7章　土器の検討

第1節　S字状口縁台付甕

　前章までの検討結果によれば、群馬県の古墳時代前期は、S字状口縁台付甕を主体とする東海様式は存在せず、当時の人びとは弥生時代以来の伝統を強くもつ平底甕指向が強かった。土師器平底甕、樽式土器甕を使う人びとの住居跡延べ軒数の比率は91.4％と、ほとんどの人が平底の土器を指向していたのである。そこでここでは、単体として移入されたS字状口縁台付甕を、さらに細かく観察してみたい。

　4器種の甕を検討してきたわけであるが、平底甕を弥生時代以来の伝統と考えると、2種の台付き甕すなわちS字状口縁台付甕と単口縁台付甕は突然の器種参入といえる。両者ともに樽式土器から型式変化して出現したものではない。特にS字状口縁台付甕は東海地方から突然もたらされ、人びとの心をとらえた人気の甕と考えることができる。古墳時代前期に、爆発的に群馬県に広まった甕である。前章に引きつづきここでは、そのS字状口縁台付甕を考えてみたい。

　群馬県でS字状口縁台付甕が注目されたのは、石田川河川改修工事で偶然みつかったときである。

　1952年、石田川遺跡でS字状口縁台付甕が確認された。報告書が刊行されたのは、16年後の1968年のことである。石田川式土器は、この報告書中で松島榮治によって、様式として設定された。その後の土師器研究で変容がくり返されているが、最初の位置づけは『石田川』で松島が示したものである。このなかで松島は石田川式土器の出自は群馬県にはないという前提で、朝鮮半島を

も視野に入れた見解を述べている。

　これが後につづく入植民説の始まりである。その後S字状口縁台付甕が東海地方の土器であることから、東海勢力との関連が大きく取り上げられ、入植民説として今日に至っている。群馬県内の研究者は古墳時代前期の土器は、S字状口縁台付甕を主体とした東海様式であると主張している。しかし前章での検討結果が示すように、まったく受け入れることはできない。S字状口縁台付甕を主体とする東海様式を、群馬県内の遺跡から抽出することはきわめてむずかしく、むしろ前章まで確認したようにまったく存在していないことがわかった。つまり群馬県内の土器様相は、在地の土器とともに東海、畿内、北陸、南関東等の複数地域からの外来系土器、東海地方のS字状口縁台付甕が単体で大量に出土していることが実態である（図55、出土例）。

　そこでS字状口縁台付甕そのものに目を向けて観察したい。

　ここでは時間軸を基とした編年をしようというのではなく、古墳時代前期という大きな時間幅のなかで、土器の出土実態とS字状口縁台付甕という甕が一体どのように当時の人びとに選択、嗜好されたのか、当時の社会に生きた人びとの生活習慣をかいま見ることで、その社会を解明することを目的としている。

　前章最終節では、群馬県内で出土する東海のS字状口縁台付甕は、需要、供給関係のなかでの選択結果であったという視点で観察してみた。4器種の甕のうちでいちばん出土数が多いのは土師器平底甕1823個体42％、次がS字状口縁台付甕1644個体38％、単口縁台付甕438個体10％、樽式土器甕435個体10％である（表68）。

　出土した延べ軒数は土師器平底甕が746軒43％、S字状口縁台付甕は552軒32％と出土軒数の比率が下がっている。軒数の実数と46遺跡全体の1018軒中、延べ軒数比率は土師器平底甕73.3％、一方S字状口縁台付甕は54.2％である。

　このようにS字状口縁台付甕の出土量が、大量であるのに東海様式の土器構成の住居跡は全体の数％以下であり、井野川流域に至っては4％という低比率である。さらに出土する住居跡軒数が出土量にくらべて少ない。これは1軒の住居跡の保有量が高いことを意味している。つまりS字状口縁台付甕は甕

第7章 土器の検討　*183*

下佐野遺跡7区45号
住居跡(1～4)

新保遺跡41号
住居跡(5～7)

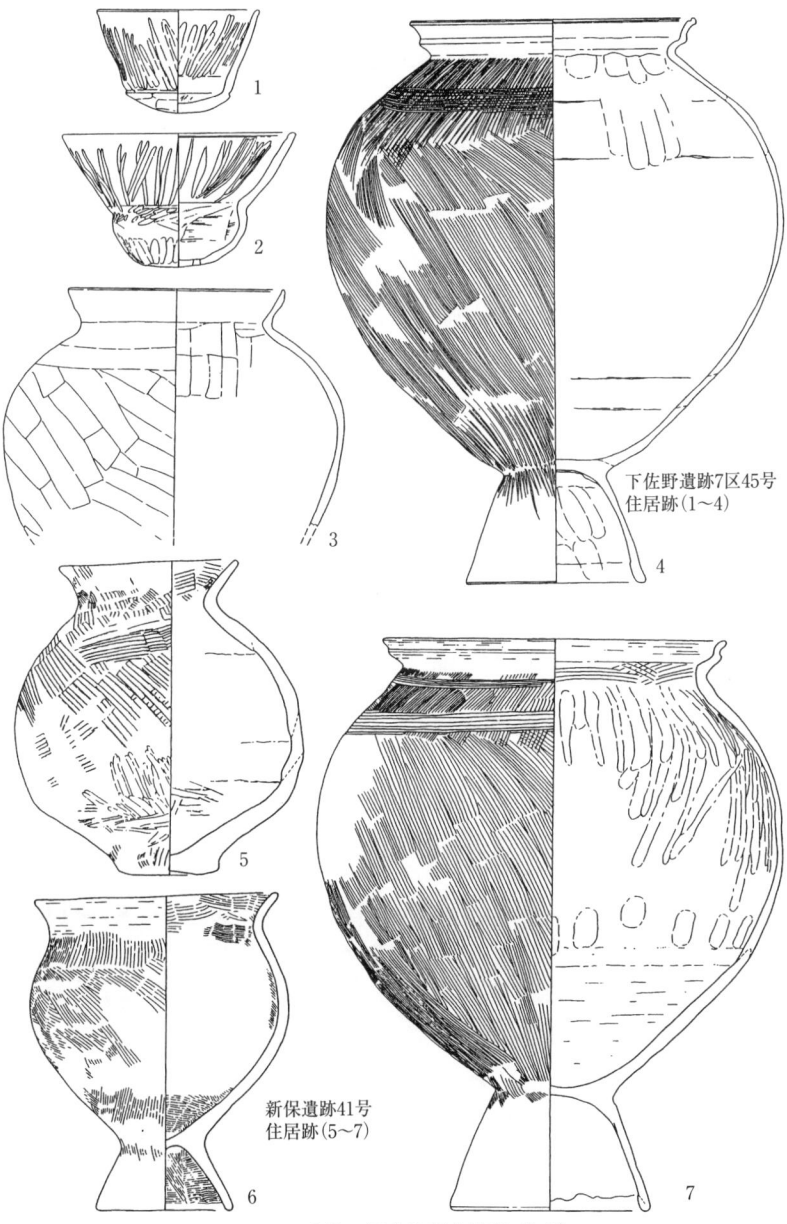

図55　S字状口縁台付甕共伴例（1/4）

として供給対象としての生活用具のストックである可能性が高く、それは日常の煮炊きの需要度が高かったことにもつながる。

逆に言えばその結果、Ｓ字状口縁台付甕が大量に出土するが延べ軒数ではＳ字状口縁台付甕の出土する住居跡の数値が下がることとなる。ここで再度各遺跡内の個々の住居跡を取り上げ確認したい。

下佐野遺跡45号住居跡から70個体の土器が出土し、35個体のＳ字状口縁台付甕25個体を含む甕が出土した。また、北町遺跡Ｃ区Ｈ1号住居跡からは103個体の土器が出土し（樽式土器の小破片も含む）、29個体のＳ字状口縁台付甕が出土した。他に26個体の甕と共伴出土した。そして御正作遺跡38号住居跡からは54個体の土器が出土し、Ｓ字状口縁台付甕31個体を含む42個体の甕が出土した。

ここに取り上げた住居跡に共通する特徴は、複数他地域の外来土器が混在して出土することである。逆に言えばＳ字状口縁台付甕を多量にもつ住居跡からは、複数他地域の外来土器も多量に出土する傾向がある。その理由はどこに起因するのだろうか。

ここまで県内の集落遺跡を取り上げてきたが、遺跡とは調査した面積自体に命名するため、集落のすべてを調査したわけではない。名前を付けられた遺跡は報告書刊行にともない一つの独立した遺跡になってしまうが、それが遺跡のすべてではないことは前橋市赤城南麓荒砥地域の検討でも理解できた。ここでも同じ視点から、広い範囲を俯瞰してみたい。

井野川流域の遺跡群をみてみよう。保渡田遺跡Ⅶ（表11）は9軒の住居跡が調査され、土器出土総数は72個体、甕は36個体、このうちＳ字状口縁台付甕11個体30.5％、単口縁台付甕8個体22.2％、土師器平底甕10個体27.8％、樽式土器甕7個体19.4％である。出土軒数はＳ字状口縁台付甕4軒44％、単口縁台付甕6軒66.6％、土師器平底甕7軒77.7％、樽式土器甕5軒55.5％である。

5号住居跡では20個体の土器が出土し、甕は10個体で内訳はＳ字状口縁台付甕7個体、単口縁台付甕1個体、土師器平底甕2個体、共伴する土器は小型坩、小型高坏、赤彩の鉢が在地の土器と共伴出土する。Ｓ字状口縁台付甕は5号住居跡に集中するが、東海様式の土器構成ではない。そしてＳ字状口縁

台付甕をもたない住居跡は9軒中5軒、半数以上の住居跡はS字状口縁台付甕をもっていないことになる（表11）。

　熊野堂・雨壺遺跡は10軒が確認され、土器出土総数は70個体、甕は39個体、このうちS字状口縁台付甕6個体15.4％、単口縁台付甕12個体30.8％、土師器平底甕13個体33.3％、樽式土器甕8個体20.5％である。雨壺遺跡85号住居跡から4個体のS字状口縁台付甕が出土し、報告では「土師器片と弥生土器片が共伴出土している」とあり、掲載遺物はS字状口縁台付甕4個体のみである。熊野堂遺跡（2）3区8号住居跡は、口縁部に刺突状文様をもち、東海編年ではA類に分類できるS字状口縁台付甕を出土し、単口縁台付甕、土師器平底甕1個体ずつ、床面から樽式土器甕3個体、甕4器種が共伴出土している。報告書では8号住居跡の記載に「壁高12～20cm」S字状口縁台付甕は「覆土上層の床より約20cmのレベルで……」床から20cm浮いた状態で出土とある。この住居跡は長い間、数少ないA類S字状口縁台付甕と他器種の共伴する遺構とされてきたが、共伴の可能性はきわめて弱い。またこの遺跡はS字状口縁台付甕をもたない住居跡が10軒中7軒である（表8）。ちなみにS字状口縁台付甕が出土した住居跡3軒のうち共伴遺物のない住居跡が2軒である。

　倉賀野万福寺遺跡は5軒の住居跡が調査され、出土土器総数は48個体、甕は24個体ある。このうちS字状口縁台付甕19個体79.1％、単口縁台付甕1個体4.1％、土師器平底甕4個体16.6％、樽式土器甕は出土していない。S字状口縁台付甕は19個体、そのうち15個体は4号住居跡から出土し、土師器平底甕2個体と共伴する。7号住居跡はS字状口縁台付甕3個体が出土し、北陸系の器台と共伴している。また14号住居跡からS字状口縁台付甕が1個体出土し、単口縁台付甕と2個体の壺が共伴出土している（表12）。遺跡内で79.1％という出土率のS字状口縁台付甕は4号住居跡に集中し、S字状口縁台付甕をもたない住居跡は5軒中2軒ある。

　さて、井野川流域はこれまで、東海地方からの入植民の存在を提唱されてきた。それを規定するのは、S字状口縁台付甕を主体とする東海様式の範囲とされている。前章で井野川流域の遺跡群を検討した。東海では最古段階のA類S字状口縁台付甕を出土した熊野堂遺跡8号住居跡は、樽式土器甕を含む4器

種の甕と共伴出土したとされるが、共伴の可能性は低い。倉加野万福寺遺跡4号住居跡では、15個体のS字状口縁台付甕と土師器平底甕2個体が共伴出土している。保渡田遺跡Ⅶ5号住居跡では7個体のS字状口縁台付甕と1個体の単口縁台付甕、土師器平底甕が共伴出土し、樽式土器甕をもつ住居跡は9軒中5軒確認された。

井野川流域12遺跡のなかで、S字状口縁台付甕は最大量の51%である。それだけの量にもかかわらず、S字状口縁台付甕主体の東海様式の住居跡は8%しか存在していない。しかしだからといって樽式土器からの伝統的な平底甕だけを選択しているわけでもなく、実にさまざまな土器を選択、嗜好し、生活していた社会が見えてくるのである。またS字状口縁台付甕をもたない住居跡は、井野川流域12遺跡で199軒中49軒24.6%存在している。

このように井野川流域にある小さな遺跡群を取り上げて内容を吟味してみても、この流域ではS字状口縁台付甕を主体とする東海土器様式に統一されていないことが証明できる。では当時の土器構成はどうであったのかというと、ここまで細かく個々の住居跡をみてきたように人びとは自らの嗜好にあわせ、自由に甕を選んでいたのである。特にS字状口縁台付甕は郷愁やこだわり、もちろん規制、統制もなく、実際は日常生活のなかにおける需要度が高い甕であったといえる。

つまり当時の社会の生活には東海地域と交流はあるが、決して統制や規制の下に甕があるのではないといえる。東海だけではなく同じように畿内、北陸、南関東等とも交流があった。単口縁台付甕や樽式土器甕も、量は少ないが嗜好する人がいるからこそ少量でも存在（流通）している。

井野川流域は新保地域をはじめ弥生時代中期から後期、古墳時代へとつづく遺跡群が多数確認できるところである。特に新保地域同様、熊野堂遺跡も弥生時代中期から古墳時代へ継続する遺跡である。そのような遺跡でも特に突然の入植をうかがわせるような土器の変化、入植者の集落を指摘できるような遺構、遺物を抽出することはできない。したがってS字状口縁台付甕からの検討でも、外来集団の存在は証明できない。

なぜならば当時の人びとは、S字状口縁台付甕を使うか使わないか、どの土器をもつかが自由だからである。彼らの間で小型坩が畿内の土器で、S字状口

縁台付甕は東海の土器であると認識していたか、いなかったはわかるはずもないが、実際に複数他地域の系譜をもつ土器を使用していたのである。S字状口縁台付甕の出土が多い井野川流域でも、S字状口縁台付甕をもたない住居跡が48軒24.1％存在するし、荒砥上之坊遺跡ではS字状口縁台付甕は少ないが、南約2kmに所在する波志江中野面遺跡ではS字状口縁台付甕の出土率が高くなる。しかしその集落内にも、S字状口縁台付甕をもたない人びとが存在している。

　筆者の遺跡把握の視点は、現高崎市、渋川市、前橋市、伊勢崎市、太田市等各地域を、社会背景を基本として複数大小遺跡を空間と時間を共有する大きなエリアと想定してきた。つまり下佐野遺跡と周辺11遺跡の住居跡をあわせて比率計算すると、井野川流域のS字状口縁台付甕出土比率は、群馬県内他地域の甕出土比率と比較しても突出していない。4器種の甕が混在して出土することは、当時の人びとの自由な選択、嗜好、意思を感じ取れるかのようである。

　下佐野遺跡は井野川周辺地域のなかで最大数のS字状口縁台付甕を出土し、集落内の45号住居跡から25個体のS字状口縁台付甕を含む35個体の甕を出土した。一方2b号、B区28号住居跡では1個体も出土していない。

　このようにS字状口縁台付甕をもたない住居跡を、下佐野遺跡で2軒を確認したが、同じく井野川流域にある保渡田遺跡では、9軒中5軒がS字状口縁台付甕をもっていない。熊野堂遺跡では10軒のうち7軒がS字状口縁台付甕をもっていない。新保遺跡では24軒の内11軒がS字状口縁台付甕をもっていない。この事実がわれわれに示していることを、解明しなくてはならないはずである。

　前章に合わせ、以上の結果からも群馬県内では、当時の人びとの自由な土器選択があり、S字状口縁台付甕を主体とする東海様式に統一された生活スタイルにはないことが証明された。群馬県内の入植民説では当時の社会のなかでS字状口縁台付甕を主体とした東海土器様式への統一、という規制や統制の事実があったとされるが、そのような事実を示すものはない。

　ここで再度、土器出土の実態の解釈を示しておきたい。現在個々の名称を付けられた遺跡群は、名前を付けられたときに他の隣接遺跡と分離されて別々に解釈されることが多かった。筆者は荒砥例のように接近、隣接する遺跡群を同

じ空間をもつ集団として認識することが必要であると考える。
　つまり下佐野遺跡の45号住居跡が、35個体のＳ字状口縁台付甕を含む多量の甕をもつ特異な住居跡であることは、下佐野遺跡と名を冠され調査された範囲でいえることである。そこで視野を広げ下佐野遺跡内の45号住居跡は、井野川流域における下佐野遺跡の立場に置き換える。下佐野遺跡と冠されたエリアのなかでの特異な住居跡は、井野川流域のなかでの下佐野遺跡の立場と同じである。すなわち45号住居跡が下佐野遺跡のなかで果たした役割が、井野川周辺地域で下佐野遺跡が果たした役割に置き換えることが可能になる。問題なのはこれだけ多くのＳ字状口縁台付甕をもつ住居跡がある場所に、まったくＳ字状口縁台付甕に関心をもたない人びとが、周辺や同じムラに住んでいる事実である。さらに下佐野遺跡7区45号住居跡からは、Ｓ字状口縁台付甕25個体とともに、土師器平底甕10個体、二重口縁壺、畿内小型坩、北陸系の土器が共伴出土している。当然甕の使用や需要に規制や統制はなく、集団内での甕に対する嗜好もさまざまにあったものと理解できる。この結果は何を意味するのか。筆者には甕や土器が当時の流通品であるという結果が見えてくる。
　そこで甕を流通品としてみると、このような傾向は井野川周辺地域、下佐野遺跡だけに限られていない。北町遺跡では、北群馬地域7遺跡全体で313個体のＳ字状口縁台付甕のうち87.2％を出土した。北町遺跡では42軒のうち6軒はＳ字状口縁台付甕をもっていない。太田市御正作遺跡38号住居跡は54個体の遺物総数のうち31個体がＳ字状口縁台付甕であるが、30軒のうち6軒はＳ字状口縁台付甕をもっていない。井野川周辺、県北部、県東部でも突出したＳ字状口縁台付甕を多量にもつ住居跡がある遺跡、突出した数のＳ字状口縁台付甕を出土する遺跡は、周辺遺跡群とあわせ大きな範囲で比率を出すと、平均化されてしまう。つまり下佐野遺跡、北町遺跡、御正作遺跡はＳ字状口縁台付甕を多量に出土するが、同じムラのなかにＳ字状口縁台付甕をほしがらない人もいるのである。このことは大きなエリアでみればみるほど需要と供給のバランスが平均化されていく。この結果、東海からの入植地とされた井野川流域の遺跡でも、Ｓ字状口縁台付甕を主体とする東海様式の土器群でないことがわかる。
　ここではＳ字状口縁台付甕にこだわってみたが前述したようにＳ字状口縁

台付甕を多く出土する住居跡では畿内、北陸、南関東等、複数他地域の土器を
もつ事実がある。
　遺跡単位で性格づけることは重要なことであるが、個々の住居跡にもあたる
必要がある。そしてさらに周辺の遺跡群内での性格づけが次に必要であろう。
周辺地域を俯瞰した視点から見れば、遺跡単位の結論ではない地域社会が見え
てくる。遺跡は個々に呼称を与えられてはいるが、さらに遺跡内の住居跡は地
域社会の末端であると同時に、生活空間そのものと考える必要があろう。つま
り遺跡にある、個々の住居跡の実態を積み上げてこそ、集落の実態が見えるこ
ともある。単に土器の多寡の比較ではなく個別の住居跡での出土状況、共伴実
態を検討することにより、より大きなエリア、社会という背景を実見できると
考える。その実態とは、下佐野遺跡や北町遺跡、御正作遺跡が、地域社会のな
かにあって供給、保管という役割をはたしていたことではないだろうか。

第2節　S字状口縁台付甕横線の意味

　群馬県内での甕の出土実態は、表68を見るとわかるように最大量の甕は土
師器平底甕、次いでS字状口縁台付甕、樽式土器甕、単口縁台付甕の順にあ
り、出土軒数も同様である。土師器平底甕と樽式土器甕は平底という弥生時代
からの伝統性を保持し、脚がつくものは古墳時代土師器として新たに組成に加
わったものである（樽式土器に台付き甕は存在するが平底甕が圧倒的である）。
　つまりS字状口縁台付甕の出現は、当時の群馬県内へ他の複数他地域の土
器形式とともにいきなり参入した土器である。当時の群馬県内での甕の出土比
率は、土師器平底甕が多いとはいえS字状口縁台付甕と拮抗している。つま
りS字状口縁台付甕も当時の人びとの日常的な土器であり、日常生活品であ
る。したがって、ここでも東海から導入されて一気に普及したS字状口縁台
付甕をさらに検討したい。
　東海地方の土器として生まれたS字状口縁台付甕は、先人たちのさまざま
な研究成果がある。その成果の一つに愛知県廻間遺跡編年表がある（A〜Dに
向けて新しくなる）。以前より群馬県内では、S字状口縁台付甕が出土すると
廻間遺跡S字状口縁台付甕編年表に照合している。しかし、たとえば廻間遺

跡でB類の段階に群馬県にA類S字状口縁台付甕がもたらされたり、群馬県でB類段階にA類のS字状口縁台付甕をつくったとすれば、あるいはA類S字状口縁台付甕とB類S字状口縁台付甕をいっしょにもってきたとすれば、AとBの廻間遺跡内での新旧関係は群馬県には成立しない。ここでふたたび池田を引用すれば、S字状口縁台付甕口縁に刺突状に横刷毛をもつものがA類とされる。この分類も横刷毛をもつもの対もたないもの「A対非A」ということになる。廻間編年ではA類に対し、B類に分類するものの明確な根拠があるが、群馬県内では個々の甕の似ている特徴を見つけ出すことに終始してしまうことが多い。[1]

　そして特徴の一つを抽出しても、他の特徴が合わない場合がある。さらに他の共伴土器に照らすと時期が合わないこともある。それ

図56 S字状口縁台付甕の横線の有無（1/4）

を証明したのが北町遺跡C区H16号、17号住居跡であるといえる。

そこで群馬県で出土したS字状口縁台付甕を、形相的に分類しよう。群馬県では以前より梅澤重昭（梅澤 1978）、田口一郎（田口 1981）のS字状口縁台付甕の分類編年の成果がある。

群馬県内でも東海廻間編年のA～D類を使用する研究者が多いが、もし群馬県で出土するS字状口縁台付甕のすべてが、廻間遺跡からもってきたものであれば正しいであろう。しかし群馬県で造った土器を廻間遺跡の編年表に合わせることは正しいのだろうか。また前述のように、廻間編年のいちばん古いA類は群馬県ではいちばん古くないということも理論的にも実際の出土遺物（北町遺跡例）からも成り立つ。

廻間遺跡の編年は群馬県地域での編年参考の一つである。なぜならば群馬県で実際に分類編年した結果ではないからである。

現在遺跡出土資料が増え、さらなる検討が可能になった。そこで筆者はS字状口縁台付甕を形相的に分け、そして肩部横線の有無による分類を行い、視覚的に明確な根拠となりうるかを検討してみたい（肩部にある横線は口縁下部、肩部にあるもの、装飾的な刷毛目が施されると思われるものもあるが、ここでは有無のみで分類する）。次にS字状口縁台付甕分類に必ず使われる口縁部が外傾する、外反する、直立する等の分類項目であるが、これは個人の感覚であり、従来の分類法でも複数分類のなかにも「外反する。しないものもある……」つまり分類項目として複数分類物間で分類項目が共有するため、分類の基準とはなりえないと考える（口縁が外反するものとしないものとが同じ分類の土器になってしまう）。

筆者は群馬県内の報告書で資料を点検した際、自分が編集した報告書中のS字状口縁台付甕観察表に外反気味と書いたS字状口縁台付甕と直立気味とされたS字状口縁台付甕を重ねてみると、口縁部がほぼ同じ器形になってしまったことがあった。実例を上げるまでもなく、私個人の感覚と見た目による差が明確であり、同一人物でも異なった分類をしてしまうのである（外反と直立すると記載したが、重ねると同じであった事例は口縁部に長短が存在したり、口縁端部の平坦面が存在したりなかったりの要素で、視覚的、感覚的なものであったと考える）。

そこで、S字状口縁台付甕の肩部に横線があるものが古く、ないものが新しいのかを出土事例から検証してみたい。つまり横線のある、ないがS字状口縁台付甕の新旧を示す編年での分類基準であるならば、横線がある甕が出土する遺構とない甕が出土する遺構が、明らかに新旧を表すはずである。

　では実際の遺跡にあたってみたいと思う。井野川流域に新保遺跡、新保田中村前遺跡が隣接して存在している。新保遺跡、新保田中村前遺跡は弥生時代中期から古墳時代まで継続して存在する遺跡であり、この地域でも中心的な集落遺跡である。まさに弥生時代から、古墳時代を通して営まれた集落である。集落の人びとは現在の高崎南東低地部を選択している。当時から井野川流域に存在する低湿地であったことが考えられる。彼らは弥生時代中期稲作の適地として低湿地を選択し竜見町土器、樽式土器そして土師器を選択して古墳時代を迎えたのである。住居跡出土土器の時間的変遷からも、弥生時代から古墳時代を経過したことを示している。現在指摘されるように横線があるS字状口縁台付甕の遺構から、横線がないS字状口縁台付甕を出土する遺構が新旧を示すように分離が可能か検証してみよう。

　それでは上記の考え方を踏まえ、以下、新保遺跡、新保田中村前遺跡から出土したS字状口縁台付甕を検討する（表69）。

　新保地域では67個体のS字状口縁台付甕が出土し、横線あり7個体、なし25個体、不明が35個体を数える。このうち横線があるものと、ないものが共伴する例は4軒、おのおの単独のものは、あるものが2軒2個体、ないものが5軒7個体である。まず横線ありの2軒をみてみよう。新保田中村前遺跡19号住居跡は共伴出土遺物6個体、二重口縁壺頸部に粘土帯が巡る壺と横線ありS字状口縁台付甕の頸部破片である。もう1軒も新保田中村前遺跡で174号住居跡から東海系壺と共伴している。

　次に横線のないS字状口縁台付甕単独の住居跡は、新保田中村前遺跡149号、新保遺跡86号住居跡など4軒ある（不明があるものは除く）。新保田中村前遺跡149号住居跡では土師器平底甕2個体、壺2個体と共伴している。

　新保遺跡86号住居跡は樽式土器甕と共伴している。新保田中村前遺跡2号河川から出土した横線があるS字状口縁台付甕は下層から上層まで出土し、下層では弥生時代中〜後期、北陸系土器、東海系土器、中層では弥生後期土器、

第7章 土器の検討

表69 新保地域・新保田中村前遺跡のS字状口縁台付甕

住居跡	横線有	横線無	不明	S甕計	備考	総計	図復原	口~胴	脚	胴片	備考
新保田中											
2号		2		2	土師器平底甕・小型高坏	6		2			
19号	1			1	二重口縁壺・小型高坏	6		1			
148号	1	2	1	4	ひさご赤彩壺・東海高坏	8		1	2	1	胴1
149号		1		1	土師器平底甕	5		1			
150号		1		1	土師器平底甕	2		1			
151号					なし	2					
153号	1	4	3	8	二重口縁壺・樽壺・樽高坏	25		5	3		
155号			1	1	北陸甕	12		1			口1
156号			1	1	土師器平底甕	6		1			口1
157号			3	3	土師器平底甕・小型高坏	9		1	2		口1
174号	1			1	ひさご壺	2				1	
205号					なし・赤彩高坏	18					
243号					なし・パレス壺	6					
254号			1	1	北陸甕・樽式土器	4				1	胴1
新保遺跡											
16号			1	1	樽式土器壺	4				1	胴1
70号		1	3	4	二重口縁壺・北陸土器小型坩	20		1	3		
86号		1		1	樽式土器	4		1			
100号	1	2	6	9	ひさご壺・小型坩	18		7	2		口4
115号					なし	3					
116号			1	1	樽式土器壺	5			1		
120号		2		2	土師器平底甕	5		2			
125号		6	3	9	土師器平底甕・ひさご壺	25	3	5	1		口3
135号					なし・ひさご壺	5					
140号					なし・東海高坏	4					
141号	2	1		3	なしは削りっぱなし小型高坏・東海高坏	23	2	1			
151号			2	2	ひさご・小型坩	7		2			
155号			4	4	小型高坏	37		4			口4
167号			1	1	土師器平底甕	2			1		
170号					なし	5					
186号					なし	4					
191号					なし	2					
205号					なし	4					
280号					なし・小型坩？	3					
282号		1	1	2	樽式土器壺	13		2			口1
292号					なし	12					
295号					なし	8					
296号					なし・小型高坏	6					
298号		1	3	4	小型坩	10	5	2	1	1	口1 胴1
計	7	25	35	67		340	5	41	15	5	
軒数	6	13	16	35			5	21	15	1	24
単独軒数	2	5	9	16							
共伴軒数				4							

新保田中村前遺跡Ⅲ

52号土坑	9	18	21	48	東海高坏・小型坩・小型高坏 二重口縁壺・土甕	111

上層でも弥生時代後期の土器が出土している。横線なしS字状口縁台付甕は中層から上層で出土している。

S字状口縁台付甕の出土率は河川全体の1393個体のうち47個体3.3％と非常に少ない量である。新保地域では新保田中村前遺跡52号土坑から111個体の土器が出土し、このうちS字状口縁台付甕が48個体を占めている。52号土坑から出土した48個体のS字状口縁台付甕は横線があるもの9個体、ないもの18個体、不明21個体である。共伴する遺物は稜をもつ東海系高坏、小型坩、小型高坏、二重口縁壺、土師器平底甕である。

下佐野遺跡では総計129個体のS字状口縁台付甕が出土している（表70）。

内訳は横線あり43個体、なしが46個体、不明40個体である。横線があるものとないものが共伴する住居跡は11軒、おのおの単独の住居跡は横線ありが4軒6個体、なしが6軒7個体である。まず横線がある4軒6個体を見ると、4D号住居跡では3個体のS字状口縁台付甕と、さらに口縁部が欠損している単口縁台付甕が共伴し、9d号住居跡では2個体のS字状口縁台付甕と単口縁台付甕と思われる台付甕が共伴している。B区17号住居跡では小型坩と共伴し、6区22号住居跡では折り返しをもつ壺、二重口縁壺とともに器台、高坏が共伴する。

横線をもたない6軒7個体は、38号住居跡でS字状口縁台付甕が2個体出土し、73号住居跡で1個体出土。B区24号住居跡では2個体のS字状口縁台付甕、7区22号住居跡では土師器平底甕と土師器壺と共伴出土している。

倉賀野万福寺遺跡は住居跡の合計5軒、S字状口縁台付甕は19個体、内訳は横線あり3軒5個体、なしが2軒5個体、不明9個体である。おのおのの単独のS字状口縁台付甕は横線ありが1軒1個体が確認できた。14号住居跡は横線S字状口縁台付甕1個体である（表71）。

さて、ここまで新保地域、下佐野遺跡、倉賀野万福寺遺跡の3遺跡内での住居跡のS字状口縁台付甕を概観した。従来群馬県内のS字状口縁台付甕編年は、横線があるものが古く、ないものが新しいとされてきた。つまり従来より群馬県内では、横線をもつものが編年的に古いとされてきたわけである。

ではここでその編年にしたがって検証してみたい。まず新旧のメルクマールとされた横線のあるものはないものより古いという編年が、群馬県内でも型式

表70 下佐野遺跡のS字状口縁台付甕

住居跡	横線有	横線無	不明	S甕計	備考	総数	図復原	口~胴	脚	胴片	備考
A 35号	1	1	1	3	S字状口縁丸底甕	9		2	1		
36号		1	1	2		4		1	1		
38号		2		2		2		2			
39号			2	2		2		2			口片2
72号	1	1		2	北陸器台	4		2			
73号		1		1		1		1			
74号	3	4		7	駿河壺・小型高坏・稜高坏	21	3	4			
B区4C号		1		1		4		1			
4 D号	3			3		3		2		1	
6号	2		2	4		4		3	1		口片1
8号		1	1	2		4		1	1		
9 d号	2			2		3		2			
10 a号	1	1	1	3	ひさご壺	17		2	1		
12 a号	1	6	2	9	北陸器台	15		6	1		口片1
12 b号	1		1	2		5		1	1		
16号	2	1		3	Sの字甕	11		3			
17号	1			1	小型坩	2		1			
24号		2		2		2		2			
25号		1	2	3		5		1	2		
28号			なし		赤井戸壺	8					
31号		2	1	3		4				3	胴1
41 a号	4	1	1	6		10		5	1		
C 1号	5	6	3	14	稜高坏	26		11	3		
2 b号			なし			2					
10号	1	4		5	北陸壺・小型坩	12		5			
13号		1	1	2	ひさご壺	3		1	1		
II地区											
6区9号	2		2	4	玉造	10		1	2	1	
7区22号		1		1	赤彩壺・玉造	3		3			
24号	2	1		3	玉造・北陸器台	16		3			
30号		1		1	S字鉢・小型坩・玉造	8					口片1
41号		1		1	小型坩	7		1			
6区20号		1	1	2	ひさご壺	6		1			
22号	1			1	二重口縁壺	7		1			
7区25号			2	2	ひさご・パレス壺	7			2		
45号	7	5	13	25	ひさご・小型坩・北陸器台 東海系二重口縁壺	70	2	15	8		口高2 口片5
48号	3		1	4		13		4			口高1 口片1
56号		1		1	赤彩器台	4		1			
計	43	46	40	129		334	5	91	28	5	15
軒数	19	23	20	62			5	77	28	4	
単独軒数	4	6	4	14							
共伴軒数				11							

表71 倉賀野万福寺遺跡のS字状口縁台付甕

住居跡	横線有	横線無	不明	S甕計	備考	総計
4号	2	4	9	15		25
5号				0		1
7号	2	1		3	北陸器台・二重壺・小型高坏	15
11号				0		3
14号	1			1		4
計	5	5	9	19		48
軒数	3	2	1	5		11
単独軒数	1	0	0	1		1
共伴軒数				2		

学、層位学の検証を受けた正しい編年であるとすれば、横線があるものとないS字状口縁台付甕が共伴する遺構は横線なしの時期になる。したがって井野川流域での3遺跡の遺構は大半が新しい段階に比定される。さらにS字状口縁台付甕の分類に用いられる口縁部の外反、傾き、屈曲、直立等の基準が加わるとさらに分類本来のくくりがなくなってしまう。

　分類することは本来的には、土器単体を一つの（あるいは複数の）基準によりくくることである。分類基準は同じものをもつものの集合体である。そしてその集合体に新旧の変化を認めることが編年であると考える。したがって編年のいちばんだいじなものは分類であり、その基準は万人に共通するものでなければならない。

　井野川流域3遺跡で、横線があるS字状口縁台付甕だけを出土するのは、7遺構10個体、横線なしは12遺構16個体である。したがって井野川流域3遺跡住居跡出土215個体の、S字状口縁台付甕の横線があるS字状口縁台付甕10個体と横線なしの16個体の分類をもって、新旧関係を成立させる根拠を検証しなくてはならない。

　なぜならば（他の不明の89個体を省いた）126個体は共伴関係にあり、共伴関係にある集合体は新旧関係があっても新段階と見なされるからである。したがって、横線があるものないものの新旧関係は、その共伴関係のなかに検証されなくては完遂されないし、この作業が編年作業であろう。横線のあるS字状口縁台付甕は下佐野遺跡B区17号住居跡で小型坩と、横線なしは新保遺跡86号住居跡で樽式土器と共伴する。また、3遺跡では横線ありとないS字状口縁台付甕の80%以上が共伴関係にある[2]。すなわち井野川流域に所在するこの3遺跡内の検証では、共時性が強いことを意味する。

　したがって、従来群馬県内で指摘されていたように横線をもつS字状口縁台付甕が古いとするならば、横線をもつS字状口縁台付甕が小型坩と共伴し、横線がないものが樽式土器と共伴することの合理的な説明が必要である。

　筆者は土師器が樽式土器と共伴することをもって古いとは考えず、また小型坩という畿内土器の編年観をもって樽式土器より新しいとは考えてはいない（ただし畿内の小型坩出現以前にはさかのぼらないのは事実である）。群馬県の遺跡からはS字状口縁台付甕と樽式土器、畿内小型坩が共伴するのは、きわ

めてふつうのことである。

　さて井野川流域の3遺跡ではS字状口縁台付甕の出土に同様な傾向がえられた。このような出土傾向がはたして3遺跡だけの独自のものかを、他の遺跡で検証しなくてはならない。

　筆者はいままでの編年の批判をしているのではなく、筆者なりの分類、横線の有無からの視点で検討をしている。その理由の一つは新保地域で確認したように、甕を含む土器も流通品であるという前提である。

　ここで荒砥地域の遺跡と比較してみよう。波志江中野面遺跡は19軒の住居跡群のうち、S字状口縁台付甕は51個体が検出されている。横線の有無はありが3軒3個体、なしが11軒32個体、不明16個体である。このうち横線をもつS字状口縁台付甕は、18号住居跡で土師器平底甕、赤彩の壺、単口縁台付甕の口縁部と思われる土器と共伴し、34号住居跡では土師器平底甕、壺と共伴する。不明を省いた横線をもたないものは5軒22個体が確認され、12号住居跡では鉢、器台と、17号住居跡では二重口縁壺、北陸系器台と、22号住居跡では高坏、23号住居跡では土師器平底甕、二重口縁壺、小型器台、25号住居跡では器台、高坏、土師器平底甕と共伴出土している（表72）。

　次に荒砥諏訪西遺跡Iをみると、S字状口縁台付甕を出土するのは18軒の住居跡で、合計54個体中、横線ありが10個体、なしが27個体、不明17個体である。住居跡で横線のあるもののみの出土は3区14号住居跡1個体、ないもののみの出土は35号住居跡1個体である。14号住居跡は二重口縁壺、35号住居跡は小型坩と共伴出土している。54個体のS字状口縁台付甕のうち不明22個体を除くと37個体は共伴する。また両住居跡ともに土師器平底甕と共伴出土する（表73）。

　井野川流域と同じ集計をしてみよう。2遺跡の住居跡合計は37軒、S字状口縁台付甕は105個体出土している。このうち不明33個体を除き横線をもつものは13個体、ないものは59個体。ここでも不明を除き全体72個体のうち19個体26.3％はS字状口縁台付甕同士で共伴して出土している。

　各表に表れるように、井野川流域3遺跡の数値と比較検討すると、検出されたS字状口縁台付甕の不明を省いた19個体が、横線のあるものないもの同士が共伴出土している。中野面遺跡では横線ありは3遺構で3個体、横線なしは

表72 波志江中野面遺跡のS字状口縁台付甕

住居跡	横線有	横線無	不明	S甕計	備考	総数
4号		1	1	2		8
9号			3	3		11
10号	1		2	3	樽式土器甕片	13
12号		3		3		7
14号		2	2	4		15
16号		1	1	2	小型坩	6
17号		12		12	赤彩S字状口縁台付甕	48
18号	1			1		11
22号		1		1		6
23号		1		1		9
24号		2	1	3		7
25号		4		4		16
30号		2	1	3	小型坩	5
34号	1			1		5
37号			1	1		3
68号			1	1		2
B区3号			1	1		3
C区6号			1	1		4
C区12号		3	1	4		7
19軒	3	32	16	51		186

表73 荒砥諏訪西遺跡IのS字状口縁台付甕

住居跡	横線有	横線無	不明	S甕計	備考	総計
2区1号			1	1		2
2号		1	1	2	小型坩	14
5号		1	1	2		6
8号		1		1		5
9号		1		1	二重口縁壺	9
3区4号		2		2		8
14号	1			1		6
17号	1	1	2	4	二重口縁壺・小型坩	42
22号		1	1	2	二重口縁壺・小型坩	21
25号		3	2	5	二重口縁壺・北陸	21
28号	1	2	4	7	小型坩形土器	86
29号		6		6	二重口縁壺・小型坩	72
33号	1	3		4	二重口縁壺	41
35号		1		1	小型坩	3
36号	5	1		6		31
40号	1	3	3	7	北陸系蓋？	66
48号			1	1		14
49号			1	1		4
18軒	10	27	16	54		451

　9遺構で31個体である。
　5遺跡から確認できる特徴を指摘しておきたい。
　群馬県の古墳時代前期の土器様相は他の時期、たとえば縄文時代、弥生時代の土器変遷とはまったく異なる背景があることを指摘した。その違いとは、弥生時代には樽式土器があるが、樽式土器は櫛描文を基調とし、系譜上、文様、

装飾、器形に明らかな変遷を認めることができ、そこが弥生土器が土師器に変換する過程とは、明らかに異なっている。具体的に言えば樽式土器の甕がS字状口縁台付甕、樽式土器小型鉢が小型坩に変化していない。したがって樽式土器と土師器の間には、系譜的な関連はまったくない。この結果樽式土器と共伴することが土器の新旧を示すものではなく、また逆に土師器と共伴することが新しい根拠にもならない。なぜなら出自が異なる土器同士だからである。

　したがって今回検証できたように、県外の編年で古いとされる横線をもつS字状口縁台付甕が小型坩と、また新しいとされる横線のないS字状口縁台付甕が樽式土器と共伴している。このようなことを合理的に説明するためにも今後、土器の共伴関係を再度検証し、分類する必要がある。東海の編年を群馬県に当てはめるだけでは土器の共伴出土の実態も把握できない、と考えている。

　本節では時間軸を検証するまでには至らなかった。しかしここでは、群馬県内では、横線の有無が新旧を示す基準にならないとの指摘をしておきたい。

　さらに、土器の時間軸の問題は最後に触れる。今後は群馬県内での他地域の土器群も、在地土器との共伴出土関係の有無や、分類を行う必要があると考えている。東海地域で最古段階A類S字状口縁台付甕は、群馬県内全体をみても10点を超えていないのである。前節でも述べたように、熊野堂遺跡8号住居跡からA類S字状口縁台付甕と、他に単口縁台付甕脚部、樽式土器壺が床面上より出土している。A類S字状口縁台付甕は床面より約20cmのレベルで出土したと報告書に記載されている。8号住居跡の壁高は12〜20cmとある。また北町遺跡16号、17号住居跡出土A類S字状口縁台付甕は報告書中で共伴遺物との関係から時期は、廻間遺跡編年ではC類段階にあるとの記載がある。このようにきわめて少ない出土量のなかで、東海地方の編年は参考になるが群馬県内での実態とは異なっていることがわかる。熊野堂遺跡は、弥生時代中期から後期が主体の集落である。そこからA類S字状口縁台付甕が出土したことの意味を考えなくてはならないし、遺跡内の他の遺物と共伴するS字状口縁台付甕の出土も遺跡全体で2点である。

　池田の指摘にある「A対非Aは分類ではない」を念頭に置いてみるが、未だにこの時期の分類は今後の課題である。ただ横線が有る、ないという分類では時期を分けられないことを証明した。筆者は群馬県内編年は、別の視点から

新しい分類の基準が必要であると考えている。後段で述べるがS字状口縁台付甕にある横線の意味は、供給品であることを示唆していると考える。

その結果群馬県内では数点のA類S字状口縁台付甕小片が、新旧を判断する分類基準となる項目にはならない。また口縁部の外傾、外反、胴部の丸み、肩が張る等の分類基準は、すべてのS字状口縁台付甕を分類するものではない。

これらの問題は後段で検討するが、筆者の考えでは、群馬県で出土するS字状口縁台付甕の大きな特徴は、編年的な段階が追えるような土器製作、使用の過程が東海とは大きく異なっていると考えている。つまり、S字状口縁台付甕は横線があるものないものを大量に生産し、保管されていることである。その後ストックされた甕が、流通網に流された可能性である。

群馬県の遺跡からこれだけ大量にS字状口縁台付甕が出土するが、偏っている理由は、土器製作過程に大きな要因があると考えられる。つまり群馬県内で出土するS字状口縁台付甕の横線の有無は、東海地方のように時間軸のなかで変遷したのではなく、あるものもないものもほぼ同時に導入され、生産の対象にあったと考えられるからである。さらに群馬県内で、生産される土器はどのような共伴関係が成立するのか、第9章で検討したい。

第3節　S字状口縁台付甕と周溝墓

群馬県内における古墳時代の墓は、高崎市井野川流域や前橋、伊勢崎市、太田市など南部で検出例の多い傾向がある。北部の有馬遺跡礫床墓や石墨遺跡では、円形周溝墓等弥生時代の墓が多い。弥生時代樽式土器を出土する墓の多くは、明確な方形区画や前方後方形をもつものはあまり確認されていない。

また北群馬地域、渋川市有馬遺跡礫床墓、同空沢遺跡礫床墓、沼田市石墨遺跡円形周溝墓から鉄剣が出土している。現在、礫床墓は有馬遺跡で80基を越え県南部でも高崎市八幡遺跡や新保田中村前遺跡、少林山台遺跡で確認され、今後発見例が増えるものと考えられる。したがってここでは、古墳時代前期の墓が多数確認されている高崎市井野川流域と前橋市東部荒砥地域、伊勢崎市西部を比較してみたい。そのなかで肩部の横線の有無が新旧を示すかをあわせて

検討したい。

　ここでも4器種の甕を軸に、古墳時代前期の周溝墓から出土する土器を検討したい。前章まで集落の住居跡出土土器を検証してきたが、本節では墓出土の土器をみたい。ここでの墓の検討は、墓と集落を社会的な関係としてとらえてみたいと考えるからである。周溝墓の研究の多くは、墓に共献される土器の比較や副葬品の量比や威信材とされる貴重品の有無、さらには規模、形態規模の比較による階層性を研究するものである。しかし、まずは墓に葬られた人は、生前墓にいちばん近い集落に住んでいたであろうという前提のもとに検討したい。それは墓に葬られた人の生前の生活の場と、死後の有機的な社会的関連を検討することを目的としている。そこで近接する墓と人は同社会という前提で、出土遺物を検証したい。つまり墓の出土土器を、近接する集落の住居跡出土土器と比較することから始める。

　墓は生者が死者をいたみ造った、献げられたものは生者が選択したものである。集落の土器構成と、墓の土器構成を比較検討するのは、群馬県内の各地域にある墓から出土した土器の、比較分類からの視点ではなく、墓は集落に付随するもの、墓の被葬者は隣接する集落（社会）の住人であった可能性がいちばん高いと考えるからである。集落と墓域、すなわち生者と死者は一つの社会体のなかにいた（いる）、という立場である。政治的な背景からではなく、当時の一般集落の人びとの生活した社会を検討することを目的とする。なぜなら当時の社会を構成したのは、大多数の集落遺跡に生活していた人たちであると考えるからである。

1．井野川流域

　井野川流域ではまず下佐野遺跡をみてみたい（表74）。下佐野遺跡では古墳時代前期に比定される26基の周溝墓が検出された。23基が方形周溝墓、1基が前方後方形、1基が楕円形、1基が形態不明である。26基の墓から出土した甕の総数は42個体でS字状口縁台付甕は33個体78.6％、単口縁台付甕1個体2.4％、土師器平底甕6個体14.3％、樽式土器甕2個体4.8％である。墓の比率はS字状口縁台付甕10基38.5％、単口縁台付甕1基3.8％、土師器平底甕2基7.7％、樽式土器甕2基7.7％である。

表74　下佐野遺跡の周溝墓出土土器

遺構名	S字甕	単口甕	土甕	樽甕	壺	高坏	器台	坩	鉢	他	総数	備考
Ⅰ地区A区1号方形周溝墓	2				1	1					4	
Ⅰ地区A区2号方形周溝墓	1										1	S字状口縁台付甕脚片
同3号方形周溝墓						1					1	高坏脚片
同4号前方後方周溝墓	14	1			13	1					29	内行花文鏡 単口縁台付甕・二重口縁壺
同5号方形周溝墓	2				3			4		1	10	小型坩
同6号方形周溝墓					3		1				5	北陸系器台
同7号方形周溝墓					2						2	
同8号方形周溝墓	2				6					2	10	赤彩壺・椀
同9号方形周溝墓								1			1	
同10号方形周溝墓						1					1	北陸系高坏
同12号方形周溝墓					2	1					3	ひさご壺
Ⅰ地区C区1号方形周溝墓					1			1			2	小型坩
同2号方形周溝墓					1						1	ひさご壺
同3号方形周溝墓	1				4	2					7	ひさご壺
同4号周溝墓												形状不明　掲載遺物なし
同5号方形周溝墓	2				5		1				8	ひさご壺・小型坩・二重口縁壺(畿内系)
同6号方形周溝墓					2		1		1		4	小型坩
同7号方形周溝墓	4				4						8	
Ⅰ地区D区1号方形周溝墓			2		2						4	ひさご壺
同2号方形周溝墓	2				4						6	二重口縁壺(畿内・東海)
寺前地区3号方形周溝墓					3						3	二重口縁壺(東海)
下佐野Ⅱ地区												
7区1号方形周溝墓					1						1	
7区2号方形周溝墓												掲載遺物なし
7区3号方形周溝墓	2		4	1	1		1				10	樽式土器甕
7区4号方形周溝墓				1			1				2	樽式土器甕
7区5号周溝墓												遺物なし。楕円形
計26基	33	1	6	2	57	9	3	8		4	123	

表75　熊野堂遺跡の周溝墓出土土器

遺構名	S字甕	単口甕	土甕	樽甕	壺	高坏	器台	坩	鉢	他	総数	備考
4区1号周溝墓		2	2							28	32	前方後方形周溝墓

　住居跡の検討と同様S字状口縁台付甕の出土比率は78.6％と最大であるが、出土基数をみると11基42.3％と半分以下になる。つまり、26基中15基57.6％はS字状口縁台付甕をもたないことになる。さてⅠ地区A区4号前方後方形周溝墓は下佐野遺跡内でいちばん多くの遺物29個体を出土し、S字状口縁台付甕14個体、単口縁台付甕1個体さらに内行花文鏡、壺13個体、高坏1個体出土している。次にS字状口縁台付甕が多い墓は、Ⅰ地区C区7号方形周溝墓の4個体で総出土個体数は8個体、他にⅠ地区A区5号、同8号方形周溝墓の2基からS字状口縁台付甕おのおの2個体、出土総数はおのおの10個体が出土している。同5号墓からは小型坩、同8号墓からは赤彩された壺が出土している。他にS字状口縁台付甕をもたないが東海系壺がC区2号墓、S

第7章 土器の検討

表76 倉賀野万福寺遺跡の周溝墓出土土器

遺構名	S字甕	単口甕	土甕	機	壺	高坏	器台	坩	鉢	他	総数	備考
1号方形周溝墓	2				12	2	3	3			22	ひさご・二重口縁壺・小型坩
2号方形周溝墓					1	1					2	
3号方形周溝墓											0	掲載遺物無し。S甕の破片出土（記載）
4号方形周溝墓					1						1	二重口縁壺（畿内）
5号方形周溝墓					1						1	壺？
6号方形周溝墓					2						2	ひさご壺
7号方形周溝墓											0	S甕破片出土（記載）
8号方形周溝墓					2	1		1			4	小型坩
9号方形周溝墓					1	1		2			4	小型坩
10号方形周溝墓											0	遺物無し
11号方形周溝墓	1							1			2	小型坩
12号方形周溝墓					1						1	
計12基	3				19	5	3	7			39	

字状口縁台付甕をもたないで小型坩をもつものがC区6号墓などで確認されている。さらにS字状口縁台付甕と畿内系、東海系の壺が出土するのはD区2号墓、下佐野Ⅱ地区7区3号墓からはS字状口縁台付甕2個体と樽式土器甕が共伴出土、4号墓ではS字状口縁台付甕は出土せず樽式土器甕が出土している。集落の土器出土と同様に、墓出土土器も複数他地域と在地の土器が混在して出土している。S字状口縁台付甕の横線についてもあるものとないものが共伴し、7区3号墓では横線をもたない甕が樽式土器甕と共伴している（図85）。

熊野堂遺跡では4区に1号方形周溝墓が確認されている（表75）。前方後方形の墓で単口縁台付甕2個体、土師器平底甕2個体、総数で32個体の土器が出土している。S字状口縁台付甕は出土していない。

倉賀野万福寺遺跡では12基の方形周溝墓が確認され、甕の出土はS字状口縁台付甕が3個体である（表76）。S字状口縁台付甕が2個体出土した1号方形周溝墓では東海、畿内系の二重口縁壺、東海系壺、畿内系小型坩が共伴出土している。S字状口縁台付甕1個体が出土した11号方形周溝墓では、小型坩が共伴出土している。出土遺物がない3基を除く9基のうちS字状口縁台付甕が出土したのは2基3個体である。横線をもつもの、もたないもの、不明のもの各1個体ずつである（図73～75）。

井野川流域では、下佐野遺跡、倉賀野万福寺遺跡、熊野堂遺跡3遺跡から、合計で39基の墓をみた。墓は住居跡と異なり生活遺構ではないので、すべての墓に甕があるわけではない。したがって甕の出土量から推し量るのではなく、

甕がどのような出土の仕方をするかを見たほうがよいと考える。39基のうち、甕を出土する墓の数は15基、倉賀野万福寺遺跡ではS字状口縁台付甕が2基から3個体で、他器種の甕は出土していない。下佐野遺跡26基の墓のうち、12基が甕を出土し、11基からS字状口縁台付甕が出土している。

2．荒砥地域

荒砥地域では東原B遺跡と中山A遺跡をみてみたい（表77）。両遺跡は隣接する遺跡であるためあわせて表にしてみた。両遺跡で20基の周溝墓が確認され、このうち6基が前方後方形である。ここでは13号方形周溝墓からS字状口縁台付甕の破片が1点あるのみである。甕はこのS字状口縁台付甕片を入れて48個体、S字状口縁台付甕1個体2.2％、単口縁台付甕2個体4.4％、土師器平底甕42個体93.3％、樽式土器甕3個体6.6％である。このほかに樽式土器甕棺が2基確認されている。東原B遺跡1号前方後方形周溝墓は、土師器平底甕と樽式土器甕、二重口縁壺が出土している。2号前方後方形周溝墓からは土師器平底甕12個体、壺、小型坩が共伴出土している。13号方形周溝

表77 東原B・中山A遺跡の周溝墓出土土器

遺構名	S字甕	単台甕	土甕	樽甕	壺	高坏	器台	坩	鉢	他	総数	備考
東原B												
1号周溝墓			4	2	1		2			1	10	樽壺・赤採・前方後方形・樽甕 二重口縁壺
2号周溝墓			12		10	3	3	1		5	34	前方後方形・赤採・小型坩
3号方形周溝墓			2		1	7	1			1	12	
4号円形周溝墓												遺物なし。
5号方形周溝墓			8		2	1					11	樽甕
6号方形周溝墓			3		1	1					5	樽甕
7号周溝墓										1	1	方形〜楕円形。
8号周溝墓			1		1						2	方形〜楕円形。遺物なし。
9号方形周溝墓			1								1	
10号周溝墓												楕円形？遺物なし。
11号周溝墓												楕円形。遺物なし。
13号方形周溝墓	1		2		1						3	樽甕
14号方形周溝墓		1	3		1	2					7	前方後方形周溝墓。樽甕。
15号方形周溝墓			2			2					4	
16号方形周溝墓			1			2					3	前方後方形周溝墓
17号方形周溝墓		1	1							1	3	前方後方形周溝墓。樽甕。BⅡ
1号甕棺												樽式土器
2号甕棺												樽式土器
中山A遺跡												
1号前方後方形周溝墓			2			2		2			6	
2号周溝墓												遺物無し
計20基	1	2	42	3	13	20	10	1	2	9	102	

表78　波志江中野面遺跡の周溝墓出土土器

遺構名	S字甕	単口甕	土甕	樽甕	壺	高坏	器台	坩	鉢	他	総数	備考
1号方形周溝墓	2		3		5	4	1			3	18	稜高坏・ひさご壺・二重口縁壺
2号方形周溝墓					3						3	円形浮文
3号方形周溝墓	1				2	1		1			5	頸部突帯
4号方形周溝墓	1		1		1				1		4	
5号方形周溝墓			1		8	2		1	2		14	二重口縁壺・
6号方形周溝墓			1		1	1					3	
7号方形周溝墓	6	1	5		12	2	4			3	33	樽・赤壺・北陸高坏
8号方形周溝墓					1	2					3	
9号方形周溝墓					2		1				3	
10号方形周溝墓						1					1	
11号周溝墓												形状不明。掲載遺物なし。
12号方形周溝墓												掲載遺物なし。
13号方形周溝墓		1				1			3		5	
14号方形周溝墓		3	2		5				1		11	前方後方形周溝墓
B区1号方形周溝墓			1		2				1		4	
2号周溝墓												形状不明
3号方形周溝墓					4	1			1		6	ひさご壺
4号方形周溝墓					1				1		2	
C区1号方形周溝墓	1				3						4	折り返し口縁壺
D区1号方形周溝墓	1				1						2	
計20基	12	5	14		51	13	8	2	16		121	

S字状口縁台付甕の内訳

S字状口縁台付甕	有り	無し	不明	計
1号方形周溝墓		2		2
3号方形周溝墓	1			1
4号方形周溝墓			1	1
7号方形周溝墓	1	4	1	6
C区1号方形周溝墓		1		1
D区1号方形周溝墓		1		1
計	2	8	2	12

墓ではS字状口縁台付甕らしき破片と樽式土器甕が出土している。

　次に波志江中野面遺跡をみてみよう（表78）。遺跡内から前方後方形1基を含む20基の周溝墓が確認されている。集落では25軒の住居跡から82個体の甕が出土し、S字状口縁台付甕は51個体62.2％、土師器平底甕は28個体34.1％である。周溝墓からは甕が31個体出土し、S字状口縁台付甕12個体38.7％、土師器平底甕14個体45.1％と土師器平底甕が2個体多い。さて、7号方形周溝墓からは、3器種の甕が出土している。S字状口縁台付甕6個体、土師器平底甕5個体、単口縁台付甕1個体である。他の共伴遺物は樽式土器、在地赤井戸式壺、北陸系の高坏である。1号方形周溝墓からS字状口縁台付甕が2個体、他の4基から1個体ずつの出土である。14号前方後方形周溝墓からは単口縁台付甕3個体、土師器平底甕2個体が共伴出土している。

荒砥地域集落で荒砥諏訪西遺跡に次ぐS字状口縁台付甕を出土した、波志江中野面遺跡の墓20基の甕出土状況は、興味を引くことに、甕総数の31個体中12個体38.7%は7号周溝墓からであった。
　波志江中野面遺跡周溝墓群20基のうち甕を出土した墓は11基、S字状口縁台付甕をもつ墓は6基、土師器平底甕をもつ墓が7基、単口縁台付甕3基、樽式土器甕はない。荒砥地域集落ではS字状口縁台付甕が少ない荒砥東原B遺跡、中山A遺跡や波志江中野面遺跡のように、集落からは多数のS字状口縁台付甕が出土したが、墓からは偏った出土であった。2遺跡だけではあるが、ここでの土器も複数他地域の土器が混在し、地域を分かつ構成をみることはできない。つまり、荒砥地域の墓でもS字状口縁台付甕主体の東海系様式は存在しない。

3．新保地域

　では、最後になったがふたたび高崎井野川流域の新保地域を概観しよう（表79）。最後にした理由は、新保遺跡は弥生時代中期から古墳時代前期にいたる集落遺跡であるが、周溝墓、墓は大半が弥生時代後期にあたり、新保田中村前遺跡で古墳時代前期のものが数基確認されているだけだからである。新保遺跡の24基は周溝が不定形のものが多く、また四隅切れ方形周溝墓など弥生時代後期の墓が集中している。なかには周溝墓の主体部に壺棺を設置するものもあり、新保田中村前遺跡では有馬遺跡と同じく、弥生時代後期の礫床墓も確認されている。
　新保田中村前遺跡では15基の周溝墓が確認され、甕は土師器平底甕4個体が3基で検出され、8号周溝墓は前方後方形の可能性もあるが確認できていない。東海系や北陸系の器台が出土し、5号墓からは硝子玉が出土するなど弥生時代後期の色合いを強く残している。しかし集落は古墳時代前期に継続するため、古墳時代前期の墓は別の場所にある可能性を指摘しておきたい。

4．墓と集落の出土土器の関係

　群馬県内の集落遺跡と、その集落に付随すると考えられる墓群を検討した。新保地域では周溝墓以外の墓として礫床墓、壺棺墓が確認され、周溝墓の主体

第7章 土器の検討

表79 新保地域の周溝墓出土土器

新保遺跡

遺構名	S字甕	単台甕	土甕	樽甕	壺	高坏	器台	坩	鉢	他	総数	備考
1号方形周溝墓				7	11	1					19	樽式土器・四隅切れ
2号周溝墓					1						1	不定形
3号周溝墓												弥生中期土器～後期破片
4号方形周溝墓				2	2						4	不定形
5号方形周溝墓												弥生後期～古墳前期と記載2隅切れ
6号周溝墓					1						1	不定形、土師器壺
7号周溝墓				1	4						5	楕円形、主体部壺棺・(壺に含む)
8号方形周溝墓					1						1	破片出土
9号円形周溝墓					5	1					6	形態不明・土製勾玉・硝子玉
10号円形周溝墓												形態不明・掲載遺物なし
11号周溝墓				1	3						4	形態不明・主体部甕・蓋が壺・硝子玉
12号周溝墓					1						1	形態不明・主体部壺棺
13号周溝墓				2	2						4	形態不明
D-1号円形周溝墓				1	3						4	主体部壺棺墓
D-2号円形周溝墓				1	2						3	主体部壺棺・後新田破片
D-3号円形周溝墓												掲載遺物なし
D-4号円形周溝墓				2	1						3	形態不明・後新田破片
D-5号周溝墓					5						5	形態不明・壺棺墓3基確認
D-6号周溝墓												形態不明・掲載遺物なし
D-7号周溝墓				1	1	1					3	形態不明
D-8号周溝墓												形態不明・掲載遺物なし
D-11号円形周溝墓												
D-12号周溝墓				1	2						3	楕円形？
D-13号円形周溝墓					1	1				1	3	
計24基				19	46	4				1	70	

新保田中村前遺跡

遺構名	S字甕	単台甕	土甕	樽甕	壺	高坏	器台	坩	鉢	他	総数	備考
1号方形周溝墓												掲載遺物なし
2号方形周溝墓			1		2		1			2	6	異形器台・樽壺
3号方形周溝墓			1		1	1	1	1		3	8	
4号方形周溝墓					4					1	5	4隅切れ
5号周溝墓					6					6	12	主体部壺棺墓・硝子小玉
6号方形周溝墓					12					3	15	4隅切れ
7号周溝墓						1				1	2	形状不明
8号周溝墓					2	2	5	1		1	11	前方後方形？北陸・畿内・東海系器台
9号周溝墓					1						1	形状不明・甕棺。
10号周溝墓			2								2	楕円形？
11号周溝墓					1	2					3	円形？
礫床墓1						1					1	
6号墓坑					1						1	硝子小玉
9号墓坑												硝子小玉
7号墓坑					3					3		壺棺墓
計15基			4		33	7	7	1	1	17	70	
総計39基			4	19	79	11	7	1	1	18	140	

部に壺棺墓が付設してあるものもあった。新保地域では39基の周溝墓が確認でき、このうち8基の方形周溝墓が確認されている。8基の内四隅切れは4基、残りの4基のうち出土遺物が確認されていない墓が2基、他の2基からは土師器平底甕が出土している。新保地域の周溝墓で土師器が出土しているのは、2基の方形周溝墓からである。新保地域の墓制は、弥生時代樽式土器を出土する円形、楕円形周溝墓と四隅切れ方形周溝墓で、古墳時代土師器を出土する2基の周溝墓の特徴は周溝の方形区画が明瞭になることが指摘できる。この結果新保地域で確認された39基のうち、2基を除いてはすべて弥生時代と考えることができる。その違いは、古墳時代になると方形区画の明瞭化にすることにある。また新保地域では、土師器平底甕を出土した新保田中村前遺跡2号方形周溝墓で樽式土器壺が共伴し、新しい墓制のなかに伝統を兼ね備えていることも理解できる。新保地域では古墳時代前期に継続する遺跡であるため、この集落の死者は古墳時代になると調査区以外の墓所に葬られたことが想定できる。

一方、下佐野遺跡では方形区画が明瞭な周溝墓がほとんどであり、7区5号周溝墓が唯一楕円形を呈すが、出土遺物はない。また同地区3号、4号方形周溝墓では樽式土器甕が出土し、3号方形周溝墓からは樽式土器甕と土師器平底甕、S字状口縁台付甕が共伴出土している。下佐野遺跡7区3号・4号方形周溝墓で新しい墓制の方形周溝墓と伝統的な樽式土器甕が、S字状口縁台付甕と共伴出土している（図85）。下佐野遺跡周溝墓群から出土する土器は、複数他地域の土器と在地土器が混在し、住居跡から出土する土器群と共通する点が多い。さらに樽式土器が出土する古墳時代の方形周溝墓も2基確認できた。また周溝墓群から出土した外来系土器は東海だけではなく、北陸や畿内等、住居跡から出土した土器群とここでも同様な傾向を示している。

従来から指摘されていたように、墓の被葬者はその出自を示すとされてきたが、実際に墓群出土土器と隣接する集落出土の土器構成に大きな異なりを認めることはできなかった。土師器平底甕が多く出土した住居跡をもつ集落遺跡のそばからは同じような構成で、またS字状口縁台付甕を多量に出土する集落に近接する墓からは、多数のS字状口縁台付甕が出土している。

集落と墓からの出土土器が同じ出土傾向を示していることは、同一社会と見て矛盾しない結果といえる。したがって墓群に埋葬された被葬者は、近接する

集落の住人であったことを認めてもよいだろう。このように墓群と集落出土土器は明らかに弥生時代以来の伝統を継承維持し、周溝墓を採用したからといって急に他地域の土器様式に変換することはない。方形周溝墓から樽式土器が出土する事実からも、弥生時代と古墳時代の間を経過した社会や文化に断絶を認めることはできない。むしろ下佐野遺跡では、周溝墓から櫛描文をもった樽式土器の甕が出土したことから、弥生時代の伝統が強く残っていると理解できる。

　ここまで墓出土の土器を検証した。墓の検討はさらに第8章で行うつもりであるが、ここでは墓と住居跡という人間の関係のなかで、墓に葬られた人間と近接する集落に生活した人間を、社会という有機的なつながりのなかで検討した。墓にはもちろん死者が葬られるわけであるが、従前のように大きさや副葬品から権力者、あるいは首長を想定することも可能である。ここでは集落に生きて生活した大多数の一般の人びとの墓として出土遺物を検証した。

　この結果から、上下関係だけでなく生前の生業を推測することも可能ではないかと考えている。大量にS字状口縁台付甕を管理していた人の墓には、ある程度まとまった甕が供えられたのではないだろうか。周溝墓の研究は以前より墓に共献される土器の比較や副葬品の量比、威信材とされる貴重品の有無、さらには規模、形態の比較による階層性がいわれてきた。が、本節の前提はまず周溝墓は死者が葬られる場で、葬られた人は周溝墓が接する集落に生きた人の可能性が高いと考え、集落の土器の構成と墓の土器の構成を比較検討した。結果は住居跡から出土した土器構成は、墓出土土器構成と大きく異なることはなかった。集落で確認された甕出土傾向はS字状口縁台付甕、土師器平底甕の比率に実に似通って墓からも出土していたことが理解できた。同じ社会に生きた人びとをみることができたと考えている。

　墓群、集落の住居跡の土器構成を見てきた。群馬県内の古墳時代前期の土器構成は、ここでも明らかにS字状口縁台付甕を主体とする東海様式ではない。
　当時の人びとは自由に自ら土器を選び生活し、死を迎えても生きて生活したときと同じ土器をもって（もたせてもらって）旅だったのである。

第4節　S字状口縁台付甕と北陸系の土器

　ここまで群馬県内の特徴とされてきた東海系土器、S字状口縁台付甕を取り上げて検討を加えてきた。その結果は、群馬県の古墳時代前期の土器は、S字状口縁台付甕を主体とする東海系土器群ではないことがわかった。

　この事実は、このように群馬県内の発掘事例を見れば、簡単に証明することができる。もちろん東海系土器群がないということではなく、東海地方からと同様に他の地域からの土器群が、在地の土器群と共伴出土する事実が確認されている。近年では東海地方からきたS字状口縁台付甕と北陸系の甕、畿内系の小型坩が樽式土器と共伴出土することはさほど驚くことではなく、当り前のようになっている。このような外来土器出土の事例は、弥生時代終末から古墳時代初頭にかけて群馬県内を含む関東地域だけではなく、南東北地域でも北陸系の土器が確認されている。従前より北陸系土器の存在は、日本海側で注目され多くの研究がある。北陸系土器群は南関東地域でも出土し、隣県長野県内でも多くの北陸系土器が確認されている（千野 1993）。このように群馬県内で出土する北陸系土器群は北陸地方での編年表と照らすと、ある程度の時間幅を確認することができる。ここでは北陸系の土器群が東海を含む他地域の土器群と、どのような時間幅のなかで共伴出土するかを検証し、社会背景をあわせて検討したい。群馬県ではくり返し述べるように石田川遺跡の発見以来、長い間入植民、移住民の存在が定説、常識である。S字状口縁台付甕の出土から、今では東海からの入植となっている。入植説を主張する研究者たちは、東海系以外の土器群の出土から東海以外の入植には、まったくふれていない。

　いずれにせよここでは東海、畿内と同様に北陸系外来土器群を取り上げて出土する状況、背景を検討したいと考えている。群馬県内で北陸系の土器が出土する遺跡は多数確認されている。川村浩司の研究では30遺跡を越える（川村 1998）。ここでは共伴事例の確認されている7遺跡の住居跡出土土器を取り上げて検討を加えてみたい。群馬県内で北陸系土器が出土するのは渋川市、高崎市、前橋市、太田市、さらに渋川市の北にある沼田市などで、ほぼ県内全域で確認されている。群馬県内で北陸系とされる甕には、北陸編年によれば口縁下

部がくびれるものがあり、真横からみると数字の5の字にみえることから5の字状口縁とよばれ、口縁部外面に浅い凹み線が施されるものが多い。北陸ではこれを疑凹線とよんでいる（田嶋 1986）。沼田市町田小沢Ⅱ遺跡は榛名山の北東に位置し、標高約400mを測る。沼田市内には戸神諏訪遺跡、石墨遺跡等弥生時代から古墳時代へかけての遺跡が分布している。

　石墨遺跡では弥生時代樽式土器を出土した円形周溝墓から鉄剣、鉄釧が出土している。小沢Ⅱ遺跡1号住居跡より北陸系の甕が出土した。口縁部5の字状を呈し、外傾している。口縁外面には北陸系5の字状口縁外面に特徴的に施される疑凹線は確認されていない。肩部にはへら状工具による刺突が施されている。胴部の最大幅は中位より上部にあり平底である。胴部外面には刷毛目が施される。共伴する遺物はすべて弥生土器、樽式土器である。北陸系甕は田嶋明人の編年によれば北陸編年月影～白江段階（弥生時代末～古墳時代初頭期）にあてられる（田嶋 1986）。渋川市有馬遺跡は榛名山東南麓に位置し、標高約200mを測る。沼田市と同様弥生時代は樽式土器が集中する地域にあり、既述のように礫床墓、壺棺墓が多数確認された。渋川市内には同様に礫床墓が有馬遺跡に隣接する有馬条里遺跡、鉄剣を出土した空沢遺跡等が確認されている。

　有馬遺跡82号住居跡（図57、58）からは多くの北陸系土器が出土した。北陸系の甕も複数個体出土し、共伴する遺物は在地の無文化した樽式土器、北陸系の小型土器（図58‐13）、東海系の受け口状口縁土器の肩部に簾状文が施される土器もあり、S字状口縁台付甕と解釈する研究者もいる（図57‐10、調査担当者としての筆者の立場は、厚みや簾状文の有り様から、賛同できない）。いずれにせよ受け口状を呈し、東海系の器形に在地樽式土器の櫛描文が共存していることは事実である。北陸系の甕は口縁部が、くの字になるもの、口縁端部がつまみ上げたように外面平坦になるものなど、北陸系の特徴をもつ甕が共伴している。これら北陸系甕には、その特徴である5の字状口縁を呈するものもあるが、一般的に認められる疑凹線は確認されていないものが多い。甕には前述のように口縁部をつまみあげるもののほか、口縁端部の稜がするどいものがあり、内外面はなで、胴部外面に刷毛目、内面はへら状工具のなでがある。口縁部が外方に屈曲し、端部を面取りするものなどがある。田嶋の研究、編年では口縁端部の面取りは北陸能登形にみられるもので、月影Ⅱ～白江段階にあ

てられる。共伴遺物は在地樽式土器である（田嶋の研究では月影式は弥生時代後期、白江段階は月影式土器と土師器が共伴する時期をあてている）。

有馬遺跡85号住居跡（図59-5。82号住居跡北東で確認された）では、住居跡の壁、範囲は明確に確認できなかったが、床面と炉を確認した。85号住居跡からも複数個体の北陸系甕が確認された。

出土した北陸系甕は、床面直上から出土し、器形は口縁部が外方に屈曲し、内外面刷毛目、なでである。甕の口縁部は5の字を呈し、外方に傾き口縁部は内外面なで、胴部は内外面刷毛目が施されるものがあり、口縁部に疑凹線は確認されていない。月影Ⅱ～白江にあてられ、共伴遺物は樽式土器高坏脚部である。

有馬遺跡211号住居跡（図60）からは、北陸系の土器と在地の樽式土器が共伴出土した。北陸系甕、壺と樽式土器が共伴している。壺（図60-4）は口縁部が細く、甕より口縁部が長い5の字状を呈し、底部は丸底である。口縁部はなで、胴部は磨き、疑凹線は認められない。共伴遺物は樽式土器である。壺は月影～白江段階にあてられるが白江段階には消えていくようである。

井野川流域に所在する下佐野遺跡からも、北陸系土器が出土している。Ⅰ地区B区16号住居跡で（図61-2）北陸系の甕が確認され、北陸系甕と横線のあるS字状口縁台付甕、横線のないS字状口縁台付甕が共伴して出土している。北陸系甕は口縁部は短く破片のみの出土である。共伴遺物は東海系S字状口縁台付甕、長頸壺等が確認されている。甕口縁部は破片のみであるが5の字状を呈し、疑凹線はないが浅い沈線が認められる。S字状口縁台付甕の他、土師器平底甕も確認された。同じく下佐野遺跡では北陸系壺と畿内系小型坩が横線のあるS字状口縁台付甕と、横線のないS字状口縁台付甕と共伴出土している。下佐野遺跡Ⅰ地区C区10号住居跡（図62-1）で5の字状口縁を呈する壺が出土している。口縁部はなで、胴部外面は磨き、内面なでである。

口縁部が5の字状を呈する壺は有馬遺跡と同様であるが、有馬遺跡211号住居跡出土壺より大型である。八幡遺跡119号住居跡（図63-1）で北陸系甕が出土し、口縁部の疑凹線はなく、共伴する遺物は樽式土器、赤井土式土器である。時期は月影Ⅱ～白江段階にあたる。八幡遺跡礫床墓、7号土坑から鉄剣が出土し、32号住居跡からは樽式土器と銅製釧が出土し、有馬遺跡の遺物と共

第7章 土器の検討　213

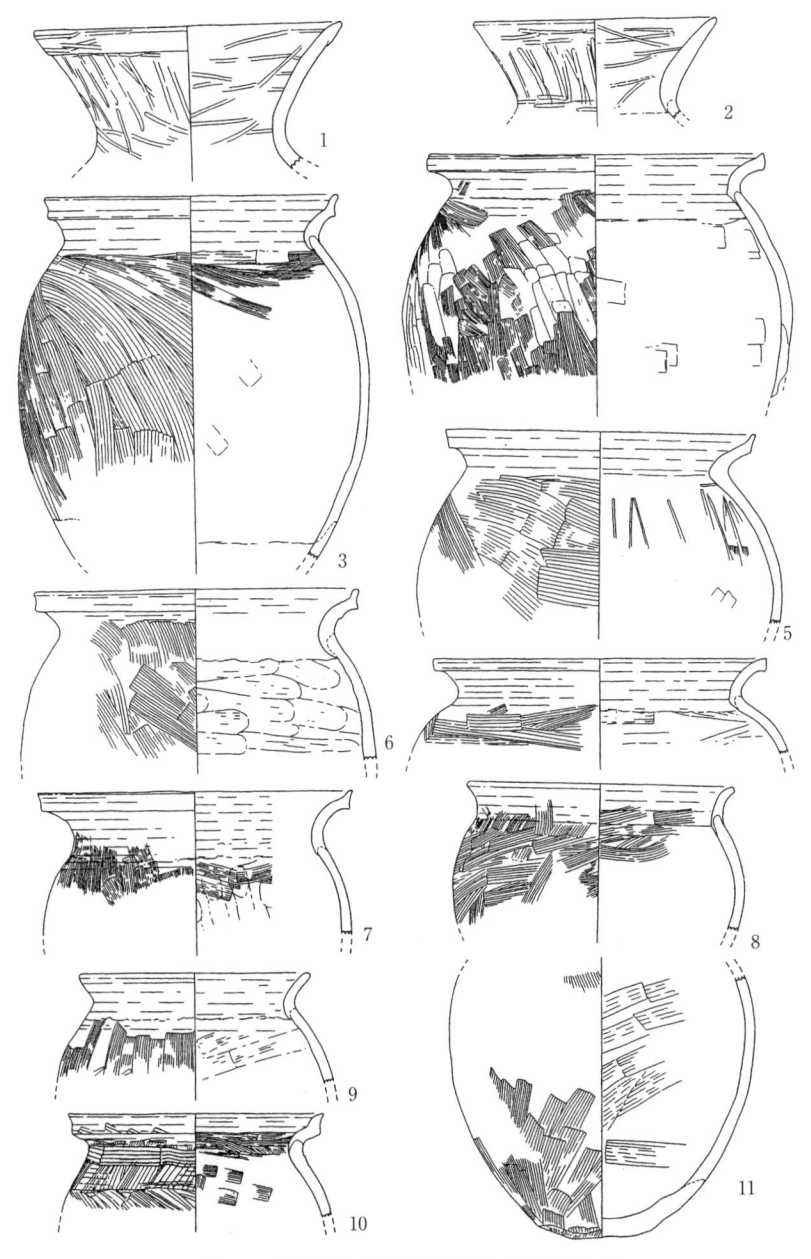

図57　有馬遺跡82号住居跡出土遺物(1)(1/4)

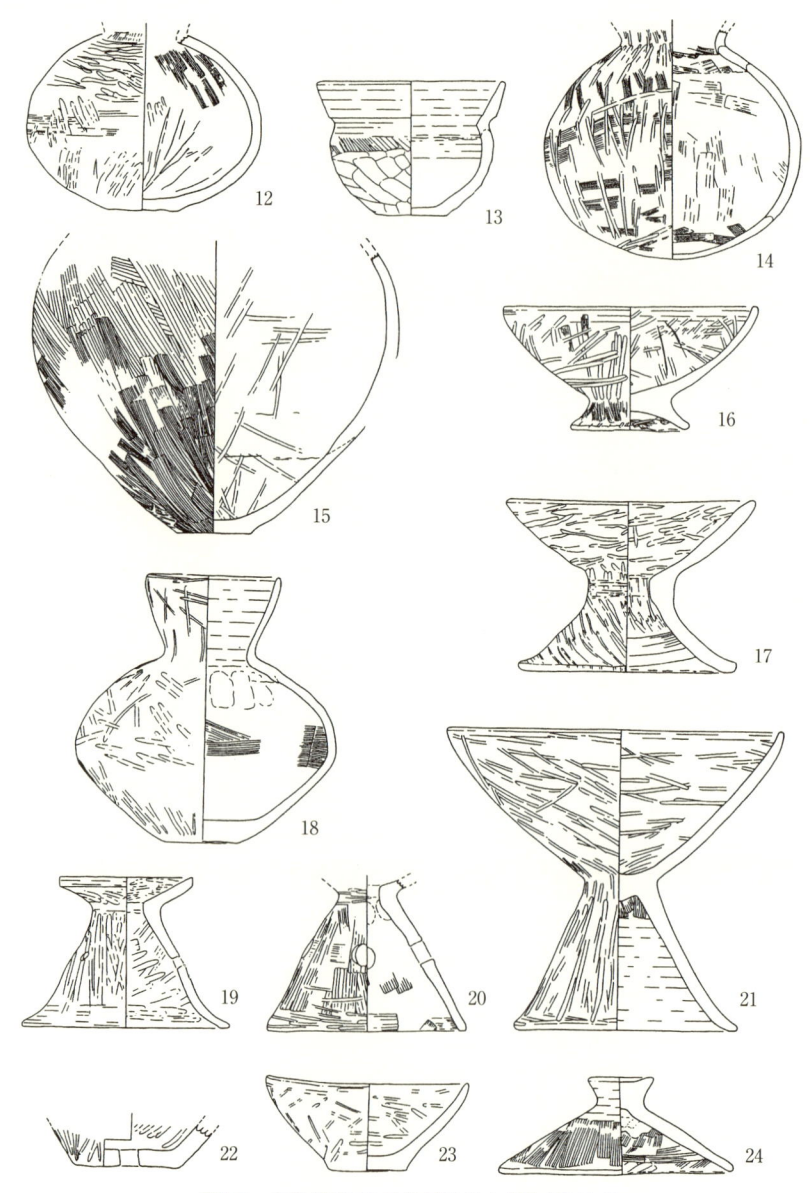

図 58 有馬遺跡 82 号住居跡出土遺物 (2) (1/4)

第 7 章　土器の検討　215

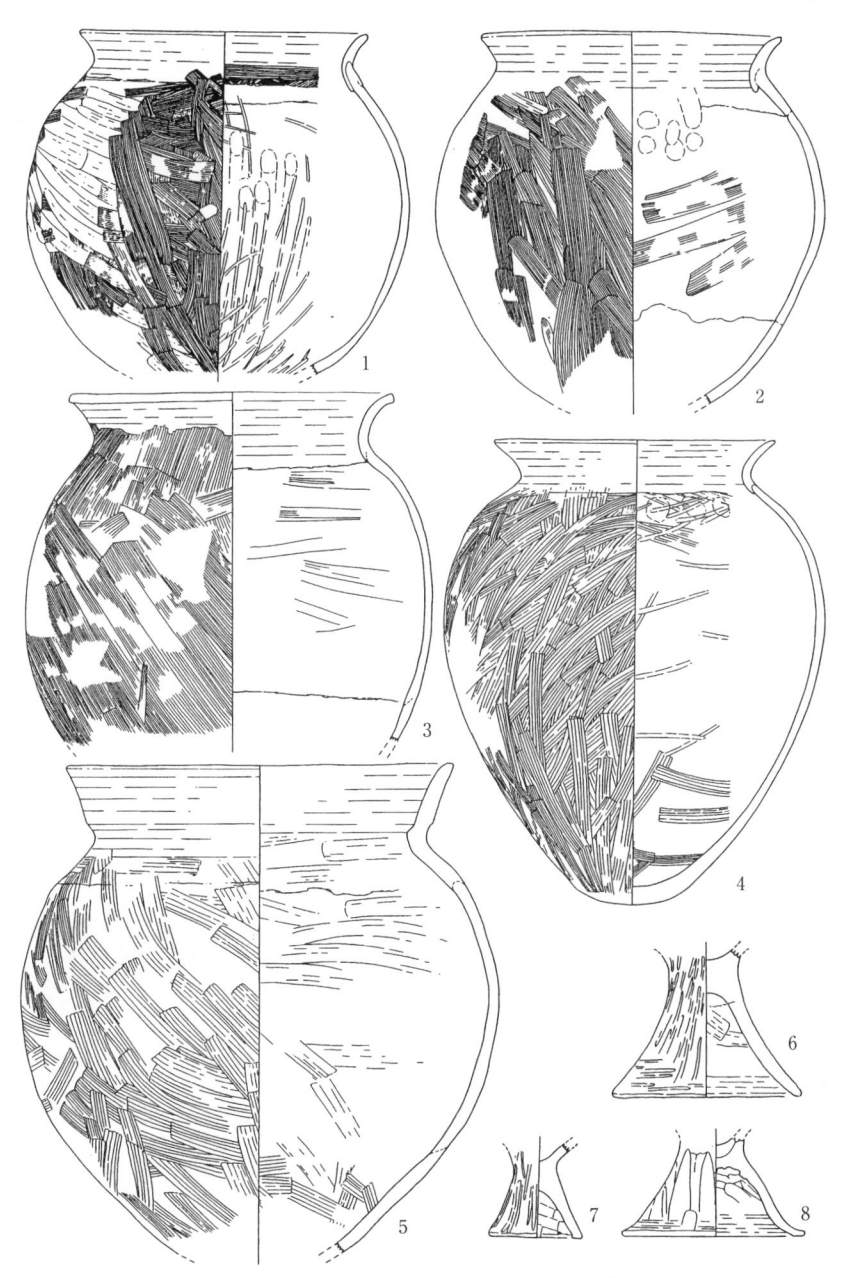

図 59　有馬遺跡 85 号住居跡出土遺物（1/4）

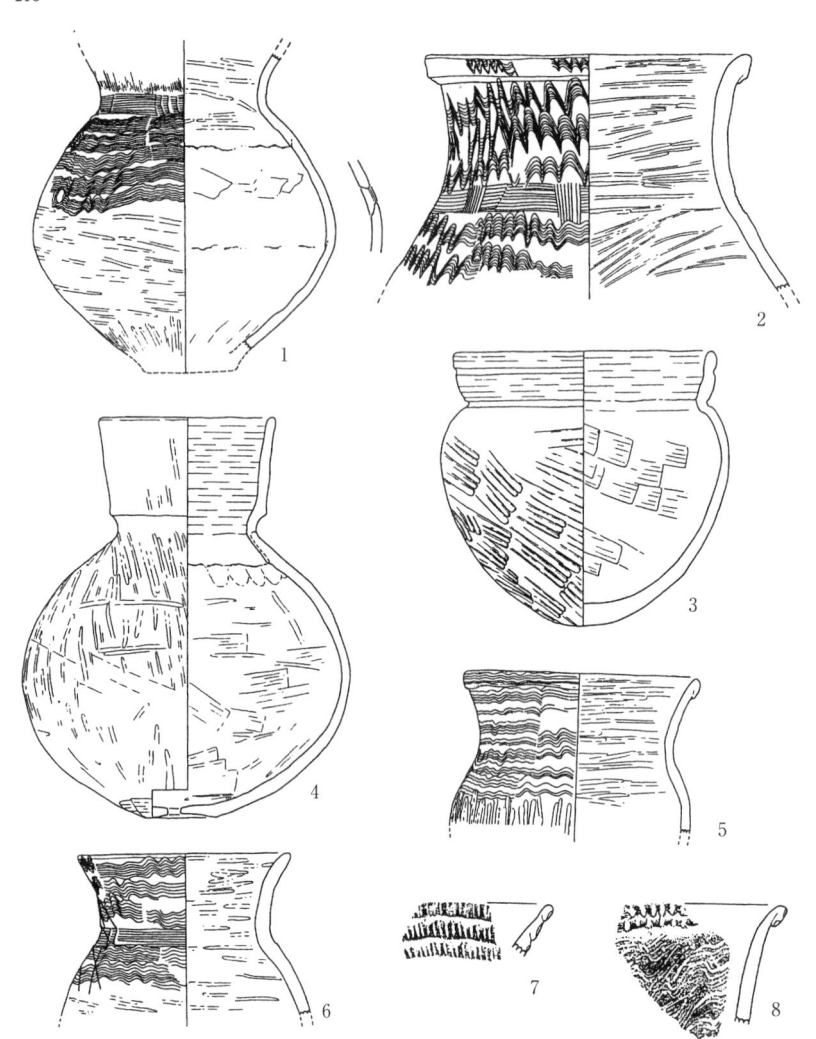

図60 有馬遺跡 211 号住居跡出土遺物 (1/4)

通する。新保田中村前遺跡2-1号河川（図64-1）下層から出土した北陸系小型土器は、有馬遺跡82号住居跡と同様の土器であり（図58-13）、2号河川出土土器には疑凹線が確認された。共伴土器は樽式土器、S字状口縁台付甕、月影～白江段階にあてることができる。

　新保田中村前遺跡2号河川中層から、庄内～布留段階の畿内系叩き甕口縁部破片が出土している。叩き甕と横線のあるS字状口縁台付甕、樽式土器が共伴出土している。河川出土のため共伴関係に問題もあるが、弥生時代末～古墳時代初頭期にある。

　前橋市荒砥地域もさまざまな外来土器を出土する。標高約130m前後にある内堀遺跡では、ⅡH15号住居跡（図65-1）で北陸系小型土器が出土している。口縁部は5の字状を呈し、外面下半部には削りが施される。口縁部の疑凹線は認められない。共伴遺物に南東北に出自をもつ天王山式土器（図65-7）、樽式土器（図65-12）がある。樽式土器に並行する、赤城南麓に分布する縄文を基調とする赤井戸式土器（図65-5）と共伴する。

　同じく内堀遺跡ⅢH14号住居跡からも、北陸系の甕が出土している。口縁部は5の字状を呈し、口縁部外面に樽式土器の基調である櫛描波状文が施される。共伴遺物は在地弥生土器である樽式土器、赤井土式土器である。古墳時代の在地弥生樽式土器、北陸月影～白江式段階の融合土器といえる。

　ここで融合土器という用語を用いたが、群馬県内では在地の土器と外来の土器の特徴が混在する土器が存在する。有馬遺跡82号住居跡出土土器のように、東海系の口縁部に、在地樽式土器の特徴である櫛描文が施されるものなどである。

　同じように5の字状口縁部に樽式土器の特徴である櫛描文が施される土器が、内堀遺跡に隣接する上縄引遺跡1号周溝墓から出土している（図66-1）。上縄引遺跡は前橋3二子山古墳公園整備事業の一環で発掘した遺跡群の一つであり、内堀遺跡の集落に住んでいた人びとの墓と考えることがいちばん適切である。内堀遺跡でも周溝墓が確認され、出土遺物をみると内堀遺跡から上縄引遺跡へ時間的に継続していく様が確認できる。

　下田中遺跡は、新田町現太田市に所在する遺跡である。下田中遺跡4号住居跡（図67-3）から北陸系の甕が出土している。口縁部は5の字状を呈し、口

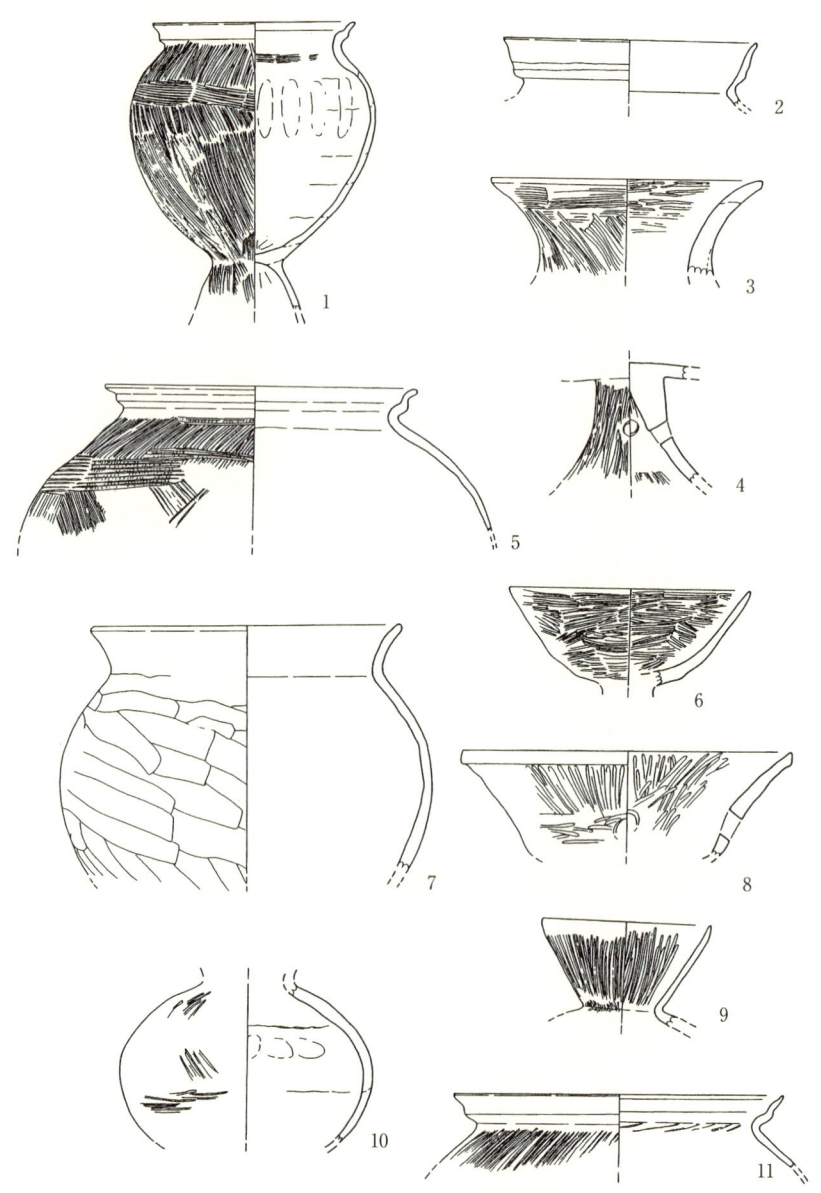

図 61　下佐野遺跡 I 地区 B16 号住居跡出土遺物 (1/4)

第 7 章 土器の検討　219

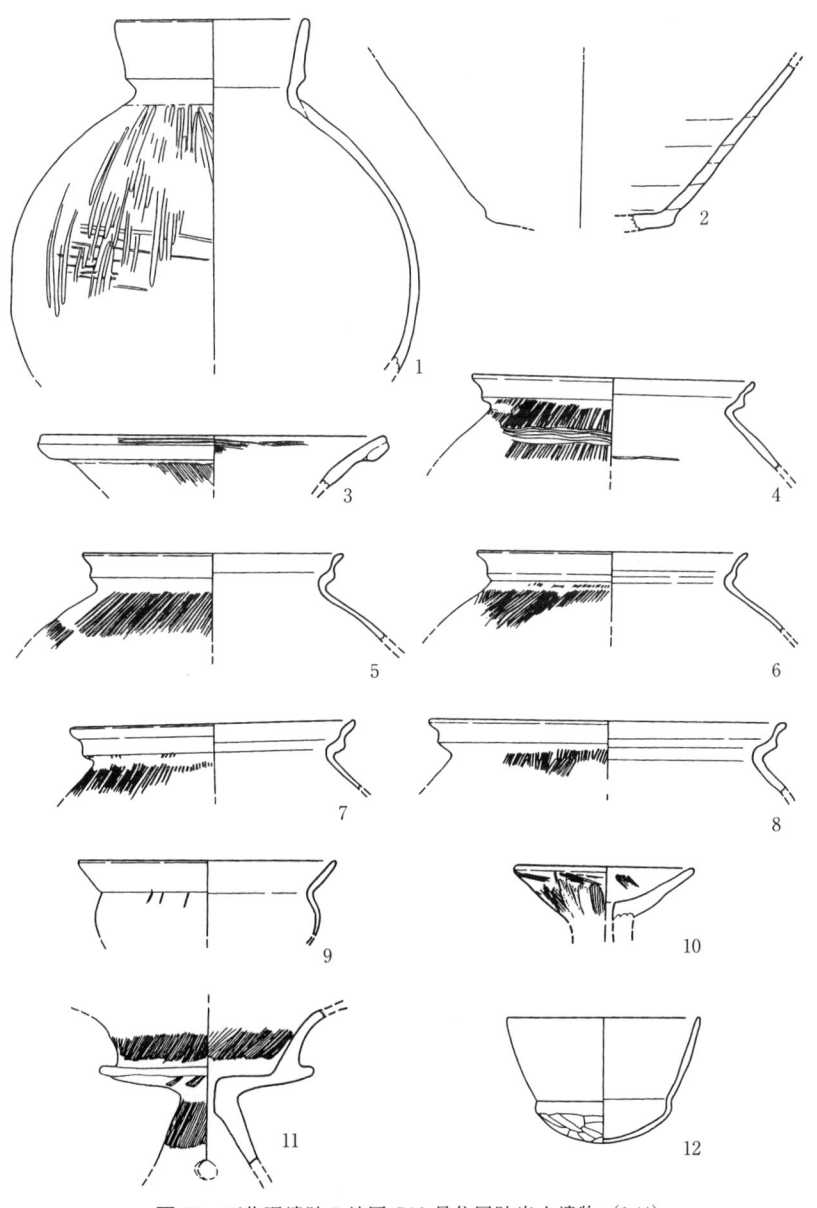

図 62　下佐野遺跡 I 地区 C10 号住居跡出土遺物（1/4）

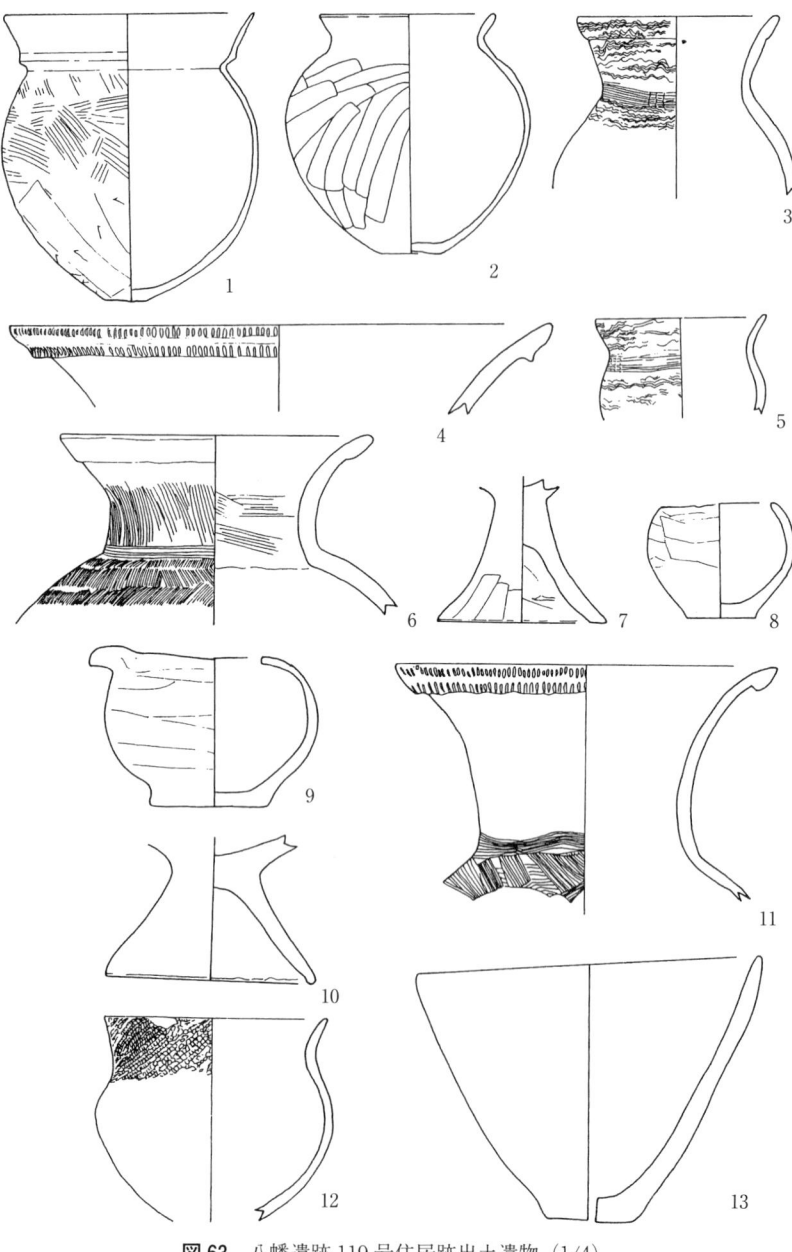

図 63 八幡遺跡 119 号住居跡出土遺物 (1/4)

第7章 土器の検討

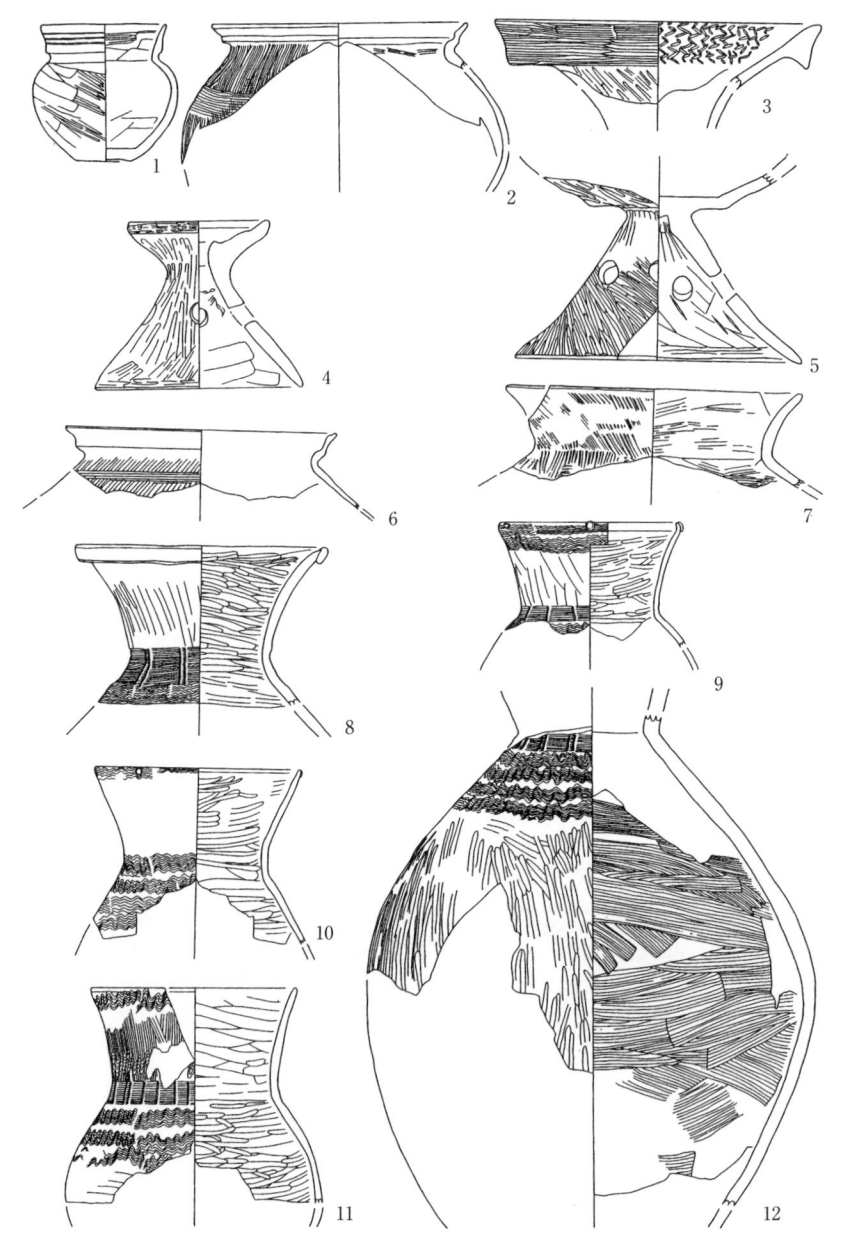

図64 新保田中村前遺跡2-1号河川出土遺物（1〜7:1/4、8〜12:1/6）

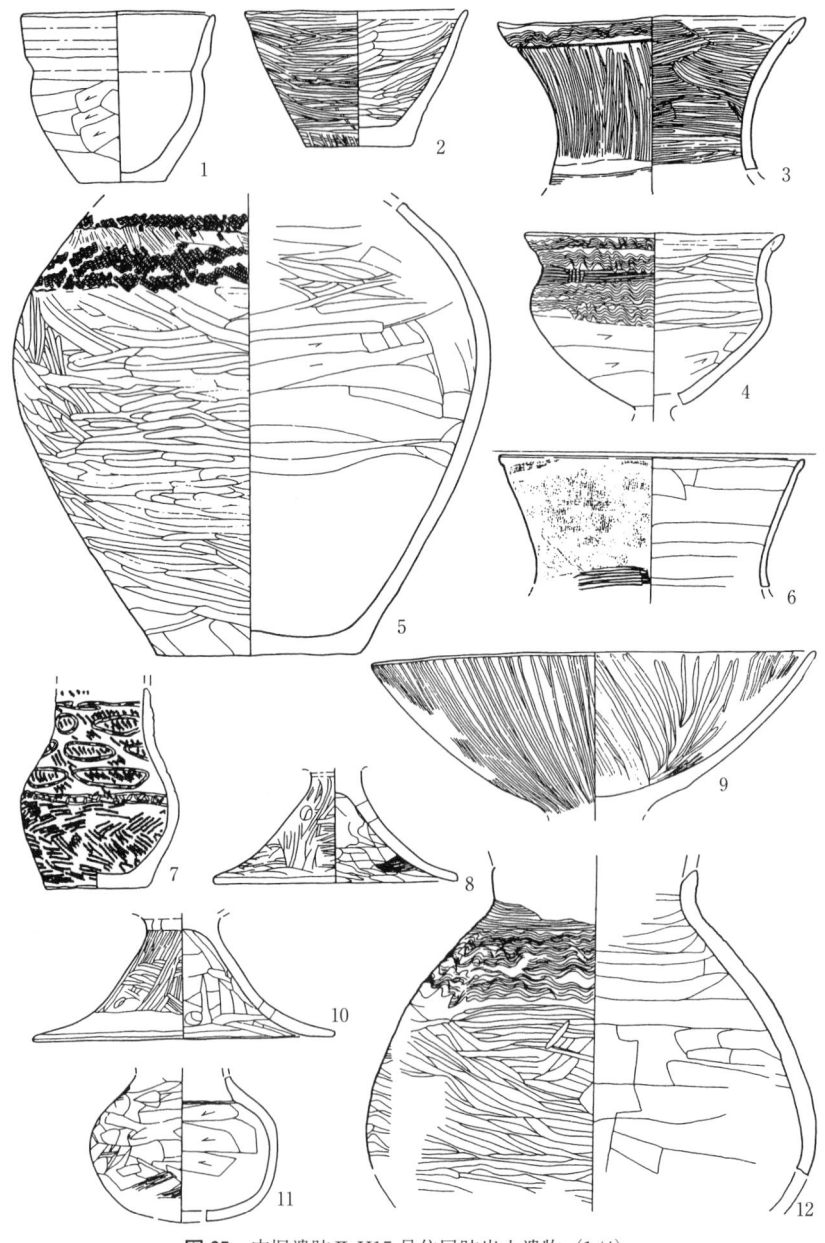

図 65　内堀遺跡Ⅱ H15 号住居跡出土遺物 (1/4)

縁部は内外面なで、胴部は外面刷毛目、内面なでである。Ｓ字状口縁台付甕、小型器台、無文樽式土器と共伴出土している。

　このように群馬県内広い範囲に、北陸系土器が出土している事実が認められる。高崎市南東部、井野川流域、新保地域に樽式土器、北陸系土器、畿内系小型坩や叩き甕が確認されている。Ｓ字状口縁台付甕を大量に出土する下佐野遺跡でも北陸系土器、畿内系小型坩の出土が確認できる。このような出土状況を合わせ、前章まで確認したように、群馬県の古墳時代前期の土器構成は、今まで常識とされてきたＳ字状口縁台付甕を主体とした東海様式ではないことがわかる。北陸の土器群の時期は、田嶋の編年によれば月影〜白江段階にあたる。群馬県では弥生時代末から古墳時代へ変革するときにあたり、畿内では庄内式新段階にあたる。北陸系土器群の搬入はこの時期に集中することがわかる。

　北陸系土器搬入が増えるのは、畿内系と東海系土器群と異なり、ある限られた時間をあてることができる。その時間幅は群馬県の弥生時代後期から古墳時代初頭期にあたり、樽式土器から畿内小型坩が出土するまでの間が指摘できる。北陸系土器の出土は下佐野遺跡、新保田中村前遺跡等で確認でき、複数地域からの外来土器が混在して出土することは、当時の群馬県内に広く共通する事実である。筆者には、そこに交流の実態を確認することができる。交流の事実は出土土器、墓の共通性等をあわせ、総合的に証明することができる。

　ここまで検討してきたように、当時の群馬県内では東海系土器、畿内系土器と北陸系土器は混在して出土することが当り前であり、決して東海の土器一辺倒になることはない。

　次に北陸系土器が出土する時代背景を考えてみよう。北陸系土器が出土するのは、弥生時代後期から古墳時代初頭期にあり、北陸だけでなく東海や畿内と土器交流が活発化する時期に当たる。高崎市井野川流域に所在する下佐野遺跡 16 号住居跡出土北陸系甕は、Ｓ字状口縁台付甕、東海系壺と共伴する（図 61）。同 10 号住居跡では北陸系壺、北陸系高坏、畿内系の小型坩、Ｓ字状口縁台付甕と共伴出土している（図 62）。同じく高崎市新保田中村前遺跡 2 − 1 号河川下層では、疑凹線をもつ小型北陸系土器が、樽式土器、Ｓ字状口縁台付甕、東海系の壺、さらには土師器平底甕と共伴している（図 64）。現在疑凹線が確認できる北陸系の土器は、新保田中村前遺跡出土土器だけである。外来土器から

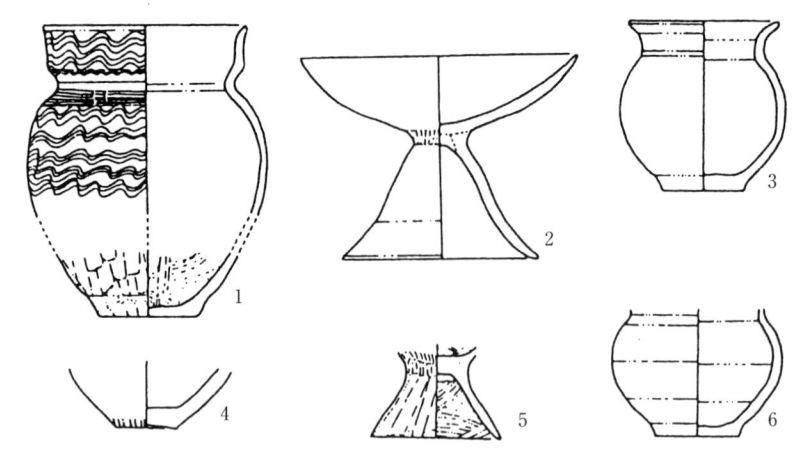

図66　上縄引遺跡1号周溝墓出土遺物 (1/4)

の時期判断はむずかしいが、八幡山遺跡119号住居跡で樽式土器と共伴出土し、下佐野遺跡10号住居跡では小型坩と共伴する（図62）。

　このように北陸系土器が群馬県内で出土するのは、東海系土器と同様県内広い範囲に確認され、特定の遺跡、地域に集中することはない。次に荒砥地域をみたい。荒砥上ノ坊遺跡は、多量の北陸系土器が出土したことで注目された（図68～70）（小島1997）。この遺跡については北陸系土器の研究者である川村も注目している（川村 1998）。

　同遺跡出土土器を検討してみると、北陸系土器だけではなく、他地域からの土器も多数共伴出土しているのがわかる。北陸系土器以外に畿内系、東海系土器が在地の樽式土器、赤井土式土器と共伴出土している。上ノ坊遺跡は、104個体の甕が住居跡から出土している。土師器平底甕が69個体66.3%、このうち北陸系の甕は約11個体。つまり66.3%の甕のうち15.9%が北陸系の甕ということができる。

　上ノ坊遺跡のS字状口縁台付甕は5個体4.8%、単口縁台付甕9個体8.7%、樽式土器21個体20.2%である。北陸系甕を含む土師器平底甕が最大量を示し、同時に樽式土器甕が次につづき、さらに北陸系甕と樽式土器壺等と共伴出土している。また畿内系二重口縁壺、そして東海系の壺との共伴も確認することができる（図69、70）。このように群馬県内では、弥生時代から古墳時代への変

第7章 土器の検討　225

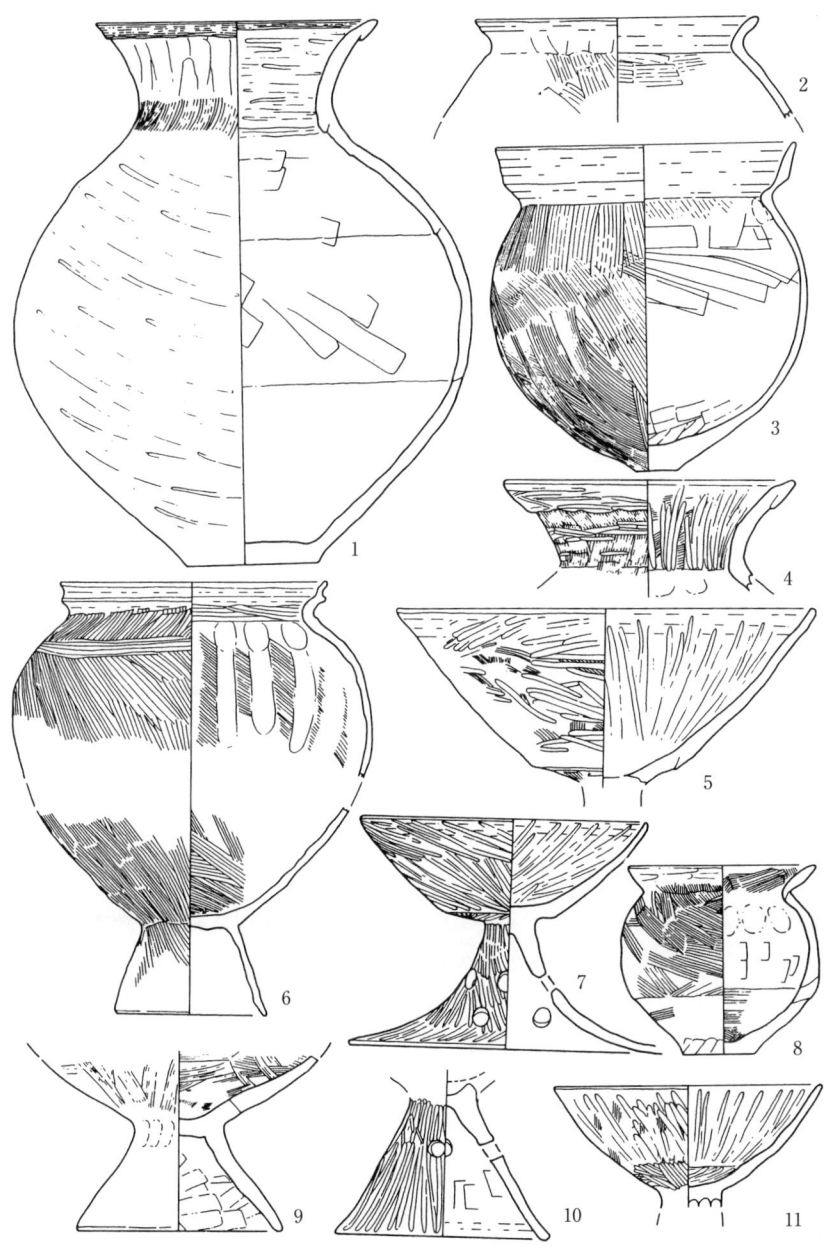

図67　下田中遺跡4号住居跡出土遺物（1/4）

換時期に、さまざまな地域の土器が共伴出土している。荒砥地域では既述の内堀遺跡でも北陸系土器が確認でき、赤井土式土器甕、北陸系甕と樽式土器が共伴出土している。このように荒砥地域のなかでは荒砥上ノ坊遺跡で北陸系土器が集中しており、さらに周辺の多くの遺跡で北陸系土器が出土している。また北陸系土器とともに樽式土器、赤井戸式土器の共伴出土も確認できる。内堀遺跡をみてみると、50軒の甕をもつ住居跡から151個体の甕が出土している。S字状口縁台付甕23個体15.2％、単口縁台付甕21個体13.9％、土師器平底甕61個体40.4％、樽式土器46個体30.5％である。土師器平底甕のなかには、北陸系甕が多数混在している。北陸系甕が多量に出土することは、下佐野遺跡7区45号住居跡、北町遺跡C区H1号住居跡例を挙げるまでもなく各遺跡内、各地域内におけるS字状口縁台付甕が集中する意味と共通している（表32、図44）。

　北群馬地域では有馬遺跡が、北陸系土器を多数出土したことで注目され、荒砥地域では上ノ坊遺跡から北陸系土器が多数出土している。筆者はこの結果からS字状口縁台付甕と同様なことを考えている。つまり問題はどこの土器がどれだけではなく、群馬県内には北陸系土器も含め、東海系土器、畿内系土器、南関東系の土器だけではなく、北関東、南東北さまざまな地域の土器が在地土器と共伴出土するということである。

　外来の土器の量を根拠に、入植民を支持するだけでは問題の解決とはいえない。荒砥上ノ坊遺跡では北陸系土器を出土する住居跡と、東海系土器を出土する住居跡軒数は11軒と同数を示し、さらに単口縁台付甕、樽式土器、赤井戸式土器の出土も確認されている。S字状口縁台付甕も出土し、北陸系土器が出土することが上ノ坊遺跡の特性であるとはいえない。むしろ土師器平底甕と北陸系甕の平底という共通性への嗜好が、ここでの出土量の多さを示している可能性も指摘できる。また下佐野遺跡、新保田中村前遺跡等、井野川流域でも北陸系土器が出土することから、当時の群馬県内にS字状口縁台付甕と同じように流通していたことをうかがわせる。したがってS字状口縁台付甕と同様に、在地で造られていてもおかしくはない。北群馬地域では有馬遺跡が北陸系土器を多数出土したことで注目され、荒砥地域では上ノ坊遺跡から北陸系土器が多数出土しているが、上ノ坊遺跡では東海系土器も同様に出土している。1

第 7 章 土器の検討

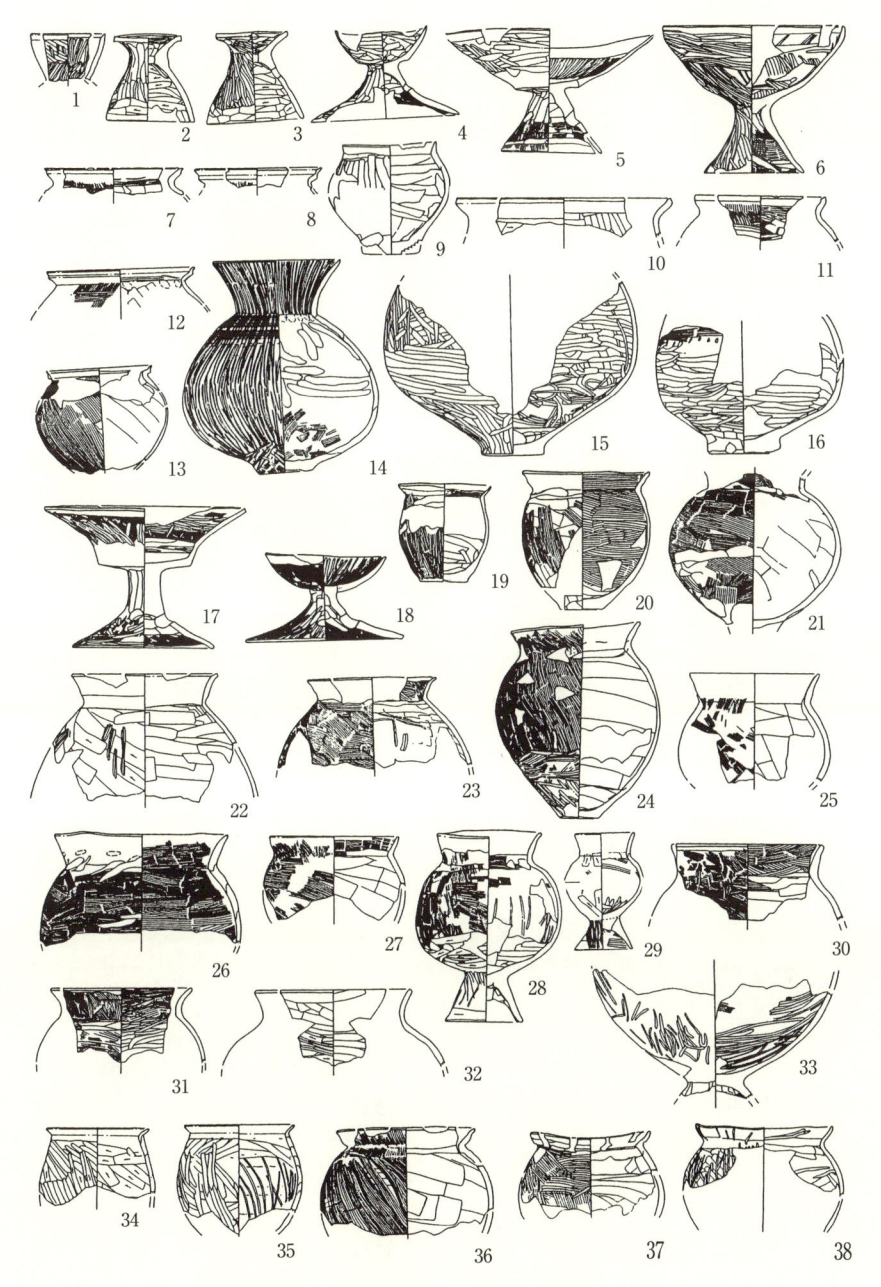

図 68 荒砥上ノ坊遺跡出土北陸系土器群 (1/8)

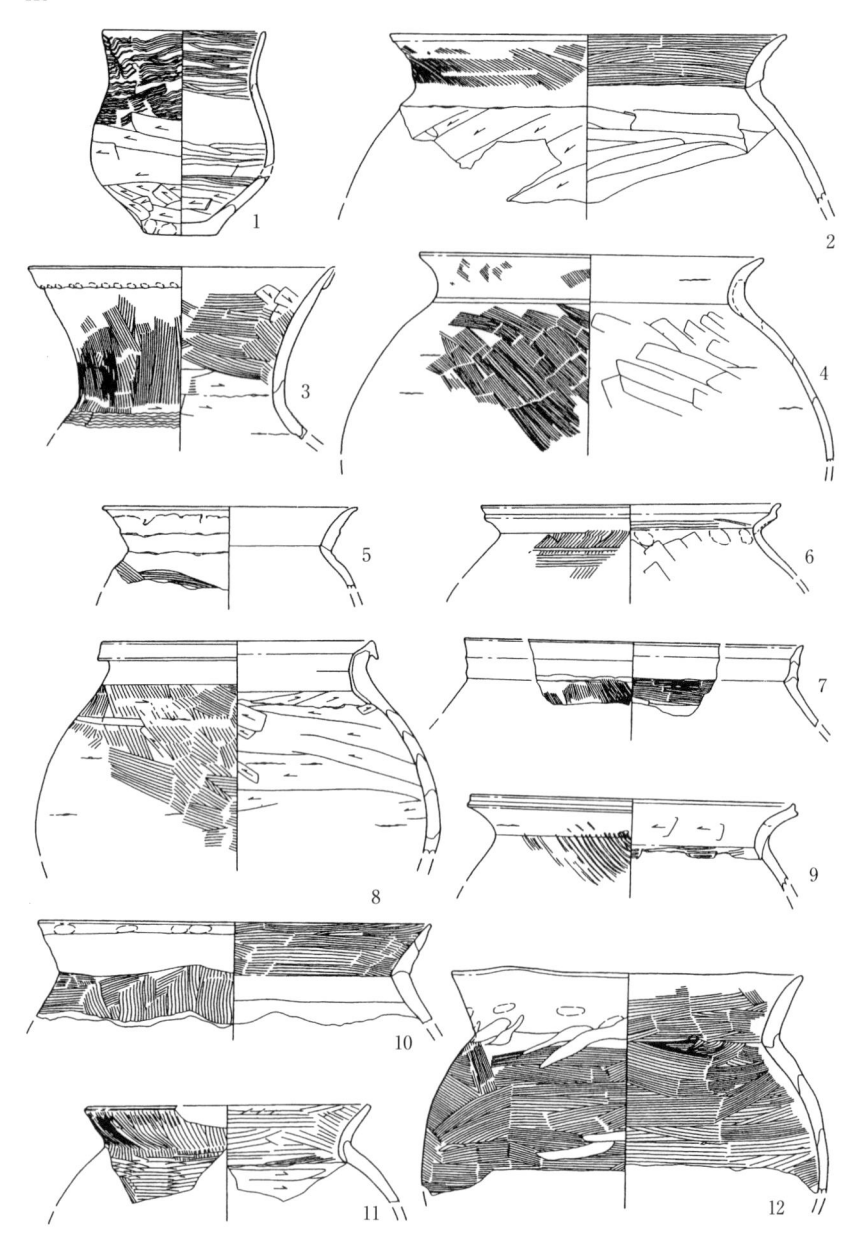

図69 荒砥上ノ坊遺跡89号住居跡出土遺物 (1/4)

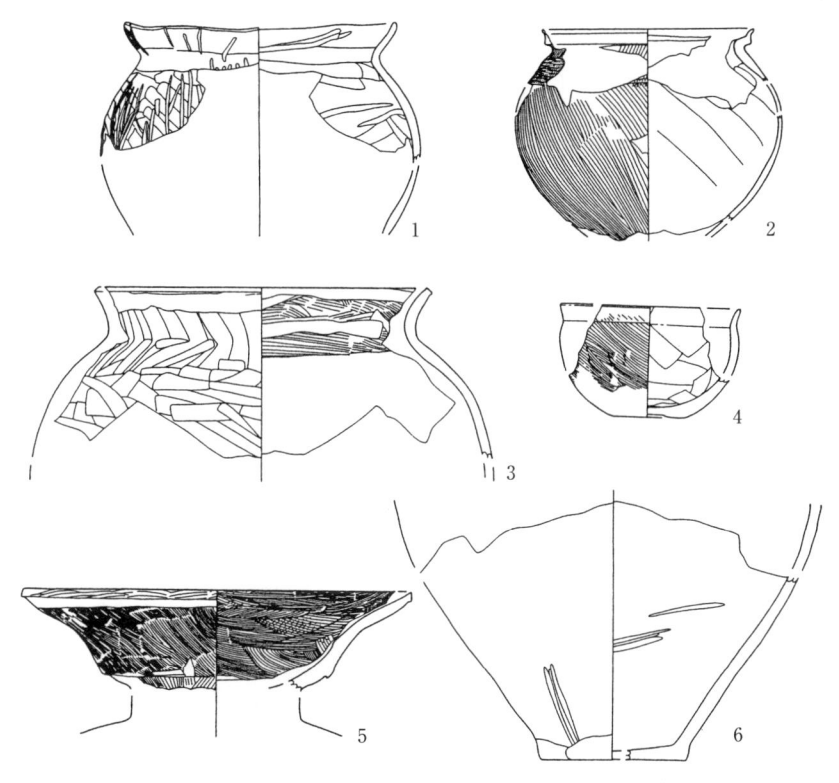

図70 荒砥上ノ坊遺跡6区12号住居跡出土遺物（1/4）

器種の土器が大量に出土することは、井野川流域における下佐野遺跡の立場と同じであろうと考える。

　今井白山遺跡、荒砥三木堂遺跡、荒砥島原遺跡、荒砥前原遺跡等は弥生時代中期から始まり、古墳時代へと継続していく時間幅のなかにある。荒砥島原遺跡では周溝墓と住居跡が確認され、1号方形周溝墓出土の二重口縁壺は、口縁下部に円形浮文をもち、肩部に波状文が施されている（図77-8）。共伴遺物はほとんどが破片で、縄文が施される弥生土器、樽式土器の特徴、櫛描簾状文をもつもの等が確認されている。荒砥島原遺跡西北2.5kmにある荒砥北原遺跡周溝墓から、大型の口縁部に棒状浮文をもち、肩部に円形浮文をもつ壺が出土している（図80-16）。共伴遺物は、畿内系の二重口縁壺が複数個体出土し

ている。荒砥北原遺跡周溝墓からは、S字状口縁台付甕の脚部が出土している。

これら遺跡群は赤城山南麓一帯に分布し、東原B遺跡、堤東遺跡、堤頭遺跡等同様、多くの弥生時代から古墳時代の遺跡群が近接して所在している。赤城山南麓で、このような弥生時代から古墳時代へ継続した遺跡群と認めることができる。遺跡群は谷をはさみ南北に走る尾根上に所在し、谷を耕作地としていた立地にある。荒砥地域の北東にある西迎遺跡は弥生時代中期に始まり、南に接する堤頭遺跡では古墳時代初頭期の土師器、そして南西には内堀遺跡、上縄引遺跡が所在している。荒砥地域の特徴は、東海系土器とともに北陸系土器が樽式土器と共伴して出土することが指摘できる。

荒砥地域全体の土器出土傾向から見ると、上ノ坊遺跡は多数の北陸系土器の出土で注目されるが同数の東海系土器をもつ住居跡を確認でき、荒砥島原遺跡、荒砥北原遺跡では周溝墓から出土する土器に東海系、畿内系土器の出土が確認される。このように荒砥地域、井野川流域のおのおので周辺複数遺跡で土器様相を比較、検討すると、特に出土土器群が東海やあるいは北陸地域等故地を大きく特徴づけることはできない。遺跡を個別にみるのではなく地域としてみていくと、個別の遺跡がもつ特異性は平均化される。つまり下佐野遺跡ではS字状口縁台付甕を多量に出土するが井野川流域全体をみると、S字状口縁台付甕をあまりもたない集落が存在する。そのような地域にある複数遺跡の出土傾向をあわせて検討すると、平均化され、あまり違わないことがわかってくる。

つまり荒砥地域も井野川流域も、同じような東海系のS字状口縁台付甕単体の土器、北陸系、畿内系等の土器と在地の土器が混在した状態で出土していることが見えてくる。

ここまで荒砥地域の土器様相をみてきたわけであるが、荒砥地域にある弥生時代から古墳時代にかけての土器様相は、井野川流域と比較してみるときわめて似通った土器出土状態であると指摘できる。

現在の入植民説では、井野川流域に進出した人びとはそのあと、群馬県内東部荒砥地域に拡大したものとされる（若狭 1990）。しかしここまで地域的な視点から見てきたように、荒砥地域では西迎遺跡、荒口前原遺跡等弥生時代中期から外来の土器混在様相をもちながら、古墳時代前期へと継続していくことが証明できた。弥生時代中期から継続的に営まれてきた地域であることは明らか

第5節　外来土器のとらえ方

　本章ではS字状口縁台付甕と、北陸系土器を考えてみた。S字状口縁台付甕に関していえば、群馬県内で古墳時代初頭期に普及した甕であることが指摘できた。そしてS字状口縁台付甕の大多数は、在地で造られ群馬の地で流通していたであろうことが考えられる。肩部にある横線の有無から、東海地方編年のような新旧関係は証明できない。このことから筆者はS字状口縁台付甕の大半は在地で造られたものであると考える。その理由は、すでに横線があるものとないものが群馬には存在（搬入）していて、その土器をモデルに在地で造られていたと考えているからである。だから2者は時間差をもたず、大半が共伴する事実と符合する。さらに同じ遺構内で口縁部形態が異なるS字状口縁台付甕の共伴する事実とも符合する。

　S字状口縁台付甕は、弥生時代後期から古墳時代前期の墓から多数出土している。従前より墓から出土する土器は、生前の死者の出自を強く表すとの考えがある。実際に墓から出土する土器を検証すると、S字状口縁台付甕と在地樽式土器、畿内系小型坩等と共伴出土する例が多い。このような土器の出土実態は、周辺集落住居跡から出土する土器構成と同様な組成を示している。このことから墓に葬られた人びとと、集落の人びととの有機的な関係が指摘できる。

　以上のことから判断して、S字状口縁台付甕が出土することと、東海から人がくることは、まったく関連性のないものであることがわかる。つまりS字状口縁台付甕が出土したことを理由に東海からきた人であると断ずれば、北陸の土器が出土したことを理由に北陸から入植した人と断ずることになる。

　川村浩司は下佐野遺跡I地区A区4号前方後方形周溝墓から、北陸系壺の存在を指摘している（川村 1998）。この墓からは29個体の土器が出土し、14個体のS字状口縁台付甕、1個体の単口縁台付甕、13個体の壺、1個体の高坏がある。13個体の壺のなかに北陸系の土器がまじっていた（図83‑11）。さらに墓からは内行花文鏡が出土している。このような土器、遺物構成をもつ墓の被葬者をどう考えるべきであろうか。出土土器を検証してきたように、下佐

野遺跡は井野川流域最大のＳ字状口縁台付甕出土遺跡である。その遺跡内で確認された墓から出土した土器構成は、在地土器と複数他地域の土器から構成されているのである。

　周溝墓出土土器の検討は次章で行う。ここではおおまかに概観してみたい。井野川流域に所在する下佐野遺跡４号周溝墓から出土した周溝墓を概観してみよう。川村が指摘したように、北陸系の壺と14個体のＳ字状口縁台付甕、単口縁台付甕の共伴である。下佐野遺跡は井野川流域一帯で最大のＳ字状口縁台付甕保有集落である。そのなかで４号周溝墓は前方後方形を呈し、なおかつめずらしい内行花文鏡をもっている。このような墓に葬られた人を、どう見ればよいのだろうか。

　現在考えられているように、井野川流域はＳ字状口縁台付甕を携えた東海地方からの入植地であるから、東海からの移住者の墓である。このような考え方は北陸系壺と単口縁台付甕の共伴を無視しているし、土器の多少をもって出自を決めるということになってしまう。では墓全体の土器構成から考えてみると、前節で検討したように下佐野遺跡は26基の周溝墓が確認されている。このうちＳ字状口縁台付甕を出土するのは11基33個体である。半分以上15基の墓からは、Ｓ字状口縁台付甕は出土していない。４号周溝墓以外の墓から出土するＳ字状口縁台付甕は、Ⅰ地区Ｃ区７号方形周溝墓から４個体、他の５基から２個体ずつ、他の３基は１個体ずつである。

　北陸系土器の出土は４号、Ⅰ地区Ａ６号方形周溝墓、同10号方形周溝墓の３基を認めることができる。二重口縁壺、小型坩等畿内系の土器を出土するのはⅠ地区Ａ区５号方形周溝墓、Ｃ区１号方形周溝墓、同５号、６号方形周溝墓の４基、東海系の壺を出土する周溝墓はⅠ地区Ａ区12号周溝墓、Ｃ区２号、３号周溝墓、同５号周溝墓、Ｄ区１号方形周溝墓の５基である。このほかに下佐野遺跡Ⅱ地区７区３号、４号方形周溝墓からは樽式土器甕が出土している。下佐野遺跡26基の出土土器を検証すると、実に多種に及ぶ土器混在様相がうかがえ、Ⅰ地区Ａ区８号方形周溝墓からは赤彩された壺、Ｃ区５号方形周溝墓では畿内系二重口縁壺、東海系壺、小型坩が２個体のＳ字状口縁台付甕と共伴出土している。下佐野遺跡Ⅱ地区の樽式土器甕を出土した３号・４号方形周溝墓の２基のうち、３号周溝墓からは土師器平底甕と２個体のＳ字状口縁台

付甕が共伴出土している。

　井野川流域は東海地方から入植民がきて、S字状口縁台付甕を主体とする東海系土器様式の中心とされてきた。しかし墓出土土器も、前章で住居跡を検証した結果と同様な土器構成を認めることができ、住居跡同様、さまざまな地域の土器が混在し東海系一色となることはなく、出土土器から墓の被葬者の出自（出身地）を指摘することはできない。いずれにしろ、このような住居跡と墓から出土する土器構成から、集落に住んだ人びとや、墓に葬られた人びとが東海や他の地域からの入植者であると断定する根拠はない。むしろこのような土器構成自体を創出させたのが、土器や「もの」を製作する集団がすでに存在し、新保地域のように、さまざまな形態の土器が自由に手に入れることができるシステムをもった社会背景を、そこに認めることができる。結論は後段に譲るが、自由に土器だけではなくさまざまなものを手に入れることができる社会があったからこそ、いろいろな形や地域の土器をもっていたと考える。井野川流域でS字状口縁台付甕を大量に出土した下佐野遺跡26基の周溝墓からも北陸系土器、畿内系土器、東海系土器、南関東系土器、そして樽式土器が出土する。

　このようにS字状口縁台付甕という特異な形態に目を引かれていたが、S字状口縁台付甕だけではなく、北陸系土器も群馬県内全域に分布している。もちろん南関東系、畿内系土器も同様である。

　再度川村の論考によれば、北陸系土器を出土する遺跡は群馬県内では32遺跡170個体を確認している。みなかみ市糸井宮前遺跡、沼田市町田小沢Ⅱ遺跡、渋川市有馬遺跡、高崎市倉賀野万福寺遺跡、新保遺跡、新保田中村前遺跡、前橋市上縄引遺跡、伊勢崎市下渕名遺跡、太田市御正作遺跡が含まれている。さらに第5章で示したように、石田川遺跡でも北陸系土器が混在していることがわかっている。

　注目された渋川市有馬遺跡、前橋市荒砥上ノ坊遺跡に限らず、群馬県内全域に北陸系土器は流通している。

　群馬県内の北陸系土器を出土する遺跡群を概観し検討してみたが、荒砥地域には弥生時代中期から集落が展開し始め、内堀遺跡では上縄引遺跡と合わせ集落と墓域が営まれた。高崎市では八幡遺跡119号住居跡（弥生時代終末期）から下佐野遺跡（古墳時代前期）へと時間的に継続することがわかる。北陸系土

器の出現は、樽式土器終末段階に始まり、複数他地域の土器が並行して混在するものと考えられる。また群馬県内では時を同じくして、樽式土器が土師器を意識するように文様が消失する無文土器が生まれる（図66-3、図67-1）。つまり井野川流域同様、荒砥地域を見ても弥生時代中期に始まった集落展開は、古墳時代を迎えて樽式土器と東海系、畿内系、南東北系、南関東系、北陸系さまざまな複数他地域の土器群を混在して展開をつづけていく。

　実際には集落展開を始める弥生時代中期からすでに、他地域の土器をもっていた。北陸土器が井野川流域と荒砥地域で出土することだけではなく、本質的な土器構成が同じである事実から両地域も交流があったことだろう。再度新保地域を上げなくても、遠距離、近距離間の交流はすでにあったと理解できる。

　このように群馬県内では、樽式土器後期に月影式土器が搬入され、畿内編年では庄内新段階に群馬県内に北陸系土器が入ってくることが理解できる。

　さらに川村の研究により、県南東部御正作遺跡でも、北陸系土器の存在が確認されている（川村 1999）。樽式土器と東海系土器、畿内系土器、南関東系土器も樽式土器と土師器との断絶を認めることはできない。北陸系土器だけでなく、東海系土器群からも弥生時代から古墳時代を通し、近距離、遠距離の交流が継続した事実を示している。

　群馬県の古墳時代初頭期を、Ｓ字状口縁台付甕と北陸系土器を基軸に概観した。古墳時代前期に積極的にＳ字状口縁台付甕を取り入れた下佐野遺跡、樽式土器と北陸系土器を出土する荒砥上ノ坊遺跡、御正作遺跡は下佐野遺跡同様Ｓ字状口縁台付甕をも積極的に取り入れている。このように県内Ｓ字状口縁台付甕を大量に出土する遺跡は同じように北陸系土器を所有し、さらに畿内系小型坩、南関東系単口縁台付甕など複数他地域の土器が出土する。

　これらの例は新事実ではない。この事実は、かつて石田川遺跡、高林遺跡が発見され、五領式土器のシンポジウムが開かれた当時の学会での共通認識である。さらに土器出土の内容を個別に見ると、他地域の土器、在地の土器が突出したり、あるいは少なく、また外来系土器が存在しない場合もある。そのようななかにあって単口縁台付甕は少数ながら出土し、地域内の１遺跡からしか出土しない場合もある。そのことは東海の人が多くて、南関東の人が少ないという問題ではなく、多少であっても需要があれば供給が維持されていたことを如

実に示している。その背景には単口縁台付甕を嗜好した人がいたこと、選択した人がいた結果であると考えるべきである。

註
(1) 群馬県内ではＳ字状口縁台付甕が出土すると、東海の編年にあわせてその特徴を抽出する。しかし、口縁部や整形、外形やさまざまな特徴を、個々に見ていくとなかなかあてはまるものがない。つまりここはＢだがＣの特徴も否定できないもの等が多い。
(2) 供伴率が高いことはやはり在地で造っていることの傍証の一つと理解している。筆者はＳ字状口縁台付甕の横線も有無が時期を画する基準ではないと理解している。このために新旧の判断材料にはならないと考えている。
(3) 下佐野遺跡４号周溝墓では北陸系土器、Ｓ字状口縁台付甕が共伴している。
(4) 県内全域で北陸系、畿内系、東海系の土器群は在地土器と混在した状態で出土する。またよく見るとその中でＳ字状口縁台付甕の量はおどろくほど多いわけではない。

第8章　群馬県の墓制

第1節　周溝墓出現期の時代背景

　ここでは弥生時代から古墳時代の墓の変遷を通し、社会背景をみてみたい。
　弥生時代の墓には、さまざまな形態や埋葬方法の違いが存在し、同じ時代でも列島内全体で、同様の形で造られるというわけではない。土器と同じく地域や時期の違いにより、それぞれに特徴的な埋葬形態が存在する。
　現在、群馬県の大半の研究者は古墳時代前期を総称して石田川期とよぶ。さらにS字状口縁台付甕を、石田川とよぶことも一般的であり、共伴した高坏や器台、壺を石田川とはよばない。S字状口縁台付甕だけを石田川土器とよぶのである。このことは前章まで検討してきたように、古墳時代前期の土器のなかで視覚的に特異なS字状口縁台付甕に、おもきを置いていたことに最大の要因があった。背景には東海からの入植民説が背後に深く横たわっており、それが発掘現場、整理現場の呼称に現れている。そのためS字状口縁台付甕以外の共伴土器を石田川並行期、あるいは所謂石田川等々の使用例がたくさんある。その背景にある入植民説を、前章まで示してきた。
　つまり、多くの人がこの呼称で理解し合えることは、石田川とはすなわち東海の土器群、S字状口縁台付甕という認識が、大半の研究者に定着していることの証であると考えられる。くり返すが、この入植民説の発端は、1952年、石田川河川工事中、偶然発見された石田川遺跡にある。当時の研究者は初めて古墳時代前期の土師器を見たとき、今まで榛名、赤城山麓地帯の発掘で見慣れていた樽式土器とまったく違う土器に驚いたのである。多くの先学、先人はその特異な形態の土器をみて在地の樽式土器との違いに驚き、以来石田川遺跡の

土器文化をもつ人びとは、在地の弥生時代後期に引きつづく人とは異なった別の文化をもつ人びとであると考えた。発掘資料、発掘事例の少ない当時としては、群馬県内の多くの研究者も同意した。以来樽式土器と石田川遺跡出土土器は、並行する異なった文化、異なった社会という認識が定着した。この理解は以後、現在に至るまで入植民、移住民説を定着させてきた。

　結果石田川式土器文化は、樽式土器文化の人とは繋がらないのは、現在群馬県内の研究者の間で共通の理解となっている。

　その背景には、当時樽式土器の遺跡の多くが、県内北西部赤城、榛名山麓で確認されていたことがあった。そして石田川遺跡は、県南東部太田市で確認され、地域的にも遠く離れていたことも、その理由の一つであった。

　樽式土器は県西北山麓地帯にあり、太田市は南東平野部に所在することから、樽式土器文化の集団に対し、新たに平野部に別の集団が入植したとの認識に一致してしまった。この結果、群馬県の弥生時代後期は、樽式土器をもつ社会に新たなる土器（当時は石田川式土器は弥生土器とされた）をもつ別の集団が入植してきたとされた。樽式土器文化と、石田川式土器文化の並立という図式が、定着したのである。そして今では石田川式土器文化とは、東海からの入植民の文化を指している。前章まで示したように、石田川式土器文化は、Ｓ字状口縁台付甕を主体とする東海の土器様式でなければならない。このためそれ以外の土師器は前石田川式土器、石田川式期、石田川並行期等々の用語が生まれた背景にもなってきた。石田川遺跡報告書では、石田川遺跡出土土器と樽式土器との、おおいなる異なりの指摘から、どこからか人びとがきたという結論に至り、遠く朝鮮半島をも視野に入れるという、ダイナミックな論で終始した。

　何よりも視覚的に特異なＳ字状口縁台付甕の出自すら、発見当時はわかっていなかったのである。やがてＳ字状口縁台付甕が東海地方で発見され、その後の研究で東海地方に出自をもつ甕であるとわかると、石田川土器文化をもつ人びとはＳ字状口縁台付甕を主体とする東海様式を携えた入植民である、とされた。彼らはまず高崎市井野川流域に移住した、という具体的な認識が広まり定説化してきた（梅澤 1997、田口 1981・1998、若狭 1990・2002・2007）。

　現在でもこれらの認識が定着し、ほとんどの研究者は賛同している。このように石田川式という用語のなかには土器の様式、型式名だけではなく、新たな

る文化を携えた入植民ということが、同時に含まれることとなった。大前提は樽式土器文化と、石田川式土器文化は並立し、異なった文化、社会であることにある。このような背景から、土師器と樽式土器の研究自体も、たがいに接点をもたないままつづき、やがて群馬県を南北に走る関越自動車道、県南部平野部を南東に走る国道17号バイパス、東西に走る北関東自動車道等の事前発掘調査が始まると、樽式土器と土師器の共伴例が多数確認されていくこととなる。

かつて梅澤が「不毛の曠野」と指摘し、弥生時代の遺跡や遺物はないとされていた県南東平野部に弥生時代中期の遺跡、遺構、遺物の発見が相次いで発見され、後期の樽式土器に継続することがわかってきた。そのなかには本文で検討したように、樽式土器と土師器が共伴する事例もが爆発的に増えつづけることとなった。この結果から従来では、石田川式土器といえば石田川遺跡出土土器としたり、東海様式としたりしていた土器群は、さらにさまざまな様相を示し始めてきた。

前章まで示してきたようにその後、大型開発にともなう事前発掘調査で北陸系土器、南関東系土器、東海系土器、畿内系土器と在地の弥生土器が共伴して出土する事実が爆発的に増えた。この結果、現在規定されている石田川式土器の枠組のS字状口縁台付甕を主体とする東海様式の土器という設定は、完全に齟齬が生じている。

ここまでの筆者の検討でも、東海系のS字状口縁台付甕は、在地の平底の甕より実数は少ないという結果が得られた。つまりS字状口縁台付甕を主体とする東海様式は存在せず、北陸系、畿内系、南関東系等々さまざまな地域の土器群が混在しているのが実態である。複数の外来土器が樽式土器と共伴出土することは、現在の発掘現場では当り前の状態なのである。

そのようななかで弥生時代から古墳時代に再葬墓、周溝墓が確認され、出土土器の構成も東海系、畿内系、北陸系、南関東系等々他地域の土器が混在して出土している。

第2節　周溝墓と再葬墓

方形周溝墓の発見は1964年、東京都八王子市で発掘された宇津木遺跡に始

まる。大場磐雄の命名による。大場は同年10月、日本考古学協会（群馬大学）で方形周溝墓として発表した。その後、発見例は増え、周溝墓研究は下津谷達男、大塚初重、井上裕弘の研究がつづいた。

その後、関東地方でも周溝墓の報告例が増えつづけた。群馬県内で周溝墓の報告があったのは1970年である。それ以前は関東地方では取り残された感があった。1970年代以降になると群馬県内で関越自動車道、上越新幹線建設等の大規模開発が始まり周溝墓の発見例も爆発的に増えてきた。関越自動車道工事の事前調査が行われ、報告書の刊行もつづいた。下郷遺跡（1980）、日高遺跡（1982）、新保遺跡（1988）、有馬遺跡（1991）、石墨遺跡（1985）とつづき、近年では北関東自動車道、国道17号バイパス工事の事前発掘調査により周溝墓の検出例は増えつづけ、形態も方形、前方後方形など多岐にわたっている。

1988年、有馬遺跡で報告された礫床墓は、以後新保田中村前遺跡、少林山遺跡、八幡遺跡等で確認され、群馬県内でさらに広い分布があるものと考えられる（図72）。近年、周溝墓とよばれるもののなかには、かなりの割合で建物の周溝があるとの指摘がある（及川1998、飯島1998、福田2009）。群馬県では100を越える遺跡から400を越える周溝墓の報告がある。このなかにも建物の周溝が含まれる可能性が高いことも視野に入れなくてはならない。

高崎市井野川流域では多くの遺跡で周溝墓が確認され、本文でも取り上げた倉賀野万福寺遺跡、下佐野遺跡、新保遺跡等で確認されている。群馬県では弥生時代は円形や楕円形の周溝が多く、古墳時代になると方形区画が明瞭になる（友廣1995）。周溝墓は弥生時代中期がいちばん古く、それ以前は再葬墓がある。

弥生時代前期から中期にかけての墓を概観してみたい。

弥生時代の墓制の変遷を見ると2003年、長野原町川原湯勝沼遺跡で氷式並行土器が2個体並んで出土した。群馬県内で氷式土器並行の再葬墓が確認されたのは、初めてのことであった。ここで群馬県内における縄文晩期から、弥生時代前期にあたる再葬墓が確認されたわけである（図1-1、図2）。

1939年、吾妻郡岩櫃山の山頂近くの岩壁岩陰から、19個体の土器が出土した。当初は祭祀遺跡等の考えもあったが、人骨の出土で墓に関連する遺構とされた。しかし、人骨の出土が壺内ではなくテラス上であったため再葬墓との確

証はなく、再葬墓として認定されたのは、千葉県天神前遺跡で壺のなかから人骨が確認されるまで、24年が必要であった。これが岩櫃山、鷹の巣岩陰遺跡である（図1-4）。鷹の巣岩陰遺跡から出土した土器群は、弥生時代中期初頭の岩櫃山式土器として定着した。1955年、月夜野町利根川左岸にある石尊山中腹で、八束脛洞窟遺跡が知られるようになった。穿孔された人の歯が見つかり、やがて再葬墓の遺跡であることがわかった。ここで見つかった人骨は火で焼かれていたことが注目され、土器はいっさい認められなかった。この2遺跡は弥生時代中期のもので、いずれも平地を見下ろす山の崖上にある（図1-42）。

2002年、長野原町立馬遺跡で壺棺墓が検出された。壺棺に使用された壺は、中期竜見町土器である。長野原町内での弥生時代前～中期の墓は、川原湯勝沼遺跡と合わせ、これで2例目となった（図1-2、図15）。

長野原町から吾妻川を10km下った左岸に岩櫃山、さらに15km下った左岸に渋川市押手遺跡がある。渋川市内で吾妻川と合流する利根川を約25km北上すると八束脛洞窟遺跡、遠賀川式土器を出土した糸井宮前遺跡のある利根郡みなかみ町がある。みなかみ町では、出土遺構は不明であるが、南東北地方の中期土器を出土した川場村立岩遺跡がある（図1-41）。

長野原町に限らず弥生時代前期、中期の墓の発見例は少なく、また集落遺跡も同様である。

群馬県内の再葬墓の研究は飯島義雄、宮崎重雄、外山和夫の論考がある。先述の八束脛洞窟遺跡（図1-42）出土人骨、歯を取り上げ、歯に穿孔を加え佩用することを指摘し、さらに人骨は火で焼かれたことを証明した（飯島・宮崎・外山 1986・1989）。

設楽博巳は、沖Ⅱ遺跡（図5）の再葬墓を検討し、壺棺再葬墓の用語を用いた。検討のなか埋葬にいたるまでの複数回数に及ぶ儀礼を、図によって示した（図71）。再葬墓にともなう儀礼はこのほかに焼骨、佩用などを含めた先学の研究が多数ある。設楽の検討では基本は再葬にいたる過程にあり、再葬自体は縄文時代の伝統の上にあるという指摘である（設楽 1993）。

これは再葬の葬法が、一定の葬方に決まっていないという指摘である。

再葬墓の根底にある死者を骨にして、骨の一部を壺に収めるという葬制の理

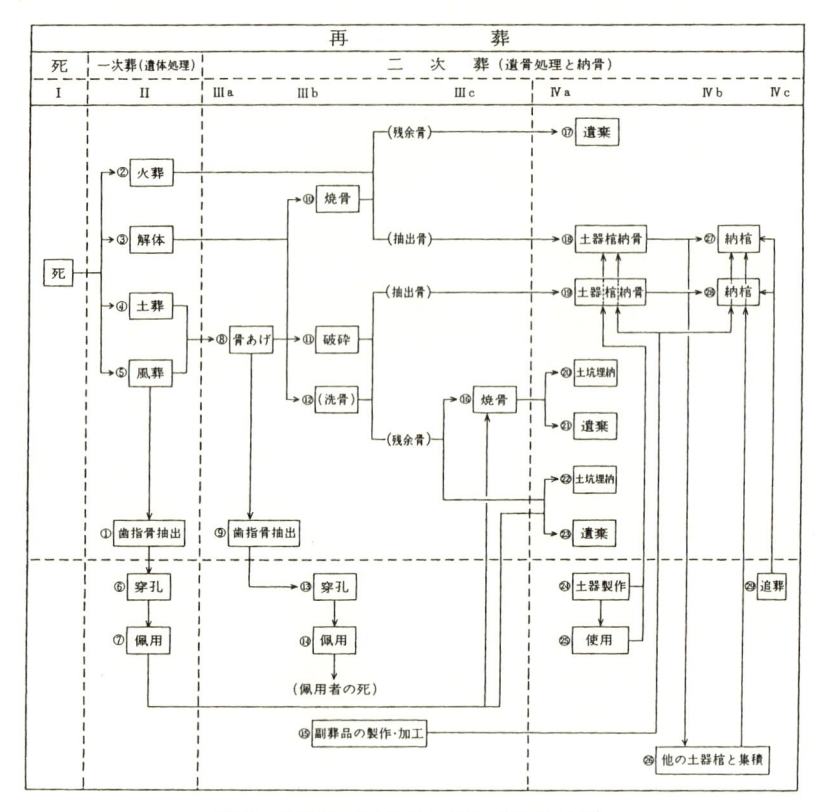

図71 再葬墓プロセスモデル（設楽1993）

念は同じでも、実際の埋葬形態はさまざまあることが発掘資料からわかってきた。現在再葬墓は東日本、特に東・北関東に資料が多く確認されている。

そのなかにあって、再葬墓の壺に人面をもつものが散見される。たとえば出流原遺跡の人面付き土器などである。再葬墓は東日本を中心に（西限は東海地域）死者を腐敗させ骨にして壺などの容器に入れ埋葬する方法である。設楽はそのような壺に骨を入れて埋葬することから、壺棺再葬墓とよんでいる（設楽1993）。さらに再葬墓の起源は縄文時代以来の伝統的墓制を基に、縄文時代の再葬墓を少人数集骨葬、多人数集骨葬、盤状集骨葬、散乱骨と部分骨欠失人骨等の葬送形態に分類している。最盛期は縄文時代後期から晩期に集中し、少人

図72　有馬遺跡5号礫床墓

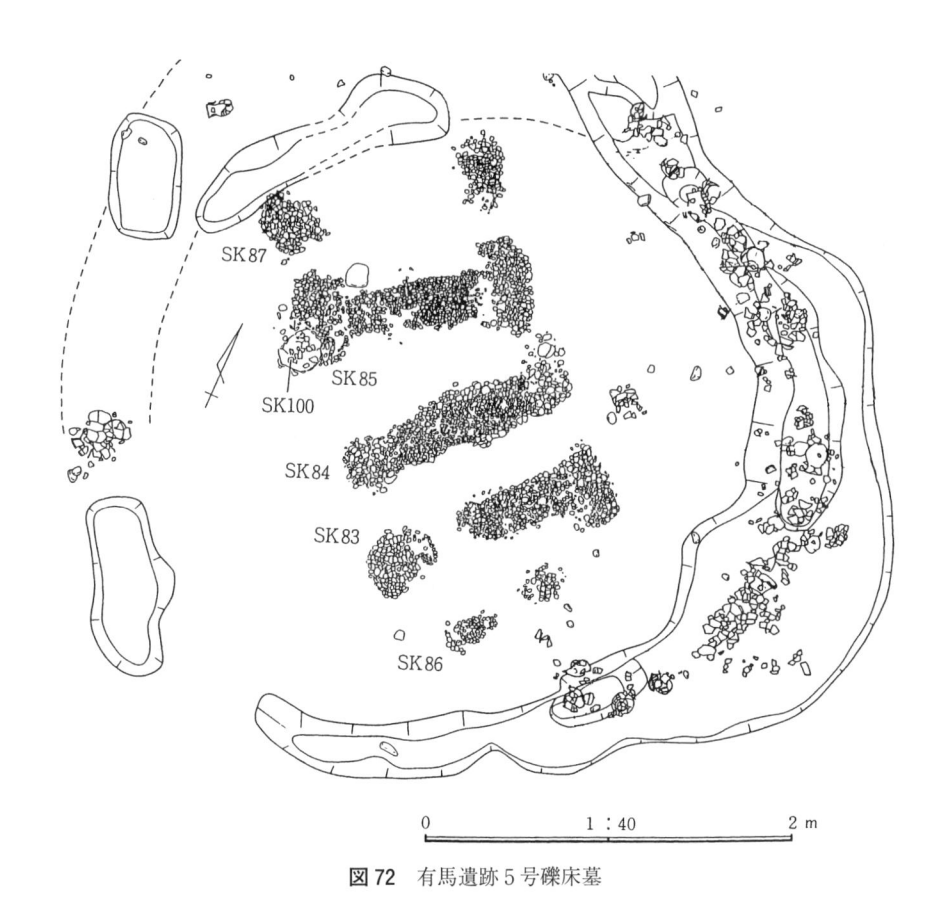

数集骨葬は縄文時代早期中葉にさかのぼるとした。また縄文時代中期後葉から晩期に焼骨の存在を指摘している。これに従えば、再葬という死者に対して複数回の葬送儀礼を行う葬方は、縄文時代にその伝統をもち弥生時代前期、中期まで盛行するといえる。さらに壺に骨を納め単葬されるものと、同一土坑内に複数個体埋納されるものなどがある。

　群馬県内で確認された再葬墓の多くは弥生時代中期にあてられるが、前期では長野原町川原湯勝沼遺跡等がある。同じく長野原町では立馬遺跡で壺棺墓が

確認され、壺は竜見町土器で、中期の墓であることがわかる。立馬遺跡近辺に後期の遺跡がないことから、その後遺跡の立地が大きく変わったことが指摘できる。ここで注目されるのは群馬県内最古の再葬墓が弥生時代前期にあり、長野県の氷式土器が出土した事実である。(1)

　川原湯勝沼遺跡再葬墓に使われた壺は、吾妻川ルートを通じ、長野県の土器が運ばれたと考えられる。共伴した条痕文をもつ土器は東海系で、現在確認されている再葬墓の西限が、東海地方にある事実ともリンクしてくる。遠賀川式土器とともに東進した条痕文土器からも、弥生時代の始まりに引きつづき交流を継続していたことが想像される。遠賀川式土器の存在、条痕文をもつ東海の土器とあわせ群馬県内では、弥生時代前期すでに長野県、東海地方との交流があったことの証明としてよいと考える。

　立馬遺跡で確認された壺棺墓は、中期竜見町土器である。渋川市内で確認された再葬墓は押手遺跡、南大塚遺跡（図1-7）、前期から中期前葉の条痕文土器群を出土し、平地にある有馬条里遺跡で確認された壺棺墓は住居跡出土土器同様、竜見町土器である。

　一方、平野部にある高崎市高崎城三ノ丸遺跡（図1-22）で、四隅を掘り残す四隅切れ方形周溝墓が確認されている。出土土器は竜見町土器であり、方形周溝墓としては群馬県内では最古のものと考えることができる。これらのことから集落の平野部への展開の開始時期は、墓制から見て中期竜見町土器の使用時期に当たると理解できる。高崎城三ノ丸遺跡周溝墓の出現と、立馬遺跡の壺棺墓の存在は、墓制の変遷時期をはっきりと示しているといえる。つまり高崎市の平野部に竜見町土器をもつ周溝墓が出現し、周辺一帯に弥生中期から古墳時代へと経過、継続する集落が大規模に展開している。一方、立馬遺跡は竜見町土器棺墓を最後に、周辺山麓部に弥生時代中期以降の遺跡の確認はできない。つまり竜見町土器を使っていたこの時期に、集落の立地を変換させる理由があったと考えることができる。長野原町内の弥生時代の墓は、現在川原湯勝沼遺跡と立馬遺跡のみで、弥生時代の遺構は、長野原町内では立馬遺跡以外確認されていない。また、立馬遺跡周辺には、弥生後期の遺構はいっさい確認できない。

　高崎市、前橋市、渋川市の平野部一体に集落が展開を始めるとき、山麓部か

ら低地河川際に立地を移動する。そのときが弥生時代中期中葉ということになり、竜見町土器の時代ということができる。

周溝墓の採用は、ちょうどその頃、弥生時代中期に平野部へ集落立地が展開するときと連動することがわかる。周溝墓の形態は円形や楕円形等不定形のものから始まり、四隅切れ以外の方形区画の明瞭な周溝墓が出現してくるのは、古墳時代初頭期に当たる（友廣 1995）。

弥生時代後期になると、群馬県内の周溝墓には、さまざまな形の墓が確認され、周溝が円形や楕円形になるものや、主体部が木棺、壺棺、礫床等さまざまな形態が存在している。群馬県内の弥生時代後期の墓制は再葬墓同様、複数の埋葬方法がある。弥生時代の周溝墓は方形区画は四隅切れがあるが、大半は円形、楕円形等不定形を呈している。つまり弥生時代の周溝墓は方形区画が不明瞭なものが多いことがわかる。

弥生時代後期の墓群が、有馬遺跡で確認され（図72）、礫床墓と命名した。形態は、四周を板で囲い、底板の代わりに小礫を敷き詰めたもので、遺跡内合計で86基、このうち複数の礫床墓を溝が囲むものもあった。そのような円形、楕円形周溝墓が11基あり、11基の周溝内に合計32基の礫床墓が確認されている。このほか四隅切れ周溝墓が6基、小児墓と考えられる壺棺墓が45基ある。

有馬遺跡には、礫床、円形周溝、楕円形周溝、壺棺の少なくとも4種類の葬方があり、131基の墓のうち礫床墓が65％以上を占めている。墓のすべてが礫床墓というわけではない。礫床墓は有馬遺跡だけではなく、同市内空沢遺跡、有馬条里遺跡、中村遺跡、高崎市松林山遺跡、新保田中村前遺跡、八幡遺跡等で確認されている。礫床墓の堀方構造は、みな同じ形態を示している。礫床墓は基本的には木棺墓と考えられ、床の礫を取り去ると遺体をはさむように両側に小口板をたてたような小穴が頭部、足部に確認できる。

長野県では、長野市塩崎遺跡や松原遺跡で弥生時代中期の木棺墓が確認されている。礫床墓も確認され、後期になると飯山市須多ヶ峯遺跡で、主体部が木棺墓で、有馬遺跡礫床墓と同様の堀方構造をもつ周溝墓が確認されている。長野県内の弥生時代中期栗林式期の墓は、周溝がともなわない木棺墓が多い。そのなかで後期須多ヶ峯遺跡周溝墓は周溝があり、両側の板の跡の堀方構造から

主体部は木棺墓の可能性が強い。長野県内で確認される木棺墓の構造は、頭部と足部に小口板を設置した小穴が確認され、群馬県内で確認される礫床墓の構造と同じと考えることができる。長野県内の墓の傾向は木棺墓が多く、礫床墓は少ない。木棺墓は弥生時代中期から後期に盛行すると考えられている。長野県で確認される礫床墓、木棺墓からは周溝はあまり確認されず、時期も中期栗林式期に多く、後期に継続していく。この点は、群馬県では礫床墓が弥生時代後期に盛行することとやや時間差があるが、須多ヶ峯遺跡周溝墓は後期箱清水式土器の時期にあたる。形態は円形状の周溝をともない有馬遺跡礫床墓の周溝と共通している。須多ヶ峯遺跡の立地は標高350m前後の尾根の上に所在し、東へ流れる皿川が南東に取り囲むように流れる。河川をのぞむ台地の上に弥生時代後期の周溝墓、古墳時代前期住居跡を確認している。群馬県の前橋市荒砥地域、安中、藤岡市地域での周溝墓の立地に近く、生業に由来すると考えられる。

　このように群馬県内の弥生時代の墓制は、中期の再葬墓、後期の周溝墓は複数の埋葬方法や形態をもっている。礫床墓は現在高崎市、渋川市で確認でき、周溝墓は沼田市、高崎市、前橋市等群馬県内全域に分布する。すなわち墓は弥生時代を通して、一つの形態に統一されているわけではない。

　周溝墓の主体部には、新保遺跡では円形周溝墓の主体部に壺棺が採用されたり、有馬遺跡では円形、方形周溝の主体部に礫床墓、石墨遺跡では円形周溝の主体部に土坑墓を採用するなど、同じ周溝墓といってもおのおのに当時の人びとの選択、嗜好の違いが感じられる。

　有馬遺跡では礫床墓が半数を超すが壺棺墓も併用され、周溝がめぐる墓とないものが共存している。出土する土器は弥生時代後期樽式土器である。副葬品を見ると八幡山遺跡礫床墓、有馬遺跡礫床墓や円形周溝墓、空沢遺跡礫床墓、石墨遺跡円形周溝墓、これに加え墓ではないが渋川市田尻遺跡や富岡市一ノ宮押出遺跡住居跡で鉄剣が出土している。有馬遺跡礫床墓からは銅製釧、鉄製釧、管玉、勾玉、硝子玉が出土したが、長野県須多ヶ峯遺跡周溝墓でも鉄製釧が出土している。弥生時代後期、群馬県と長野県は同じ形態、副葬品を採用しているものがあることがわかった。

　さらに長野原町川原湯勝沼遺跡以来、長野県や東海地方の条痕文土器の出土

とあわせて、土器からだけではなく、墓の有り様からも交流の存在を認めなくてはならない。さらに遠賀川式土器の存在、石戈の出土からは長野県と東海地方との交流だけでないことも、念頭に置かねばならない。木棺墓は弥生時代北九州、畿内、東海でも採用されていた墓制であり、西日本との関連を意識させる。さらに副葬品の鉄・銅製品や鉄剣の存在も、交流の事実を補強する。近年、長野県中野市で確認された柳沢遺跡では礫床木棺墓が確認され、管玉などの副葬品が出土している。川原湯勝沼遺跡再葬墓の存在から、弥生時代を通して長野県と群馬県はきわめて強い共通する墓制を維持しているのである。

　土器の面からも弥生時代前半期は長野県では氷式土器、東海系の条痕文土器が出土し、中期になると栗林式土器が誕生する。栗林式土器は、群馬県内の竜見町土器と近似する土器群である。後期になると群馬県では樽式土器、長野県では箱清水式土器という両者とも同じ櫛描文を基調とする土器文化へと、変化している。このように墓制からも弥生時代前期から古墳時代前期に至るまでの長い間、北九州や西日本をも視野に入れた交流の存在を確認することができる。

　設楽は弥生時代前半期の再葬墓を、墓にともなう儀礼、順序を考える29のプロセスを提示している（図71）。これは再葬されるときにすべて行う手順ではなく、さまざまなパターンを網羅したものである。したがって図のなかに示したどれか複数の通過儀礼を経たものと理解できる。いずれにしろ29例の儀礼が指摘できることは、同じ再葬墓でありながら、複数の葬方が行われたと理解できる。後期の周溝形態の違いや主体部が木棺、壺棺、土壙などの違いがあるのと同じように、複数の形態から選択していることがわかる。したがって群馬県と長野県の関係は、弥生時代が始まってからとぎれることなく交流がつづいていたことがわかる。その理由としては、土器の共通性と、同じ墓制を採用している事実を上げることができる。土器のやりとりの「もの」の交流だけでなく、死者の葬方が同じということ、管玉、釧等同じ装飾品をもっていたこととあわせ、きわめて密接な交流関係を考えてもよいと考える。群馬県内の再葬墓、周溝墓の出現、変遷、土器、副葬品の交流関係を見ても、入植民の外圧等で社会が変革するように周溝墓に統一されたり、規制された様子は認められず、また弥生時代を通して複数の葬法のなかから彼らの意思で選択されている事実を理解することができる。
(2)

第3節　弥生時代後期から古墳時代前期の周溝墓

1．弥生時代と古墳時代の墓の違い

　高崎市井野川流域では、下佐野遺跡26基、新保遺跡24基、新保田中村前遺跡15基、熊野堂遺跡1基、倉賀野万福寺遺跡12基、合計78基の周溝墓が確認されている。出土土器分類を行ってみた結果は前章の表の通りである。興味を引く点は集落から出土する甕の度合いとは異なる点である。生活用具である甕の出土率は、全県下46遺跡1018軒のうち38％あった。しかし、死者を葬るときはまったく異なり、墓からの出土土器は壺が圧倒的に多くなる。甕を出土する周溝墓は下佐野遺跡を除くと、倉加野万福寺遺跡2基の方形周溝墓から2個体、熊野堂遺跡3基から7個体である。甕は78基の周溝墓出土のうち8％、壺は49％で、墓では甕より壺の出土が多いことがわかる。新保遺跡、新保田中村前遺跡周溝墓は、弥生時代後期樽式土器の出土が主体となり、下佐野遺跡、倉賀野万福寺遺跡は土師器が出土し、古墳時代前期のものが主体である。[3] 新保遺跡ではほとんどの周溝墓は弥生時代後期にあたり、土師器と共伴するものは新保田中村前遺跡で数基確認されている。新保地域の墓域は出土土器からの分析からも集落と同様、弥生時代から古墳時代へと継続していることが理解できる。そこで、ここでは弥生時代後期から古墳時代初頭期における群馬県内の墓制を、同じ櫛描文土器文化圏である長野県の墓制と比較して概観してみたい。

　群馬県は現在の行政区分では関東地方に位置し、文化圏も関東を中心としたなかにあるといえる。しかしここまで検討してきたように弥生時代、あるいはそれ以前、縄文時代から長野県との関係は深いものがある。前述のように長野県氷式土器を出土した川原湯勝沼遺跡、長野県晩期縄文土器、弥生時代前・中期条痕文土器を多数出土した注連引原遺跡（図1-12）等々は、長野県との密接な関係を物語る。さらに近年の発掘資料で確認される多くの北陸系土器も、長野県で検出されている。北陸系土器だけではなく、他地域の外来系土器出土の共通性など、きわめて密接な関係を維持していたことがわかってきた。さらには群馬県の弥生時代中期、竜見町土器群から樽式土器への変遷は、栗林式土

第8章　群馬県の墓制

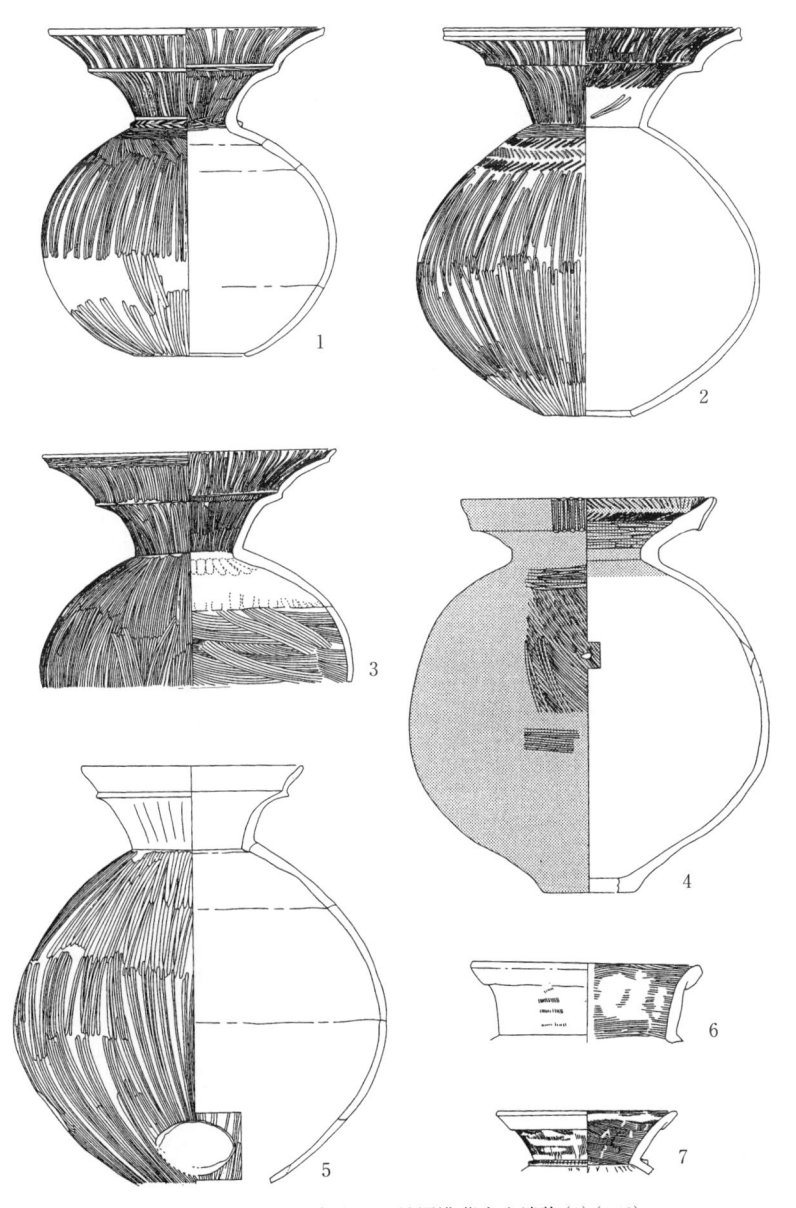

図73　倉賀野万福寺遺跡1号周溝墓出土遺物(1)(1/6)

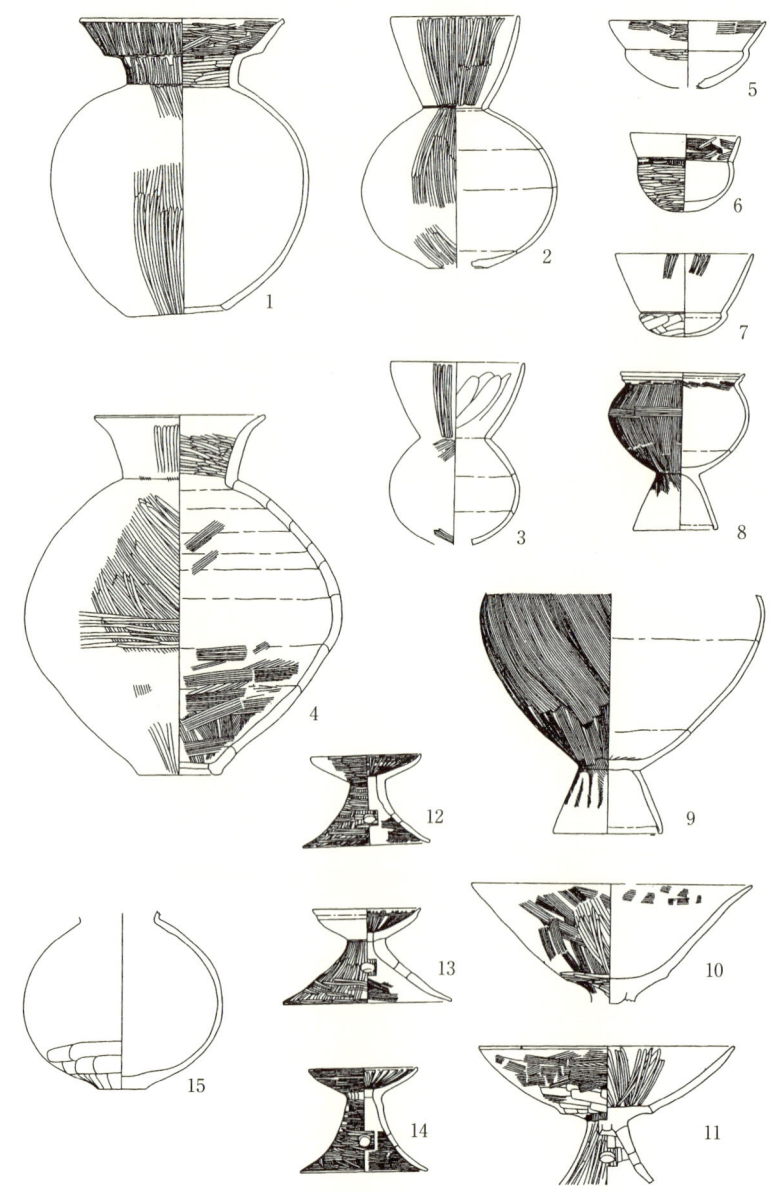

図74　倉賀野万福寺遺跡1号周溝墓出土遺物(2)(1/6)

器から箱清水式土器への変遷
と強い共通性をもち、土器文
様の基調である櫛描文様はそ
の背景に密接な交流を維持し
ていたことをうかがわせる。
群馬県に周溝墓が確認された
のは、竜見町土器を出土した
高崎城三ノ丸遺跡の四隅切方
形周溝墓があり、弥生時代中
期の周溝墓は現在数少ないも
のである。

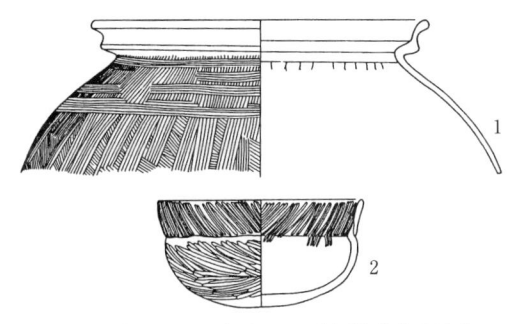

図75　倉賀野万福寺遺跡11号周溝墓出土遺物（1/4）

　そこで、ここでは群馬県と長野県の弥生時代後期周溝墓を通して検討していく。

　群馬県内では弥生時代後期に、多くの北陸系土器の出土が確認されるようになる。この現象は長野県内でも同様で、箱清水式土器と北陸系土器の共伴出土が確認されている。群馬県南部を走り長野県へ繋ぐ、関越自動車道上信越線の発掘や県南部の遺跡群でも北陸系土器が出土し、長野県との関係が重要視されるようになった。櫛描文文化圏である群馬県の北陸系土器は、北陸の石川県では月影式から白江段階にあてることができる。長野県では後期月影式段階をさかのぼる、中期法仏式段階から確認されている。この事実は北陸系土器群が長野県内を経由していることを示している。このときには群馬、長野を含め櫛描文文化圏が北陸地方と交流をもっていたことになる。この時期は畿内との比較では庄内並行段階にあてられ、やがて布留段階へと継続していく。

　一方、長野県で北陸系土器が確認されるのは、北信地方を中心に中野市安源寺遺跡、塩尻市上木戸遺跡で、廻間編年II段階の東海系土器も遺跡内で出土し、北陸系土器の時期は法仏式から月影I段階のものも多い。群馬県同様弥生時代後期から古墳時代初頭にかけて、他地域間の交流が活発であったことが理解できる。このように群馬県と長野県では、北陸系土器と東海系土器等複数他地域の外来土器の活発な交流が、古墳時代への変換期の特徴といえる。土器の年代からは愛知県の廻間II段階、畿内の庄内段階より以前から、北陸との交流を確

認できる。群馬県の弥生時代から古墳時代の墓を見ると、周溝墓の他に礫床墓、壺棺墓を確認できる。周溝墓の形態は弥生時代の墓はその特徴として円形、楕円形が多く確認され、古墳時代になると方形区画が明瞭となる。有馬遺跡例をあげると、礫床墓86基、壺棺墓45基があり、このうち周溝内にある礫床墓数は32基、周溝墓数は11基である。この11基のすべては、円形、楕円形と方形区画が明瞭なものは四隅切方形周溝墓6基を数え、有馬遺跡では弥生時代に四隅切れ以外で方形区画が明瞭になる周溝墓は存在しない。

　有馬遺跡弥生時代墓域全体をみると、墓のなかで周溝墓がしめる割合は8％で、有馬遺跡内では周溝墓は墓の主体とはならない。高崎市新保遺跡でも弥生時代の周溝墓のほとんどは、円形、楕円形である。

2．周溝墓の検討

　現在群馬県内で周溝墓が検出された遺跡は100以上を数え、墓の実数は400基を越える。この膨大な周溝墓のなかから主な遺跡を取り上げ、弥生時代から古墳時代へと変遷する過程を検討したい。地域としては、高崎市井野川流域と前橋市荒砥地域を取り上げ概観する。

　まず井野川流域では、倉賀野万福寺遺跡（図73～75）、下佐野遺跡（図81～85）等がある。井野川流域の特徴はS字状口縁台付甕が多数検出されるが、樽式土器も存在し北陸系、畿内系など複数他地域の土器が出土していることである。日高遺跡では樽式土器を中心とした四隅切方形周溝墓、新保遺跡では弥生時代後期の円形、楕円形周溝墓が確認されている。隣接する新保田中村前遺跡では前方後方形周溝墓、礫床墓が確認されている。前橋市荒砥地域には荒砥島原遺跡（図77）、荒砥北原遺跡（図78～80）、堤東遺跡（図76、77）があり、堤東遺跡で樽式土器と土師器が共伴する段階から、やがて土師器を主体として出土する周溝墓が多数認められている。県南部藤岡市では堀ノ内遺跡、渋川市有馬遺跡、空沢遺跡、中村遺跡、行幸田遺跡で周溝墓が確認されている。県北部には沼田市石墨遺跡で樽式土器を出土する円形周溝墓が確認されている。このように群馬県内での周溝墓の検出は、全県下に及ぶ。

　渋川市有馬遺跡を見てみると、弥生時代から古墳時代初頭期にかけての集落と、弥生時代後期の礫床墓を中心とした墓域を確認することができる。礫床墓

第8章 群馬県の墓制　253

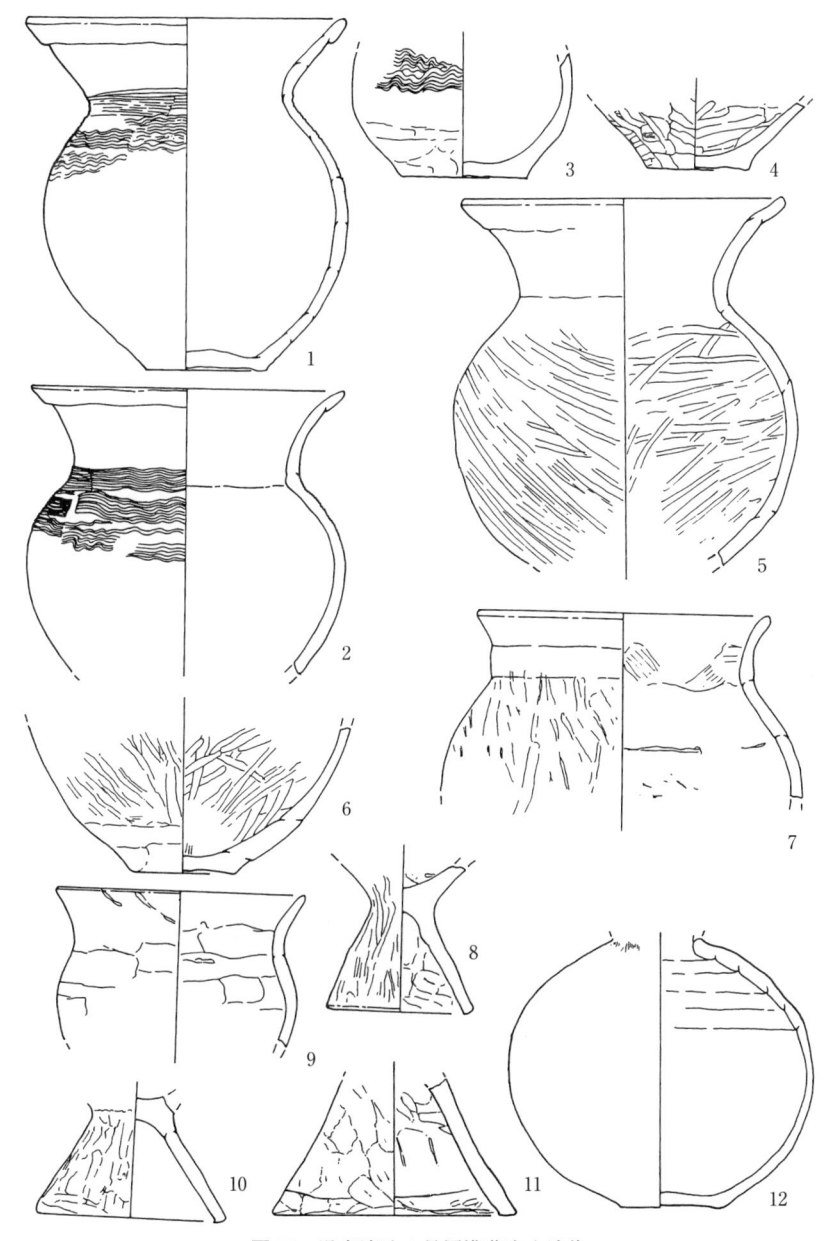

図76　堤東遺跡1号周溝墓出土遺物

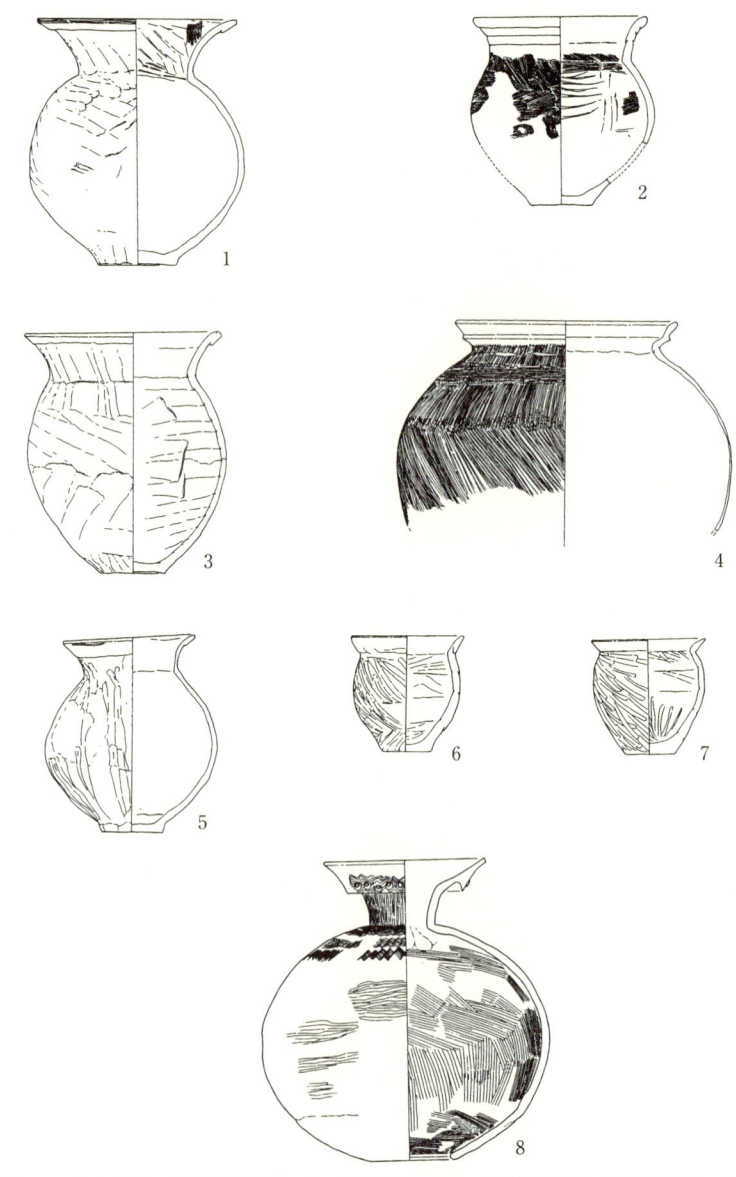

図77 堤東遺跡2号周溝墓(1〜7)・荒砥島原遺跡1号周溝墓出土遺物(8) (1/6)

から出土する土器はすべて樽式土器で、遺跡内で礫床墓が古墳時代前期の82号住居跡に壊されることから墓は弥生時代後期のものである[4]。

　荒砥地域を見ると、荒砥北原遺跡、荒砥島原遺跡、荒砥二之堰遺跡、堤東遺跡では方形周溝墓の方形区画は明確な四角を呈している。

　荒砥島原遺跡周溝墓からは二重口縁壺が検出され、口縁下部には円形の浮文、肩部には櫛描波状文が施され、畿内系庄内段階の系譜と見ることができる（図77-8）。前述の有馬遺跡で礫床墓を壊している82号住居跡の出土遺物のなかには北陸系小型土器が含まれている（図58-13）。北陸系土器は有馬遺跡85号（図59）、211号住居跡（図60）で確認され、北陸地域編年では田嶋明人、谷内尾晋司編年で月影式から白江段階にある。211号住居跡出土壺（図60-4）は口縁部が直立する5の字状を呈する。田嶋編年では漆町遺跡壺Kに分類されるものであり、漆町6群段階にあり、この段階は82号住居跡と同じく白江段階の土器群である（田嶋 1986）。また85号住居跡出土甕は口縁部が5の字を呈し、口縁部横なで、疑凹線は認められず、漆町遺跡5～6群にあり、白江段階の土器群である（図59-5）。礫床墓を壊している82号住居跡からやや厚手の受け口状口縁の甕片が出土している（図58-10）。口縁部外面に刺突が認められ、東海の編年観からすると古い傾向が見られる土器である。さて82号住居跡出土土器群の時期を考えるために、北陸白江段階の並行関係を畿内と比較すると、白江段階の土器群は畿内庄内式土器との共伴が金沢市内で確認されることから、庄内式との並行関係がわかる（宮本 1981）。

　荒砥地域上縄引遺跡1号周溝墓土器は、口縁部5の字を呈し、その上を樽式土器のモチーフである櫛描波状文が施される（図66-1）。つまり有馬遺跡の礫床墓を壊した住居跡から出土した北陸系土器が、ここでは墓から出土している。荒砥島原遺跡の壺にある庄内段階の文様も含め、荒砥地域の周溝墓は有馬遺跡礫床墓より明らかに新しいことが導き出される。

　この事実は、荒砥地域では方形区画が明瞭な周溝墓が多数確認される事実と通じる。同じ荒砥地域の堤東遺跡では2基の周溝墓が確認され、1号周溝墓（図76）からは土師器化した無文の樽式土器と波状文をもつ樽式土器が出土する。このことは、上縄引遺跡（図66）出土の波状文が施された北陸系土器文様と合わせ、他地域と土器交流が開始された以降のことであることを示す。

樽式土器と土師器が共伴出土することは、古墳時代に伝統的な樽式土器の系譜を強くもった人びとの墓であることが想起される。というのは、堤東2号前方後方形周溝墓（図77）からは、S字状口縁台付甕と無文の樽式土器が共伴出土し、ここにもきわめて在地色の強い様相と、外来土器の混在の事実を認めることができる。さらに2号周溝墓からは、S字状口縁台付甕と底部が穿孔された二重口縁壺が出土している。2号周溝墓から出土した底部穿孔二重口縁壺は、焼成前に穿孔されている。他に荒砥北原遺跡でも二重口縁壺が出土し、荒砥二之堰遺跡では出土遺物は少ないが肩部に横線がないS字状口縁台付甕が出土している。このような周溝墓の年代は、出土土器から明確に古墳時代初頭以降にあると認めることができる（図78～80）。
　さて、前章で出土遺物を検証した井野川流域下佐野遺跡では5号周溝墓（図84）から小型坩が出土し、畿内編年から見て庄内新段階以降が妥当と考えられる。荒砥地域の周溝墓と並行する時期にある。
　新保田中村前遺跡の方形周溝墓からは樽式土器が出土している。このことは樽式土器の出土から遺構を古く見るのではなく、堤東遺跡例から樽式土器の伝統を強く意識した被葬者を想定できる。同じく井野川流域の熊野堂遺跡前方後方形周溝墓からは、S字状口縁台付甕は出土せず南関東系単口縁台付甕と土師器平底甕が出土している。つまり土器交流が活発化した段階にあたり、荒砥地域の古墳時代周溝墓の開始時期と、井野川流域の遺跡群の周溝墓がほぼ並行していることを示し、特に熊野堂遺跡はS字状口縁台付甕が出土せず、すでに土器交流が活発化した時期にありながらも、S字状口縁台付甕でなく単口縁台付甕を選択したことが理解できる。
　したがって群馬県内全域で弥生時代後期には四隅切周溝墓が存在するが、方形区画あるいは前方後方形周溝墓の出現は北陸系土器、東海系土器の交流が活発になった以後に造られるようになる。その時期は庄内新段階以降である。
　つまり古墳時代初頭にあたり、井野川流域地域と荒砥地域は同じ時期に並行して新しい墓制を採用したことがわかる。
　したがって、群馬県内の周溝墓は遺跡ごとの出土土器に細かな異なりはあっても、弥生時代は円形、楕円形の墓と四隅切周溝墓があり、方形区画が明瞭な周溝墓、前方後方形周溝墓の出現は東海系土器や畿内系土器を受け入れるとき

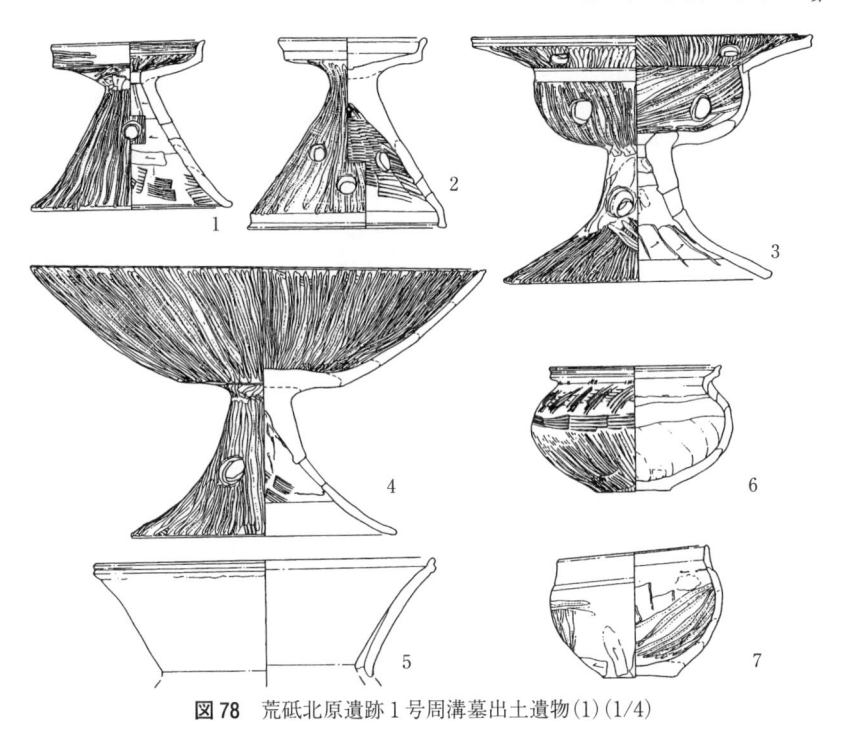

図78　荒砥北原遺跡1号周溝墓出土遺物(1)(1/4)

にある。その段階は畿内では庄内段階をあてることができる。そして礫床墓、壺棺墓は有馬遺跡82号住居跡に壊される事実から、それ以前の弥生時代後期の墓制といえる。

　長野県の弥生時代は木棺墓、木棺礫床墓が確認されている。群馬県との違いは、礫床墓が弥生時代中期から後期にかけて存在することにある。長野県松原遺跡の礫床墓は群として確認され有馬遺跡礫床墓と似た傾向を示す。長野市塩崎遺跡では弥生時代中期木棺墓が検出され、このなかの17号墓が礫床墓である。礫床墓は基本的に木棺をともなうと考えることができ、長野県弥生時代後期、箱清水式土器を出土する周溝墓は、周溝の形態が不定形を呈し明確な方形区画を示さず、群馬県と共通である。

　群馬県ではじめて礫床墓が確認されたのは、有馬遺跡である。その後高崎市新保田中村前遺跡、八幡遺跡、少林山遺跡等で確認され群馬県内各地に広がる

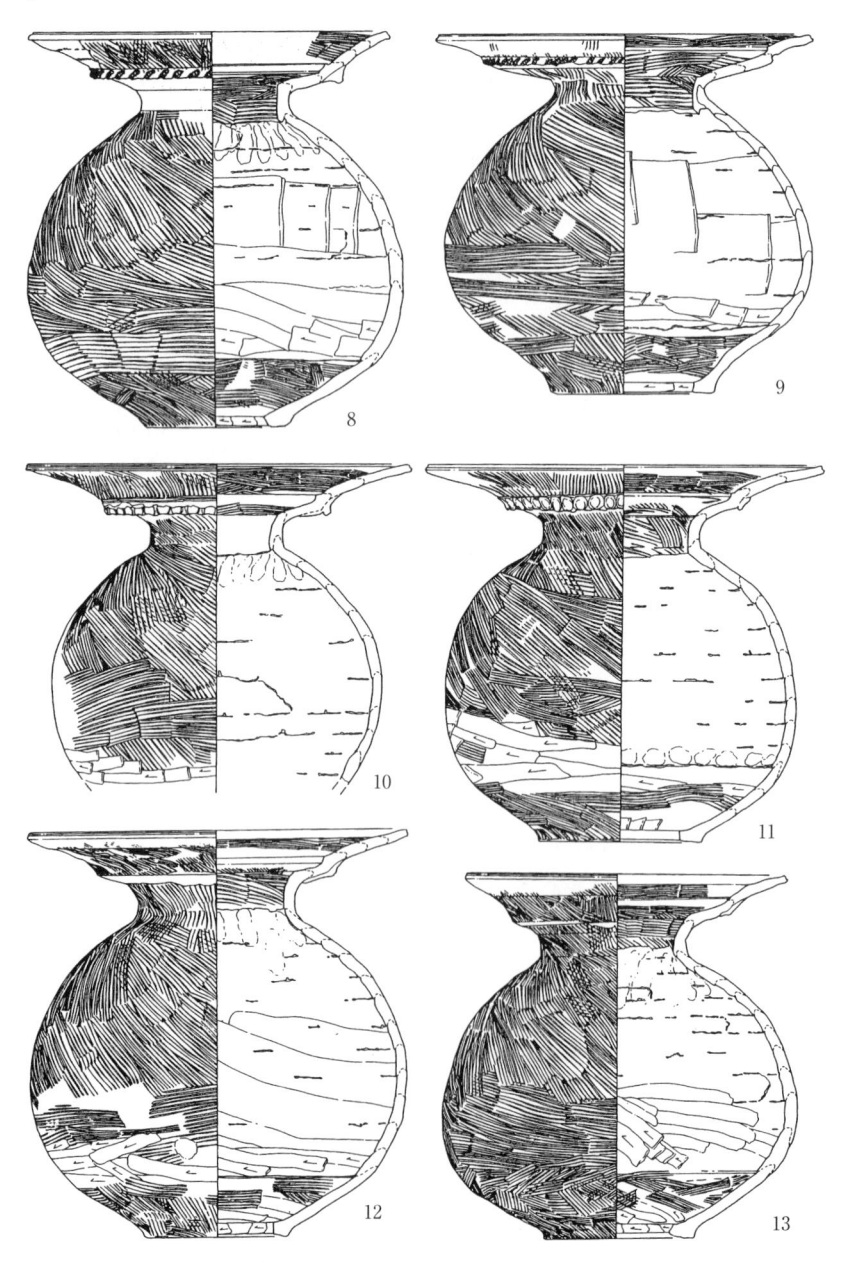

図79 荒砥北原遺跡1号周溝墓出土遺物(2)(1/4)

第 8 章　群馬県の墓制　259

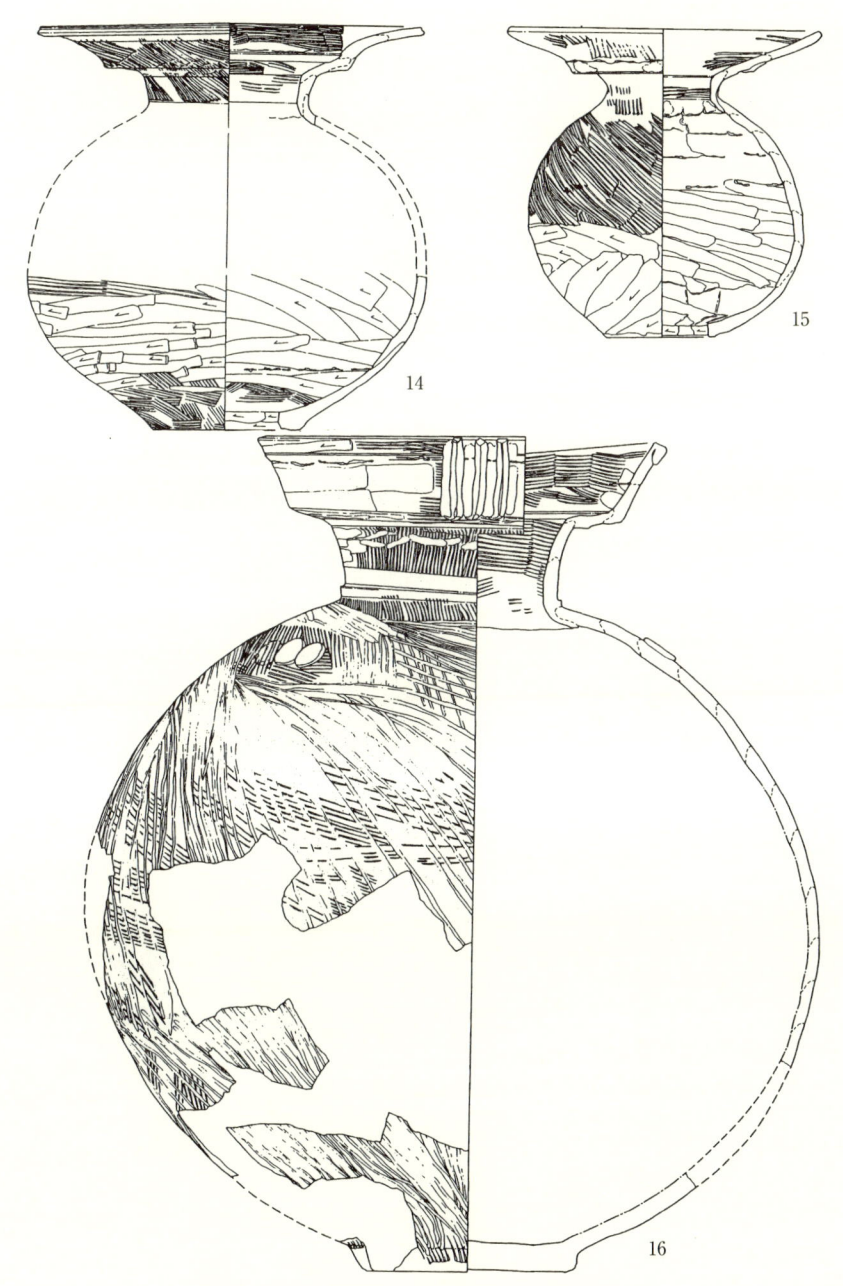

図 80　荒砥北原遺跡 1 号周溝墓出土遺物 (3)(1/4)

ようである。礫床墓の多い有馬遺跡では、周溝墓となるものは全体の8％ときわめて少なく、基本は単独墓である。単独墓であるという点は木棺墓を基調とする長野県とも共通する。そして長野県では弥生時代中期に始まる木棺を基調にする墓群が、後期になると不定型な周溝に囲まれる点をみると、ここでも群馬県と長野県の強い共通性が指摘できる。

3．時期の検討

　長野県の弥生時代中期の礫床墓は、後期に継続する。中期段階には周溝墓は確認できない。群馬県内では礫床墓から弥生時代後期樽式土器が出土する。長野県須多ヶ峯遺跡で周溝墓が確認された。周溝墓の主体部には有馬遺跡の礫床墓と同様な側板が設置された跡が確認され、礫はないが頭部、足部の小穴の存在から堀方構造は有馬遺跡と同じである。また周溝形態は円形、楕円形を呈している。長野県と群馬県の弥生時代後期の礫床墓の有り様は時期的に異なるが、周溝墓の周溝形態が不定型になることからも共通性を指摘できる。方形（区画の強い）周溝墓は以上のように、長野県、群馬県の櫛描文文化圏内では墓制の基盤とはなっていないことがわかる。したがって群馬県の弥生時代は、周溝墓に対する強い固執はなかったと考えることができる。基本は礫床墓、木棺墓という単独墓にあり、長野県ときわめて近い墓制をもっていたといえる。新保遺跡にある円形、楕円形周溝墓の主体部に壺棺墓を設置するのは、弥生時代の残影を強く示したものと理解できる。また新保田中村前遺跡周溝墓内土坑から焼骨が出土した例から、弥生時代に再葬墓の伝統を維持しているといえる。群馬県内で方形周溝墓が広まるのは古墳時代に入ってからである。それは畿内では庄内段階にあたる。弥生時代中期以降の墓が確認されているにもかかわらず、群馬県内で古墳時代以前の周溝墓が検出されないのはそのためである。現在群馬県内で周溝墓が多数確認されているのは荒砥地域と井野川流域である。

　土器の検討から井野川流域と荒砥地域は古墳時代初頭期、同じ時期に周溝墓が造られたことが理解できた。

　そのなかで下佐野遺跡7区3号、4号方形周溝墓（図85）からは樽式土器甕が出土し、I地区A区6号、10号方形周溝墓からは北陸系土器（図83）が検出されている。また熊野堂遺跡4区1号前方後方形周溝墓からは、南関東系

の単口縁台付甕と土師器平底甕が共伴して出土している。弥生時代後期から古墳時代へ向けての墓制の転換は、庄内段階に荒砥地域、井野川流域でほぼ同時に始まり、土器同様その変化は一気にというわけではないことがわかる。住居跡から出土する土器同様に、墓から出土する土器もさまざまな地域のものが、在地の弥生土器、樽式土器と混在して出土する。このことから弥生時代から古墳時代へ変換が、徐々に進んでいることが理解できる。[5]

有馬遺跡82号住居跡と上縄引遺跡周溝墓出土の北陸系土器が、周溝墓出現の時期を示してくれた。その出現時期は月影〜白江段階、畿内では庄内新段階ということができる。したがって礫床墓を壊している住居跡と礫床墓との間には、時間幅が大きいことが理解できる。82号住居跡の出現は北陸系土器、東海系土器の出現と、樽式土器が無文化した段階の土器の共伴の時期まで下るからである。上縄引遺跡では北陸系5の字口縁壺に樽式土器の波状文が施され、在地の樽式土器と融合しているといえる。このことから北陸系土器との交流が開始されたのは、樽式土器がまだ存在する段階であったことがわかる。したがって、北陸系土器の出現は方形区画の明瞭な周溝墓出現の前段階にある。

結果は、有馬遺跡に方形周溝墓や前方後方形周溝墓が存在しないことと時間的に矛盾せず、82号住居跡から樽式土器と北陸系土器が共伴すること、堤東遺跡1号方形周溝墓から樽式土器が出土すること、2号前方後方形周溝墓から無文の樽式土器とS字状口縁台付甕と共伴することと符号する。

同じ視点から井野川流域下佐野遺跡、倉賀野万福寺遺跡の方形周溝墓と、荒砥地域堤東遺跡、荒砥島原遺跡、荒砥北原遺跡方形周溝墓出土土器を比較すると、周溝墓出現は両地域とも同じ時期を示している。

さて入植者がきたとしたら方形周溝墓の出現と開拓と、さらに東海系土器様式はどのようにリンクするのだろうか。樽式土器を出土する墓と、樽式土器とS字状口縁台付甕や単口縁台付甕、北陸系甕を出土することを根拠に周溝墓の被葬者が入植者とはいえない。

まったくS字状口縁台付甕をもたない墓が、住居跡と同様に存在している。

また新保遺跡、新保田中村前遺跡を合わせた39基の周溝墓のすべてから東海系のS字状口縁台付甕は出土していない。新保地域の墓が樽式土器の時代にあると考えれば矛盾することはなく、新保田中村前遺跡8号前方後方形周溝

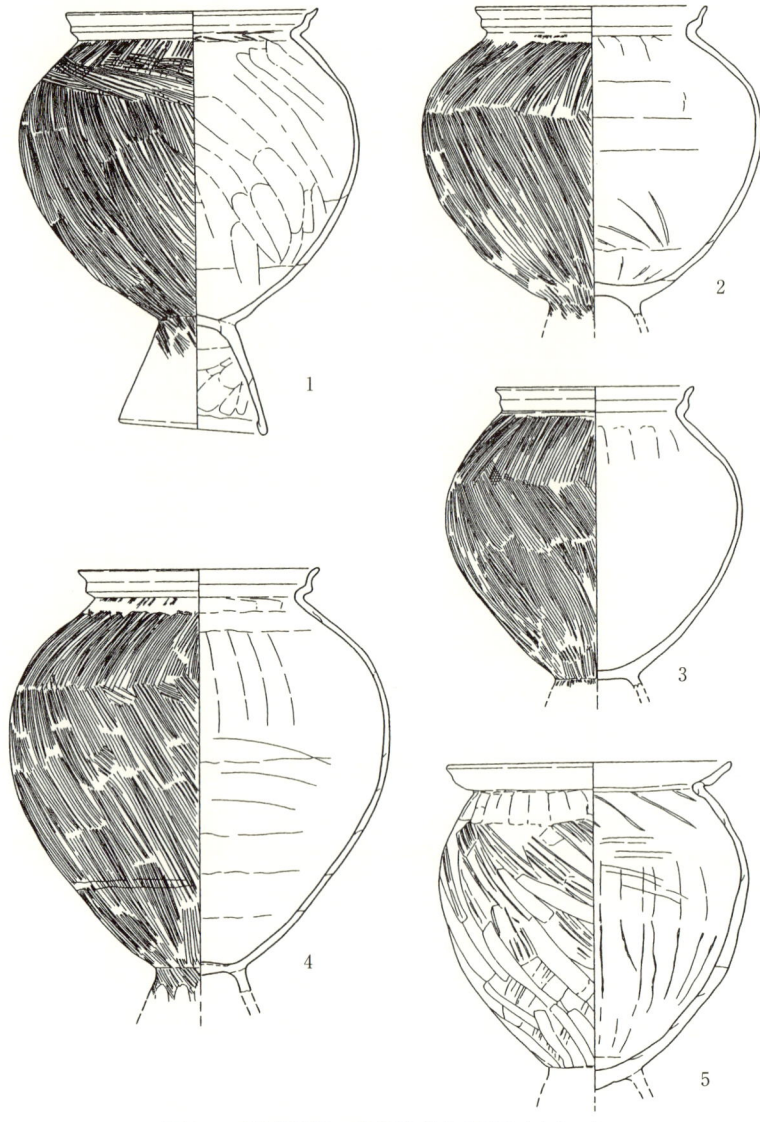

図81 下佐野遺跡4号周溝墓出土遺物(1)(1/4)

第8章 群馬県の墓制 263

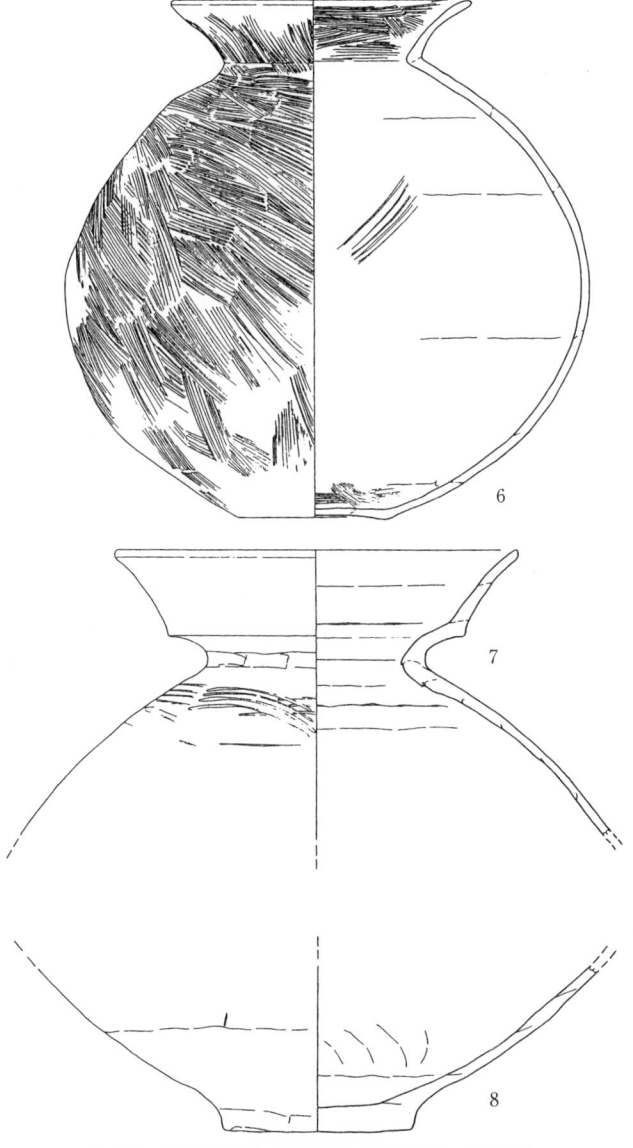

図82 下佐野遺跡4号周溝墓出土遺物(2)(1/4)

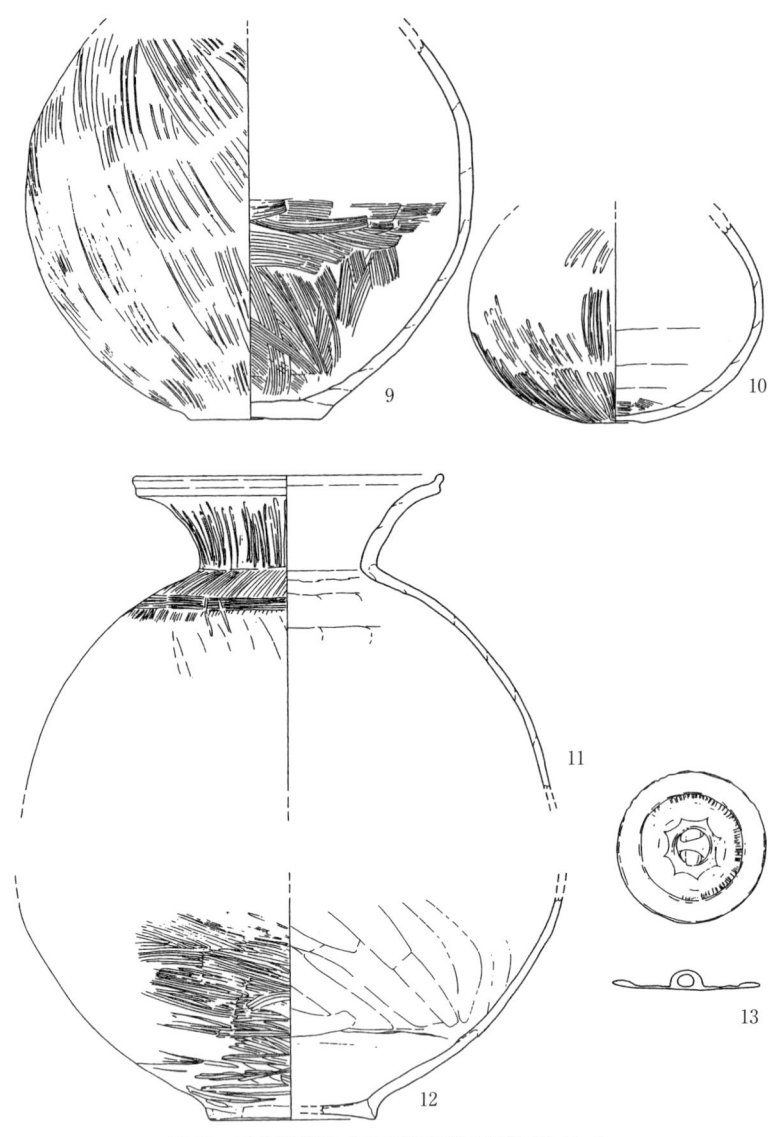

図83 下佐野遺跡4号周溝墓出土遺物(3)(1/4)

第 8 章　群馬県の墓制　265

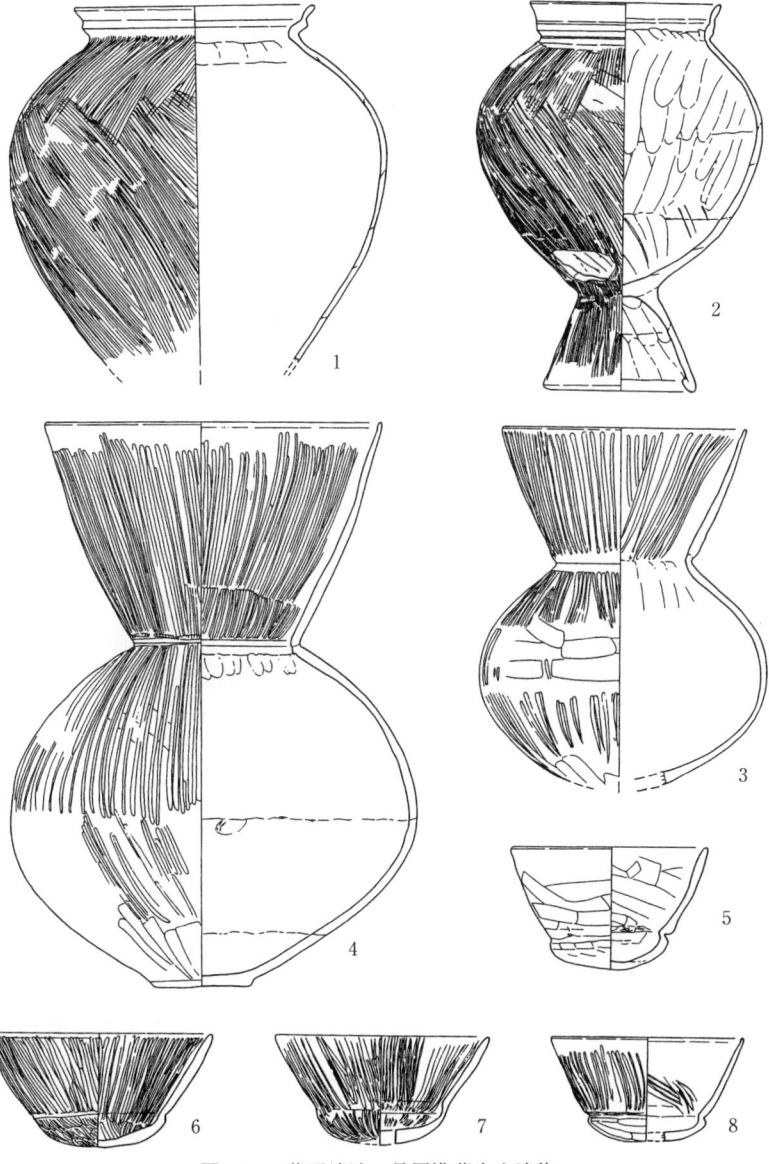

図 84　下佐野遺跡 5 号周溝墓出土遺物

266

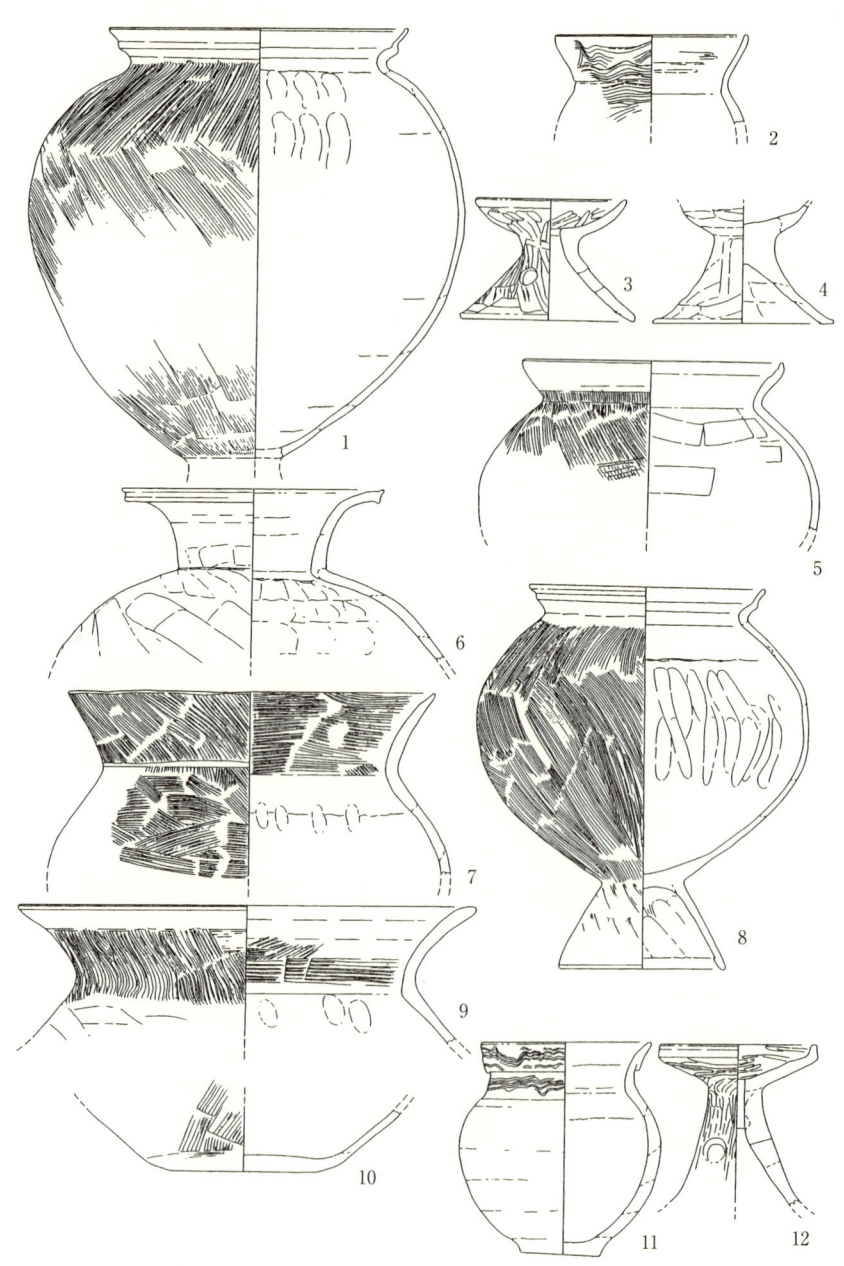

図85 下佐野遺跡7区3号周溝墓(1～10)・4号周溝墓出土遺物(11・12) (1/4)

墓は方形区画が明瞭になる時期、東海系、北陸系、畿内系の土器を出土する段階にある。

　墓出土土器の検討からも、井野川流域と荒砥地域の弥生時代から古墳時代への変容は徐々に進み、時期も並行して始まる。

　ここまでの検討で、群馬県に周溝墓が出現するのは畿内の庄内段階となり、それは北陸系の土器が出土する時期にあたる。つまり有馬遺跡82号住居跡では無文の樽式土器が出土した時期、樽式土器が無文化するのは外来系土器が出土し、交流が活発化する後、すなわち土師器が出現した後である。[6]

　下佐野遺跡Ⅰ地区Ｃ区10号住居跡で北陸系土器と小型坩が、7区3・4号周溝墓では樽式土器が出土する（図62、85）。

　この結果、弥生時代中期から継続する新保遺跡を含め、井野川流域や群馬県全域の遺跡群はこの時間幅、つまり入植があったとされる段階をも経過している。しかし、当時の群馬県内の社会、土器様式、墓制に入植民の存在を思わせる大きな変換、変革を認めることはできない。

　下佐野遺跡、倉加野万福寺遺跡を合わせた38基の周溝墓群のうち13基の周溝墓からＳ字状口縁台付甕、9基の墓から小型坩、2基の周溝墓から樽式土器甕、1基の周溝墓から北陸系器台が出土している。そして下佐野遺跡Ⅰ地区Ｄ区2号方形周溝墓からは、畿内系と東海系の壺が出土している。このような土器構成はここまで検討してきたように、集落内での住居跡出土土器と同様の構成を示し、被葬者と集落の有機的なつながりを示している。

　同じく井野川流域の熊野堂遺跡では、前方後方形周溝墓が1基だけ検出されている。時期は古墳時代前期と考えられ、出土土器は古墳時代前期でも新しい時期に下がる。出土土器は南関東系単口縁台付甕、土師器平底甕と、当時の集落、住居跡出土土器と同じ傾向を示している。もともと熊野堂遺跡は、弥生時代中期に展開を始めた遺跡であるので、集落内の人びとがＳ字状口縁台付甕ではなく、弥生時代以来の土師器平底甕を選択することになんら不思議はない。新保田中村前遺跡では遺物の出土はないが礫床墓が確認されている。礫床墓は高崎市八幡遺跡、同少林山遺跡等でも確認され、樽式土器の時期をあてることに問題はない。八幡遺跡の北陸系甕は、土師器平底甕、樽式土器、赤井戸式土器、単口縁台付甕と共伴し、外来系土器交流以後の集落内の住居跡から出土し

ている（図63）。さて、このように荒砥地域、井野川流域両地域の墓で樽式土器と北陸系土器の出土、畿内系、東海系、南関東系土器の出土が確認される。有馬遺跡では北陸系土器が出土する以前、樽式土器後期段階で礫床墓の伝統は終了し、方形区画の明瞭な周溝墓は確認できない。したがって、有馬遺跡の礫床墓の終了とともに集落は移動したと理解できる。その後、大きな時間差をもって82号住居跡が作られる。

　井野川流域では弥生時代中期から集落展開する新保地域、熊野堂遺跡など、弥生時代の伝統土器、樽式土器の残映が色濃く残り、下佐野遺跡方形周溝墓からは樽式土器が出土する（図85）。

　さて土器と墓の変換は、このような時期に開始される。再度有馬例をあげるまでもなく、北陸系土器と東海系、畿内系土器が樽式土器と共伴する82号住居跡の意味は大きい。この段階は畿内編年との並行関係から庄内段階にあたる。この時期に井野川流域、荒砥地域も同様に土器の活発な交流とともに周溝墓を採用したと理解できる。したがって群馬県内で外来土器との交流が活発になっていくときが樽式土器後期にあり、白江・庄内段階をもって筆者は群馬県の古墳時代への胎動期と考えている。そして荒砥地域、井野川流域も同様な時期に同じように樽式土器の残映をもちながら、時代変換を開始したことを示している[7]。

　長野県では、弥生時代中期に礫床墓の存在が確認されている。なお長野県では木棺礫床墓という呼称で、中期に盛行した木棺墓と同様な墓制である。

　木棺礫床墓は弥生時代中期に出現し、後期箱清水式土器段階には少ないが継続していく。松原遺跡例には、墓を周溝で囲むものは少ない。しかし後期段階の周溝墓の形態は円形や楕円形の周溝をともない、群馬県と似た状況を呈している。後期箱清水式土器の段階の周溝墓は、佐久市周防畑遺跡、飯山市須多ヶ峯遺跡、中野市安源寺遺跡等で確認されて、須多ヶ峯遺跡円形周溝墓の主体部には、側板をいれたような溝と頭部、足部に小穴が確認されている。長野県の礫床墓は、有馬遺跡礫床墓の堀方と同じ構造を示し、塩崎遺跡17号木棺墓は床に石が敷かれている。しかし、同じ墓域の他の墓には認められない。このあり方と同様な様相が高崎市八幡遺跡礫床墓でも認められる[8]。松原遺跡礫床墓は何基も群在し、有馬遺跡との共通性が見て取れ、礫床墓は中期栗林式期に始ま

り後期には減少していく。礫床墓、木棺墓の基本は周溝をともなわない単独墓であり、両県の弥生時代墓の堀方構造も、きわめて共通性が強い点を指摘できる。長野県では基本は木棺墓にありながら、後期段階には須多ヶ峯遺跡のように周溝墓もある点も共通している。

　栗林式期の小泉遺跡では、100基を越える木棺墓群が確認され、堀方構造も頭部、足部に小穴が掘られる。このことから長野県の弥生時代中期木棺墓の堀方構造は、礫床木棺墓と同じ系譜上にある。そして同じく群馬県に広がる礫床墓につながると考えることができる。このことから長野県の周溝墓は弥生時代後期に盛行し、主体部は木棺墓の系譜をもつ構造であったことが理解できる。このような周溝墓は単独木棺墓を基調として、不定形な溝に囲まれる例が多い点が特徴で、不定形の溝をもつ周溝墓が、方形区画を明瞭にした方形周溝墓に変化するのは古墳時代に入ってからである。長野県の弥生時代から古墳時代の土器編年には、千野浩の研究がある。長野県の弥生時代後期から古墳時代の土器の序列は、須多ヶ峯遺跡礫床墓出土土器が千野のいう3段階で、弥生時代箱清水式土器にあたる。したがってこの段階は群馬県では樽式土器後期に並行し、群馬県内でも未だ方形区画の明瞭な周溝墓の出現はなく、円形や楕円形の溝をもつ有馬遺跡礫床墓の段階にある。千野編年の第4、5段階の御屋敷式土器をもって古墳時代とする。この時期になると土師器の出土が始まり、方形周溝墓の出現を迎える。青木一男によれば、不定形の溝をもつ周溝墓から方形周溝墓への変化は、箱清水式土器の終末段階にある（青木1993・1995）。

　群馬県、長野県の周溝墓の変遷は以下の通りである。

　群馬県内での、弥生時代から古墳時代へかけての墓制の変化は、樽式土器後期の段階、畿内編年の庄内段階にある。

　その時期は北陸系土器を含めた外来系土器との活発な交流を始めたときで、そのときを筆者は古墳時代の始まりと位置づけた。長野県でも方形区画の周溝墓が発見される頃は、弥生時代後期箱清水式土器終末の段階にあり、群馬県と墓制の変換は同じ時期に始まったといっても過言ではない。土器の交流から見ると長野県では北陸系土器の出現は弥生時代中期、法仏式段階には始まり、その後の東海を含む複数他地域との交流が始まる時期に墓制の変換を見る。したがって群馬県、長野県を含め、東海、畿内、北陸等との活発な土器交流が始

まった段階をもって土器や墓を含めた社会変革の画期となる。

　礫床墓は長野県では中期に盛行し、箱清水式土器終末段階に方形周溝墓が作られ始める。このように群馬県、長野県ともに弥生時代後期には周溝墓は存在するが、方形周溝墓の出現はなく木棺墓や礫床墓のような櫛描文文化圏の伝統を強く維持している。

　このように長野県と群馬県の櫛描文文化圏では、弥生時代は不定型な周溝墓の主体部に、礫床墓等の木棺墓を基調とした墓制をもっていた。

　以上、東海を含めた複数他地域との土器交流が活発になるときが、東日本の古墳時代の始まりと考えてよい。時期は畿内庄内段階である。

第4節　古墳時代へ向かう毛野国

1．5〜6世紀の群馬

　本書の序論に取り上げた古墳時代成立への背景を触れておきたい。毛野国という国が存在したかどうかは、考古資料では明確な根拠があるとはいえない。

　ここではかつて武蔵国造の乱を示した甘粕健の論考をトレースしてみたい。『日本書紀』巻一八、安閑天皇元年の条には次のように記されている。

　　武蔵國造笠原直使主興同族小杵、相争國造、使主、小杵、皆名也。経年難決也。小杵性阻有逆。心高無順。密就求援於上　毛野君小熊。而謀殺使主。使主覚之走出。詣京言状。朝廷臨断、以使主為國造。而誅小杵。國造使主、悚喜交懐、不能黙己。勤為国家、奉置横渟、橘花、多氷、倉樔、四処處倉。是年也、太歳甲寅。

　　（武蔵國造笠原値使主（人名）と同族小杵（人名）と、國造を相争いて使主、小杵、皆名なり。年経るに決め難し。小杵、性阻くして逆ふこと有り。心高びて順ふこと無し。密かに就きて援けを上毛野君小熊に求む。而使主を殺さむと謀る。使主覚りて走げ出づ。京に詣でて状を言う。朝廷臨断めたまひて、使主を以て國造とす。小杵を誅す。国造使主、悚喜懐に交ちて、黙己あること能わず。謹みて國家の為に、横渟、橘花、多氷、倉樔、四處の屯倉を置き奉る。是年、太歳甲寅。）

　意訳文は次のようになる。

武蔵国造笠原直使主と同族小杵が国造の地位を相争い、年を経ても決めがたい状態であった。小杵の性格ははげしく逆らうことがあり、高慢で素直さがなかった。そして、密かに赴き援助を上毛野君小熊に求め、使主を殺そうともくろんだ。使主はこれに感付き逃げ出し、京へ参り出て、そのありさまを訴えた。朝庭は収拾にあたり裁断を下し、使主を国造とし、小杵を征伐した。国造使主はかしこまり喜び、思いがかなったことをそのままにしておくことができなかった。そこで、謹んで国家のために、横渟、橘花、多氷、倉樔、四カ所の屯倉を設け献上した。この年は、即位元年甲寅（534年）である（清水久男、大田区立郷土博物館編『武蔵國造の乱』より）。

甘粕健はこの記載に注目し、武蔵すなわちかつての南関東にあった国と、上毛野氏すなわち北関東の豪族同士が武蔵国の国造継承を争ったと考え、「武蔵国造の反乱」を発表した（甘粕 1970）。

その背景にあるものは、当時の東国一帯はまだ安定した大和王権の支配下にはなく、豪族同士の勢力争いがあったという考えである。そして当時毛野国は大和に対して、半独立国であるとの認識に立っていた。安閑元年は534年、6世紀前半にあたる。6世紀といえばすでに、古墳時代後期に近づいている頃である。この条の下りは、『日本書紀』安閑記の記載である。

この記載については当初、考古学と文献史学との解釈により、武蔵国造の争いに北関東の豪族である上毛野氏が介入し、やがて天皇家に屯倉を差し出したとされていた。古墳と当時の大和との社会を背景にしたダイナミックな論により、多くの研究者に受け入れられた。この笠原という名前の由来は『和名抄』、武蔵国埼玉郡風原郷、現在の埼玉県鴻巣笠原とされている。その鴻巣市の北に接するのが群馬県太田市というわけである。そしてその後、笠原直一族はこの笠原に拠点を移し埼玉古墳群を造るのである。

ではそれ以前の有力者の古墳群はどこかというと、世田谷区玉川流域の古墳群と考えられ、特に権力が笠原へ移る前の古墳、野毛大塚古墳であろうとされ長い間研究がつづいた。

近年の発掘調査で、野毛大塚古墳を取り巻く背景が明らかとなった。野毛大塚古墳の発掘調査が実施されたのである。調査の結果は、この仮説とは異なる

結果を示した。

　当初武蔵の国の在地豪族の一人と考えられていた、笠原の使主の墓であろうと考えられていた被葬者の副葬品には、甲冑を始め極めて畿内的な様相が認められたのである。副葬品からは河内の古市、百舌鳥古墳群を構成する中規模古墳に極めて近いことがわかった。このため当時武蔵国造との関係を云々された、上毛野氏との関係より畿内との関連が強いことがわかった。

　さらに出土した須恵器の年代は5世紀初頭期に、さかのぼることもわかった。このため安閑記の記載とは時期も内容も異なり、むしろ逆に5世紀代の南武蔵地域は極めて畿内大和王権と密接な関係を持つであろうとの理解につながったわけである（甘粕 1999）。

　当時は上毛野氏は現群馬県の大豪族と考えられ、武蔵国造の継承にまで係わる一族と考えられていた。しかしこの発掘調査により、新たなる展開が始まったのである。

　埼玉古墳群の北に接するのが群馬県太田市で、市内には5世紀中頃と考えられている太田天神山古墳がある。古墳の規模は墓域長353m、幅288mを測り、墳丘長210mの東関東最大の前方後円墳とされている。その大きさから見て当時の群馬県には、大和政権にも対抗できるような大豪族がいたことを想定させていた。

　しかし野毛大塚古墳のきわめて畿内的な副葬品は当時の武蔵、上毛野地域の社会背景を塗り替えた。いずれにせよ安閑記の記載は6世紀前半で野毛大塚古墳が5世紀の墓であること、そして当時の畿内的な様相を供えていた事実が確認されたわけである。5世紀前半にすでに南関東地域には、畿内的なものが存在していたことになる。目を転じて5世紀の群馬県を見ると、5世紀中頃とされている太田市内に太田天神山古墳とあわせ女体山古墳がある。畿内的な要素として、長持形石棺が確認されている。このことを考えあわせれば太田市内でも、畿内的な要素をすでに感じ取ることができる。

　野毛大塚古墳の副葬品が畿内的であることを理由に、大和との関係が指摘されたわけである。太田天神山古墳は発掘調査は行われていないが石室は竪穴式とされ、露出した石棺は縄掛突起をもち、これもまた畿内的である。このため

群馬では畿内とのつながりを指摘する研究者も多い。時期は5世紀中頃とされ、野毛大塚山古墳よりやや時期を下る。古墳を中心とした社会という背景を考えれば、古墳に使われる石棺や副葬されるものも、交流の存在なくしては考えることができない。

群馬県渋川市内で馬蹄跡が確認されている。遺跡は白井二位屋遺跡で、ほぼ8000㎡を測る広大な調査区全面に馬の蹄跡が確認された。このなかには蹄跡の他に畠の畝等も確認され、休耕地を利用した馬の放牧があったことが考えられている。この遺跡は榛名山噴火にともなう火山軽石 Hr‒FP によって覆われていた。Hr‒FP とは、榛名山が6世紀前半に噴火したときにともなう軽石である。浅間山C軽石と異なり噴出軽石は2～3m堆積し、遺跡すべてを埋め尽くす噴火であった。

黒井峯遺跡もこのときに埋まってしまった遺跡である。このため軽石直下の遺物との検討がなされて、時期を高い精度で確認できる。遺物の時期は5世紀後半から6世紀初頭期のものである。

この厚い堆積層を取り除くと、馬の蹄跡が無数に確認された。それはまさに、馬の放牧を思わせるほどの蹄跡の量であった。

日本に馬が導入されたのは古墳時代、まさに5世紀代といわれている。今まで日本にいなかった動物が日本にきて、群馬県内の地で放牧された可能性が認められるという。導入先である朝鮮半島から、放牧、飼育のための技術も導入されたことが考えられるし、また朝鮮半島から馬の技術者がきたことも考えられる。高崎市で剣崎長瀞西古墳が調査、報告されているが、この遺跡内の集落は竈付設という先進的な要素と、半島系の積石塚古墳が造られている。まさに集落と墓がセットであり、渡来系の人びとを想定させる。この朝鮮系古墳群のなかに、馬を葬った坑を確認している。馬には轡が装着されたままで、朝鮮半島系のX字状銜留金具付轡である。この類例は、松尾昌彦によれば朝鮮半島慶尚南道金海市大成洞2、20、42号墳や慶尚北道高霊池山洞45号墳1号石室等に認められるという（松尾 2003）。調査を担当した土生田純之はこの遺跡の性格について「在地首長のもとに属し馬飼育に従事した人々であったものと思われる」と指摘している。しかし土生田は渡来人のあり方については「朝鮮半島の各地から渡来した人々が各々の小グループに分かれてか、あるいは混在して

か、列島各地に広く移動したと思われる。それが畿内の規制下にあったものか各々の地域政権によるものか、あるいは彼ら渡来人の自由な意思のもとにあったものなのか、恐らく一律に論ずることはできないであろう。今後は各地の事実に忠実に基づいた、詳細な検討が第一に求められるのである」とし、きわめて的確な指摘である（土生田 2003）。

剣崎長瀞西古墳群は5世紀第四4半期を中心とし、渋川市白井二位屋遺跡、太田天神山古墳と同じ5世紀に存在していたわけである(9)。

太田天神山古墳が造られた5世紀、高崎市井野川流域に墳長174mを測る倉賀野浅間山古墳がある。また井野川流域には5世紀の豪族居館とされている大型の掘立柱建物跡をもつ三ッ寺Ⅰ遺跡がある。三ッ寺Ⅰ遺跡は、5世紀に造られた居館で、当時の首長の住まい、公の場所と考えられている。

三ッ寺Ⅰ遺跡の周辺には、同じ時期に並行するような有機的なつながりを示唆する集落が確認されている。熊野堂遺跡、井出村東遺跡、三ッ寺Ⅱ遺跡、保渡田遺跡、中林遺跡、下芝五反田遺跡等、4世紀代から5世紀にかけて広く井野川流域には集落が展開していく。このなかの5世紀とされる下芝五反田遺跡で、韓式系土器の出土が確認され、朝鮮半島との関係がここでも確認することができる(10)。三ッ寺Ⅰ遺跡の立地はまさに平野部一帯の穀倉地帯と、弥生時代以来の交流拠点の利点を存分に生かしていると考えることができる。

2．6世紀以降の群馬

『日本書紀』安閑期の記載のなかに、上毛野氏が献上した屯倉を示唆する記載があることは先に触れたとおりである。この屯倉は現在の藤岡市緑埜にある。群馬県内には上野三碑とよばれる石碑が残っており、おのおのの石碑には文字が残されている。いちばん古く認められるものは681年に建てられたとされる、高崎市にある山の上碑である。この碑と金井沢碑に、佐野の三家の記載がある。佐野の三家とは「みやけ」とよみ、群馬県内におかれた屯倉との関係を示している。緑埜に屯倉がおかれたのは、安閑2（535）年上毛野国緑埜郡屯倉の記載がある。文献史学の観点からも武蔵国造争いについて「同じ記事に全国的に見られる「みやけ」についてはそうした説明はできないうえ、考古学的にみてもそのように限定的に考えなければならない必要は認められず、記事の記載を

そのまま認めるなら、おそらく別の事情による設置であったと考えざるを得ない（関口功一『群馬県史』1991）」としている。つまり武蔵国造争いの結果差し出されたのではなく、その時期に全国的に屯倉が設置された記事であるとの指摘である。

さて、山の上碑と金井沢碑の碑文に共通する三家とは、「みやけ」と読み屯倉に通ずる家を指す。緑埜の屯倉の設置は、記紀によれば安閑2年ということになる。山の上碑の内容は、三家の出自を当時放光寺の僧長利が母のために建てたとされる。

内容をみると、

辛巳歳集月三日記す。

佐野の三家を定め賜える健守命の孫黒目刀自、此の新川臣の児斯多々弥足尼の孫大児臣に娶ぎて生める児長利僧、母の為めに記し定むる文也。放光寺の僧。（東野治之『群馬県史』1991）

このように碑の内容は佐野の三家の出自を示し健守命をあげている。碑にある佐野とは現在の高崎市佐野を指し、放光寺とは定額寺（諸説あるが国分寺に次ぐ寺格を指す寺で寺の名前ではない）で、前橋市総社町で1974（昭和49）～1981（同56）年にかけて発掘調査された山王廃寺の瓦に「放光寺」のへら描を確認した。山王廃寺とは前橋市山王地区にあったためこうよばれているが、この廃寺が発掘の結果、定額寺である放光寺であることがわかった。放光寺のすぐ西には総社古墳群がある。そして碑の内容は、彼が物部の血統にあることが強調されている。つまり当時の総社古墳群のとなりに、古墳と密接な関係にあると思われる定額寺があり、三家出身の定額寺僧は、自らを物部の子孫であると称しているのである。この総社古墳群は、群馬県内古墳研究者のなかでは上毛野氏の奥津城とする説もある。[11]

『続日本記』に天平感宝元年（749）に、上野国勢多郡少領外従七位下上毛野朝臣足人が、国分寺に知識物を献納して外従五位を授けられている記載がある。8世紀の上野国には、上毛野氏を名乗る人物が存在している（関口 1990・1998）。

しかし、緑埜の屯倉にきわめて強く結びつく高崎市佐野の三家は、当時物部氏を称していた。国名である上毛野氏の名前は、8世紀に地方の下級官吏とし

てやっと名をあらわしているのである。中央にきわめて近いであろう屯倉の管理者であった可能性が強い一族は、上毛野氏ではなく物部氏を称していた。このことは上野国内での、上毛野氏の立場をあらわしているものと考えることができる。つまり緑埜の屯倉が設置されたときに、上野国で名族とされていたのは物部氏であったと考えることができる。

　このように考えると、5世紀にすでに剣崎長瀞遺古墳群に見られる半島系の文物と馬飼育術や（彼らが自分の意思かあるいは中央、地方の招聘で存在したのかは慎重な立場が必要であるが）野毛大塚古墳の発掘結果から、5世紀前半代には南関東は密接に中央と結びついていたわけである。太田天神山の被葬者の存在や朝鮮半島から運ばれた馬具、そして放牧の事実は、すでに5世紀の群馬県も中央との強い交流があったことを示す。太田天神山古墳の石棺が畿内的であることは、それ以前3・4世紀における土器の移動と同じく、他地域との密接な交流の存在を示しているものである。そして高崎市の南西部の尾根上に立つ山の上碑は、高崎市内井野川流域を見下ろす場所に立っている。状況としては、当時の有力者の古墳は前橋市総社町に所在し、隣接する放光寺には三家出身の僧がおり、物部の血統を引く三家の碑は、井野川流域と現在の前橋市を見下ろしているのである。

註

（1）氷式土器出土だけではなく弥生時代の長野県では再葬墓も広く採用され、再葬墓という葬送も共通性が認められる。長野県では中期になると腰越遺跡で、人面土器をもつ再葬墓が確認される。人面土器による再葬墓例は栃木県、茨城県でも確認されている。

（2）再葬墓例と同じように後期以降の周溝墓には四隅切れ、円形、楕円形、方形区画が明瞭になるもの等々、さまざまな形態が存在する。

（3）古墳時代の周溝墓としたが、土師器出土だけの理由ではなく形態からも確認することができる（友廣 1995）。

（4）礫床墓は82号住居跡によって壊されている。82号住居跡出土遺物はすでに他地域との交流が開始された以降にあたり、ここに礫床墓との間に長い時間差を見ることができる。

（5）井野川流域と荒砥地域では土器の検討からほぼ同じ時期に周溝墓が出現する。

その理由は方形区画の明瞭さからも確認することができる。また土器のなかには前代の遺風を遺すものもあり、樽式土器と土師器が共伴する。これは下佐野遺跡、堤東遺跡周溝墓等共通して確認できる。

（6）樽式土器段階に土器交流が始まる。このときに樽式土器の無文化が始まる。したがって無文化が始まるのが弥生時代終末ではなく、無文化が始まることが古墳時代への始まりである。つまり土器は一気に変化するのではなく交流のなか、少しずつ土師器へと変換していく。

（7）方形区画が明瞭化した周溝墓から土師器とともに樽式土器が出土しており、土器の変換は一気におきたことではない。

（8）八幡遺跡は弥生時代後期の墓、礫床墓が確認されている。塩崎遺跡同様複数の墓が確認され、そのうち礫床墓は一基だけである。

（9）この段階にすでに群馬県の地には朝鮮系の人びとの存在が指摘されている。太田天神山古墳や井野川流域にある三ッ寺Ⅰ遺跡などの居館も存在し、交流の継続が指摘できる。最近では渋川市金井東裏、下新田遺跡が確認されている。

（10）朝鮮半島との直接の関係ではなく国内での交流網が継続していたと考えられる。

（11）隣接する放光寺には三家を名乗る物部氏の血縁僧がいる。上毛野氏の古墳と断定はできない。

第9章　絶え間なく交流する社会
―― 「もの」と「もの」が変換可能な社会構造 ――

　ここまで弥生時代から古墳時代にいたる経過を検討してきた。高橋龍三郎は弥生時代を『魏志倭人伝』から読み取り、東アジアの世界観から俯瞰した。そのなかで弥生時代を首長国社会であると考察している。だいじなことは、彼らリーダーたち出現の萌芽は、縄文時代から存在するということを指摘したことである（高橋 2006）。

　筆者も当時の社会構造を探るために『魏志倭人伝』を開いた。筆者の視点は、交流、交易に進む段階ではその背景には地域社会が存在し、人びとの交流の下に発達するものと考えるからである。群馬県の遠賀川式土器の存在は、交流網の先が遙か遠く北九州に向かってつづいていたことを示している。その段階での関東地域がどのような状況にあるかは、遺跡から解明するには発掘事例が少ないのが現状であるが、ここまで検討してきたように、群馬県西部、北部に位置する長野原町、安中市、藤岡市の遺跡例は、群馬県と長野県の縄文時代晩期から弥生時代前期に交流が存在したことを明らかに示している。

　群馬県内では弥生時代前期から中期前半の集落調査は少ない。このことから交流の事実の証明はむずかしい。しかし、さまざまな葬送儀礼をもつ再葬墓が、北関東一帯に広いエリアをもって分布している。中～後期になると『魏志倭人伝』に記載のある鯨面土偶の存在、卜骨、骨鏃例はさまざまな形で群馬県内の遺跡出土品で再現することができる。群馬県を含む東日本が邪馬台国を宗主とする倭国の埒内にいたかどうかはともかく、『魏志倭人伝』に記載された社会の習慣を、群馬県内の遺跡出土品から再現できる意味は大きい。邪馬台国があった時、大陸、半島系の文物を群馬県内の遺跡で出土する事実が確認できるのである。妙義町で確認された、日本で造られた石戈がそれを物語っている。日本製の石戈の機能を当時の人びとが認知しているかいないかは、理解の及ぶ

ところではないが、大陸や半島系の「もの」をまねたものが、日本にあるという事実は重いものである。ただ単に「もの」がきただけではない。戈というものの本来の使い方を知らなくても、その所有に意味があるということを共有できる社会の存在を示すものである。石戈という「もの」をもつことが社会内で必要であるという意図を感じる。妙義町古立東山遺跡で、生活の場である住居跡から土器と共伴して出土したことがそれを示している。

遠賀川式土器はきわめて少ないが、その時代の遺跡の調査例が少ないことにも大きな理由がある。しかし弥生時代中期の平野部への展開は、その後引きつづき弥生時代後期の拠点的ともいえる集落へと発展、展開していく。このような集落は大きく地域を俯瞰すると、遠賀川式土器を出土した遺跡からとぎれることなく時間的に継続している（たとえば井野川流域の12遺跡）。

高橋はこのような時のリーダーには、大きな権限が集中するとの見方を指摘する。筆者も、群馬県のみならず神奈川県、千葉県、埼玉県など関東地域一帯で同じ時に低地へ進出した事実の背景には、必ず集落移動を決定したリーダーがいて、人びとの意志が集約されたと理解している。

弥生時代から古墳時代にかけて、新保地域にはさまざまな交流にともなう「もの」が存在している。それは製作工程も含め管理する必要があったものである。誰がその管理者であるのか。まとまって出土する肩胛骨、カシやクヌギなどの板材、鹿角、「もの」だけの管理ではなく材料、木製品、剣の束の製作、その製作工程を管理する人間もいなければならない。管理された製品と同じ「もの」は、群馬県内他の遺跡で出土している。すなわち群馬県内を取り巻く交流網がある。有馬遺跡で確認された鉄剣の成分のなかに、中国華北産の物質が含まれていた（佐藤 1990）。中国から直接手に入れたものではなく、おそらくは日本のどこかとの交流であろう。

筆者はこのような貴重な「もの」の交流を可能にする、交流網をもった社会の存在があったと考えている。

荒砥地域で同じ低地を見下ろした台地上の近接する遺跡群は、一つの集団としてまとまると考えている。その複数集団は一つの社会体を構成していた。同じ時期に北陸、畿内、東海、南関東の土器を入手して生活していた人たちが、数百メートルの距離に近接した集団と没交渉でいたとは思えない。

複数の外来地域の土器をもつ彼らは、同じ農具をもち同じ谷を耕し、農耕社会を拡大していった。荒砥地域に限らず、弥生時代中期以降は土器の変換をともなう平地への集落立地の変化という、新しい農耕社会への変革が起こったのである。そのような新しい「もの」を取り込むことを可能にしたのは、単に一方的な入植、外圧ではなく、弥生時代からすでに積極的に文物、技術の導入を行っていたからにほかならない。新保地域では大量の外来系土器、群馬では希少なカシ材、鹿角製の束、卜骨などが出土しており、活発な交流が弥生時代から古墳時代へと継続していたのである。弥生時代の他地域との交流は、土器の搬入や取り込みが徐々に増え、後期から古墳時代を迎える時期にはさまざまな地域と交流がさらに活発になった。その背景には社会間の接触と交流があり、大きな社会変革を迎えた時代であった。「もの」だけではない多くの人の行き来、情報交換の場が存在した。

　弥生時代終末から古墳時代前期にかけて、群馬県内では長い間、東海勢力に制圧されてきたとされている。その最大の根拠はS字状口縁台付甕を主体とする東海系土器様式の存在であり、その入植地は、井野川流域とされている。しかし井野川流域の遺跡の出土土器、墓制の検討により入植・移住という事実はなかったことが理解できた。むしろ土器の取り込みを積極的に行えるだけの、進んだ社会構造を、その背景に認めなければならない。つまり外来からの土器を取り込むということは、土器という「もの」を受け入れるだけではなく群馬の地で自らも造り、使うことを意味し、生活習慣を取り入れることでもある。

　弥生時代末から古墳時代初頭期は、きわめてとらえ方のむずかしい時代である。人によっては弥生時代後〜末期は古墳時代初頭とよぶかもしれない。このとき、さまざまな地域の土器が深く関わっている。

　川村浩司は北陸系土器について研究し、群馬県内に見出せる北陸系土器は32遺跡に上ることを示した（川村 1998）。本書でも遠賀川式土器を出土した糸井宮前遺跡を始め有馬遺跡、町田小沢Ⅱ遺跡、新保遺跡、下佐野遺跡、倉賀野万福寺遺跡、内堀遺跡、荒砥上之坊遺跡、御正作遺跡で多数の北陸系土器を分析した。川村の研究成果によれば北陸系土器の出土は、群馬県内全域に広がっている。さらに筆者は石田川遺跡出土遺物のなかに、北陸系土器を実見、確認している。重要な問題は、北陸系の土器をもつ集落は、同時に弥生時代か

ら古墳時代を経過した集落遺跡が多い。さらに重要なのは北陸系だけではなく、他地域の土器をももっていることである。群馬県の北陸系土器は北陸編年では弥生時代後期月影式段階から白江段階にある（友廣 1996）。川村の研究では、長野県でも弥生時代後期箱清水式土器段階に、北陸系土器や外来の土器群が多くの遺跡で確認されている。箱清水遺跡もその一つで、北陸系土器が出土している。このように弥生時代が古墳時代に変革するとき、群馬県のみではなくさまざまな地域で、群馬県と同じように、さまざまな地域の土器交流が活発化していくことが見て取れるのである。つまり古墳時代になると広い範囲で進化した交流網の紐帯が、強く太く広くなったと理解できる。その交流は土器だけではなく、卜骨の習慣やカシ材の移入等、多様なものになる。

単に東海系のS字状口縁台付甕があることをもって入植したととらえるなら、関東甲信越地域すべてで入植の存在を是としなければならなくなる。

筆者は第6章で群馬県内の土器総体を把握するため報告書中の土器を分析、検討することにつとめた（小破片で筆者の判断できないものは省いたため、実際の掲載遺物と本文中の個体数が若干異なる遺構もある）。共伴の問題や、当時の人たちの廃屋への壊れた土器の投棄の指摘もあろう。筆者はその可能性を否定しない。しかし遺跡から出土した土器がどういった行程をへて、現在われわれの前にたどり着いたのかを考えてみると、捨てられた土器は土器に意思があるわけではなく、当時の人びとの意思で捨てられたのである。したがってただの廃棄物ではなく、当時の人びとが生きていたとき、彼らの生活に使用した土器であることに間違いはない。当時の人びとが、どのような土器構成をもっていたかを考える上で必要な資料である。つまりそこへ捨てようが墓に入れようが、その土器自体は当時の人びと自身、社会の存在そのものを表している。筆者は発掘調査で出土した土器は、すべてその土器が当時の生活用品であり、大げさにいえば当時の社会を証明するものと考える。われわれは遺跡の発掘調査を通じて土器の型式、様式通りに掘り出すのではない。あるがままの土器組成を、型式や様式に分類しているのである。その分類ができないからといって、土器を捨てられたものである点を理由に除外することはできない。遺構で共伴出土した土器も、墓に手向けられた土器も、捨てられた土器も、すべてが当時の社会そのものを映し出していると考えるからである。

これが第4章で示した100個体の在地土器のなかにある1個体の外来土器、100個体のなかにある99個体の在地土器の意味を考えることに通じる。

　伊勢崎市波志江中宿遺跡では、S字状口縁台付甕を出土する土器製作用の粘土採掘坑が確認され、土器製作工程の一部が判明した。波志江中宿遺跡の粘土で造られたと思われるS字状口縁台付甕は、周辺の遺跡でも確認できる。

　また石丸敦史の分析・検討により、同じ工具で装飾された土器も周辺で確認された（石丸 2005）。その背景にあるものはやはり流通網の存在であり、とりもなおさず流通を維持する社会構造の存在を考えなくてはならない。土器製作が専業化していると考えることができるならば、次に必要なものは流通網の維持管理である。

　人間が集落で生活するためには、さまざまな土器や「もの」が必要となってくる。すなわち「もの」をつくる工程や供給維持の交流網、造る人を束ね管理する人間も必要である。新保遺跡、新保田中村前遺跡では木製品、木製未製品、骨角製品などさまざまな生活の必需品、卜骨など集団に必要な「生活慣習、精神文化」を示す「もの（肩胛骨）、吉凶を占う行為」までが存在していた。

　板材には、群馬県の植生ではきわめて稀なカシ材が含まれている。新保地域内で「もの」を管理するために必要な人間がいたことは、卜骨用の肩胛骨がまとまって出土したこと、カシとクヌギもおのおのでまとまって出土したことから、かなり高い確率で肯定できる。灼骨の出土から卜骨を執り行う人もいた。それはとりもなおさず、卜骨を必要とする共有の精神社会が存在したことを意味する。成分分析の結果、東海地域の成分と似通っているという巴型銅器が新保遺跡から出土している。『魏志倭人伝』には国と国は交易を行っていると記載されている。このような「もの」の存在は、国と国を繋ぐ交流網の存在をも示している。そして同じものをもつ習慣があったり、同じ行為により吉凶を占ったりしたということは、生活様式の精神を共有していることに他ならない。

　さらに『魏志倭人伝』に貯蔵に必要な「邸閣あり……」、収めるのは「租賦」であるというのだが、租賦とは何をさすのだろうか。水野祐は貢納物としている（水野 1998）。

　波志江中宿遺跡は、古墳時代前期のS字状口縁台付甕を製作した工程上の遺跡と注目されている。当時の土器製作にともなう粘土採掘坑66基、木製粘

土掘削具とともに124個体の土器が出土し、そのうちの111個体がS字状口縁台付甕であった。

　石丸は、波志江中宿遺跡を土器製作の場として検討し、群馬県内各地域における粘土の成分の違い、刷毛工具の違いから地域ごとに異なった粘土でS字状口縁台付甕を作っているとした。各地域での同じ粘土の使用と同じ工具の使用、おのおのの地域で異なった形をもつことからも筆者はこの考えを肯定する（石丸 2005）。

　さらに藤根久は、波志江中宿遺跡と前橋市元総社西川遺跡出土S字状口縁台付甕の胎土分析を行った（藤根・今村 2001a）。波志江中宿遺跡出土のS字状口縁台付甕の胎土は、遺跡内で掘り起こされた土に共通する土器が多く、また元総社西川遺跡出土のS字状口縁台付甕胎土は、1カ所に同定できない結果が得られている。この結果を筆者は、別のところに価値を見出したい。つまり中宿遺跡周辺には掘り出した土をこねて、S字状口縁台付甕を製作した場所がある。もちろん100個体を越える土器の胎土の共通性から、この遺跡で掘り上げた粘土で土器を作ったということを示している。ところが元総社西川遺跡から出土したS字状口縁台付甕には、統一された共通性が認められず、榛名山系の複数地域の土壌分が認められるという。

　このことから何がわかるか。筆者はまずS字状口縁台付甕は、おのおのの集落の住人が個々に作っていないと理解する。もし元総社西川遺跡でS字状口縁台付甕を製作していたとすれば、榛名山系の複数地域に赴いて、土を掘り起こして運んできたことになる。なんと効率の悪いことか。一方波志江中宿遺跡では目の前で掘り起こしたその粘土を使って、周辺のどこかで大量のS字状口縁台付甕をつくった。

　齋藤利昭は前橋市横手早稲田遺跡出土S字状口縁台付甕の肉眼分析を行っている（齋藤 2001）。結果は片岩を胎土に含むもの19点、片岩が含まれないもの54点、不明瞭が8点であった。「片岩は群馬県藤岡市近辺産のものであり、今後、多野、藤岡地域で粘土採掘坑や焼成遺構や未製品の土器製作に関わる遺構が発見される可能性はあるが、当面は胎土分析と肉眼観察を絡め原料胎土の産地を推定し、その粘土を用いて生産される土器の製作技法、形態特徴の有無を掴み、その分布を見る1つの手段として用いていきたい」としている。

ここで少なくとも当時の群馬県内での複数カ所のS字状口縁台付甕の粘土の掘削場所が同定されている。

　榛名山系の複数カ所、多野、藤岡市、そしてもう一つが伊勢崎市波志江中宿遺跡である。まさに需要と供給の関係が、みごとに表れているといえよう。

　つまり元総社西川遺跡、横手早稲田遺跡に住んでいた人びとは自らの集落でS字状口縁台付甕を作っていない。また特定の1カ所からS字状口縁台付甕を、導入していないことが理解できる。そして、異なった複数地域の土でできた土器をもっていることは、集落内の住居跡から出土するS字状口縁台付甕が、供給品に他ならないからと考える。つまり複数の離れた場所の粘土でつくられた土器が同じ住居跡から出土することは、おのおのの制作地から一つの場所にもち寄られている「市」だからこそ、手に入れることができた結果であることを明確にあらわしている。

　元総社西川遺跡報告書で大木紳一郎は、きわめて微細に土器を観察し、S字状口縁台付甕の編年案を示している（大木 2001）。

　大木はそのなかで、元島名将軍塚古墳報告書中で田口一郎が編んだS字状口縁台付甕編年を取り上げ、修正を加えている。田口の分類基準であるS字状口縁台付甕口縁内面の刷毛目が、元総社西川遺跡では見られないことにより、田口の1分類を省いている。その理由は編年の指標は、「限定された時空間の中で安定した存在を示すもの」としている。この考え方は正しいと筆者は考えるが、そうすると口縁内面に刷毛目がある甕とない甕が同じ分類になり、本文中引用した池田の例を挙げるまでもなく、分類とはいえなくなってしまう。また大木は土器の多少により軽々にいえないとしながらも、何よりも明らかな樽式土器とS字状口縁台付甕が共伴する事実を、樽式土器が遺跡内で土師器に対して客体（少ない）の立場にあるからという理由で入植民、移住民の存在を結論づけているのは少し矛盾した解釈といわざるをえない（図86）。

　もしこの集落の人びとが入植民であるとするならば、彼ら入植民にS字状口縁台付甕を提供した榛名山系の土をこね、S字状口縁台付甕を造った人は誰だろう。元総社西川遺跡にS字状口縁台付甕を供給した榛名山系複数地域には、すでに東海からS字状口縁台付甕制作者が入植、移入していたのだろうか。彼らは元総社西川遺跡の住人が入植したときにいっしょにきた人びとだろ

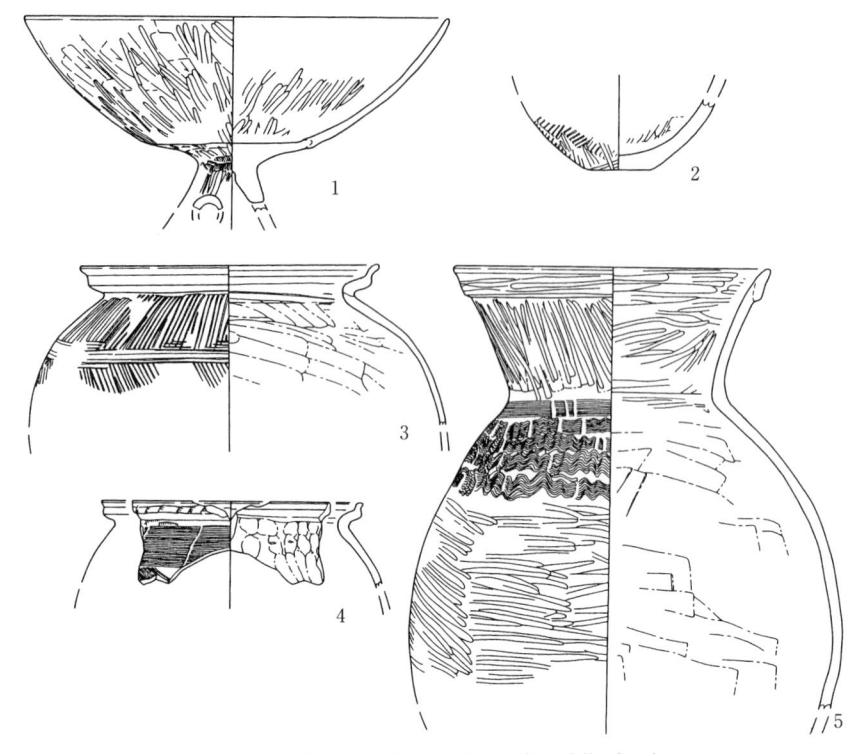

図86　元総社西川遺跡12号住居跡出土遺物（1/4）

うか、あるいは元総社西川遺跡に入植者がくる前か、あとに東海の土器職人たちがきていたとするのか。さらに元総社西川遺跡に樽式土器を提供したのは誰だろうか。

　筆者は入植民説が事実であるならば、社会そのものが移入してきたとしか考えられない。つまり、集落の生活者S字状口縁台付甕を消費する人、S字状口縁台付甕を造る人、粘土を探し掘り上げる人、焼き上げる人、流通網を管理する人、大量の甕をストックする人、それぞれがいなくては機能しない。各仕事に携わる人びとが、入植してすぐに操業ができるだろうか。移住者たちは短時間でS字状口縁台付甕に適切な土の場所を突きとめ、生産地に赴き土を掘り、粘土をこねS字状口縁台付甕を焼き上げその流通ルートを開発し、そのルー

ト上に甕をのせることが可能だろうか。あるいはすでに存在していた新保地域の流通ルートを掌握したのだろうか。もしそれを達成するには群馬での軋轢を抑えるきわめて強大な軍事的、政治的な背景がないと成立しないだろう。また何万何十万人の統制のとれた、社会構造を維持する多くの人間が必要になることだろう。そのような規模の入植や移住が通過点である長野県、静岡県、神奈川県、埼玉県、東京都にはまったく目もくれず一目散に群馬県井野川流域をめざした理由はどこにあるのだろうか。入植とは現代の中東をみるまでもなくきわめて政治的行為であり、維持するにはきわめて強大な軍事力が必要な社会、政治問題である。それが可能である前提には入植民たちの統制のとれた社会の存在を認めざるを得ず、さらにその背後にある巨大な権力、明らかな軍事力なくしては成就しないであろう。さらに群馬と東海の社会間での問題なのか、通過地域との関係の問題も解明する必要が生じる。大勢の人が移動するためには、通過地域での衣食住の入手も必要であろう。

　元総社西川遺跡6号住居跡から、南関東系単口縁台付甕、在地単口縁平底甕とS字状口縁台付甕が共伴出土している。ここが入植民ムラだとすると、6号住居跡の住人をどう解釈すればよいのか。

　入植民の問題は第5章で検討したように、その存在の前提は井野川流域の東海系土器様式の石田川式土器の存在にある。井野川流域の石田川式土器は、S字状口縁台付甕を主体とする東海系土器の存在が大きな理由であった。検討の結果は、S字状口縁台付甕を主体とする東海系土器様式は井野川流域だけでなく、群馬県内に存在していない。入植民説は、かつて石田川遺跡出土土器が弥生土器とされたときに、樽式土器とのあまりの違いに驚いて発想された考え方である。その後、1981年の田口の研究以来、S字状口縁台付甕を主体とする東海系土器と認識されるようになった様式であるが、本書の検討では群馬県内にS字状口縁台付甕を主体とする東海系土器をもつ遺跡、住居跡の存在はまったく認めることはできない。そのような遺構や住居跡は、井野川流域でもほとんど存在していない。

　高崎市の5世紀の剣崎長瀞古墳群ではⅠ、Ⅱ区あわせて47軒の住居跡のうち、32軒に当時としてはきわめてめずらしい朝鮮半島的な竈が付設されていた。このことと積石塚古墳出土品の朝鮮半島との関連、6軒から出土した韓式

系土器の出土等々の理由により、調査者の土生田は渡来人の集落であろうと判断している。住居跡の半島系竈付設率は68％である。きわめて重要な判断理由と事実が示され、住居跡の構造、墓の構造、馬具の存在等等を総合的に論証している。

　一方、古墳時代、入植民が存在する根拠は、最初に定着した井野川流域の土器が石田川式土器すなわち「Ｓ字状口縁台付甕を主体とする東海系土器」であり、それを携えた人びとが入植したとされる。しかし、そのような様式をもつ遺構はないし、墓制の変化もなく、新保地域のなかに変化もない。大勢の人が入ってきた痕跡は見つけることはできない。長野県との比較でも弥生時代から古墳時代に向けて土器、墓制ともに共通性の強い変遷を遂げている。入植を想定する根拠が成立しがたい点はすべて述べてきたつもりである。重ねていえば、入植という行為はきわめて組織的なものである。土器組成を変換させるほどの構造変革、土器様式の規制、統制があるとすれば、それは政治的、軍事的な侵攻である。

　群馬県の弥生時代から古墳時代を通し、他地域との交流は、とぎれることなく継続維持している点を認めることができる。なおかつ現在の入植民説の最大の根拠、Ｓ字状口縁台付甕を主体とする東海系土器様式は、井野川流域でもほとんど認めることはできない。またそのような土器群が存在する場所・集落を、群馬県内で認めることもできない。

　もう一度Ｓ字状口縁台付甕にこだわってみたい（表70）。井野川流域で最大のＳ字状口縁台付甕を出土した遺跡である下佐野遺跡では、住居跡から129個体のＳ字状口縁台付甕が確認されている。よく観察すると129個体のＳ字状口縁台付甕のうち、口縁部から底部まで完存する甕は、わずかに5個体である。129個体のＳ字状口縁台付甕があるにもかかわらず、である。これは完全に復元できた例ばかりではなく、図上復元された甕の数である。筆者は遺跡のすべての遺物を実見したわけではない。報告書中で復元実測されていた土器の個体数をあげている。遺跡内のＳ字状口縁台付甕だけに限れば全体の約3.8％である。他の遺跡、たとえば同じ井野川流域新保遺跡・新保田中村前遺跡（表69）では67個体のＳ字状口縁台付甕が出土し、図上復元されたのは合計で5個体7.4％である。伊勢崎市舞台遺跡では88個体出土のＳ字状口縁台付甕の

うち図上復元できたのは、6個体 6.8％にとどまる。新保田中村前遺跡に 52 号土坑がある。出土した土器総数は 111 個体、S 字状口縁台付甕 48 個体、図上復元可能な土器は 8 個体である。波志江中宿遺跡では 125 個体の S 字状口縁台付甕があり、このうち図上で復元できたのは 20 個体を数える。新保田中村前遺跡、中宿遺跡は偶然にも同じ比率で完全復元率は 16％である。もちろんこの数値が高いのか低いのかは感覚の問題である。この数値のみから結論づけられるものは何もなく、この事実は傍証の些末な資料の一部である。しかし大木が指摘した編年に必要な「限定された時空間の中で安定した存在を示すもの」、という定義からすればどうであろうか。口縁部、頸部、胴部、底部、脚部のすべてを並べて比較し、さらに口縁内面の刷毛目があるものないものという定義をするときには、個体の数量が重要な問題となろう。

　筆者は編年の方法を批判しているのではなく、まさに群馬県内で S 字状口縁台付甕が「限定された時空間の中で安定した存在を示すもの」という必要条件を満たしているのだろうかと危惧しているのである。

　全体像がそろっている土器が少量のなかで、口縁が外反する、直立する等の感覚的な分類のみではむずかしいのではないかと考え、より正確さを上げるためには、齋藤が指摘したような生産遺構資料の増加を待つべきであろう。

　元総社西川遺跡 12 号住居跡の共伴遺物として、樽式土器と S 字状口縁台付甕が 2 個体共伴出土している。この 2 個体の甕を研究者の多くは口縁部が大きく外傾するものと短く直立するものとする。どちらが主体か客体かではなく、口縁部が大きく外傾する S 字状口縁台付甕と短く直立する S 字状口縁台付甕と樽式土器が共伴することの意味が大きいと筆者は考える（図86）。

　さらに 12 号住居跡で共伴する S 字状口縁台付甕 3、4 の特徴は、藤根の土器胎土分析の結果、3 は輝石、角閃石が目立ち、砂粒分析では Dc 類淡水種珪酸化石を含む堆積岩類、火山岩類、凝灰岩類、テフラを含み、4 は、C 類淡水種珪酸化石はなく砂粒の特徴は堆積岩類、テフラ、深成岩類、火山岩類、の結果が報告されている。筆者はこの結果をもって生産地の同定を意図するのではなく、元総社西川遺跡の 12 号住居跡とよんだ住居跡に住んでいた人は、樽式土器と 2 個体の胎土と口縁部の形態の異なった S 字状口縁台付甕を、1 個体ずつもっていたことを証明していると考える（笹沢 2001）。

この結果はさまざまな意味をもっている。ここから考えられるのは、一つにはおのおの異なった製作地のＳ字状口縁台付甕を入手した、あるいは採掘地の異なった粘土をつかって造った作者から入手した場合も想定できるが、わざわざ榛名山系から土を運ぶのは効率が悪いであろう。いちばん簡単なのは、12号住居跡の住人は「市」へでかけおのおの異なった場所の土でできたＳ字状口縁台付甕を入手した、と考えるのが自然である。

もちろん制作時と使用時の時間差、個体自体の時間差、投棄も勘案すべきである。しかし使用、投棄等時間に違いがあっても、異なった時間と場所で造られ異なった形態の土器を所有することは何を意味するのだろう。逆に考えて、ストックを念頭に置けば、時間差がある異なった土でできた甕を同時に入手できる所があったと考えるのが自然である。つまり、その背景には自由な土器選択、製造、流通を可能にした「市」をもつ社会が存在したのである。

古墳時代前期、さまざまな地域の土器がかつての群馬県内に導入される。そしてその社会に所属する人びとは自由に土器を造り、選択をしていたのである。さらに指摘しておきたいのは、波志江中宿遺跡の出土土器のなかに土師器平底甕が7個体出土していることで、いずれも粘土採掘坑からの出土品である。そしてすべてが完全に図上復元できた土器である。単口縁台付甕の脚の破片も出土している。波志江中宿遺跡で出土した甕は、Ｓ字状口縁台付甕だけではないことがわかる。

当時はＳ字状口縁台付甕だけではなく、需要に応えるために複数器種の土器を造っていたことがわかる。波志江中宿遺跡では胎土分析が行われた（藤根・今村 2001b）。遺跡内で、Ｓ字状口縁台付甕と同じ粘土で作られた土師器平底甕が出土している。つまりＳ字状口縁台付甕を造った人たちは平底の甕も造っていたのである。どう解釈すべきか。少なくともＳ字状口縁台付甕を携えてきた入植民が、平底甕を造り、使うだろうか。第6章で検討したように、集落や墓から出土する土器構成に現れるように、土器の選択は自由であった。決してＳ字状口縁台付甕を主体とする、東海系土器様式ではない。そこには規制や統制もなく、甕はＳ字状口縁台付甕だけを造っていたわけではない。当時の土器構成を反映する事実が土器造りの場にも反映したと理解できる。つまり、Ｓ字状口縁台付甕も単口縁台付甕も在地の人が需要にあわせて作ってい

たと考えることができる。波志江中宿遺跡の約2 km 東に、波志江中野面遺跡があり、胎土分析が行われている（藤根・今村 2001c）。A 区7号周溝墓から出土した、単口縁台付甕と共伴する北陸系平底甕の粘土が、場所の特定はないが同じ在地材料であるとの指摘がある。さらに、（波志江）中宿的材料とされる、S字状口縁台付甕、片岩を含む藤岡・富岡の粘土で造られたS字状口縁台付甕が同じ住居跡から出土している。したがって、S字状口縁台付甕と同様、単口縁台付甕も平底甕もすべて在地群馬の土で造られたものである。

　新保田中村前遺跡52号土坑は、複数の他地域の土器とともに管理された状態であった可能性が指摘でき、復元率は下佐野遺跡よりはるかに高い。

　さまざまな器種のなかでS字状口縁台付甕は完全な形で出土することが少ない甕であり、破片出土量が多いということがいえる。このため下佐野遺跡、新保遺跡報告書に掲載されるS字状口縁台付甕のうち下佐野遺跡96％、新保地域93％が破片だけでの出土である。このような出土状況からS字状口縁台付甕の出土量の実態は、掲載された個体数よりはるかに少なくなる可能性を指摘しておく。

　弥生時代、それ以前からの社会を鑑みれば古墳時代初頭期におきたS字状口縁台付甕の、突然の出現、普及は事実である。

　そこで、S字状口縁台付甕を製作から流通という視点で再度眺めると、元総社西川遺跡、西早稲田遺跡、波志江中野面遺跡で確認されたように複数地域の土で造られている甕が同じ集落で出土する。つまり複数の制作者が、異なった場所、異なった土で需要の高いS字状口縁台付甕を造っていたことを示している。群馬県内では、口縁が直立、外傾、外反といった基準では分類編年できない理由がそこにある。S字状口縁台付甕を造るには、多くの土器製作者がいろいろなS字状口縁台付甕をモデルにしたと考えられる。このことが、肩部にある横線の有無による時間差を確認できない理由の一つであり、共伴土器に表れる形態のさまざまな違いであると考える。さらにS字状口縁台付甕を造る人は在地の人である。元総社西川遺跡12号住居跡ではS字状口縁台付甕の口縁部に、刷毛工具により刺突がなされ（図86-4）、口縁部すぐ下に横線がある。東海編年ではA類S字状口縁台付甕である。一方、共伴するS字状口縁台付甕（図86-3）の口縁部には刺突はなく、肩部の横線は頸部にまで下が

り、東海編年では4より新しい要素をもっている。しかもおたがいの口縁部の形態も異なっている。共伴でなければ東海でも群馬県でも4→3という新旧関係を認めるだろう。しかし、この2者は12号住居跡内で共伴している。それが事実なのである。その理由はどこにあるのか。筆者の考えでは、すでに完成形があるS字状口縁台付甕を在地の人間たちが工夫をして、まねて造った土器だからである。そのため東海地域のようにA類S字状口縁台付甕の口縁下部にある横線が、徐々に離脱をしていくという時間差をもつ段階的な変化は起こり得ないのである。

　元総社西川遺跡と同様のことが、波志江中野面遺跡でも認められる。すぐそば（波志江中宿遺跡）の粘土で作られたS字状口縁台付甕とともに、富岡、藤岡産の粘土で作られたS字状口縁台付甕が同じ住居跡内で共伴出土している。さらに、波志江中野面遺跡A区7号周溝墓ではS字状口縁台付甕、北陸系平底甕、南関東系単口縁台付甕、在地樽式土器、赤井戸式土器が共伴出土し、単口縁台付甕と北陸系平底甕の胎土は在地材料とされている（藤根・今村2001c）。群馬県内の遺跡の住居跡、墓からの甕の出土傾向と波志江中野面遺跡A区7号周溝墓の土器出土の共伴例は複数他地域という同じ傾向を示している。そして元総社西川遺跡例と波志江中野面遺跡、西早稲田遺跡出土S字状口縁台付甕の胎土のあり方は、粘土の違いだけではなく、制作地の違いも示している。さらに、藤岡地域の粘土が広い範囲に認められ、藤岡、富岡地域の粘土で造られたS字状口縁台付甕の供給網が広い範囲を覆っていることを表している。

　さらに、古墳時代前期におけるS字状口縁台付甕指向は、古墳時代前期の終了をもって瞬く間に消滅してしまうのである。群馬県では東海地方に現れるような退化形態を経ずに突然消えてしまう。群馬県のなかではS字状口縁台付甕への需要が、突然になくなったからである。その理由は土器の器種が増えたり、竈が出現してS字状口縁台付甕の利便性が変化した結果と考えられる。

　古墳時代前期の土器生産は、東海系のS字状口縁台付甕だけではなく、畿内系小型坩や北陸の甕、南関東の甕など当時の需要を鑑みた活発な土器生産体制があることがわかる。このため今後は土器単体だけの検討ではなく、土器の製作から流通構造の問題も含めた、社会背景からの吟味が必要となろう。

墓制は弥生時代中期以来の再葬墓の伝統から、やがて周溝墓が採用されるとの考え方の基に、社会発展がすすみ、変遷していく。しかし、同じ再葬墓、周溝墓の形態、葬法にもさまざまあり、主体部構造も地域によってさまざま異なっている。筆者は決して一本の道のように統一されるのではなく、さまざまに選択変化したと考える。

　古墳時代になると古墳が造られる。しかし古墳に葬られたのは当時のきわめて少数の人ということができる。古墳研究は、そのきわめて少数の人の墓の研究であって、当時の社会に生きていた大多数の人びとの葬制をあらわしているものではない。

　一方、弥生時代の墓は周溝墓の形態や規模を考えると、方形や円形のどちらかというものではない。埋葬主体部も、新保遺跡では主体部に壺棺があり、新保田中村前遺跡での火葬骨の存在、また有馬遺跡では木棺を基礎とした礫床墓と壺棺等々、さまざまな形が存在している。弥生時代の複数にわたる葬送方法は、中期の再葬墓のなかにある39例の葬方の違いにつながる（設楽 1993）。このように弥生時代の埋葬方法は、きわめて多岐にわたっていることが理解できた。その違いは地域性とともに、同じ墓域のなかでも混在している。さらに墓に近接する集落を死者の生前の場所として想定した。住居跡から出土する土器の構成と墓から出土する土器群もさまざまな土器、さまざまな地域の器種が出土する。墓から出土する土器は、壺が多く甕が少ないという結果になった。甕をみると、墓からも住居跡からもS字状口縁台付甕が出土する。土器を副葬するのは、死者に対する残された人びととの心の表れであろうし、実際にムラにある土器である。溝や墓形のちがい、主体部構造が異なっても、手向ける土器は集落出土土器と大きく異なることはない。

　弥生時代中期に平野部に広がった水田農耕社会は、微高地に営む集落と近接する墓域がリンクしている。その展開は関東地方全域で弥生時代中期に始まった。さらに土器の交流、「もの」の移動、カシなど板材の移動、搬入や卜骨の存在等々多岐にわたる交流と情報の交換・共有があったことがわかる。

　しかし中期以前には、平野部における大規模水田農耕は行われていない。この理由を筆者は、受け入れる社会構造に西と東の根本的な差異があったためと理解している。それは西が進んで東が劣っている類の議論ではなく、社会構造

の根本的な違いであろう。その異なった社会が一気に水田指向の農耕社会に変換したときに、リーダーや人びとの間に情報の受け入れがあった。立地変換や土器の変換などの選択と取り込みは、群馬県内に見られる平地集落の始まりにつながる。それこそが自らの意志で選んだ社会である。

　しかし、弥生時代中期以前には交流がなかったのではない。そこには弥生時代前期、それ以前よりつづいた切れ間ない社会間交流が存在していた。遠賀川式土器、条痕文土器に始まり、東海、畿内、北陸、南関東を含めた広い地域との交流が進んだ。そして弥生時代中期には農耕社会という社会構造の変換を決断し、集落は一気に平野部へと立地を展開していく。このような情報の交流の結果は、群馬県内の古墳社会を創造し、5世紀三ッ寺Ⅰ遺跡、豪族居館へとつながる。

　筆者は本書での検討で、弥生時代を通した交流の存在を実感している。

　さらに長野原町川原湯勝沼遺跡や、安中市注連引原遺跡出土土器から、縄文時代、弥生時代前期からの交流の存在を想定できる。さらに縄文時代の土器の共通性や移動から、長野県との交流はすでにあったことが想定できる。このような交流は古墳時代以前から継続したのである。弥生時代から古墳時代にかけて継続した活発な交流は、古墳時代にとぎれるはずもない。

　群馬県の古墳の有り様を、再度検討する必要があると考える。つまり筆者がここで取り上げた、弥生時代から古墳時代へかけての遺跡群、とりわけ下佐野遺跡をはじめとする井野川流域は、遺跡群とともに前期古墳も確認されている。

　高崎市柴崎町に所在する蟹沢古墳は、墳丘は確認できていないが獣文帯三神三獣鏡1面、正始元年同行式四神四獣鏡1面が出土している。蟹沢古墳北東約2kmに墳長96mの前方後方墳、四獣鏡、石釧等を出土した元島名将軍塚古墳がある。つまり蟹沢古墳、元島名将軍塚古墳は同じ井野川流域に所在している。そして蟹沢古墳西南西約3kmに下佐野遺跡、南西約3kmには倉賀野万福寺遺跡、北東約5kmに新保地域がある。

　下佐野遺跡と倉賀野万福寺遺跡の間は、約1.5kmある。蟹沢古墳の北東約9kmには、天皇日月獣文帯五神四獣鏡2面を出土した前橋天神山古墳がある。井野川流域と前橋天神山古墳のほぼ中央部に、楢島川端遺跡がある。このような遺跡群の有り様からどのような社会背景をそこに見るべきか。新保地域が機

能したとき同じ井野川流域には、下佐野遺跡、倉賀野万福寺遺跡、蟹沢古墳、元島名将軍塚古墳、前橋では荒砥を中心にする遺跡群の西に前橋天神山古墳、県北部には有馬遺跡、北町遺跡が交流を維持して存在している。

　このような社会背景には古墳、集落との有機的つながりがある。前橋天神山古墳と荒砥、伊勢崎地域、蟹沢古墳と井野川流域という対峙ではなく、弥生時代から継続した社会には、さらに広く強い交流網が存在しただろう。

　新保地域を「市」と見なしたときに、管理者はどこにいたのか、それが古墳の被葬者というつもりはない。なぜなら弥生時代から古墳時代前期にかけての墓の有り様は、自由な形態を選択していた。墓に共献された土器も、集落内と同様自由な構成を示している。そして古墳時代前期に至っては首長権の継承、階層社会の熟成等の理解があるが、蟹沢古墳や元島名将軍塚古墳、前橋天神山古墳の存在は、同じ社会エリアのなかにあると考えてもおかしくはないほど近接している。古墳自体も集落と、きわめて堅い有機的なつながりをもっていると考えたい。

　榛島川端遺跡は前橋市南部に所在し、半径5 km内外に三つの古墳と集落遺跡が多数確認されている。元島名将軍塚古墳と蟹沢古墳の距離は2 kmである。このように近接すること、規模の違いを理由に上下関係を取り上げ検討することは、政治的背景の研究では正当な方法論であろう。しかし生活社会背景という視点をあてれば、新保地域をどう評価するかが重要である。新保地域の機能を維持することが、当時の社会では最重要であったと考えるからである。

　筆者は古墳の副葬品の鏡や金属製品、また石室の構造、墳形等こそが交流の証と考えるからでもある。4世紀の三角縁神獣鏡が群馬県に、どのようなルート、どのような経緯で搬入されたのだろうか。配布されたとすれば、すでに国家体系の萌芽と見ることもできるであろう。その見返りも当然あるだろう。とすれば平地に定住した、水田農耕社会と見ることができる。そのような社会のなかで生産の基本をなすものは、米だけではないはずだ。新保地域の出土品から狩猟や交流にたずさわる人々もいただろう。米だけではない種々の交流を生む根底には、農作物や「もの」の交換が可能な社会背景が存在していたはずである。「もの」が「もの」に変換できる社会構造が、生産物を他の価値物に変換できるのである。生産物が他の価値物に変換できない社会であれば、余剰で

はなく過剰生産物として意味を失うからだ。したがって「もの」に価値が付加できる社会前提は、「もの」が「もの」に交換できるという社会通念が必要である。おたがいにそのルールの上で交流するからである。

　筆者は、群馬県の弥生時代、古墳時代は、その構造が存在した社会であったと考える。その前提は、『魏志倭人伝』の記載だけを証拠とするのではなく、新保地域を始めとする群馬県内での周辺社会から出土した、さまざまで多量な遺物によって、『魏志倭人伝』に記載された社会を復元することができることにある。

　長野県中野市柳沢遺跡の木棺礫床墓、玉類の存在、静岡県登呂遺跡の釧、玉、鉄剣の束の出土等、同じ様式や同じ形態の遺物の出土を理由に、交流があったというだけではなく、藤岡市沖Ⅱ遺跡（中期）、岡山県百間川遺跡（後期）、山口県綾羅木遺跡（中期）、香川県仙遊遺跡、神奈川県ひる畑遺跡（中期）、静岡県有東遺跡（中期）、茨城県女方遺跡（中期）、そして長野県腰越遺跡（中期）に出土する人面土器や鯨面有髻土偶の存在から、当時の地域や社会に、広く共通する生活スタイルと同じ精神構造をもった人びとがいたことがわかる。

　さらに卜骨という行為で、吉凶を判断したという同じ社会通念を共有していたことが指摘でき、同じ束頭をもつ鉄剣や装飾品、「もの」や、卜骨など社会慣習、文化を共有していたと理解すべきであろう。その社会は弥生時代中期、水田農耕を決断させた共通の社会通念である。

　最後に、弥生時代からやがて古墳時代へと向かう道は、周溝墓が支配者、被支配者層へ分岐するという一本道ではないと筆者は考えている。弥生時代に自由に土器を選択し、死後も墓形を選択できる社会の伝統があり、井野川流域の社会は古墳時代になっても近接した場所に前期古墳が存在し、同時に周溝墓、集落、新保地域がその中心に存在しているのである。古墳、集落、耕作地を包括した有機的なつながりをもつ社会は間違いなく存在し、新保地域がそのなかにあって弥生時代、古墳時代を通じて機能していた。やがて5世紀になると渋川市白井遺跡群では「牧」の原型が認められ、高崎市で朝鮮半島系の馬の飼育専門集団と見られる渡来人の集落が出現する。同じ頃には井野川流域に、倉加野浅間山古墳が出現し、居館遺跡の三ッ寺Ⅰ遺跡へと継続する。交流の実態も継続発展していく。弥生時代に存在していた交流は三ッ寺Ⅰ遺跡、やがて佐野

の三家へと収斂されていくのである。近年では渋川市金井東裏遺跡で甲を着装した古墳人など、交流もどんどんその範囲距離を広げ、進化、発展してきている。重要な「もの」、貴重な「もの」を含み、交流相手もさらに遠く多岐にわたってきている。

　そのような社会背景のなかで群馬県の古墳時代社会の成立が外圧、外来勢力によるという考えは生まれないだろう。またその後も豪族間による政治、軍事的権力闘争の結果に翻弄されつづけた社会でもないと考えている。

　同じ時、同じ場所、同じ習慣を共有した社会は、近接したところに前期古墳、集落、交易の場所「市」、交易の管理、土器製作、周溝墓、墓域、そして供給品も同じ時、同じ社会内に並行して存在している、その事実、実態をこそ、交流の社会としての視点から解釈すべきである。群馬県の古墳時代は、長い交流と情報交換の結果生まれた社会だったのである。

引用・参考文献

相京建史・小島敦子　1992　『新保田中村前遺跡Ⅰ～Ⅳ』財団法人群馬県埋蔵文化財調査事業団
秋池　武　1983　『倉賀野万福寺遺跡』高崎市倉加野万福寺遺跡調査会
青木一男　1993　「千曲川流域の周溝墓覚書」『長野県考古学会誌』63　30～44頁　長野県考古学会
青木一男　1995　「中部山岳北緯期の弥生木棺墓に関する一試考」『中部高地の考古学Ⅳ』219～234頁
青木一男　2001　「倭国大乱前後の箱清水式土器様式圏」『信濃』第53巻第11号　1～22頁
青木和明　1992　「土器様相の構造からみた中部高地と北関東」『駿台考古学論集』5　193～223頁
赤塚次郎　1990　『廻間遺跡』愛知県埋蔵文化財調査センター
赤塚次郎　1996　「前方後方墳の定着―東海系文化の波及と葛藤―」『考古学研究』43巻第2号　20～35頁
安達厚三・小林正史　1974　「飛鳥地域出土の古式土師器」『考古学雑誌』第60巻第2号　1～30頁
甘粕　健・久保哲三　1966　「土師器」『日本の考古学』Ⅳ　428～498頁
甘粕　健　1970　「武蔵国造の反乱」『古代の日本』7関東　134～153頁　角川書店
甘粕　健　1995　「『武蔵国造の反乱』再検討」『武蔵国造の乱』大田区立郷土博物館編
甘粕　健　1999　『野毛大塚古墳』世田谷区教育委員会
網野善彦　2000　『日本とは何か』講談社
新巻　実・若狭　徹・宮崎重雄・外山和夫・飯島義雄　1988　「沖Ⅱ遺跡における「再葬墓」の構造―出土骨類の分析から」『群馬県立歴史博物館紀要』第9号　59～98頁
新井房夫　1971　「関東地方北西部の縄文時代以降の指標テフラ層」『考古学ジャーナル』157　103～108頁
安斎正人　1990　『無文字社会の考古学』六興出版
イアン・ホッダー（深澤百合子訳）　1996　『過去を読む』フジインターナショナルプレス
飯島義雄・外山和夫・宮崎重雄　1994　「群馬県八束脛洞窟遺跡における貝製装飾品の意義」『群馬県立歴史博物館紀要』第15号　11～30頁
飯島義雄　1998　「古墳時代前期における『周溝をもつ建物』の意義」『群馬県立歴史博物館紀要』第19号　65～78頁
飯島義雄　1997　「墓が壊されることの意味―渋川市有馬遺跡における検討を中心とし

て―」『群馬県立歴史博物館紀要』第18号　1～16頁
飯島義雄・宮崎重雄・外山和夫　1986　「八束脛洞窟遺跡出土人骨における抜歯の系譜」『群馬県立歴史博物館紀要』第7号　45～74頁
飯島義雄　1998　「古墳時代前期における「周溝をもつ建物」の意義」『群馬県立歴史博物館研究紀要』第19号　65～78頁
外山和夫・宮崎重雄・飯島義雄　1989　「再葬墓における穿孔人歯骨の意味」『群馬県立歴史博物館紀要』第10号　1～30頁
飯田陽一　1995　『飯土井上組遺跡』財団法人群馬県埋蔵文化財調査事業団
飯塚卓二　1984　『熊野堂遺跡（1）』財団法人群馬県埋蔵文化財調査事業団
飯塚卓二　1989　『下佐野遺跡』財団法人群馬県埋蔵文化財調査事業団
飯塚卓二・女屋和志雄・関根慎二　1990　『熊野堂遺跡（2）』財団法人群馬県埋蔵文化財調査事業団
池田清彦　1992　『分類という発想』新潮選書
石井克己　1987　『押手遺跡発掘調査概報』子持村教育委員会
石井　淳　1997　「東北地方天王山式成立期における集団の様相―土器属性の二者（上・下）」『古代文化』49-7・9　7、20～33頁、9、15～25頁
石丸敦史　2005　「上野地域の古墳時代前期における土器製作の様相」『古文化談叢』54　九州古文化研究会　51～78頁
石川日出志　1994　「東日本の大陸系磨製石器―木工具と穂摘み具―」『考古学研究』41巻第2号　14～26頁
石川日出志　1998　「弥生時代中期関東の4地域の併存」『駿台史学』第102号　83～109頁
石川日出志　2000　「南関東の弥生社会展開図式・再考」『大塚初重先生頌寿記念考古論集』739～760頁
石川日出志　2003　「弥生時代社会の多様性」『縄文と弥生』『第4回大学合同考古学シンポジウム　縄文と弥生―多様な東アジアの世界の中で』発表資料
石川日出志　2009　「中野市柳沢遺跡・青銅器埋納坑調査の意義」『信濃』第61巻第4号　1～16頁
伊錫曉（兼川晋訳）　2000　『伽耶国と倭国』神泉社
李鐘恒（兼川晋訳）　2000　『韓半島からきた倭国』神泉社
石関伸一・車崎正彦　1984　『御正作遺跡』大泉町教育委員会
石坂　茂　1983　『荒砥島原遺跡』財団法人群馬県埋蔵文化財調査事業団
井野誠一　1991　『芳賀団地遺跡』前橋市教育委員会
岩崎卓也　1963　「古式土師器考」『考古学雑誌』第48巻第3号　32～46頁
岩崎卓也・玉口時雄　1966　「土師器」『日本原始美術』6　146～148頁
岩崎卓也　1974　「古墳と地域社会」『日本考古学を学ぶ』（3）142～155頁
岩崎卓也　1984　「古墳出現期の一考察」『中部高地の考古学』Ⅲ　237～252頁　長野

県考古学会
岩崎卓也　1984　『古墳時代の知識』東京美術
岩崎卓也　1986　「古墳祭祀の一側面」『史叢』36　15～31頁　日本大学史学会
岩崎卓也　1990　「総論」『古墳時代の研究』第11巻　5～16頁
岩崎卓也　1993　『石田川遺跡を考えるシンポジウム』発表資料　石田川遺跡保存連絡協議会
岩崎卓也　2000　『古墳時代史論』上・下　雄山閣
梅澤重昭　1971　『太田市二ッ山古墳』群馬県教育委員会
梅澤重昭　1978　『五反田・諏訪下遺跡』太田市教育委員会
梅澤重昭　1976　「群馬県における初期古墳の成立」(1)(2)『群馬県史研究』2・3号　1～16頁、3号　1～30頁
梅澤重昭　2003　「高崎市域の古墳出土鏡について」『高崎市史研究』18　1～74頁
大木紳一郎　1980　『庚塚・上・雷遺跡』財団法人群馬県埋蔵文化財調査事業団
大木紳一郎　1997　「弥生時代の遺構と遺物」『南蛇井増光寺遺跡Ⅴ』680～723頁
大木紳一郎　1985　『荒砥前原遺跡』財団法人群馬県埋蔵文化財調査事業団
大木紳一郎　1994　「2号河川出土弥生土器について」『新保田中村前遺跡Ⅳ』272～274頁　財団法人群馬県埋蔵文化財調査事業団
大木紳一郎　2001　「元総社西川遺跡出土の古墳時代前期の土器について」『元総社西川遺跡』105～110頁　財団法人群馬県埋蔵文化財調査事業団
大木紳一郎　2004　「群馬県北辺の弥生社会―後期弥生社会の分析から―」『研究紀要』22　149～184頁　財団法人群馬県埋蔵文化財調査事業団
大塚初重・小林三郎　1967　「群馬県高林遺跡の調査」『考古学集刊』第3巻第4号　57～76頁
大塚初重　1963　「埼玉県東松山市五領遺跡」『日本考古学協会年報』10　123頁
大塚初重　1965　「埼玉県東松山市五領遺跡」『日本考古学協会年報』12　109～110頁
大塚初重　1966　「埼玉県東松山市五領遺跡」『日本考古学協会年報』13　122頁
大塚初重　1968　「埼玉県東松山市五領遺跡」『日本考古学協会年報』15　150～151頁
尾崎喜左雄　1955　「弥生文化」『日本考古学講座』4　107～111頁
尾崎喜左雄　1971　「原始・古代」『前橋市史』第1巻　66～715頁
尾崎喜左雄・山本知良・柿沼恵介　1975　『水沼遺跡』倉淵村誌別冊
大塚久雄　1955　『共同体の基礎理論』岩波書店
岡内三眞編　1996　『韓国の前方後円墳』雄山閣出版株式会社
岡本範之　1993　『戸神諏訪遺跡Ⅲ』沼田市教育委員会
小野和之　1987　『下斉田・滝川遺跡』財団法人群馬県埋蔵文化財調査事業団
小野和之　1993　『神保富士塚遺跡』財団法人群馬県埋蔵文化財調査事業団
小川英文　2000　「狩猟社会の農耕社会の交流：相互関係の視角」『交流の考古学』266～295頁　朝倉書店

及川良彦　1998　「関東地方の低地遺跡の再検討─弥生時代から古墳時代前半の「周溝を有する建物跡」を中心に─」『青山考古第15号』1～34頁　青山考古学会
及川良彦　1999　「関東地方の低地遺跡の再検討（2）─「周溝を有する建物跡」と方形周溝墓および今後の集落研究への展望─」『青山考古』第16号　35～66頁　青山考古学会
金井塚良一他　1963　「五領遺跡」『台地研究』13　17～59頁
金子浩昌　1986　「新保遺跡出土の脊椎動物遺存体・骨格牙製品」『新保遺跡Ⅰ』108～148頁　1986財団法人群馬県埋蔵文化財調査事業団
金子浩昌　1994　「新保田中村前遺跡出土の骨角器」『新保田中村前遺跡Ⅳ』1～76頁　財団法人群馬県埋蔵文化財調査事業団
加納俊介　2000　「東日本における後期弥生土器の現状と課題」『東海系土器の移動から見た東日本の後期弥生土器』東海埋蔵文化財研究会発表資料
川村浩司　1994　「関東南部における北陸土器の様相について」『庄内式土器研究Ⅵ』113～142頁
川村浩司　1998　「土器の交流から見る北陸地方と群馬県地域」『人が動く・土器も動く』44～47頁　かみつけの里博物館
川村浩司　1998　「庄内並行期における上野出土の北陸系土器」第17回庄内式土器研究会予稿
川村浩司　1999　「庄内並行期における上野出土の北陸系土器について」『庄内式土器研究ⅩⅨ』1～30頁
川村浩司・坂井秀弥　1993　「古墳出現前夜における越後の土器様相」『磐越地方における古墳文化形成過程の研究』3～14頁
川村浩司　1996　「弥生後期における北信濃と北陸」『考古学と遺跡の保護─甘粕健先生退官記念論集』141～160頁
川村浩司　1996　「越の土器と古墳の展開」『古代王権と交流3　越と古代の北陸』21～56頁　名著出版
川村浩司　1993　「北陸北東部における古墳出現前後の土器組成」『環日本海地域比較史研究』15～36頁　新潟大学環日本海地域比較史研究会
神沢勇一　1990　「呪術の世界─卜骨のまつり─」『弥生人のまつり　考古学ゼミナール』67～108頁　六興出版
神沢勇一　1966　「東日本」『日本考古学講座』Ⅲ　185～203頁　河出書房
神戸聖語　1989　『八幡遺跡』高崎市教育委員会
神戸聖語　1991　『高崎情報団地遺跡』高崎市教育委員会
黒沢　浩　1993　「宮ノ台式土器の成立─東海地方の櫛描文土器群の動向から─」『駿台史学』89号　（1）～（30）頁
熊谷　健　2001　『波志江中宿遺跡』財団法人群馬県埋蔵文化財調査事業団
群馬県教育委員会　1982　「上縄引遺跡」『荒砥地域の圃場整備』

小池浩平　2003　「上毛野と尾張」『群馬県立歴史博物館紀要』第 24 号　47～62 頁
小出義治　1985　「古式土師器研究の現状と展望」『考古学ジャーナル』252　1～5 頁　ニューサイエンス社
公益財団法人群馬県埋蔵文化財調査事業団・上毛新聞社　2013　『自然災害と考古学』
小島敦子　1986　「群馬県の方形周溝墓」『荒砥北原・今井神社古墳群・荒砥青柳遺跡』94～102 頁　財団法人群馬県埋蔵文化財調査事業団
小島敦子　1997　『荒砥上之坊遺跡』財団法人群馬県埋蔵文化財調査事業団
小林行雄　1952　「同笵鏡による古墳の年代の研究」『考古学雑誌』第 38 巻第 3 号　1～30 頁
小林行雄　1955　「古墳発生の歴史的意義」『史林』第 38 号第 1 号　1～20 頁
小林行雄　1957　「初期大和政権の勢力圏」『史林』第 40 号第 4 号　1～25 頁
財団法人静岡県埋蔵文化財調査事業団　1991　『長崎遺跡（遺構編）本文編』
齋藤利昭　2001　『横手早稲田遺跡』財団法人群馬県埋蔵文化財調査事業団
坂井　隆　1984　『熊野堂遺跡第三地区・雨壺遺跡』財団法人群馬県埋蔵文化財調査事業団
坂口　一　1999　『三和工業団地遺跡（2）』財団法人群馬県埋蔵文化財調査事業団
笹沢泰史　2001　『元総社西川遺跡』財団法人群馬県埋蔵文化財調査事業団
佐藤明人　1986　『新保遺跡Ⅰ～Ⅱ』財団法人群馬県埋蔵文化財調査事業団
佐藤明人　1990　『有馬遺跡Ⅱ』財団法人群馬県埋蔵文化財調査事業団
佐藤洋一郎　2002　『稲の日本史』角川選書 337
佐原　真　1983　「かつて戦争があった―石鏃の変質―」『古代学研究』第 78 号　26～31 頁
佐原　真　2002　『稲・金属・戦争』吉川弘文館
静岡市立登呂博物館　2003　『くろがねのわざ　新しい時代の礎』
設楽博巳　1986　「竜見町土器をめぐって」『第 7 回シンポジウム東日本における中期後半の弥生土器』北武蔵古文化研究所・千曲川水系古代文化研究所・群馬県考古学談話会発表資料
設楽博巳　1993　「壺棺再葬墓の基礎的研究」『国立歴史博物館研究報告　第 50 集』3～48 頁
設楽博巳　1994　「壺棺再葬墓の起源と展開」『考古学雑誌』第 79 巻第 4 号　1～44 頁
設楽博巳　2003　「農耕文化の形成に伴う儀礼の変容」『第 4 回大学合同考古学シンポジウム　縄文と弥生―多様な東アジアの世界の中で』発表資料
篠原正洋　2005　「115,116 の埋設土器について」『川原湯勝沼遺跡（2）』70 頁　財団法人群馬県埋蔵文化財調査事業団
下城　正　1989　『門前・橋詰遺跡』財団法人群馬県埋蔵文化財調査事業団
下城　正　1989　『舟橋遺跡』財団法人群馬県埋蔵文化財調査事業団
下城　正　1994　『新保田中村前遺跡Ⅳ』財団法人群馬県埋蔵文化財調査事業団

下城　正　2000　『村主・谷津遺跡』群馬県教育委員会
下城　正　2001　『北田下遺跡・中畑遺跡・中山B遺跡』群馬県教育委員会
白井久美子　2002　「古墳から見た列島東縁世界の形成」『千葉大学考古学研究叢書』2
白石光男　1992　『横俵遺跡』前橋市教育委員会
神野　恵　2000　「弥生時代の弓矢―機能的側面からみた鏃の重量化―」（上・下）『古代文化』52-10・12　10、20～31頁、12、20～30頁
杉原荘介　1973　「弥生式土器と土師式土器との境界」『駿台史学論集』2　409～436頁
杉原荘介・中山淳子　1955　「土師器」『日本考古学講座』5　206～217頁　河出書房
須藤　宏　1991　「集団と首長墓―群馬県太田市周辺の分析―」『群馬考古学手帳』2　33～42頁
関　俊明　2005　『川原湯勝沼遺跡（2）』財団法人群馬県埋蔵文化財調査事業団
関口功一　1990　「『上毛野』氏の基本的性格をめぐって」『古代文化』42-2　41～50頁
関口功一　1998　「「上毛野氏国造」について」『群馬県史研究』30　1～26頁
関口功一　2003　『中屋敷Ⅰ遺跡・明神山遺跡・伊勢山遺跡・中島遺跡・西裏遺跡』群馬県教育委員会
関口功一　2007　『東国の古代氏族』岩田書院
関根慎二　1986　『糸井宮前遺跡』財団法人群馬県埋蔵文化財調査事業団
高橋龍三郎　2001　「総論：村落と社会の考古学」『現代の考古学6』1～93頁　朝倉書店
高橋龍三郎・細谷　葵・井出浩正　2003　「パプア・ニューギニアにおける民俗考古学的調査」『史観』第149　73～90頁
高橋龍三郎　2003　「縄文・弥生時代の社会組織・集団編成」『第4回大学合同考古学シンポジウム　縄文と弥生―多様な東アジアの世界の中で』発表資料
高橋龍三郎　2006　「弥生社会の発展と東アジア世界」『アジア地域文化学の構築―21世紀COEプログラム研究集成』136～166頁　雄山閣
高橋浩二　1995　「北陸における古墳出現期の社会構造」『考古学雑誌』第80巻第3号　1～42頁
田口一郎　1978　『鈴ノ宮遺跡』高崎市教育委員会
田口一郎　1981　『元島名将軍塚古墳』高崎市教育委員会
田口一郎　1998　「新たな土器が成り立つとき」『人が動く・土器も動く』52～56頁
田嶋明人　1986　『漆町遺跡』石川県立埋蔵文化財調査センター
田中新史　1977　「市原市神門4号墳の出現とその系譜」『古代』63号　1～21頁
田中新史　1986　「東国の古墳出現期とその前後」『東アジアの古代文化』46　84～101頁　大和書房
田中新史　1999　「古墳時代中期前半の鉄族」（2）『土筆』第5号
田中新史　2000　『上総市原台の光芒』市原古墳群刊行会
田中新史　2004　「古墳時代中期前半の鉄族」（3）『土筆』第8号

田中新史　2007　『菊水町史』菊水町史編纂委員会　和水町
田中良之　1986　「縄文土器と弥生土器1　西日本」『弥生文化の研究3』115～125頁　雄山閣
田中良之　1991　「いわゆる渡来説の再検討」『日本における初期弥生文化の成立』482～505頁　横山浩一先生退官記念論Ⅱ文献出版
谷井　彪・細田　勝　1997　「水窪遺跡の研究」『研究紀要』第13号　13～66頁　財団法人埼玉県埋蔵文化財調査事業団
千野　浩　1993　「本村東沖遺跡出土の弥生時代後期・北陸系土器について」『本村東沖遺跡』177～181頁　長野県教育委員会
塚越徳司・東　宏和　1997　『東八木・阿曽岡権現堂遺跡』富岡市教育委員会
都出比呂志　1989　『日本農耕社会の成立過程』岩波書店
都出比呂志　1996　「国家形成の諸段階」『歴史評論』21～68頁　岩波書店
常木　晃　1999　『食料生産社会の考古学』朝倉書店
寺澤　薫　1987　「布留0式土器拡散論」『考古学と地域文化』18～35頁
時津裕子　2002　「"鑑識眼"の研究―考古学者の専門的認知技能に関する実証的研究―」『日本考古学』第14号　105～126頁
徳江秀夫　1985　『荒砥二之堰遺跡』財団法人群馬県埋蔵文化財調査事業団
都丸　肇　1985　『見立溜井遺跡』赤城村教育委員会
友廣哲也　1984　「有馬遺跡礫床墓」『研究紀要』創刊号　20～29頁　財団法人群馬県埋蔵文化財調査事業団
友廣哲也　1988　「古式土師器出現期の様相と浅間山C軽石」『群馬の考古学』325～336頁　財団法人群馬県埋蔵文化財調査事業団
友廣哲也　1991　「群馬県における古墳時代前期の土器様相」『群馬考古学手帳2』53～78頁　群馬土器観会
友廣哲也　1992　「群馬県の古墳時代前期の土器様相」『古代』第94号　224～242頁
友廣哲也　1994　「北関東の古墳時代文化の受容」『古代』第98号　110～135頁
友廣哲也　1995　「上野の古墳時代文化の受容」『古代探叢Ⅳ』229～246頁　滝口宏先生追悼論文集
友廣哲也　1995　「櫛描文文化圏の弥生時代終末から古墳時代初頭期の墓制」『古代』第100号　118～142頁
友廣哲也　1996　「群馬県の北陸土器と古墳時代集落の展開」『古代』第102号　128～148頁
友廣哲也　1997　「石田川式土器考」『古代』第104号　64～91頁
友廣哲也　2003a　「古墳社会の成立―北関東の弥生・古墳時代の地域間交流―」『日本考古学』第16号　71～92頁　日本考古学協会
友廣哲也　2003b　「北関東古墳時代前期土師器の様相から見た古墳時代社会の成立」『古代』第112号　53～87頁

友廣哲也　2004　「集落からみた古墳時代毛野の社会背景」『研究紀要』22・創立25周年記念論集　237～250頁　群馬県埋蔵文化財調査事業団

友廣哲也　2004　「第3章　黄泉への旅立ち」『群馬の遺跡』（3）弥生編　79～107頁　上毛新聞社

友廣哲也　2010　「群馬の弥生時代から古墳時代の『国』」『比較考古学の新地平』菊池徹夫編　362～372頁　同成社

友廣哲也　2013　「古墳時代北関東の交流」『技術と交流の考古学』岡内三眞編　580～591頁　同成社

中尾佐助　1990　『分類の発想』朝日選書

中村　勉　2002　「三浦半島における卜骨・卜甲研究の現状」『考古学ジャーナル492』　6～9頁　ニュー・サイエンス社

西田泰民　2002　「土器の器形分類と用途に関する考察」『日本考古学』第14号　89～104頁

能登　健・小島敦子　2006　「関東地方の初期S字甕出土遺跡の立地について」『研究紀要』24　11～32頁　財団法人群馬県埋蔵文化財調査事業団

橋本博文　1994　『東日本の古墳の出現』山川出版社

馬場伸一郎　2001　「南関東弥生中期の地域社会―石器石材の流通と石器制作技術を中心に―」（上・下）『古代文化』53-5・6　5、18～28頁、6、17～25頁

林　純子　2008　「弥生時代中期後半における方形周溝墓と土器棺墓の様相」『法政考古学』第34集　1～30頁

春成秀爾　1985　「鉤と霊―有鉤短剣の研究―」『国立歴史民俗博物館研究報告』第7集　1～62頁

長谷川福次　1996　「北町・田ノ保遺跡」北橘村教育委員会

土生田純之　2003　「4　剣崎長瀞西遺跡Ⅰ区における方墳の性格」『剣崎長瀞西5・27・35号墳』専修大学文学部考古学研究室　97～109頁

土生田純之　2005　「「地方」からみた前方後円墳」『専修考古学』第11号　3～18頁

樋上　昇　2000　「「木製農耕具」ははたして「農耕具」なのか」『考古学研究』第47巻第3号　97～109頁

比田井克仁　1997　「定型化古墳出現前における濃尾、畿内と関東の確執」『考古学研究』第44巻第2号　84～109頁

比田井克仁　2001　「関東弥生首長の相対的位置づけとその成立過程」『古代』109号　77～100頁

比田井克仁　1987　「南関東出土の北陸系土器について」『古代』83号　45～82頁

平野進一　1996　「石田川式土器」『日本土器事典』708～709頁　雄山閣出版

深澤敦仁　1988　「上野における土器の交流と画期」『庄内式土器研究』ⅩⅥ　95～109頁

深澤敦仁　1999　「赤井戸式土器の行方」『群馬県考古学手帳』9　1～18頁　群馬土器観会

深澤敦仁　1999　「石田川遺跡」『群馬県遺跡大事典』20～21頁　上毛新聞社
深澤敦仁・中里正憲　2002　「群馬県玉村所在・砂町遺跡出土の北陸系土器の位置づけをめぐって」『研究紀要』20　103～122頁　財団法人群馬県埋蔵文化財調査事業団
深澤敦仁　2006　「利根沼田　古式土師器編年覚書」『群馬県考古学手帳』16　1～14頁　群馬県土器観会
深澤敦仁・小林　修　2006　「渋川市赤城町所在・滝沢天神遺跡2号住居跡出土古式土師器の位置づけ」『研究紀要』24　33～52頁　財団法人群馬県埋蔵文化財調査事業団
福島正史　2000　『中溝・深町遺跡』新田町教育委員会
福田　聖　2000　『方形周溝墓の再発見』同成社
福田　聖　2009　「関東地方における「周溝」の研究をめぐって」『古代』第122号　25～52頁
藤尾慎一郎　2003　『弥生変革期の考古学』同成社
藤尾慎一郎　2002　『縄文論争』講談社
藤田弘夫　1991　『都市と権力』創文社
藤田弘夫　1993　『都市の論理』中央公論社
藤田弘夫　2003　『都市と文明の比較社会学』東京大学出版会
藤根　久・今村美智子　2001a　「S字状口縁台付甕胎土材料」『元総社西川遺跡』95～104頁
藤根　久・今村美智子　2001b　「土器の胎土材料と粘土採掘坑対象堆積物の特徴」『波志江中宿遺跡』262～277頁　群馬県埋蔵文化財調査事業団
藤根　久・今村美智子　2001c　「波志江中野面遺跡出土土器および粘土類の材料分析」『波志江中野面遺跡』355～366頁　群馬県埋蔵文化財調査事業団
藤巻幸男　1985　『荒砥前原遺跡』財団法人群馬県埋蔵文化財調査事業団
藤巻幸男　1993　『五目牛清水田遺跡』財団法人群馬県埋蔵文化財調査事業団
藤原実資『小右記』平安時代の小野宮右大臣の日記
フォン・ベルタランフイ　1973　『一般システム理論』みすず書房
北条芳隆・溝口孝司・村上恭通　2000　『古墳時代像を見直す』青木書店
北条芳隆　2002　『前方後円墳の成立』日本考古学協会2002年度　橿原大会　研究発表資料集
前原　豊　1982　『堀ノ内遺跡』藤岡市教育委員会
前原　豊　1985　『柳久保遺跡』前橋市教育委員会
前原　豊　1993　『内堀遺跡』前橋市教育委員会
松尾昌彦　2003　「Ⅵ　13号土坑出土の馬具」『剣崎長瀞西5・27・35号墳』　91～96頁　専修大学文学部考古学研究室
松島榮治・井上唯雄・松本浩一他　1990　「第4章　弥生時代・第5章古墳時代」『群馬県史』通史偏1　163～174頁
松島榮治・尾崎喜左雄・今井新次　1968　『石田川』石田川遺跡刊行会

松島榮治　1962　「米沢遺跡」『日本考古学辞典』558～559頁
松村一松　1978　『赤堀村鹿島遺跡』赤堀村教育委員会
松本直子　2000　『認知考古学の理論と実践的研究』（財）九州大学出版会
増井義巳　1958　「いわゆる古式土師器の問題」『考古学手帖』5　③～④頁
町田勝則　1993　「信濃に於ける米作りと採集」『長野県考古学会誌』68号　26～30頁
町田勝則　1994　「信濃に於ける米作りと栽培」『長野県考古学会誌』73号　22～34頁
三浦京子　1991　『上之手八王子遺跡』玉村町教育委員会
三浦茂三郎　1996　『下境Ⅰ・Ⅱ遺跡』群馬県教育委員会
右島和夫　1985　「前橋市総社古墳群の形成過程とその画期」『群馬県史研究』22　1～36頁
右島和夫　1990　「古墳から見た5・6世紀の上野地域」『古代文化』42-7　25～38頁
右島和夫　1994　『東国古墳時代の研究』学生社
右島和夫　2003　「「毛野の成立」素描」『群馬県立歴史博物館』第24号　17～30頁
水田　稔・石北直樹　1985　『石墨遺跡』沼田市教育委員会
水野　祐　1998　「魏志倭人伝現代語訳」『魏志倭人伝と邪馬台国』武光誠編　読売ぶっくれっとNo10
宮崎重雄他　1993　「新保田中村前遺跡の獣骨」『新保田中村前遺跡Ⅲ』163～174頁　財団法人群馬県埋蔵文化財調査事業団
宮本哲郎　1981　『金沢市南新保D遺跡』金沢市教育委員会
森岡秀人　1993　「土器移動の諸類型とその意味」『転機』4号　29～46頁
森田　悌　2002　「毛野と石城」『ぐんま史料研究』群馬県立文書館　1～24頁
山浦　清　2000　「続縄文から察文文化成立期にかけての北海道・本州の交流　その交易システムの展開」『交流の考古学』73～94頁　朝倉書店
山岸良二　1981　『方形周溝墓』ニューサイエンス社
山岸良二　1996　『関東の方形周溝墓』同成社
山田昌久　1986　「くわとすきの来た道」『新保遺跡Ⅰ』168～188頁　財団法人群馬県埋蔵文化財調査事業団
若狭　徹　1990　「井野川流域を中心とした弥生時代後期遺跡群の動態」『群馬文化』220　55～70頁
若狭　徹　1998　「群馬の弥生土器が終わるとき」『人が動く・土器も動く』41～43頁
若狭　徹　2000　「S字状口縁甕波及期の様式変革と集団動態」『S字甕を考える』東海フォーラム三重大会事務局
若狭　徹　2002　「古墳時代の地域経営」『考古学研究』49巻2号　108～127頁
若狭　徹　2007　『古墳時代の水利社会研究』学生社
渡辺　誠　2002　「卜骨・卜甲でなにが占われたのか」『考古学ジャーナル492』4～5頁　ニュー・サイエンス社
渡辺　仁　1985　『人はなぜ立ちあがったか』東京大学出版会

所収論文一覧

第1章 「群馬の弥生時代から古墳時代の『国』」『比較考古学の新地平』菊池徹夫編　2010　同成社に加筆修正

第2章 「集落からみた古墳時代毛野の社会背景」『研究紀要 22』創立25周年記念論集　群馬県埋蔵文化財調査事業団　2004に加筆修正

第3章 「北関東の古墳時代文化の受容」『古代』98号　早稲田大学考古学会　1994に加筆修正

第4章 「群馬県の古墳時代前期の土器様相」『古代』94号　早稲田大学考古学会　1992、「群馬県における古墳時代前期の土器様相」『古代』98号　早稲田大学考古学会　1994に加筆修正

第5章 「石田川式土器考」『古代』104号　早稲田大学考古学会　1997、「古式土師器出現期の様相と浅間山C軽石」『群馬の考古学』群馬県埋蔵文化財調査事業団　1988に加筆修正

第6章 「古墳社会の成立—北関東の弥生・古墳時代の地域間交流—」『日本考古学』16号　日本考古学協会　2003、「北関東古墳時代前期土師器の様相から見た古墳時代社会の成立」『古代』第112号　早稲田大学考古学会　2003に加筆修正

第7章 「群馬県の北陸土器と古墳時代集落の展開」『古代』112号　早稲田大学考古学会　1996、「櫛描文文化圏の弥生時代終末から古墳時代初頭期の墓制」『古代』100号　早稲田大学考古学会　1995に加筆修正

第8章 「上野の古墳時代文化の受容」『古代探叢』Ⅳ　滝口宏先生追悼論文集　早稲田大学考古学会　1995、「第3章　黄泉への旅立ち」『群馬の遺跡』（3）2004（分担執筆）　上毛新聞社、「有馬遺跡礫床墓」『研究紀要』創刊号　群馬県埋蔵文化財調査事業団　1984に加筆修正

第9章 「古墳時代北関東の交流」『技術と交流の考古学』岡内三眞編　2013　同成社に加筆修正

あとがき

　長い間、同じテーマを追いかけてきた。何十年もよくネタがあるな、などと言われたこともある。たしかに弥生時代から古墳時代への問題を考え始めて35年も経ってしまった。
　群馬県にきた当初、入植民説に出会った。専門の時代が違っていても県内すべての研究者が入植説であることに、とまどった。弥生時代から古墳時代への変換、すなわち古墳時代社会の成立が外来の人によるということがなかなか理解できず、どうしても納得できずにいた。やがて、弥生時代から古墳時代への変革時、群馬にいた人は何を考え、何を感じて生きていたのだろうかと思うようになった。そのおかげで時代の変化を社会構造や人の交流という視点から、考えることができるようになったのだと思う。交流の結果、群馬の人びとがどんな社会を作りあげたのか、土器や「もの」の説明だけでは解釈できないこともある、と思い始めた。意志のない外来土器や、「もの」がどのような行程を経て、私の手の中にきたのかを考えた。土器は人が造る。そして土器は人が運ぶ。人、文化、情報、「もの」の交流という視点に立つことができた。当時の人たちが、他地域の土器をどのように受け入れ、作り、使っていたのか考えてきた。彼らの生活感を知りたくて、甕の数、甕の器種の量を、数え始めた。集計し、実際の数字に向き合うと、土器の構成や、共伴関係が、今まで頭で考えていたことと、まったく異なっていることに気づかされた。自分で掘り、編集した遺跡の土器構成の実態、結果を見て愕然としたのを覚えている。人、集団、社会を中心に視点を定めてからは、時には当時生きた人の息吹をも感じることさえあった。とにかく自分自身が納得ができればと、そんなことに首をつっこんで、35年がすぎていた。
　本書の刊行に当たっては、さまざまな方々との深い縁を、今感じている。同成社を紹介くださり、刊行の話を具体化していただいた、台湾大学の坂井隆先生。大学時代、考古学の基礎を教えていただいた恩師、玉口時雄先生。私のつ

たない小文を、丁寧にご指導くださった早稲田大学の岡内三眞先生、高橋龍三郎先生。学生時代からお世話になりっぱなしの昆彭生さん、佐々木幹雄さん、小川英文君、小澤正人君、多くの先生、先輩方、仲間に恵まれた最高の環境にあったおかげと大変感謝している。昆さんにはエジプト調査隊、中国四川省調査隊に加えていただいた。エジプト調査隊では川床睦夫隊長、高橋岳志君、真道洋子さんにお世話になった。じつは、私が群馬に東海からの入植はないと確信に至ったのはエジプトの砂漠の中であった。数千年間、今この時も続いている異民族間、異教徒間の徹底した侵攻と抗争の繰り返し、戦争の歴史を肌で感じることができたからだと思う。エジプトの多くの古代建造物はローマ帝国軍の侵攻により、無惨に破壊されたままである。シナイ半島の砂漠には、中東戦争で破壊され、真っ赤に錆びた戦車が、半分顔を出して埋まっている。熱風吹きさらす、何もない砂漠の中で、まさに自分が今立っているここで、戦争が行われたんだという高ぶった自分の感情を忘れることができない。「入植」とは、本当に恐ろしい行為を表す言葉だと実感した時であった。安易に「入植」という言葉を使うべきではない、と思った瞬間でもあった。本書の執筆中、そんな若いときの思いや感情が、一気にあふれ出て、懐かしい思いでいっぱいになった。

　私事であるが、本年 2015 年 3 月 31 日、私は定年を迎え、本書の刊行は定年と還暦の記念となった。長い間、考古学を学ぶ環境においてくれた、群馬県埋蔵文化財調査事業団に感謝する。事業団で常日頃、様々な形でご指導、刺激をくれた、綿貫邦男さん、大木紳一郎君、長谷川博幸君、諸先輩、同僚、後輩、補助員さん、皆様にお世話になった。ここに衷心から謝意を表したい。

　奇しくも私が群馬へきて、初めて編集刊行した報告書が『新保遺跡Ⅲ』であった。新保遺跡は、私が群馬に奉職した時には、すでに高速道路の下にあった。その後、本書にも再三、名前をあげた新保田中村前遺跡、有馬遺跡等の調査を担当した。そして、定年までの 3 年間は渋川市にある金井東裏遺跡、金井下新田遺跡を担当することができた。金井の遺跡を担当した 3 年間、本当に毎日、驚くべき新発見の連続であった。すばらしい遺跡に携われたという、幸運にも恵まれた。その 3 年間、一緒に遺跡を掘った、杉山秀宏君、須田正久君、都木直人君、山中豊君、宮下寛君、小野隆君、石坂聡君、そして菊池実君、関

根慎二君、発掘現場の太陽の下、40°を超す暑さの中、汗を流してくれた作業員の皆さん、調査員・測量技師の皆さんが私にとっていつまでも、金井の仲間である。大変感謝している。

　本書の刊行に当たり、同成社社長の佐藤涼子さんには出版をお引き受けいただき、編集部の工藤龍平さんには私の読みづらい原稿を丁寧に編集していただいた。感謝申し上げる。

　最後になるが、好き勝手に生きて、迷惑をかけてきた家族の悠里、真也、そして妻裕子に、この場を借りて、感謝の気持ちを表したい。ありがとう。

2015年、定年、還暦を迎えて
友廣哲也

土器変容にみる弥生・古墳移行期の実相

■著者略歴■
友廣　哲也（ともひろ・てつや）
　1955 年　東京都生まれ
　1981 年　早稲田大学第二文学部卒業
　1981 年　財団法人　群馬県埋蔵文化財調査事業団　調査研究員
　2015 年　同事業団を定年退職
　現　在　公益財団法人　群馬県埋蔵文化財調査事業団　専門調査役
【主要論文】
「上野の古墳時代文化の受容」『古代探叢Ⅳ』滝口宏先生追悼論文集　早稲田大学考古学会　1995
「古墳社会の成立—北関東の弥生・古墳時代の地域間交流—」『日本考古学』16 号　日本考古学協会　2003
「群馬の弥生時代から古墳時代の『国』」『比較考古学の新地平』菊池徹夫編　2010　同成社
「古墳時代北関東の交流」『技術と交流の考古学』岡内三眞編　2013　同成社
「集落からみた古墳時代毛野の社会背景」『研究紀要』22　創立 25 周年記念論集　群馬県埋蔵文化財調査事業団　2004

2015 年 10 月 18 日発行

著　者　友廣哲也
発行者　山脇洋亮
印　刷　亜細亜印刷㈱
製　本　協栄製本㈱

発行所　東京都千代田区飯田橋 4-4-8
　　　　（〒 102-0072）東京中央ビル　㈱同 成 社
　　　　TEL 03-3239-1467　振替 00140-0-20618

© Tomohiro Tetsuya 2015, Printed in Japan
ISBN978-4-88621-700-4　C3021